개발자에서 아키텍트로

개발자에서 아키텍트로

38가지 팀 활동을 활용한 실전 소프트웨어 아키텍트 훈련법

초판 1쇄 발행 2021년 6월 7일
초판 2쇄 발행 2021년 7월 4일

지은이 마이클 킬링 / **옮긴이** 김영재 / **베타리더** 박미정, 신상재, 윤석준, 임백준 / **펴낸이** 김태헌
펴낸곳 한빛미디어(주) / **주소** 서울시 서대문구 연희로2길 62 한빛미디어(주) IT출판부
전화 02-325-5544 / **팩스** 02-336-7124
등록 1999년 6월 24일 제25100-2017-000058호 / **ISBN** 979-11-6224-432-6 93000

총괄 전정아 / **책임편집** 서현 / **기획** 홍성신, 윤나리 / **편집** 윤나리 / **교정** 문용우 / **진행** 김종찬
디자인 윤혜원 / **전산편집** 백지선
영업 김형진, 김진불, 조유미 / **마케팅** 박상용, 송경석, 한종진, 이행은, 고광일, 성화정 / **제작** 박성우, 김정우

이 책에 대한 의견이나 오탈자 및 잘못된 내용에 대한 수정 정보는 한빛미디어(주)의 홈페이지나 다음 이메일로
알려주십시오. 잘못된 책은 구입하신 서점에서 교환해드립니다. 책값은 뒤표지에 표시되어 있습니다.

한빛미디어 홈페이지 www.hanbit.co.kr / 이메일 ask@hanbit.co.kr

지금 하지 않으면 할 수 없는 일이 있습니다.
책으로 펴내고 싶은 아이디어나 원고를 메일(writer@hanbit.co.kr)로 보내주세요.
한빛미디어(주)는 여러분의 소중한 경험과 지식을 기다리고 있습니다.

 38가지 팀 활동을 활용한 실전 소프트웨어 아키텍트 훈련법

개발자에서
아키텍트로

추천사

소프트웨어 아키텍처를 다루는 책은 많지만 저는 늘 현실을 반영한 책에 갈증을 느끼고 있었습니다. 목차를 보면 바로 느낄 수 있을 겁니다. 이 책은 실제로 프로젝트를 진행하면서 맞닥뜨리는 상황에서 어떤 요소를 고려하고, 또 품질과의 트레이드오프는 어느 정도로 감수할 것인지 등 현실을 반영하며, 더 견고한 아키텍처를 만들어가는 이야기를 전달합니다. 사람들과의 협업까지 녹여낸 이 책은 성장하는 서비스와 기술 사이에서 고민하는 분들에게 도움이 될 것입니다.

박미정, 전 우아한형제들 베트남 개발 팀장

'뭐지 이 혼종은?' 이 책의 첫인상이 그랬습니다. 쉴내나는 소프트웨어 아키텍트 고인물이자 개념 없는 애자일 파다완인 제게, 이 책은 마치 과거와 현재의 시공간을 넘나드는 〈닥터 스트레인지〉의 타임 스톤 같았습니다. '이게 가능해?', '이렇게 접근한다고?' 하며 그간 쌓은 고정관념이 파괴되어 당황하면서도, 갑갑했던 속내를 누가 대신 폭로하듯 통쾌하기도 했습니다. 아키텍처와 애자일이란 두 금기어가 합쳐지니 오랜 저주가 풀린 느낌이네요. 여러분 축하합니다. 이 책과 함께하면 제다이 원로회의 같은 아키텍처 회의를 더는 하지 않아도 될 거예요.

신상재, 몰락 소프트웨어 아키텍트, 삼성SDS

소프트웨어 아키텍처라는 복잡한 내용과 이것을 실제로 적용하는 방법을 소개하는 책입니다. 아키텍트의 관점에서 개발 조직에서 진행할 수 있는 워크샵 기법에 대해서도 자세히 다루었습니다. 아키텍트가 되고 싶은 개발자, 개발 팀 내 생산성을 높이는 활동을 하고 싶은 분들 모두에게 추천합니다.

윤석준, 카카오엔터프라이즈

오래 전 월스트리트에 있는 회사로 첫 출근을 했을 때, 누군가 자신을 아키텍트라 소개했다. 웅대한 계획을 즐겨 말하던 그는 오래지 않아 회사를 그만두었다. 코딩을 잘하는 회사의 실력자 친구들은 그의 말을 귀담아듣지 않았는데, 동료의 영향을 받은 나도 그랬다. 그의 코딩 실력을 아무도 신뢰하지 않았기 때문이다.

아키텍트가 되고자 하는 사람에게 높은 수준의 코딩 실력은 필수다. 그게 출발점이다. 하지만 코딩 실력은 자체로 아키텍트의 길을 보장하지 않는다. 아키텍트가 지녀야 하는 덕목, 지식, 경험이 많기 때문이다. 이 책은 그 부분을 설명한다. 아키텍트로 성장하고 싶은 개발자라면, 이 책으로 아키텍트가 반드시 알아야 하는 기술과 현실을 효과적으로 배우게 될 것이다. 김영재 역자는 훌륭한 개발자이자 아키텍트라서 번역도 매우 훌륭하다. 일독을 권한다.

임백준, 삼성리서치

과거에 안정성을 최우선으로 하는 아키텍처 서적은 많았지만 마이클 킬링은 자신만의 취향대로 글을 썼습니다. 이 책은 극도로 실용적이며 저자의 경험이 듬뿍 담겨 있는 아주 유용한 책입니다. 소프트웨어 개발에 종사하는 사람이라면 누구든 쓸모 있는 지식을 얻을 수 있으며, 읽는 내내 재미도 느낄 것입니다.

엘티오 포르트 Eltjo Poort, CGI, 'Linda Northrop Software Architecture Award' 수상자

소프트웨어 아키텍처를 논하는 책은 많지만 정말 좋은 책은 아주 적습니다. 이 책은 복잡한 소프트웨어 아키텍처를 실제 상황에 적용할 수 있도록 잘 녹여냈으며, 소프트웨어 엔지니어링 훈련을 할 때도 유용한 개념을 소개합니다. 마이클은 이 책에서 자신만의 노하우로 힘든 선택의 순간마다 실용적이면서도 성공적인 방법을 제시합니다.

윌 차파로 Will Chaparro, 소프트웨어 개발 매니저, IBM 왓슨

마이클은 팀원 모두가 아키텍트로 참여하라고 말합니다. 이처럼 참여를 이끄는 그의 방식을 좋아합니다. 이 책에는 커뮤니티에서 나눴던 여러 활동과 도구를 담고 있어 실제로 해볼 수 있습니다. 함께 더 나은 소프트웨어를 만들고 싶은 사람이라면 이 책을 읽어보세요.

티멘 데 고이예르 Thijmen de Gooijer, IT 아키텍트, Kommuninvest Sweden

개발 팀이라면 필수로 알아야 할 소프트웨어 아키텍처와 설계 방법을 다룹니다. 지금은 우리 팀의 추천 도서이며 신입 사원 필독서입니다.

에른 외임헤임 Jorn Ølmheim, 소프트웨어 아키텍처 리더, Statoil ASA

이 책에서는 참신한 관점을 볼 수 있습니다. 바로 소프트웨어를 만든다는 건 아주 사회적인 활동이라는 점입니다. 마이클은 소프트웨어 아키텍처의 단단함과 디자인 싱킹의 부드러움을 잘 섞었습니다. 여러분은 아키텍처 관점에서 디자인 마인드셋으로 시야를 넓히고, 아키텍처 라이프사이클 관리에서 아키텍처 스토리텔링을 하는 사람으로 발전할 수 있습니다. 이 책은 지금의 소프트웨어 아키텍처를 이해하는 참고서입니다.

아민 치가니^{Amine Chigani}, 치프 아키텍트, GE 디지털

이 책은 지금 시대에 꼭 맞는 내용을 담고 있습니다. 읽기 쉽고, 유용하며, 훌륭한 책입니다. 소프트웨어 아키텍처의 원칙과 실천을 안내하는 명확하고 실용적인 지침으로, 야심 찬 아키텍트뿐만 아니라 기술을 더욱 갈고닦고 싶은 소프트웨어 전문가에게도 좋습니다. 마이클은 독자들을 기초부터 예술적인 경지까지 이를 수 있도록 안내할 것입니다.

오언 우즈^{Eoin Woods}, Endava CTO, 『IEEE Software's Pragmatic Architect』의 편집자이자
『소프트웨어 시스템 아키텍처(에이콘출판, 2015)』 저자

이 책으로 여러분의 경력과 팀을 성장시킬 수 있습니다! 이 책은 설계 이론과 실제 활동 사이에서 완벽한 균형을 이루고 있습니다.

조지프 크레이머^{Joseph Kramer}, 소프트웨어 엔지니어링 매니저, IBM

지은이 · 옮긴이 소개

지은이 마이클 킬링 Michael Keeling

경험 많은 소프트웨어 아키텍트, 애자일 실천가이자 개발자. 전투 시스템 설계, 검색 애플리케이션, 웹 애플리케이션, IBM 왓슨을 포함해 다양한 소프트웨어 시스템과 일하며 경험을 쌓았다. 소프트웨어와 관련된 일을 하지 않을 때는 하이킹, 달리기, 요리, 캠핑을 즐긴다.

옮긴이 김영재 youngjae.kim@gmail.com

평범한 IT 연구원으로 무난하게 지내다가 교육 분야에 관심을 가지며 모바일 애플리케이션 '바로풀기'를 개발한 에듀테크 스타트업 바풀의 CTO가 되었다. 바풀이 네이버/LINE에 인수된 후 기술 전문 임원인 '펠로우'로 재직 중이다. 여러 프로덕션 조직을 이끌면서 업무 프로세스, 팀워크, 자동화, 아키텍처에 관심을 가지고 있다.

옮긴이의 말

이 책의 번역을 의뢰받았을 때 참 욕심이 났습니다. 마침 회사에서 10여 개의 제품을 설계하고 개발하고 관리하고 있었기에 현재 하는 일에도 도움이 될 거라 생각했기 때문입니다. 번역을 마치고 돌아보니 이 책이 전해준 지식만큼 더 넓고 깊게 보게 되었고 성장했음을 느낍니다.

이 책은 개발을 처음 시작하는 분에게는 더 넓은 시야를 갖게 해줄 것이며, 5년 정도의 경험을 가진 개발자에게는 협업할 때 적용할 만한 새로운 방법을 알려줄 것입니다. 특히 10년 넘게 여러 프로젝트를 경험한 개발자라면 팀원들과 하는 큰 프로젝트를 진행할 때 많은 도움을 받을 수 있습니다.

소프트웨어 프로그래밍과 아키텍처에는 정답이 없기 때문에, 원문에는 다소 모호하거나 부드러운 어조를 사용한 표현이 많았습니다. 하지만 번역서에는 저의 경험을 기초로, 무게를 실어줘야겠다고 생각하는 중요한 내용은 다소 강한 어조로 표현했습니다.

번역하느라 바쁜 척하고 예민하게 굴어도 이해해준 가족과 동료에게 감사의 말을 전합니다. 특히 주말에도 번역하도록 배려해준 나의 아내 민희 사랑합니다.

김영재

감사의 말

이 책을 쓰면서 가장 기억에 남는 순간은 아내와 다섯 살 난 아들이 1장과 2장을 정리하는 방법을 알아내는 데 도움을 줬을 때였습니다. 어느 토요일 아침이었습니다. 아내 마리는 몇 가지 질문을 하면서 제가 생각을 쏟아내게 했습니다. 아들 오언은 연필을 손에 쥐고 들리는 말을 포스트잇에 쓰면서 한 시간 이상 주방 창가에서 아이디어를 정리할 수 있도록 도와주었습니다. 둘 다 고마워요. 사랑과 인내에 감사합니다.

마감일이 다가오면 환청이 들리기도 했습니다. 마감은 어찌저찌 미루지 않고 해냈습니다. 다시 정상적인 생활로 돌아올 수 있었습니다!

엄마, 아빠, 라이언, 이 책의 출간은 제 평생 동안 여러분이 보내준 지원과 격려 덕분입니다. 크리스와 러셀, 제가 글을 쓸 시간을 만들어줘서 고맙습니다. 라자냐도 잘 먹었습니다. 레이아는 제 이야기를 언제나 잘 들어줘서 고맙습니다.

데이비드 갈랜드[David Garlan], 메리 쇼[Mary Shaw], 조지 페어뱅크스[George Fairbanks], 렌 배스[Len Bass], 리베카 와프스브록[Rebecca Wirfs-Brock], 사이먼 브라운[Simon Brown], 아리아드나[Ariadna]를 포함해 제 생각에 큰 영향을 준 훌륭한 소프트웨어 아키텍트와 디자이너에게서 배우고, 협력하고, 함께 어울릴 수 있어서 행운이었습니다. 폰트[Font], 맷 배스[Matt Bass], 토니 래탄즈[Tony Lattanze], 데이브 루트[Dave Root], 이페크 오즈카야[Ipek Ozkaya]도 마찬가지입니다.

책이 훨씬 더 나아지게 피드백을 준 리뷰어에게도 감사합니다. 데이비드 복[David Bock], 윌 차파로, 하비에르 코야도[Javier Collado], 파브리치오 쿠치[Fabrizio Cucci], 조지 페어뱅크스, 케빈 기시[Kevin Gisi], 티멘 데 고이예르, 로드 힐턴[Rod Hilton], 마이클 헌터[Michael Hunter], 모리스 켈리[Maurice Kelly], 조 크레이머[Joe Kramer], 닉 맥기니스[Nick McGinness], 라이언 무어[Ryan Moore], 데이비드 모건[Daivid Morgan], 에마누엘레 오리지[Emanuele Origgi], 이페크 오즈카야, 윌 프라이스[Will Price], 안토니오 고메스 로드리게스[Antonio Gomes Rodrigues], 제시 로살리아[Jesse Rosalia], 티보르 시미츠[Tibor Simic], 스티븐 울프[Stephen Wolff], 오언 우즈, 피터 WA 우드[Peter WA Wood], 콜린 예이츠[Colin Yates]입니다. 여러 가지 설계 방법에 기꺼이 동참해준 IBM 피츠버그의 모든 분께 감사합니다.

초보 작가로서 만날 수 있는 가장 멋진 편집자 수재나 팔저[Susannah Pfalzer], 글쓰기부터 출판까지 함께하며 키워주셔서 감사합니다. 소프트웨어 개발 방식을 개선할 수 있는 기회를 준 앤디와 데이브에게도 감사합니다.

마이클 킬링

머리말 (조지 페어뱅크스)

이 책의 탈고본을 처음 봤을 때 애자일이 한 번도 언급되지 않아 놀랐습니다. 저는 마이클과 몇 년 동안 이 책에 대해 이야기를 나눠왔기에, 책이 어떤 내용일지 어느 정도 예상했습니다. 마이클은 전통적인 소프트웨어 아키텍처를 어떻게 애자일 프로세스에 적용할지 고민해왔습니다. 물론 적용 방법에 대한 아이디어는 많았지만 실제 적용은 힘들었습니다. 그런데 마이클은 어떻게 애자일을 언급하지 않고 책을 쓸 수 있었을까요?

마이클은 이 시대의 진정한 프로메테우스입니다. 기술에 심취하다 못해 인류를 위해 기술을 길들이겠다는 사명을 가지고 있으니까요. 소프트웨어 아키텍처의 전문가이자 애자일이 가져다줄 이득을 순수하게 믿기도 합니다. 제가 카네기 멜런 대학교 소프트웨어 아키텍처 야간 수업에서 멘토링을 하며 만난 학생 중 애자일 팀 리더의 길을 묵묵히 걸어온 사람은 마이클밖에 없습니다. 마이클과 저는 'SATURN'이라는 소프트웨어 아키텍처 콘퍼런스에 참여하면서 가까워졌습니다. 이 콘퍼런스에서 마이클은 아키텍처 커뮤니티와 애자일 커뮤니티의 리더들이 함께 나눌 수 있는 여러 아이디어를 냈고, 두 진영이 어울릴 수 있는 최선의 방법을 찾아왔습니다.

두 진영의 간극을 줄이려는 시도가 여럿 있었지만 모두 한계가 있었습니다. 초기에는 폭포수 방식의 구현 단계에서 애자일 방식을 끼워 넣는 시도를 했습니다. 아키텍트를 암묵적으로 강력한 결정권자로 삼아보기도 했습니다. 이런 시도들은 대개 이론에 불과해, 실제 성공 사례를 얻거나 영감을 얻을 수 있는 건 아니었습니다.

마이클이 애자일을 언급하지 않을 수 있었던 이유는 소프트웨어 아키텍처와 애자일의 조화에 대해 새롭고 더 나은 방법을 고심했기 때문입니다. 물론 이 책은 애자일의 가치에 대한 깊은 이해를 기초로 시작하며, 아키텍처를 설계할 때 애자일과 접목할 수 있는 기술을 설명합니다. 마이클은 다양한 기술을 활용하거나 자신만의 독자적인 방법을 고안하기도 하지만, 지난 몇 년 동안 여러 콘퍼런스에 소개된 우수한 아이디어와 다른 책에서 찾을 수 없는 기법들도 소개합니다. 3부 '아키텍트의 은빛 도구상자'를 예로 들어볼까요? '아키텍트가 돌판에 새긴 팀워크 십계명' 따위를 볼 거라고 생각한다면 오산입니다. 마이클은 팀 단위로 자발적으로 설계 작업을 진행하며, 일주일 단위로 반복해서 진행할 수 있는 활동들을 소개합니다. 설계 작업을 팀의 최우선 과제로 삼을 수 있게 도울 뿐만 아니라, 조직 구성과 운영에 대해서도 그림으로 소개합니다.

애자일 이전, 관료적인 소프트웨어 개발에서는 설계를 언제 어떻게 해야 하는지 규율화되어 있었습니다. 기존 개발 방식에서 벗어나고 싶었던 리더들은 애자일이 어리숙한 카우보이 코딩[1]이 아니라고 호소했지만, 안타깝게도 제가 경험했던 소위 '애자일' 방식의 사례들은 모두 성공적이지 않았습니다.

이 책과 함께 더 나은 미래를 기대해봅니다. 소프트웨어 개발 과정에서 민첩함과 규율이 공존하는 방법을 익히고, 더 나은 정반합에 이를 것입니다. 빠른 피드백과 반복이라는 애자일의 방법론을 활용하면서도, 높은 품질을 달성할 수 있는 여러 설계 기법을 다룰 겁니다. 특별히 소프트웨어 개발에 적합한 활동과 기법을 잘 차용한 방법들을 소개합니다.

완벽하지 않을 수 있지만, 이 책은 우리를 더 나은 방향으로 이끌어줄 것입니다. 우리가 꿈꾸던 미래를 함께 만들어봅시다.

조지 페어뱅크스 「Just Enough Software Architecture」 저자

---

1 옮긴이_ 카우보이 코딩이란, 프로그래머에게 자율성을 최대한 부여하여 개발하는 형태로 아키텍처나 프로젝트 관리와는 거리가 먼 개발 방식입니다. 원문에서는 이러한 부정적인 뉘앙스에서 벗어나 긍정적인 의미로 쓰이고 있습니다.

이 책에 대하여

소프트웨어 아키텍처는 멋진 소프트웨어를 만드는 단단한 기반입니다. 훌륭한 아키텍처가 소프트웨어의 성공을 보장하지는 않지만 나쁜 아키텍처는 필연적으로 실패를 가져옵니다. 소프트웨어 개발자라면 소프트웨어 아키텍처architecture에 대해 꼭 알아야 합니다. 여러분은 이 책에서 훌륭한 소프트웨어 아키텍처를 어떻게 설계design하는지 배울 겁니다. 학교에서 가르치는 지나치게 추상적인 내용 대신 '현실'을 배울 것입니다. 어떤 문제라도 마법처럼 해결해주는 프레임워크나 기술 따위는 없다는 걸 말이죠. 이 책은 여러분을 더 뛰어난 개발자, 아키텍트, 기술 리더로 만들어줄 필수적인 설계 원칙과 적용 방법도 소개합니다. 훌륭한 소프트웨어를 설계하는 데에는 원칙과 적용 방법을 통달하는 것만으로는 부족합니다. 소프트웨어를 설계하기까지 '어떻게 접근하느냐'가 최종 결과만큼 중요합니다. 이 책으로 설계자다운 사고방식과 인간중심적인 접근 방법을 배울 수 있을 뿐만 아니라 팀원 간에 협업하면서 소프트웨어를 설계하는 방법도 배울 수 있습니다. 이러한 접근 방법을 따라 설계하면 여러분이 내리는 설계의 결정사항과 그 결정에 영향받는 사람들 사이에 강한 결속을 만들 수 있습니다. 사람을 우선으로 생각하면 더 나은 설계를 할 수 있고, 최종적으로는 더 나은 소프트웨어를 만들 수 있습니다.

대상 독자

이 책은 화이트보드 앞에 서서 복잡한 질문에 여러 가지 도형과 선을 그리면서 답변해야 하는 사람들에게 어울립니다. 또한 소프트웨어 설계를 처음 접하는 사람에게도 완벽한 안내서입니다. 이 책의 앞부분에서는 기본 지식을 정리하고, 그다음부터는 훌륭한 소프트웨어 아키텍트라면 알아야 할 핵심 지식을 하나씩 설명합니다. 여러분이 소프트웨어 아키텍처에 대해 아직 잘 모르는 개발사라면 시식과 생각을 정리하는 데 도움이 될 깃입니다.

이 책을 읽으면 여러분이 감각적으로는 알고 있었지만 이름을 몰랐던 개념을 확인할 수 있고, 알고 있던 바와 실제 지식 간의 차이를 발견할 수 있습니다. 여러분이 하는 일이 왜 필요한지 설명할 수 있게 되어서 다른 사람을 설득하거나 팀을 더 잘 이끌 수도 있습니다. 아키텍트로서 이런 류의 책을 이미 읽어본 사람이라면, 팀을 이끄는 새로운 관점을 배울 수 있을 것입니다. 주니어 개발자라면 자신이 만들려는 소프트웨어를 더 잘 설명할 수 있을 겁니다. 또한 이 책은 개발자이자 미래에 아키텍트가 될 사람을 가르치고 이끌어 설계 과정에 온전히 참여하도록 하는 데에 초점이 맞춰져 있습니다. 경험이 부족한 동료와 함께 시스템을 설계해도, 안전하고 생산적인 결과를 낼 수 있게 하는 여러 가지 협력적인 설계 방법도 알려줄 것입니다.

책의 구성

1부에서는 소프트웨어 아키텍트가 하는 일을 소개하며, 소프트웨어 아키텍처를 정의합니다. 2부에서는 본격적으로 아키텍처를 설계하고, 이해관계자와 소통하며, 아키텍처 핵심 요구사항을 알아내 설계에 반영하는 방법을 알아봅니다. 아키텍처 패턴은 물론 설계를 시각화하고 아키텍처를 문서화하는 방법도 다룹니다. 3부에서는 아키텍처를 설계하며 문제 상황을 마주했을 때, 해결책을 찾아야 할 때, 설계를 더 구체화하고 싶을 때 해볼 수 있는 38가지 팀 활동[1]을 소개합니다.

필요한 부분을 골라 읽어도 좋지만, 개발자에서 아키텍트로 첫걸음을 시작하는 이라면 처음부터 순서대로 읽기를 권합니다. 팀에서 해볼 만한 활동을 찾는다면 3부를 훑어보며 골라봐도 좋습니다.

---

[1] 옮긴이_ 저자는 원문에서 '활동(activity)'과 '워크숍(workshop)'을 구분해 사용했습니다. 두 단어의 실제 의미는 유사하지만, 저자의 의도를 살려 각각 활동과 워크숍으로 옮겼습니다.

목차

PART 1 소프트웨어 아키텍처

CHAPTER 1 소프트웨어 아키텍트가 되다

CHAPTER 2　디자인 싱킹 기초

PART 2 아키텍처 설계의 기초

CHAPTER 3 설계 전략 고안하기

CHAPTER 4 이해관계자와 공감하기

CHAPTER 5 아키텍처 핵심 요구사항 알아내기

CHAPTER 6 아키텍처 선택하기

CHAPTER 7 패턴으로 기초 만들기

CHAPTER 8 의미 있는 모델로 복잡도 관리하기

CHAPTER 9 아키텍처 디자인 스튜디오 운영하기

CHAPTER 10 설계 시각화하기

CHAPTER 11 아키텍처 문서화하기

CHAPTER 13 아키텍트에게 힘 실어주기

PART 3 아키텍트의 은빛 도구상자

CHAPTER 14 문제를 이해하고 싶을 때

CHAPTER 15 해결책을 찾고 싶을 때

CHAPTER **16** 손에 잡히는 설계를 만들고 싶을 때

CHAPTER **17** 설계 대안을 평가하고 싶을 때

1부

소프트웨어 아키텍처

본격적으로 시작하기 전에 몇 가지 기본 개념을
설명합니다. 소프트웨어 아키텍처의 핵심적인 원
리와 설계의 기초를 다룹니다.

1장 — 소프트웨어 아키텍트가 되다

제가 언제부터 소프트웨어 아키텍트^{software architect}였는지 모르겠지만 동료가 처음으로 저를 그렇게 불렀던 때는 기억합니다. 고객사 미팅 자리에서 꽤 어려운 기술 질문을 받았는데 동료가 갑자기 "마이클은 이 프로젝트의 아키텍트입니다. 말씀하신 질문을 살펴보고 이번 주 내로 연락드리겠습니다"라고 말했습니다.

저는 이렇게 반강제로 소프트웨어 아키텍트가 되었습니다. 창창한 미래가 보였습니다. '나는 아키텍트야!' 하지만 이윽고 덜컥 겁이 났습니다. '아키텍트로서 이제 내가 뭘 해야 하지?' 소프트웨어 엔지니어와 소프트웨어 아키텍트는 어떻게 다른 걸까?

소프트웨어 아키텍트는 프로그래밍 외에도 여러 책임을 집니다. 아키텍트는 엔지니어링 관점에서 문제를 정의합니다. 소프트웨어 시스템을 구현 가능한 작은 조각으로 나누는 동시에 전체 시스템이 일관성 있게 동작하도록 큰 그림을 그립니다. 아키텍트는 품질에 영향을 주는 다양한 품질 속성^{quality attribute} 사이에서 균형을 잡아야 하며 어쩔 수 없이 늘어나는 기술 부채도 관리합니다. 무엇보다도 아키텍트는 팀원들의 설계 역량을 개발합니다. 아키텍트에게 최고의 팀은 아키텍트로 채워진 팀이기 때문입니다.

이 장에서는 아키텍트가 어떤 일을 하는지 알아봅니다. 그리고 소프트웨어 아키텍처를 잘 알수록 더 좋은 개발자와 기술 리더가 되는 이유도 알아봅니다.

1.1 소프트웨어 아키텍트가 하는 일

소프트웨어 아키텍트는 팀에서 독특한 위치에 있습니다. 소프트웨어 아키텍트는 프로그램 매니저가 아닙니다. 아키텍트는 소프트웨어가 언제 어떻게 전달되는지 결정하는 사람입니다. 또한 소프트웨어가 비즈니스 목표에 부합하도록 만드는 사람입니다. 코딩은 하지만 알고리즘이나 코드를 짜기보다는 더 크고 많은 것을 설계합니다. 소프트웨어 아키텍트는 여러 가지 역할에 대한 책임을 지면서, 동시에 모든 소프트웨어 개발 업무의 중심에 있는 것처럼 보이기도 합니다.

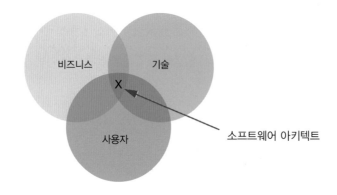

대부분의 사람이 소프트웨어 개발 커리어를 순수하게 기술만 다루면서 시작합니다. 프로그래밍하는 법을 익히고, 효율적인 알고리즘을 만들고, 작업 중인 소프트웨어가 완벽히 동작하도록 테스트하고, 알맞게 배포하는 일이죠. 이는 소프트웨어 아키텍트에게도 필수적인 소양입니다. 개발자에서 소프트웨어 아키텍트로 성장하려면 이에 더해 새로운 책임도 받아들여야 합니다.

1.1.1 엔지니어링 관점에서 문제 정의하기

소프트웨어 아키텍처를 설계하는 일은 인간중심의 설계 철학과 맥을 같이합니다. 소프트웨어와 관련된 모든 사람이 자신이 소프트웨어를 어떻게 대하고 무엇을 기대하는지 당신에게 알려줄 수 있습니다. 소프트웨어 아키텍트는 프로덕트 매니저, 프로젝트 매니저, 그리고 모든 이해관계자stakeholder와 협업하면서 비즈니스 목표와 요구사항을 만들어갑니다.

통상적으로 프로덕트 매니저는 기능feature을 정의합니다. 요구사항으로 기능을 정의하는 것만으로도 대단한 일이지만 소프트웨어 아키텍트는 이에 상응하는 품질 속성을 또 하나의 요구사항으로 만드는 일을 합니다(1.2.2절 '품질 속성과 여러 가지 시스템 속성 도출하기' 참고). 아키텍트는 시스템의 품질 속성을 정의할 뿐만 아니라 소프트웨어 아키텍처가 정해진 방향으로만 갈 수 있도록 제약constraint과 기능을 꾸준히 확인해야 합니다.

아키텍처를 염두에 두면서 문제를 정의하면 이해관계자 모두가 만족하는 시스템을 만들 수 있습니다. 5장 '아키텍처 핵심 요구사항 알아내기'에서 아키텍트가 어떻게 요구사항을 정립해나가는지 자세히 배울 수 있습니다.

1.1.2 시스템은 분리하고 책임은 위임하기

아이들이 축구하는 모습을 보면 골키퍼만 자기 자리를 유지하고 나머지는 공을 따라 필드 끝에서 끝까지 우르르 몰려다닙니다. 참 사랑스럽죠. 아이들이 좀 더 자라면 포지션을 유지하면서 경기하는 법을 배웁니다. 포지션을 유지하면 코치가 전략을 만들고 이에 따라 점수를 낼 수 있다는 중요한 점도 알게 됩니다.

소프트웨어 개발은 축구 경기와 비슷합니다. 어떤 소프트웨어 시스템은 아이들 축구 팀과 비슷하게 돌아갑니다. 릴리스 한 번 하면 거대한 소프트웨어가 덩어리로 굴러 나아갑니다. 소프트웨어를 분명한 책임을 가진 단위로 나누고 각자의 포지션을 지키면서 게임하면 운영이 더 순조로워집니다.

아키텍트는 소프트웨어 시스템을 여러 조각으로 나누고 조각마다 품질 속성과 요구사항을 달성하도록 전략을 만듭니다. 예를 들어, 기능 단위로 역할을 만들어, 사용자 등록 기능만 하는 컴포넌트와 고양이 그림을 식별하는 컴포넌트로 나눕니다. 여러 팀이 서로 다른 모듈을 개발하도록 할 수도 있습니다. 또 다른 방법으로, 데이터를 읽는 작업과 쓰는 작업을 분리해서 더 신뢰성 있고 가용성 높은 소프트웨어 시스템을 구축할 수도 있습니다.

시스템을 나누는 작업은 품질 속성을 달성하기 위한 전략을 세울 때만 의미 있는 게 아닙니다. 작게 나누면 원인을 파악하기 쉽고, 테스트하기 쉽고, 설계도 쉽습니다. 물론 시스템을 나눈 만큼 다시 모아서 제대로 동작하게 하는 작업도 필요합니다.

1.1.3 큰 그림 그리기

소프트웨어 시스템은 소프트웨어보다 더 큰 세상 안에서 살아갑니다. 그 세상에는 사용자, 개발팀, 하드웨어 등이 있고, 무엇보다도 그 소프트웨어를 개발해야 하는 '목적'도 있습니다. 이상적으로 아키텍처란 이 넓은 맥락 안에서 조화롭게 존재해야 합니다.

소프트웨어는 **시스템**의 **맥락** 안에서 살아 숨쉰다

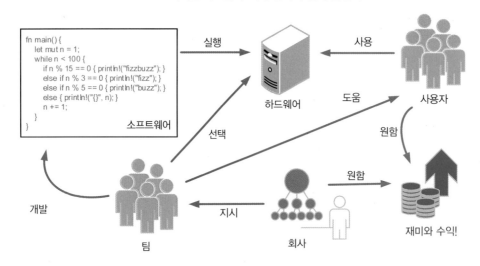

넓은 의미로 보면 시스템은 기술만 의미하지 않습니다. 사람, 프로세스, 비즈니스 요구사항, 그리고 다양한 기술, 비기술적인 의미가 소프트웨어 시스템에 뒤섞여 있습니다. 아주 간단한 설계라도 결과에 광범위한 영향을 줄 수 있습니다. 아키텍트는 작은 **설계 결정**design decision 사항이 가져올 미래도 예측하면서 넓은 의미의 시스템 관점도 가져야 합니다.

소프트웨어 설계는 이상과 현실 사이에 균형을 찾아가는 꾸준한 싸움입니다. 다시 말해, 트레이드오프trade-off를 생각해야만 합니다.

1.1.4 품질/속성의 트레이드오프를 고려하기

어떤 소프트웨어에서 고가용성이 중요한 품질 속성이라고 가정해봅시다. 이 소프트웨어는 요청에 대해 99.9% 응답을 해야 합니다. 가용성을 끌어올리는 방법 중 하나는 일부 요소를 중복 배치하는 것입니다. 이 방법은 단순하지만 놓치기 쉬운 문제점이 있습니다. 하드웨어를 두 배로 구매해야 하므로 비용이 두 배가 됩니다. 이때는 비용과 고가용성 사이에 트레이드오프가 생긴다고할 수 있습니다.

소프트웨어 개발에서는 이처럼 하나를 포기하면 그 대신 하나를 얻는 상황이 자주 발생합니다. 아키텍트는 다양한 트레이드오프를 파악해 어떤 결정이 더 합리적인지 결정할 수 있어야 합니다.

소프트웨어 시스템은 결코 완벽하게 나누어 떨어지지 않습니다. 타협해야만 합니다. 이 과정에서 실수도 하겠지요. 시스템을 만들다 보면 아키텍처 곳곳에 기술 부채도 쌓이기 시작할 겁니다.

1.1.5 기술 부채 관리하기

소프트웨어 아키텍트는 시스템이 어떻게 나뉘어 있는지 자세하게 알고 있어야 합니다. 동시에 큰 그림을 보면서 모든 조각들이 함께 하나로 움직일 수 있는지도 알아야 합니다. 비즈니스 요구사항과 기술 선택을 잇는 일도 합니다. 이 모든 지식을 아키텍처에 담으면서 기술 부채가 관리 가능한 수준으로 최적의 위치를 잡아가도록 해야 합니다.

기술 부채technical debt는 소프트웨어 시스템의 현재 설계와 소프트웨어가 지속적으로 가치를 창출하기 위해 가져야만 하는 바람직한 설계 사이의 간극입니다. 이 간극을 줄이는 데 얼마만큼의 노력이 필요할지 예측하는 것으로 기술 부채를 측정할 수 있습니다. 모든 소프트웨어에 기술 부채가있다고 해도 과언이 아닙니다. 기술 부채는 성공을 위해 피할 수 없는 부산물이기도 합니다. 노련한 소프트웨어 개발 팀은 기술 부채를 전략적으로 활용해서 빠른 릴리스를 달성하면서도 정기적으로 부채를 갚아서 꾸준히 더 나은 가치를 만들어냅니다.

아키텍트는 기술 부채를 시각화하고 이해관계자 모두에게 이를 어떻게 관리해야 하는지 도와주는 일을 합니다.

1.1.6 팀의 아키텍처 설계 역량 키우기

소프트웨어 아키텍트는 팀의 선생이자 멘토입니다. 아무리 멋진 아키텍처를 설계해도 아무도 이해하지 못한다면 쓸모없습니다. 여러분이 아키텍처 전문가라면 팀원에게 많은 지식을 나눠주어 멋진 소프트웨어를 개발하게 할 책임이 있습니다.

아키텍트는 설계 기술과 구조에 대한 개념을 적시에 가르칠 수 있어야 합니다. 지식을 전달할 때는 팀원과 함께 설계하고, 이를 가르치기 위한 문서를 만들고, 건설적인 비평을 나눠야 합니다. 팀원들을 설계 과정에 참여시켜서 팀의 설계 역량을 끌어올리는 일이 아키텍트로서 할 수 있는 가장 중요한 활동입니다. 아키텍처를 설계하는 일이란 사회 활동과 같습니다. 구성원의 역량이 높아지면 전체 사회가 윤택해지듯이 팀원의 설계 역량 개발은 팀의 성공에 아주 결정적인 역할을 합니다.

지금까지 아키텍트가 무슨 일을 하는지 알아봤습니다. 하지만 아직 소프트웨어 아키텍처에서 아키텍트가 어떤 역할을 하는지는 다루지 않았습니다. 지금부터 알아봅시다.

1.2 소프트웨어 아키텍처란 무엇인가

소프트웨어 아키텍처software architecture란 한 소프트웨어를 어떻게 구성해야 하는지 그리고 필요한 품질 속성을 어떻게 증진해야 하는지에 대한 중요한 결정들과 다른 소프트웨어와는 구별되는 특징들을 모아놓은 집합입니다.

중요한 결정으로 손꼽기 위해서는 몇 가지 이유가 필요합니다. 품질 속성, 일정, 비용에 영향을 주거나 한번 결정하고 나면 돌이킬 수 없는 어떤 사항일 수 있습니다. 중요한 결정은 여러 사람에게 영향을 줄 수 있고, 다른 소프트웨어를 바꾸도록 강요하곤 합니다. 때론 나중에 잘못되었음을 알고 바꾸고자 할 때 많은 비용이 필요한 경우가 중요한 결정에 포함되기도 합니다.

품질 속성을 증진^{promote}한다는 것은 품질을 중요한 결정사항으로 만들어서 소프트웨어 시스템에 드러내는 일을 의미합니다. 잘 구성된 아키텍처일수록 이해관계자들이 원하는 품질 속성은 더 높이고 이해관계자들이 원하지 않는 품질 속성은 줄이거나 없애도록 만들어집니다. 구조는 다른 여러 사항에도 영향을 줍니다. 예를 들어, 올바른 업무 아키텍처는 여러분이 야근할 필요 없이 제 시간에 정해진 예산으로 제 역할을 해내게 합니다.

1.2.1 필수 구조 정의하기

높은 빌딩에는 기반과 기둥이 있습니다. 몸에는 뼈가 있습니다. 소프트웨어에는 구조^{structure}가 있습니다. 구조는 소프트웨어가 정렬되어 있는 형태입니다. 구조는 여러분이 작성한 코드에도 있고 실행하는 소프트웨어에도 있고 많은 사람의 협력 속에도 존재합니다.

구조를 만드는 일은 곧 요소^{element}들끼리 관계^{relation}를 만드는 일입니다. 요소와 관계를 벽돌과 시멘트라고 생각해봅시다. 빵과 땅콩버터라고 생각해도 좋습니다. 요소는 소프트웨어를 만드는 기본 조각입니다. 관계는 연관된 요소들이 함께 동작해서 특정 작업을 완수하는 단위입니다.

종이와 펜으로만 구조를 설계하면 현실을 반영하지 못할 가능성이 높습니다. 이를 피하기 위해 요소와 관계를 세 가지 타입의 구조 중 선택해 설계할 수 있습니다. 『소프트웨어 아키텍처 이론과 실제』(에이콘출판, 2015)[BCK12]에서는 이러한 세 가지 타입을 모듈^{module}, 컴포넌트와 커넥터^{component and connector}(C&C), 자원 할당^{allocation}으로 정의했습니다. 구조를 만들려면 동일한 타입 안에서 요소와 관계를 결합합니다.

아래 표는 각 타입별 요소와 관계의 예입니다.

	요소	관계
모듈	클래스, 패키지, 레이어, 저장 프로시저, 모듈, 설정 파일, 데이터베이스 테이블	사용한다, 사용을 허락한다, 의존한다
컴포넌트와 커넥터 (C&C)	오브젝트, 커넥션, 스레드, 프로세스, 계층, 필터	호출한다, 구독한다, 연결한다, 송출한다, 응답한다
자원 할당	서버, 센서, 랩톱, 로드 밸런서, 팀, 사람, 도커 컨테이너	구동한다, 책임이 있다, 개발한다, 저장한다, 지불한다

모듈: 이 타입은 설계할 때 만들기 시작해서 주로 코딩할 때 다루게 됩니다. 모듈은 파일 시스템 상의 어떤 형태로 표현할 수 있으며 소프트웨어가 동작하지 않아도 상관없습니다.

컴포넌트와 커넥터(C&C): 이 타입은 소프트웨어가 실제 동작할 때부터 의미 있습니다. 소프트웨어가 실행하기 시작하면 컴포넌트 간에 커넥션을 만들고 프로세스를 생성하거나 오브젝트를 초기화합니다. 모듈 타입과 다른 점이라면, C&C는 시스템이 동작하지 않으면 사라진다는 점입니다. C&C 타입은 프로그램이 실제 실행하면서 만드는 로그파일이나 데이터베이스 기록만으로 파악할 수 있습니다.

자원 할당: 이 타입은 모듈과 C&C가 서로 어떤 관계에 있는지 물리적인 요소로 보여주고자 할 때 만듭니다. 자원 할당 타입은 매핑 구조$^{mapping\ structure}$라고도 부르는데, 여러 요소가 서로 어떻게 매핑되는지 나타낼 수 있기 때문입니다. 어떤 요소가 서버에서 동작하는지 클라이언트에서 동작하는지, 어떤 부분을 어느 팀에서 만든 것인지 등을 나타냅니다.

모듈과 컴포넌트의 차이

소프트웨어 개발에서 모듈과 컴포넌트가 유사한 의미로 혼용되곤 합니다. 기술적으로 말하자면 모듈과 컴포넌트는 다릅니다. **모듈**^{module}은 설계 시점에 의미 있는 요소이며 **컴포넌트**^{component}는 런타임 시점에 의미 있는 요소입니다.

용어는 정확하게 사용할수록 좋습니다. 구체적인 의미를 가진 용어를 범용적으로 사용하면 혼란을 줄 수 있습니다. 일반적인 주제에서 구조적으로 뭔가 쌓아올리는 블록을 표현하고 싶다면 컴포넌트나 모듈이 아니라 '**요소**'라고만 말하는 편이 더 좋습니다.

단어 하나하나 신경 쓰는 게 아이디어를 표현하는 최고의 방법이라는 의미가 아닙니다. 다만 정확한 용어를 사용할수록 사람들은 여러분의 생각을 더 잘 받아들이고 이해할 것입니다.

앞서 언급한 세 가지 타입의 구조는 시스템 하나를 설계할 때 여러 가지 속성을 고려할 수 있도록 합니다. 예를 들어, 테스트와 운용을 고려한다면 모듈 타입을 이용할 수 있습니다. C&C 타입으로 표현한 구조는 가용성과 성능을 고려할 때 유용합니다. 현업에서는 이런 구분 없이 정적인 요소들을 동적인 관계로 연결 짓는 경우가 종종 있는데, 얼마나 혼란스러울 수 있는지 이제 이해할 수 있을 겁니다.

구조는 우리 시스템의 전체적인 모양을 결정합니다. 모양을 만드는 게 중요한 이유는 어떤 품질 속성이 필요한지 결정할 수 있고 사용자가 경험할 여러 가지 속성도 파악할 수 있기 때문입니다. 다음 절에서는 구조에서 품질 속성을 어떻게 도출할 수 있는지 배웁니다. 넘어가기 전에 실습 문제 하나를 보겠습니다.

1.2.2 직접 해보기: 요소, 관계, 구조

최근에 동료와 함께 진행한 프로젝트 하나를 선정해보세요. 각자가 모듈, C&C, 자원 할당 등의 목록을 만들고 스케치도 해본 후 동료와 바꿔서 비교해보세요. 동료와 어떤 차이가 있나요? 동료 는 그렸지만 여러분이 놓친 구조가 있나요? 서로 어떤 게 같고 다른지 비교하며 토론해보세요. 중요 포인트는 다음과 같습니다.

- 요소의 이름은 구체적으로 짓습니다. 이름을 지을 때 요소가 가진 관계를 고려하는 것도 잊지 마세요.
- 모듈 타입으로 구조를 만들 때: 어떤 메서드나 클래스가 사용되는가? 클래스가 다른 패키지나 네임스페이스에 있는가? 패키지 매니저나 빌드 스크립트에는 어떤 의존성이 있는가?
- C&C 타입으로 구조를 만들 때: 소프트웨어를 실행할 때 다른 프로세스나 시스템에 어떤 관계가 만들어지는가? 시스템은 어디에서 호출하는가? 응답에 따라 동작이 어떻게 바뀌는가?
- 자원 할당 타입으로 구조를 만들 때: 여러 가지 부분을 만들 때 누가 어떤 역할을 하는가? 소프트웨어가 어떻게 배포되는가?

1.2.3 품질 속성과 시스템 속성 도출하기

계산기 애플리케이션을 만든다고 가정해봅시다. 숫자 두 개를 더하는 기능을 만들려고 합니다. 간단하죠?

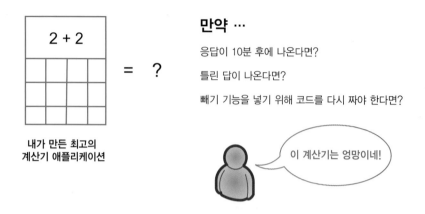

만약 …

응답이 10분 후에 나온다면?

틀린 답이 나온다면?

빼기 기능을 넣기 위해 코드를 다시 짜야 한다면?

이 계산기는 엉망이네!

내가 만든 최고의
계산기 애플리케이션

잠깐만요. 두 숫자를 더하는 계산기가 빠르고, 신뢰성 있고, 확장성도 있고, 유지 보수성도 좋기를 원했나요? 왜 그걸 원한다고 말하지 않았나요? 이처럼 품질 속성을 묻지 않으면 시스템을 잘못 설계할 수 있습니다.

품질 속성은 해당 소프트웨어 시스템의 이해관계자들이 소프트웨어를 평가하는 데 도드라지는 특성들을 말합니다. 확장성, 가용성, 유지 보수성, 테스트 가능성 등이 대표적인 예입니다. 품질 속성은 사용자가 소프트웨어를 사용할 때 직접 느낄 수 있습니다.

구조를 만들 때는 시스템에서 어떤 것을 품질 속성으로 설정해서 가치를 높여나가야 할지 정해야 합니다. 소프트웨어 아키텍처에 집중하면 소프트웨어 시스템에 대한 여러 가지 미사여구를 제치고 품질 속성만 고려해서 설계할 수 있습니다.

품질 속성은 소프트웨어를 독창적으로 만들어줍니다. 모든 시스템의 환경은 팀, 예산, 시장 상황, 기술 트렌드 등에서 차이가 있기 때문에 제각각 다릅니다. 그러므로 동일한 기능을 가진 시스템이라도 구조는 다를 수밖에 없습니다.

구미가 좀 당기나요? 다음 장에서는 여러분이 팀의 아키텍트가 되는 몇 가지 전략에 대해 알아봅시다.

1.3 팀에서 아키텍트가 되려면

아키텍트^{architect}가 공식적인 역할로 정해진 팀이 있습니다. 하지만 명확한 역할 구분 없이 팀원들이 아키텍트가 하는 일을 나눠서 수행하는 경우도 있습니다. 또 어떤 팀은 아키텍트가 없다고 말하지만, 자세히 살펴보면 누군가는 아키텍트의 역할을 이미 수행하고 있기도 합니다.

아키텍트는 리더 역할을 수행합니다. 하지만 소프트웨어 아키텍트가 된다는 것은 소프트웨어 설계에 대해 제 나름의 방식으로 생각하는 사람이 된다는 걸 의미하기도 합니다. 명함에 어떤 직함으로 써 있든 상관없이 소프트웨어 아키텍트가 될 수도 있습니다(저는 제가 원해서 '소프트웨어 엔지니어'라고 되어 있습니다). 모든 팀에는 최소한 한 명의 아키텍트가 있습니다. 최고의 팀에는 여러 명이 있습니다.

만일 여러분의 팀에 아키텍트가 없다면… 네, 축하합니다. 이제 당신이 하면 됩니다! 팀에서 설계 토론을 할 때 아키텍처가 무엇인지 그 개념을 팀에게 알려주는 건 그 누구의 허락도 필요하지 않습니다. 품질 속성이 무엇인지 질문해보세요. 팀이 여러 대안 사이에서 저울질할 때 그 의미를 말해주세요. 자발적으로 설계에 대한 결정사항들을 정리하고 아키텍처 설계에 대한 더 많은 책임을 맡으세요.

팀에 이미 아키텍트가 있다면 그 사람에게 어떻게 도와줄 수 있을지 물어보세요. 최대한 아키텍트와 가깝게 일하면서 많이 배우세요. 소프트웨어 시스템을 개발하는 건 실로 거대한 일입니다. 더 많은 사람들이 디테일에 신경 쓸수록 성공 확률도 더 높아집니다. 팀에 박식한 소프트웨어 아키텍트가 많을수록 좋을 수밖에 없습니다!

1.3.1 개발자에서 소프트웨어 아키텍트로

일반적으로 소프트웨어 아키텍트는 3~5개의 시스템을 개발하면서 기술적인 책임감을 점차 키웁니다. 만드는 소프트웨어에 따라 다를 수 있지만 아키텍트로서의 책임감이 커질수록 프로그래밍할 시간이 줄어들곤 합니다. 소프트웨어 아키텍트는 프로그래밍에서 손을 떼면 안 되지만, 이는 한편으로 자연스러운 현상이기도 합니다.

개발자에서 아키텍트로 성장하고 있는지 측정해보고 싶다면 프로젝트 포트폴리오를 만들어보세요. 소프트웨어 시스템을 만들 때마다 어떤 역할을 했든지 간에, 참여했던 소프트웨어 시스템에 대해 간략히 정리하고 개발하면서 배운 점을 정리하세요. 이렇게 자아 성찰하는 훈련은 기술 리더에게 꼭 필요하고 특히 소프트웨어 아키텍트에게는 필수적입니다.

프로젝트 포트폴리오를 정리할 때 의미 있는 질문은 아래와 같습니다.

- 이해관계자들은 누구였고 주요 비즈니스 목표는 무엇이었는가?
- 최종적으로 어떤 결과가 나왔는가?
- 어떤 기술을 사용했는가?
- 가장 큰 리스크는 무엇이었고, 어떻게 극복했는가?
- 다시 시작할 수 있다면 어떤 점을 다르게 하겠는가?

여러분의 목표가 자기 홍보든 실력 향상이든 인내심을 가져야 합니다. 대개 3~5년마다 의미 있는 수준의 복잡한 소프트웨어 시스템을 설계할 기회가 있을 것입니다. 운이 좋다면 커리어 동안 8개에서 15개 정도의 소프트웨어 시스템을 설계할 수도 있습니다. 소프트웨어 아키텍처를 만들 기회가 올 때 즉시 잡을 수 있도록 준비하세요. 동료와 함께 일하는 순간은 동료들의 역량을 키워줄 기회입니다. 제가 장담하는데, 모두와 함께 설계하면 훨씬 흥미로운 아키텍처를 만들 수 있습니다.

'소프트웨어 아키텍트'는 단순한 역할 중 하나가 아니라 생각하는 방식 자체입니다. 개발자는 매일 수십 가지 설계에 대한 의사결정을 할 수 있습니다. 이런 의사결정 중 몇 가지는 아키텍처에 큰 영향을 미치기도 합니다. 소프트웨어 구조에 영향을 미치는 어떤 의사결정을 한다면 누구든지 임시 아키텍트가 될 수 있습니다. 여러분이 어떤 직함을 가지고 있든 상관없이 좋은 의사결정을 내리고 시스템 구조를 건전하게 가꾸는 일은 여러분의 몫입니다.

1.4 훌륭한 소프트웨어 만들기

소프트웨어를 옳은 방향으로 만들기 위한 여러 가지 요소가 있습니다. 소프트웨어 아키텍처는 서로 긴밀하게 결합되면서 성공을 위한 기반이 됩니다. 아래는 훌륭한 소프트웨어 시스템을 만들 때 이해관계자들 모두가 좋아할 만한 여섯 가지 방법입니다.

1 소프트웨어 아키텍처는 큰 문제를 작게 나누고 관리하기 쉽게 만듭니다.

　　현대적인 소프트웨어는 크고 복잡하고 동적으로 변하는 여러 개의 조각으로 이루어집니다. 소프트웨어 아키텍처는 시스템을 어떻게 작은 조각으로 나눌지 설명할 수 있으며, 이렇게 나눈 조각을 합치면 전체 시스템은 단순히 부분을 더한 것보다 훨씬 훌륭하다는 걸 입증할 수 있습니다.

2 소프트웨어 아키텍처는 사람들이 협업하는 방법을 보여줍니다.

　　소프트웨어 개발은 기술보다 사람 간의 커뮤니케이션이라고 할 수 있습니다. 소프트웨어 아키텍처는 시스템을 총체적으로 설명할 수 있으며, 여기에는 시스템을 만든 사람도 포함합니다. 아키텍처를 알면 사람들이 어떻게 협업해서 개발했는지도 보입니다. 시스템이 커질수록 이 관점이 중요합니다.

3 소프트웨어 아키텍처는 복잡한 아이디어를 설명할 때 사용하는 사전입니다.

　　여러분의 설명을 상대방이 이해하지 못하면 협업은 불가능합니다. 단어와 개념을 새롭게 만드느라 시간을 쓸 필요 없이 소프트웨어 아키텍처에서 기본적인 개념과 필수 단어를 가져와서 대화를 시작할 수 있습니다. 이렇게 하면 주어진 시간에 사용자 꼭 필요로 하는 문제를 해결하는 일에만 집중할 수 있습니다.

4 소프트웨어 아키텍처는 기능과 스펙 너머로 시야를 넓혀줍니다.

　　기능과 스펙은 중요하지만 훌륭한 소프트웨어의 전부는 아닙니다. 소프트웨어를 개발할 때 아키텍처를 설계할 줄 알면 기능만 고려하는 게 아니라 비용, 제약, 일정, 리스크, 팀의 역량, 확장성, 가용성, 성능, 유지 보수성 등의 품질 속성까지 고려할 수 있습니다.

5 소프트웨어 아키텍처는 값비싼 실수를 줄여줍니다.

　　마틴 파울러는 「Who Needs an Architect?」[Fow03]에서 소프트웨어 아키텍처에 대해 "뭔가 되었든 중요한 것"이라고 했습니다. 이는 대부분 복잡도를 아주 높이지 않고서는 바꿀 수 없는 것들을 말합니다. 그래디 부치 ^{Grady Booch}는 소프트웨어 아키텍처에 대해 "비용을 들여야만 바꿀 수 있는 중요한 설계 결정"이라며 파울러와 비슷한 표현을 썼습니다. 소프트웨어 아키텍처가 모든 문제를 해결해주지는 않지만, 나중에 문제를 일으킬 수도 있는 부분의 도전적인(혹은 흥미로운) 이면을 볼 수 있게 합니다.

6 소프트웨어 아키텍처는 애자일을 가능하게 합니다.

물이 장애물을 만났을 때 자연스럽게 흘러가듯, 소프트웨어도 장애물을 만날 때 쉽게 변경할 수 있어야 합니다. 소프트웨어가 물이라면 소프트웨어 아키텍처는 물을 담은 그릇입니다. 그릇은 상자처럼 단단할 수도 있고 비닐봉지처럼 유연할 수도 있습니다. 가벼울 수도 두꺼울 수도 무거울 수도 있습니다. 아키텍처 없는 소프트웨어는 가장 저항이 적은 방향만 찾아서 흐를 뿐이고 제어할 수 없이 바닥에 쏟아질 것입니다. 소프트웨어 아키텍처는 소프트웨어의 틀이 갖추어진 상태에서 어디가 변경되어야 하는지 정해줍니다.

이 책에서는 지금까지 도출한 여러 가지 관점을 확장해보고자 합니다.

1.5   사례 연구: 라이언하트 프로젝트

각 장마다 새로운 아이디어를 다루면서 이에 대한 사례 연구도 함께 진행합니다. 사례 연구에 사용할 프로젝트명은 '라이언하트'라고 부릅시다. 이 사례는 실제로 존재하는 시스템이지만, 책에서는 학습 목적에 맞게 이름과 상황을 조금 바꿨습니다.

아키텍처 설계하기

스프링필드 시는 예산 부족으로 비용을 삭감해야 할 상황입니다. 시장 '장클로드 반담'(액션 배우와 무관합니다)은 우리 팀을 고용해서 예산집행부의 업무를 간소화하길 원합니다. 시청 직원들이 수백만 원 이상의 물품을 구매하려고 할 때 예산집행부는 제안요청서 ^{request for proposal}(RFP)를 지역 신문에 내야 합니다. 기업들은 RFP에 맞는 물품을 제안해서 경합을 벌이고, 시는 가장 경쟁력 있는 제품을 선정하고 계약합니다. 예산집행부는 화장지, 의료 용품, 농구공에 이르기까지 500건 이상의 계약 및 RFP를 모니터링하는데, 이 모든 데이터를 스프레드시트에서 관리하고 있습니다.

시장은 예산집행부의 업무를 개선하고 싶어 합니다.

- RFP의 반 이상에 경쟁 없이 하나의 기업만 입찰했습니다. 이대로라면 점점 질이 낮은 서비스를 받게 될 것입니다.
- 계약까지 수개월이 소요됩니다. 절차가 복잡해서 참여 기업들이 포기하곤 합니다.
- RFP를 발행하기까지 6주가 소요됩니다. 더 빠르게 처리하고 싶습니다.

2부에서 주어진 문제들을 구체화하고 그중 일부를 해결할 수 있는 그럴듯한 아키텍처를 설계해봅시다.

1.6 마치며

소프트웨어 아키텍트는 많은 일을 담당하고 책임집니다. 흥미롭고 복잡한 소프트웨어 시스템을 설계하고 다른 사람들과 함께 일하는 것은 기분이 좋고 노력할 만한 가치가 있는 일입니다. 소프트웨어 아키텍트는 하루아침에 되지 않습니다. 아키텍트로서 가져야 할 핵심적인 책임에 집중하고 시스템 아키텍처의 기반을 다지기 위해 최선을 다하며, 품질 특성을 높이기 위한 구조를 주로 만들 수 있다면 여러분은 최선을 다했다고 할 수 있습니다.

이번 장에서는 소프트웨어 아키텍처가 무엇인지와 아키텍트는 무엇을 하는지에 대해 알아봤습니다. 다음 장에서는 디자인 싱킹을 이용해 시스템 아키텍처에 어떻게 진입할 수 있는지 알아볼 것입니다.

2장 디자인 싱킹 기초

여러분이 시스템을 개발할 때마다 소프트웨어 아키텍처는 언제나 알아낼 예정$^{\text{to be discovered}}$(TBD) 인 상태입니다. 백지에서 시작하든 이미 돌아가는 시스템의 구조를 파악해야 하든 우리가 원하는 아키텍처는 저 멀리 어디엔가 있고 우리가 알아내주길 기다리고 있습니다. 소프트웨어 시스템을 설계하는 일은 문제 해결을 하는 동시에 아직 발견하지 못한 문제를 찾아가는 일입니다.

이처럼 어려운 일을 할 때 도움되는 방법으로 디자인 싱킹$^{\text{design thinking}}$이 있습니다. 디자인 싱킹은 문제 해결의 모든 기준을 인간에 두고, 창의적이고 분석적으로 문제를 풀어나가는 접근법입니다. 인간에게 초점을 두면 설계에 대한 의사결정을 할 때 문제의 본질에 집중할 수 있습니다. 이뿐만 아니라 해결법을 찾을 때마다 소프트웨어를 만드는 목적이 바로 사람들을 돕는 일이라는 점도 일깨워줍니다.

이번 장에서는 디자인 싱킹을 소프트웨어 아키텍처에 어떻게 적용하는지에 대해 배웁니다. 먼저 디자인 싱킹의 핵심 원리를 배운 후, 여러 가지 디자인 싱킹을 설계에 적용할 때 되도록 옳은 방향으로 적용하는 법을 배웁니다. 끝으로 디자인 싱킹을 선택하는 접근 방법에 대해 알아봅니다.

2.1 디자인 싱킹의 네 가지 원칙

디자인 싱킹은 문제를 해결하려는 과정이라기보다는 문제와 해결책 그리고 이에 영향을 받는 사람들의 관점에 대해 생각하는 방식이라고 할 수 있습니다. 디자인 싱킹이 일련의 문제 해결 과정은 아니지만 설계 활동에 대한 규칙은 있습니다. 크리스토프 마이넬과 래리 라이퍼는 『Design Thinking』(Springer, 2013)[PML10]에서 디자인 원칙을 네 가지로 정리했습니다. 이 원칙은 소프트웨어 아키텍처만이 아니라 세부적인 프로그램 설계, UI 디자인, 기타 디자인이 중심이 되는 어떤 분야에도 적용할 수 있습니다.

아래는 네 가지의 디자인 원칙입니다.

1 **인간중심의 원칙**human rule: 모든 디자인은 사회적이다.

2 **모호함의 원칙**ambiguity rule: 모호함을 유지하라.

3 **재디자인의 원칙**redesign rule: 모든 디자인은 다시 디자인한 것이다.

4 **촉각의 원칙**tangibility rule: 손에 잡히는 디자인이 대화를 이끌어낸다.

외우기 쉽게 앞글자를 따서 HART라고 하겠습니다. HART와 소프트웨어 설계는 어떤 관계를 가질 수 있는지 살펴보면서 디자인 싱킹이 소프트웨어 아키텍처 구조에 어떤 맥락으로 적용할 수 있는지도 알아봅시다.

2.1.1 모든 디자인은 사회적이다

디자인은 본질적으로 인간중심적인 노력입니다. 우리는 사람을 위해 소프트웨어를 디자인하며, 사람들과 함께 소프트웨어를 디자인합니다. 아키텍처에 대한 모든 의사결정은 어떤 식으로든 개인에게 도움을 줍니다. 설계에 대한 모든 의사결정은 사람이 이해할 수 있어야 하고 다른 사람과 공유할 수 있어야 합니다.

아키텍트는 모든 이해관계자들과 공감대를 형성해야 합니다. 우리는 사용자를 중요하게 생각해야 할 뿐만 아니라 사용자가 소프트웨어를 사용할 수 있도록 도와주는 사람들, 즉 소프트웨어를 코딩하는 개발자, 소프트웨어를 평가하는 테스터, 그 소프트웨어가 제때 개발될 수 있도록 일정을 관리하는 매니저까지 중요하게 생각해야 합니다. 소프트웨어를 설계할 때는 팀의 여러 사람과 협업할 수밖에 없으므로 사람을 존중하는 마음가짐으로 의견을 경청하고 긍정적인 의지를 표하고 인간중심적인 설계 방법을 활용하며 일을 진행해야 합니다.

인간중심 원칙은 아키텍트가 팀과 분리된 사람이 아니라 팀의 일부라는 사실도 상기시켜줍니다. 아키텍트는 팀원들과 직접 소통하면서 함께 설계해야 합니다. 소프트웨어를 만드는 일은 다분히 사회적인 활동입니다. 팀을 고려하지 않고 학문적으로만 접근한 상아탑 같은 설계는 허구입니다. 소프트웨어 설계는 참여한 모든 팀원의 활동을 쌓아올리는 작업이므로, 아키텍트와 팀을 분리하는 순간 아키텍트가 설계하면서 만들어놓은 사람들 간의 관계도 끊어지게 됩니다.

직접적이든 간접적이든 시스템 설계에 관여했던 사람들 한 명 한 명을 신경 쓸수록 더 나은 설계자이자 커뮤니케이터이자 리더가 될 수 있습니다.

2.1.2 모호함을 유지하라

엔지니어링에서 모호함은 곧 위험입니다. 설계에 대한 의사결정을 내릴 때는 정확하고 명료해야 합니다. 요구사항, 설계 조건, 모호한 의견들을 애매하게 내버려두면 프로젝트는 완전히 망합니다. 하지만 설계를 확정하기 전까지는 당분간 모호게 놔두는 방법을 쓸 수도 있습니다.

소프트웨어 아키텍처의 목적은 품질 속성을 끌어올릴 수 있도록 여러 구조를 정리하는 것입니다. 루스 말란과 다나 브레데마이어는 「Less is more with minimalist architecture」[MB02] 에서 아키텍트는 **최소한의 아키텍처**^{minimalist architecture}를 만들어야 한다고 했습니다. 최소한의 아키텍처는 달성해야 하는 가장 중요도 높은 품질 속성만 제시해 이 품질 속성을 방해하는 위험 요소는 줄이며, 그 외에 설계에 대한 모든 의사결정은 하위 설계자들이 알아서 결정하게 합니다.

최소주의^{minimalism}는 책임 있는 범위만큼만 설계에 대한 의사결정을 하겠다는 의미이기도 합니다. 품질 속성에 직접 영향을 미치지 않거나 소프트웨어를 제때 공급하지 못하는 위험은 소프트웨어 아키텍처보다는 설계상의 세부사항입니다. 이런 세부사항에 대한 의사결정을 아키텍처 외적인 사항으로 남겨서 하위 설계자들이 자신의 역할을 잘 수행하게 할 수 있습니다. 모호성을 유지하는 방법에 대한 더 자세한 내용은 6.5절 '변화에 대응하는 디자인'에서 서술합니다.

모호함을 유지하면 주변 상황이 바뀌더라도 소프트웨어를 제때 공급할 수 있습니다.

2.1.3 모든 디자인은 다시 디자인한 것이다

크리스토퍼 알렉산더는 『패턴 랭귀지』(인사이트, 2013)[AIS77]에서 253개의 도시공학 문제와 그 해결책을 정리했습니다. 건축 재료부터 지역 사회를 다루는 기술까지 건축물을 건설하기 위한 폭넓은 주제를 담고 있습니다. 여러분이 어느 봄날 아침에 길가 카페에서 커피를 홀짝인 적이 있다면 크리스토퍼 알렉산더에게 고마워해야 합니다. 지역 사회를 위한 건축 솔루션 중 하나로 길가에 카페를 설치하는 패턴을 문서화했기 때문입니다.

'다시 디자인한다'는 의미는 과거의 디자인에서 패턴을 찾고 고찰해보는 것입니다. 소프트웨어를 만들수록 더 나은 소프트웨어를 만드는 지식도 발전합니다. 지금 겪는 문제는 어떤 팀이 이미 겪은 문제일 수 있습니다. 다행스럽게도 누군가가 이에 대해 어떤 패턴을 알아내고 문서화했다면 그 문서를 기반으로 설계를 시작할 수 있습니다. 어쩌면 지금 겪는 문제를 해결하는 프레임워크를 누군가 만들어놨을 수도 있습니다.

소프트웨어 아키텍처를 설계할 때 바닥부터 새롭게 만드는 것보다 현재의 설계를 갈고닦는 데에 더 많은 시간을 쓸 수도 있습니다. 가장 비효율적인 일 중 하나는 이처럼 과거에 존재했던 시스템을 무시하는 것입니다.

2.1.4 손에 잡히는 디자인이 대화를 이끌어낸다

소프트웨어에서 아키텍처는 코드로 작성되어 있지만, 코드만으로는 손에 잡히는 느낌이 없습니다. 코드는 읽기 어렵고, 품질 속성이나 크게 나눈 컴포넌트, 설계의 논리적 근거나 의사결정에 대해 토론하기 어렵습니다. 우리가 다른 사람들과 아키텍처를 공유하려면 코드만으로는 표현할 수 없는 방식으로 구현해야 합니다.

아키텍처를 손에 잡히게 하는 방법은 많습니다. 그림으로 그리고, 코드로 구현하세요. 프로토타입을 만들어서 사람들이 품질 속성과 아키텍처를 직접 경험할 수 있게 하세요. 단순한 모델을 만들어서 아키텍처의 한 부분을 보여주세요. 공감할 수 있는 메타포를 만드세요. 시스템 흐름의 일부를 직접 동작해보세요.

이런 방법은 앞서 언급한 '모든 디자인은 사회적이다'와 맥을 같이합니다. 인간은 공감함으로써 아이디어를 내면화합니다. 아키텍처는 손으로 느낄 수 있게 해야만 다른 사람과 공유할 수 있습니다.

네 가지 HART 원칙은 아키텍처 디자인의 철학적인 기초입니다. 이 원칙들은 우리의 의사결정을 도우며 사고방식에 스며들 것입니다. 또한 우리가 어떤 일을 왜 그렇게 하는지에 대한 이유를 만들어줍니다. 이제 디자인 싱킹이 어떤 원칙 아래서 이루어지는지 알았으니, 아키텍처 중심의 설계 활동을 선택하는 방법을 익히며 이 원칙을 어떻게 적용하는지 알아보겠습니다.

2.2 디자인 마인드셋 장착하기

소프트웨어 시스템을 설계할 때는 여러 관점의 디자인 마인드셋design mindset을 가지고 진행합니다. 디자인 마인드셋은 세상을 이해하는 방법이며 제때에 알맞은 수준의 디테일을 챙길 수 있게 합니다.

디자인 마인드셋은 네 가지가 있습니다. 이해하기understand, 탐색하기explore, 실현하기make, 평가하기evaluate입니다. 각각의 디자인 마인드셋마다 훈련이 필요합니다. 아키텍처를 설계하려면 마인드셋을 선택하고, 그 마인드셋에 대한 훈련 방법을 선택하고, 선택한 훈련을 적용해가며 아키텍처의 새로운 부분을 알아나갑니다. 그리고 이를 다시 반복합니다.

2장에서는 마인드셋별로 어떤 훈련을 어떻게 진행하는지에 대해 알아봅니다. 세부 절에서 아래 그림의 마인드셋을 하나씩 조명하며 설명합니다. 그 전에 각 마인드셋이 어떤 의미인지부터 알아봅시다.

2.2.1 문제 이해하기

이 단계에서 우리는 이해관계자들의 요구사항을 적극적으로 알아내고 문제로 기술하는 방법을 알아봅니다. 이해한다는 건 곧 공감이며 이는 요구사항의 하나이기도 합니다. 문제를 이해하려면 시스템을 직접 다루는 사람과 그 사람이 필요로 하는 것을 알아야 합니다.

문제를 이해하려면 이해관계자들이 중요하게 생각하는 비즈니스 목표와 품질 속성도 조사해야합니다. 그리고 어떻게 팀을 운영하고 설계할 때 트레이드오프와 우선순위를 결정하는지도 배워야 합니다.

네 가지 마인드셋. 무엇을 먼저 적용하든지 순서는 상관없다.

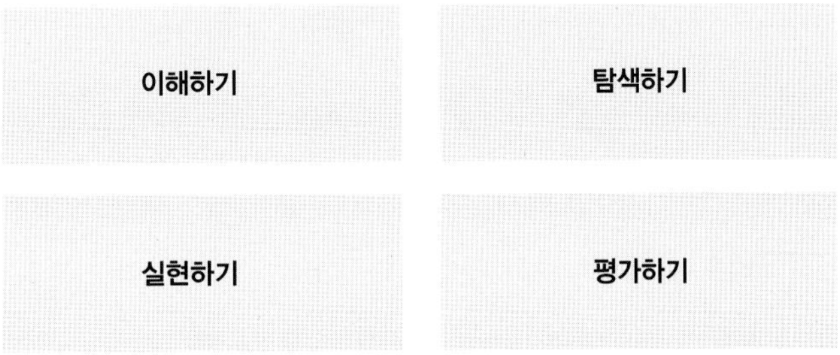

이해하기	탐색하기
실현하기	평가하기

2.2.2 아이디어 탐색하기

통상적인 디자인 싱킹에서 브레인스토밍과 포스트잇은 시작이자 끝입니다. 브레인스토밍은 강력하지만 탐색하기 단계에서는 하나의 훈련 방법에 지나지 않습니다. 우리가 문제를 풀기 위해 아이디어를 탐색할 때는 여러 가지 설계 콘셉트를 만들고 공학적인 여러 접근법도 살펴봅니다.

소프트웨어 아키텍처를 탐색한다는 것은 여러 구조를 조합하다가 품질 속성을 최대한으로 끌어올릴 최선의 조합을 찾는다는 의미입니다. 최선의 조합을 찾으려면 다양한 패턴, 기술, 구현 방법에 대해 조사해야 합니다. 아키텍처를 체계적으로 만들려면 탐색 단계에서 많은 시간을 써야 합니다. 이 마인드셋은 이해관계자들과 함께할 때도 중요합니다.

2.2.3 실현하기

2.1절 '디자인 싱킹의 네 가지 원칙'에서 살펴봤듯이, 아이디어는 다른 사람에게 온전히 전달하지 못하면 아무 의미가 없습니다. 아이디어 실현하기는 다른 사람에게 아이디어를 전달하는 방법뿐만 아니라 아이디어 자체를 시험해볼 수 있는 기회도 제공합니다. 실현하기 단계에서 설계 콘셉트를 현실 세계의 실체로 만들게 됩니다.

2.2.4 평가하기

설계에 대한 의사결정이 실제로 문제를 해결했는지 어떻게 알 수 있을까요? 평가하기 단계에서 설계상의 의사결정이 실제 인식과 얼마나 잘 맞는지 평가하게 됩니다.

평가할 때 이분법적으로 판단할 필요는 없습니다. 아키텍처의 전체 또는 부분만 평가할 수도 있고, 모델 한 개만 하거나, 아이디어만 평가할 수도 있습니다. 가장 흔한 방법으로는 아키텍처의 한 부분을 다양한 시나리오에 적용해보는 것입니다. 설계 의사결정이 가져올 파급효과를 알기 위해 직접적인 실험을 진행하거나 위험 요소를 검사할 수도 있습니다.

평가하기는 아키텍처에 대한 논의가 끝난 후의 일이지만 또 다른 시작을 의미합니다. 결과물이 요구사항을 충족하는지를 비롯해 우리가 만든 모든 결과물이 요구사항을 잘 만족시키는지 검사하는 일입니다.

디자인 마인드셋이 제대로 동작하려면 빠른 피드백 순환 고리를 만들어서 단계별로 빠르게 옮겨갈 수 있어야 합니다. 다음 절에서는 단순하지만 인터랙티브한 방법으로 올바른 마인드셋을 선택하는 방법을 알아봅시다.

2.2.5   직접 해보기: 이해하기, 탐색하기, 실현하기, 평가하기

네 가지 디자인 마인드셋으로 사람들이 저마다 어떻게 문제를 푸는지 엿볼 수 있습니다. 굳이 마인드셋을 훈련하지 않더라도 이미 이런 흐름으로 일을 해왔으리라 생각합니다. 소프트웨어 개발자 경력에서 각각의 마인드셋이 영향력을 발휘한 적이 있었나요? 그런 프로젝트가 있었다면 두 가지 정도를 말해보세요.

아래는 구체적인 답변을 만들기 좋은 몇 가지 질문입니다.

- 문제를 제대로 이해하기 위해 사람들과 협업한 적이 있나요? 이때 특별한 방법론을 사용했나요?
- 아이디어를 탐색하기 위해 다른 사람들과 어떻게 협업했나요? 그리고 제시한 아이디어에 이어서 어떤 대안을 생각해봤나요?
- 여러분이 이해관계자 또는 팀원들과 일하는 방식을 변경했을 때 어떻게 했나요?
- 스스로의 설계는 어떻게 평가했나요? 가설을 테스트하기 위해 어떤 기술을 사용했나요?

2.3   생각-실행-확인하기

매일 소프트웨어 만드는 일을 할수록 새롭게 알게 되는 소프트웨어 지식도 많아집니다. 새로운 지식으로 더 나은 아키텍처를 만들고 또 이를 이용해 새로운 정보를 창출할 수 있습니다. 이 선순환을 계속하려면 설계할 때 빠른 피드백 순환 고리를 만들어서 지속적인 변화로 기회를 만들어내야 합니다.

세 단계로 해낼 수 있습니다. 생각^{think}하고, 실행^{do}하고, 확인^{check}하는 것입니다. 매번 디자인 마인드셋을 적용할 때마다 생각−실행−확인을 반복합니다.

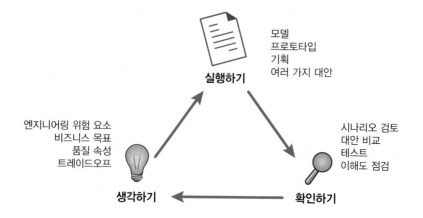

모델
프로토타입
기획
여러 가지 대안

실행하기

엔지니어링 위험 요소
비즈니스 목표
품질 속성
트레이드오프

시나리오 검토
대안 비교
테스트
이해도 점검

생각하기

확인하기

2.3.1 지속적인 학습을 위한 선순환

한 번의 순환을 돌기까지 짧게는 몇 분, 길게는 며칠이 걸릴 수 있습니다. 물론 짧을수록 좋습니다만 주제의 깊이에 따라 긴 시간을 들여야 하는 경우도 있습니다. 어떤 디자인 마인드셋을 적용하는지와 무관하게 언제나 같은 순서로 진행하면 됩니다.

- **생각**: 무엇을 배우고 싶은가? 어떤 질문에 대한 답을 구해야 하는가? 현재 제일 위험한 요소는 무엇인가? 생각하기 단계는 무엇을 배울지 계획하는 것을 포함합니다. 구체적인 질문에 대한 답을 생각해보거나 위험 요소를 줄이는 방법을 생각해봅시다.

- **실행**: 계획한 바를 실천합니다. 손에 잡히는 결과를 만들어보며 필요한 정보를 파악하거나 아이디어를 공유합니다.

- **확인**: 실행하기 단계에서 했던 항목들을 비판적으로 평가해보고 다음 목표를 설정합니다. 그리고 다시 생각하기 단계로 돌아가서 반복합니다.

소프트웨어 시스템을 만드는 데에 중단이란 없습니다. 릴리스만 계속할 뿐입니다. 소프트웨어가 중단될 일이 없으므로 설계의 순환 과정 역시 끝날 일이 없습니다. 아키텍처의 어떤 부분을 개선하든 새로운 부분을 만들든 같은 방법으로 해나가면 됩니다.

2.3.2 어떤 상황에서든 마인드셋을 활용하자

앞서 소개했던 네 가지 디자인 마인드셋은 네 개의 도구상자와 같습니다. 설계 작업을 할 때마다 알맞은 상자에서 도구를 꺼내 쓰면 됩니다. 새로운 요구사항이 있을 때마다 적절한 마인드셋을 선택해 위험 요소를 줄이고 새로 알게 된 지식을 학습하는 일을 이어갑니다.

'이해하기'에서는 이해관계자들이 필요로 하는 바를 요구사항으로 구체화하는 방법에 집중합니다. '탐색하기'에서는 문제를 패턴, 기술 등 여러 수단으로 파악해본 후 해결 방법을 브레인스토밍합니다. '실현하기'에서는 시스템을 모델링해 구체적인 결과물을 공유합니다. '평가하기'에서는 결과물이 요구사항에 맞는지 테스트합니다.

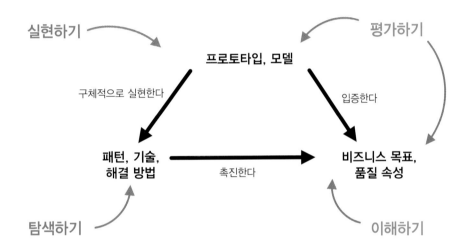

마인드셋은 빠른 템포로 다음 단계로 넘어가야 합니다. 단순한 1:1 대화에서도 마인드셋을 여러 번 바꿀 수 있습니다. 워크숍을 진행한다면 구체적인 상황을 만들고 참가자들이 새 마인드셋을 습득해서 원하는 결과를 이끌어낼 수 있습니다. 9장 '아키텍처 디자인 스튜디오 운영하기'에서 이에 대한 예시를 볼 수 있습니다.

능숙한 아키텍트라도 객관적으로 아키텍처를 파악하지 못하고 이곳저곳을 찔러보기만 할 때도 있습니다. 경험과 본능에만 의지할 때도 많습니다. 이제 네 가지 디자인 마인드셋을 알았으니 기존의 관성을 버릴 때가 되었습니다. 설계를 하다 막힐 때면 적당한 마인드셋을 선택하고 다시 해보면서 해결할 수 있습니다

2.3.3 실전 연습: 마인드셋과 생각-실행-확인하기

마인드셋과 선순환을 활용하는 구체적인 예를 들어보겠습니다. 어느 날 이해관계자가 새로운 제약을 줬고 이 때문에 아키텍처상 만족할 만한 성능이 나올 수 없는 위험이 생겼다고 가정해봅시다.

- **생각**: 성능이 중요하다는 것은 누구나 알지만, 좋은 성능이 무엇을 의미하며 그것으로 어떤 점이 좋아지는지는 잘 모릅니다. 더 정확한 정보를 알기 위해 '이해하기' 마인드셋을 적용해봅시다. 14장 '문제를 이해하고 싶을 때'와 관련된 활동 하나를 참고해 품질 속성과 시나리오를 파악하기로 합니다.
- **실행**: 성능과 관련된 시나리오를 브레인스토밍하고 문서로 남깁니다.
- **확인**: 팀과 이해관계자가 모여서 시나리오를 살펴보고 피드백을 받습니다.

이제 새롭게 알아낸 정보로 정확한 위험 요소를 파악합니다. 제약 때문에 성능에 관한 품질 속성은 시나리오대로 달성할 수 없는 걸까요?

- **생각**: 품질 속성을 달성할 수 있을지 알아보기 위해 '평가하기' 마인드셋을 가져와봅시다. 제약 때문에 성능에 어떤 문제가 생길지 작은 실험을 계획합니다.
- **실행**: 간단한 스크립트를 만들어서 소프트웨어 시스템에 부하를 주고 데이터를 수집합니다.
- **확인**: 수집된 데이터로 100여 밀리초 정도의 성능 저하를 확인할 수 있었습니다.

여기까지 오면서 팀은 한 단계씩 나아가고 있다고 확신했습니다. 성능 저하는 확인했지만 심각한 수준은 아니라고 판단했기에 이 결과를 이해관계자들에게 공유하고, 새로운 제약에 따라 구현할 방법을 모색합니다.

- **생각**: '실현하기' 마인드셋을 이용해 아이디어를 실체화하고자 합니다. 도표만으로는 부족하다고 생각하므로, 이해관계자 제약으로 생기는 영향을 이해관계자들이 직접 체험할 수 있게 하고 싶습니다.
- **실행**: 프로그램의 흐름과 여러 가정에 따라 성능 차이를 시뮬레이션할 수 있도록 일회용 프로토타입을 만듭니다.
- **확인**: 프로토타입을 이해관계자들에게 전달하고 여러 변수에 따른 성능 차이를 설명합니다. 수치상 100밀리초 정도는 작다면 작은 차이지만, 직접 체험해본 이해관계자들은 받아들일 수 없다고 했습니다.

프로토타입을 만들어 직접 체험하게 하니 이해관계자들도 문제를 가볍게 생각하지 않고 새롭게 인식할 수 있었습니다. 다음으로 '이해하기' 마인드셋을 적용해 요구사항을 개선할 수 있습니다. 곧바로 '탐색하기' 마인드셋을 이용해 이해관계자들에게 시연했던 회의에서 잠깐의 시간을 할애해 개선한 요구사항이 현실적으로 적합한지 평가할 수 있습니다. 이런 식으로 꾸준히 순환하면서 진행하면 됩니다.

생각–실행–확인 순환은 어떤 상황에서든 다양하게 활용할 수 있습니다. 시스템의 규모나 복잡도, 팀의 규모와 숙련도, 동시에 여러 개의 설계를 진행해본 경험의 유무와 무관하게 유연하게 적용할 수 있습니다.

2.4 마치며

디자인 싱킹은 소프트웨어를 개발하는 데서 기술과 사람을 잇는 법을 알려줍니다. HART 원리는 소프트웨어에 마음을 심는 일입니다(heart와 발음이 같은 건 우연일 뿐입니다!). 우리는 디자인 마인드셋으로 이해관계자들이 원하던 결과를 더 정확히 파악하고 더 나은 의사결정을 할 수 있습니다.

지금까지 이론은 충분히 다뤘으니, 이제 비즈니스를 고려할 차례입니다.

소프트웨어가 발명된 이래로 아키텍처 설계를 얼마나 우선해야 하는지, 그리고 이를 얼마나 실제로 구현할 수 있는지에 대해 논쟁이 많았습니다. 세상의 논쟁이 대개 그런 것처럼 쓸모없다는 의견과 필수적이라는 극단 사이의 어딘가에 진실이 있을 것입니다. 다음 장에서는 상황에 맞게 설계 전략을 설정하고 당면한 소프트웨어 위험에 따라 디자인 마인드셋을 선택하는 방법을 알아봅시다.

2부

아키텍처 설계의 기초

1부에서 디자인 싱킹의 원칙과 마인드셋을 알아
봤습니다. 2부에서는 소프트웨어 아키텍처에 이
원칙들과 마인드셋을 적용하는 방법을 알아봅시다.

3장　　설계 전략 고안하기

소프트웨어 아키텍처를 설계하는 일은 언제나 혼란스럽습니다. 불확실함이라는 폭풍은 모든 소프트웨어를 휘감고 있지만 그럼에도 계획은 있어야 합니다. 단단한 설계 전략을 가지면 폭풍 속에서도 정해진 길을 걷는 기분을 느낄 수 있습니다.

디자인 싱킹은 복잡한 문제에서 해법을 찾아가는 완벽한 방법입니다. 디자인 싱킹은 단번에 정답을 만들기보다는 학습과 실험을 중요시합니다. 아키텍처를 구현하지 않고 테스트할 수는 없지만, 점진적으로 작은 조각들을 설계하면서 평가할 수는 있습니다. 이번 장에서는 아키텍처를 설계할 때 디자인 마인드셋을 적용하고 생각-실행-확인 사이클을 거치면서 어떤 부분에 초점을 맞춰야 할지 배웁니다.

디자인 싱킹의 기초와 마인드셋을 학습했으니, 이번 장에서는 위험 요소를 고려하면서 디자인 마인드셋을 선택하고 설계 전략을 확장해나가는 법을 알아봅니다.

3.1　　만족스럽게 설계하기

이상적으로는 해결해야 하는 문제를 온전히 정의한 후 이를 해결하는 완벽한 아키텍처를 설계할 수 있습니다. 물론 현실은 그렇지 않습니다. 허버트 사이먼은 『Sciences of the Artificial』(The MIT Press, 1996)[Sim96]에서 이러한 현실적인 장벽을 결박된 합리성bounded rationality이라고 칭하며 시간, 돈, 기술, 지식에서 발생한 이론적인 제약이 소프트웨어 아키텍처처럼 복잡한 문제를 합리적으로 설계하는 걸 어렵게 만든다고 이야기했습니다.

이성적인 판단만 하며 최적의 설계를 찾기보다는 만족감을 목표로 삼을 수도 있습니다. 만족스러운^{satisfying} 설계란 '이 정도면 괜찮다'고 할 만큼 필요를 충분히 채워 만족감을 줍니다.

소프트웨어 아키텍처는 최적의 방법을 찾는 문제 풀이보다는 아래와 같은 활동을 장려해 만족스러운 설계를 찾아가는 과정입니다.

실험으로 해결하기

아키텍트는 모든 기술에 통달한 현자가 아닙니다. 생각해볼 수 있는 모든 해결책을 평가해야 할 실험이라고 생각하세요. 가설을 빠르고 저렴하게 평가할수록 이해관계자들이 만족할 만한 구조로 더 빨리 조합할 수 있고, 그만큼 빠르게 이해관계자들의 이익을 실현할 수 있습니다.

위험 요소 줄이기

소프트웨어의 가치는 우리가 끝까지 지켜야 할 단 하나의 변수입니다. 아키텍처는 소프트웨어 시스템의 기반이며, 아키텍처 설계에 실패하면 모든 것이 실패합니다. 아키텍트는 어떤 부분이 잘못되고 있고 있는지 늘 고심하며, 각 상황에 맞는 시나리오를 고려해둬야 합니다. 위험을 잘 활용해 다음 설계 방향을 결정할 수도 있습니다.

문제 단순화하기

단순한 문제는 단순한 방법으로 해결되곤 합니다. 문제를 단순하게 하는 방법은 몇 가지가 있습니다. 참여하는 이해관계자 수를 줄이면 쟁점이 되는 사안도 그만큼 줄일 수 있습니다. 복잡도를 낮추기 위해 제약을 추가 또는 삭제하거나 문제의 한 부분에만 초점을 맞춰볼 수도 있습니다. 반복되는 문제^{routine problem}를 파악하면 개선할 점을 찾기 쉽습니다. 반복되는 문제에는 대체로 해결책이 있으므로 패턴 사례를 찾아보거나 경험에 빗대어 해결책을 찾아볼 수 있습니다.

빠르게 반복하고 빠르게 배우기

빨리 배울수록 문제를 더 많이 찾을 수 있고 그만큼 더 자신 있게 문제를 해결할 수 있습니다. 잘못된 점이 있다면 가능한 한 빨리 알아내면 됩니다. 빠른 실패는 곧 빠른 학습을 의미합니다. 짧고 촘촘한 일정으로 반복해서 경험하는 것이 모호한 목표만 바라보며 오랫동안 숙고하는 것보다 낫습니다.

문제와 해결책을 동시에 생각하기

크리스토퍼 알렉산더는 『Notes on the Synthesis of Form』(Harvard University Press, 1964)[Ale64]에서 말하길, 문제는 마음속에 둔 해결책으로 정의된다고 했습니다. 문제를 둘러싼 한계는 사실 문제를 해결할 수 있는 잠재적인 해결책으로 이루어져 있습니다. 문제를 이해하려면 그 주변을 탐험해야 합니다. 탐험을 잘하려면 문제를 잘 이해해야만 합니다. 소프트웨어 아키텍처 설계는 문제를 파악하면서 동시에 해결책도 생각해야 하는 일입니다. 설계 초기부터 코딩하는 방법도 문제와 해결책을 동시에 다루는 전략 중 하나입니다.

합리성을 버리라는 말은 비합리적인 아키텍트가 되라는 의미가 아닙니다. 아키텍처는 모든 소프트웨어의 기반이므로 어쨌거나 초기 설계 작업은 필요합니다. 다만 설계를 얼마큼 먼저 진행하고 이후에 얼마나 발전시킬지를 결정해야 합니다. 설계 초기에 어떤 설계 전략을 선택하는지에 따라 우리 팀이 얼마나 아키텍처를 성장시킬 수 있는지가 결정됩니다. 그리고 이해관계자들에게도 우리의 자신감이 전해집니다.

3.2 설계를 얼마나 우선해야 하는가

소프트웨어 개발에서 아키텍처는 필수불가결한 투자입니다. 어떤 소프트웨어든 아키텍처가 있고, 한 번 만에 끝나든 오래 걸리든 아키텍처 설계에 시간을 쓸 수밖에 없습니다. 초기 설계에 시간을 많이 쓸수록 개발할 때 재작업 비용을 아낄 수 있습니다. 물론 너무 오랫동안 설계하면 구현에 쓸 시간이 부족해지므로 이해관계자들이 얻는 가치도 떨어집니다. 초기에 설계할 시간이 부족하면 개발하면서 계속 아키텍처를 수정해야 합니다.

시스템마다 요구사항과 규모에 맞는 설계 최적점^{design sweet spot}이 있습니다. 이는 곧 개발 전에 설계에 들일 최적의 시간을 의미합니다.

3.2.1 설계의 최적점 찾기

배리 베임^{Barry Boehm}은 그의 논문 「Architecting: How Much and When?」[BWO10][1]에서 프로젝트 스케줄을 결정하는 가장 큰 요소는 개발 시간, 아키텍처 설계 계획, 재작업이라고 했습니다. 재작업은 설계 결함을 수정하거나 코드를 재작성하거나 실수를 되돌리는 일 등을 의미합니다. 최적점은 설계 비용과 재작업 사이의 어딘가에서 찾아야 합니다.

개발 시간

설계 및 위험 제거 시간

+ 재작업 시간

_____

전체 프로젝트 시간

  * 참고: 설계 시간에 시간을 쓸수록 개발과 재작업을 효율적으로 할 수 있습니다.

---

1 https://api.semanticscholar.org/CorpusID:218632377

설계의 최적점은 규모가 얼마나 큰지, 요구사항이 얼마나 자주 변경되는지, 소프트웨어가 얼마나 복잡한지에 따라 크게 좌우됩니다. 베임은 앞서 언급한 그의 논문 30쪽에 설계에 시간을 쓸수록 재작업에 들어가는 시간이 줄어드는 그래프를 실었습니다. 실선은 아키텍처 설계에 들이는 노력의 총량(긴 점선)과 재작업 시간(짧은 점선)의 합을 의미합니다.

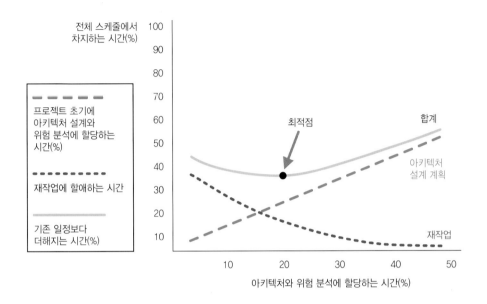

그래프를 보면, 설계 시간을 20% 이하로 줄이면 전체 프로젝트 시간이 도리어 늘어납니다. 설계 시간을 많이 확보하면 재작업은 줄어들고 전체 프로젝트 시간은 길어집니다. 설계 시간을 줄이면 재작업이 늘고 전체 프로젝트 기간이 또다시 길어집니다.

이 연구에서 베임은 소프트웨어 시스템의 규모와 최적점의 상관관계를 보여줍니다. 이 자료를 근거로 초기 설계 기간을 설정하면 최적점을 찾을 수 있습니다.

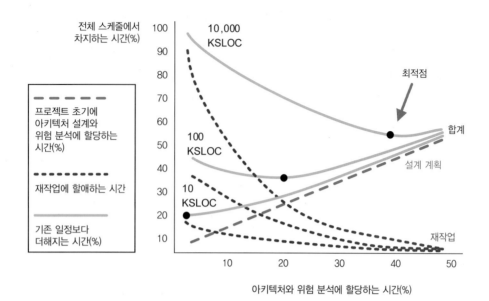

이 그래프는 중요한 시사점이 있습니다. 하나씩 살펴보겠습니다.

- **시스템의 규모가 클수록 초기 설계에 투자하는 데서 얻는 이득이 커집니다.**

  큰 규모의 시스템(10,000KSLOC, 1KSLOC는 소스 코드 1000줄을 뜻한다)에서 37%가량의 시간을 초기 설계에 투자하면 최적입니다.

- **시스템의 규모가 작으면 초기 설계에 투자하는 데서 얻는 이득이 작아집니다.**

  10KSLOC 규모의 프로젝트는 전체 스케줄의 5% 정도만 초기 설계에 투자합니다. 소규모 프로젝트는 코드를 재작성하는 편이 설계에 많은 시간을 들이는 것보다 빠른 결과를 내곤 합니다.

- **아키텍처 설계에 거의 투자하지 않으면 큰 타격을 받을 수 있습니다.**

  소규모 소프트웨어 시스템에서 초기 아키텍처 설계를 무시하면 더 비용 효율적이고 전체 일정을 단축할 수 있지만, 재작업이 필수적입니다. 이를 숙지해, 일정을 짤 때 설계 변경이 일어나는 경우도 고려해야 합니다. 대규모 시스템에서 초기 설계를 안 하면 훨씬 더 큰 충격을 받을 수 있습니다.

- **아키텍처에 투자할수록 재작업이 줄어듭니다.**

  아키텍처는 실수를 줄여줍니다. 효율성보다 프로젝트 일정이 예측 가능한 편을 선호한다면 소규모 소프트웨어 시스템에서도 미리 계획을 세우는 것이 좋습니다. 대규모 소프트웨어 시스템에서는 사전 계획이 필수적입니다.

시스템 규모는 측정과 예측에 좋은 수단이지만, 많은 이가 아키텍처 설계에 얼마나 공을 들일지 판단할 때 복잡도도 고려합니다.[2] 대체로 큰 시스템은 복잡하지만 복잡하다고 해서 무조건 큰 시스템은 아닙니다. 해결 방법이 뻔하다면 시스템 규모가 커도 초기 설계는 아주 짧게 끝날 수 있기 때문입니다.

추가로 요구사항의 변동성도 고려해야 합니다. 아키텍처에 영향이 큰 요구사항을 변경하면 계획을 아무리 잘 세웠다고 해도 의미가 없어질 수 있습니다. 큰 변화가 예상되는 경우 변화에 발이 묶일 수 있는 결정은 미뤄두고 더 가벼운 설계 및 문서화 방법을 사용하는 데 초점을 맞춥니다.

3.2.2 사례 연구: 전체 일정에 아키텍처가 미치는 영향

10만 줄 이상의 코드가 필요한 소프트웨어를 만든다고 가정해봅시다. 개발 기간은 100일 정도 예상합니다. 베임의 연구에 따르면 설계에 시간의 5%를 할애할 경우 전체 개발 일정은 43% 증가합니다. 17%를 설계에 할애하면 전체 개발 일정은 38% 정도만 늘어납니다.

설계에 시간을 무작정 많이 할애한다고 일정이 줄어들지는 않습니다. 일정의 1/3 수준을 설계에 할애해도 전체 일정은 늘어날 뿐입니다. 재작업이 거의 없을 정도로 최소화하고 그 대신 설계 시간을 늘린다고 해도 전체 일정은 40% 증가하므로 그다지 현명한 시간 배분이 아닙니다.

아래 표는 개발 기간을 100일로 정할 때의 예측 수치입니다.

설계 소요일	재작업 소요일	프로젝트 소요일
5	38	143
17	21	138
33	7	140

---

2 Michael Waterman, James Noble, and George Allen. The effect of complexity and value on architecture planning in agile software development. *Agile Processes in Software Engineering and Extreme Programming (XP2013)*, 2013, May.

COSYSMO^{Constructive Systems Engineering Model}[3]는 베임의 연구 결과를 반영하고 있습니다. COSYSMO 와 COCOMO 2.0 툴[4]을 여러분의 프로젝트 데이터에 적용해보길 추천합니다.

지금까지 베임의 연구로 설계에 얼마나 시간을 할애해야 하는지는 알 수 있었습니다. 다만 2장 '디자인 싱킹의 기초'에서 언급한 것처럼 설계 작업에 언제 착수해야 하는지, 언제 어떤 디자인 마인드셋을 적용해야 하는지는 모릅니다. 베임은 이에 대한 대답도 제시합니다. 「Using Risk to Balance Agile and Plan-Driven Methods」[BT03]에서 베임과 터너는 위험 요소를 기준으로 아키텍처에 집중할 부분을 고르라고 말합니다. 위험 요소를 제대로 파악했다면 이를 이용해 무엇을 설계하고 이해관계자들을 이 과정에 어떻게 참여하게 해야 할지 알 수 있습니다.

3.3   위험 요소를 가이드로 삼기

새 프로젝트의 이해관계자들과 첫 미팅을 한 후에는 마음속에 큰 구멍이 생기는 기분이 들곤 합니다. 때론 이런 기분이 들지 않으면 불안하기까지 합니다. 만들 가치가 있는 소프트웨어에는 항상 위험도 따릅니다. 그래서 처음 시작할 때 뭔가 불편한 마음이 드는 게 당연합니다. 불확실한 요소도 없고 의문도 없는 소프트웨어라면 애초에 아키텍트가 필요하지도 않습니다.

이런 불편한 마음을 더 나은 결과를 만들기 위한 직감으로 활용할 수 있습니다. 위험이란 실수를 답습하기 전에 경고해주는 사이렌과 같습니다. 소프트웨어를 만들 때 걱정되는 사항을 모두 나열해보세요. 그리고 심각한 문제를 초래하는 순서대로 정렬합니다. 상위의 위험 요소 하나를 선택하고 이를 해소할 수 있는 디자인 마인드셋을 고릅니다.

직감을 가지고 시작하는 자세는 좋지만, 직감만으로는 진정한 발전을 이루기에 부족합니다. 상사에게 직감에만 의존해서 보고할 수도 없는 일이니까요. "점심 때 뭘 잘못 먹었는지, 불현듯 대

---

3   https://en.wikipedia.org/wiki/COSYSMO

4   http://cosysmo.mit.edu

용량 입력 시 시스템 확장성에 문제가 있을 듯한 나쁜 기분이 들어요"라는 식으로 말하면 곤란하겠죠. 직감으로 뭔가 잘못되었다는 낌새를 느낄 수는 있지만 문제를 해결하려면 그보다 더 나은 무언가를 해야 합니다.

3.3.1   조건과 결과 알아내기

위험^{risk}은 미래에 일어날 수도 있는 나쁜 일에 대한 암시입니다. 나쁜 일이 실제로 일어나면 그때는 위험이 아니라 '문제'라고 말합니다. '만약에…'로 시작한다면 추측일 뿐입니다. '만약에…'를 가정하며 온종일 소설을 쓸 수도 있지만, 의미 있는 아키텍처를 설계하는 데에는 아무런 도움이 되지 않습니다. 추측하기보다는 현재의 아키텍처를 파악하고 다음에 어떻게 설계할지에 대해 논의해야 합니다.

위험은 두 부분으로 나눕니다. 조건^{condition}은 현재의 사실을 의미하며, 결과^{consequence}는 무언가 잘못되었을 때 조건과 직접적으로 결부된 사항을 의미합니다. 위험 구문을 기록하는 데에 논문「A Construct for Describing Software Development Risks」[Glu94]에서 제시된 간단한 템플릿을 이용해봅시다. <조건> - <결과>의 형태입니다.

조건–결과 템플릿에 따라 기록한 위험 구문 예시입니다.

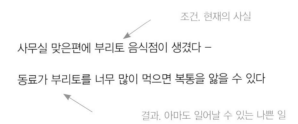

이런 위험을 줄이는 방법은 아래와 같습니다.

- 확률 낮추기: 며칠에 한 번마다 음식 배달을 하고 한 사람이 먹을 수 있는 최대 섭취량을 안내한다.
- 영향 낮추기: 사무실에 소화제를 비치한다.
- 위험이 발생할 시간 없애기: 점심 시간에 미팅을 만들어서 저녁에만 부리토를 먹도록 한다.

- 조건 없애기: 사무실을 이사한다. 또는 근무시간을 변경해 전 직원이 음식점이 닫은 밤에 일하도록 한다.
- 있는 그대로를 받아들이고 아무것도 하지 않기: 가끔 사람들이 부리토를 너무 많이 먹을 수도 있지만, 그 문제가 실제로 일어나면 대처한다.

위험의 조건과 결과를 제대로 알면 어떤 대처를 해야 할지 선택지를 만들 수 있습니다. 아래처럼 위험 구문으로 조건과 결과를 표로 만들어봤습니다.

위험 구문	왜 위험한가
새 부리토 음식점이 생겼다.	그래서 어쩌란 말인가? 부정적인 영향이 불명확하다. 솔직히 좋은 소식이다. 우리는 부리토를 좋아한다.
팀원들이 부리토를 너무 좋아한다.	그리 좋아 보이지 않는다. 하지만 딱히 걱정할 필요는 없다.
부리토를 너무 많이 먹으면 배탈이 난다.	사실이다. 하지만 우리 팀이 겪고 있는 문제는 아니다.
팀원이 부리토를 너무 많이 먹으면 배탈이 날 것이다.	방사능 폭탄이 사무실에 떨어져도 아프다. 부리토를 왜 그렇게 걱정하는가?

별문제 없어 보이는군요. 부리토에 대한 위험 진단은 그만하고 소프트웨어 설계나 계속합시다.

3.3.2 위험을 활용해 적절한 디자인 마인드셋 선택하기

소프트웨어 아키텍처 설계는 위험을 낮추는 훈련이기도 합니다. 뭔가 문제가 있을 것 같다는 낌새는 제거해야 할 위험이 있다는 신호입니다. 나쁜 낌새가 느껴지는 조건과 결과를 하나 고른 다음 이를 기반으로 설계 작업을 진행할 수 있습니다.

아래는 제가 직접 설계를 진행하면서 위험을 낮추는 작업을 했던 프로젝트 예시입니다.

인공지능 모델 훈련 서비스는 배포될 준비가 안 되었다 – 새로운 요청에 과부하가 걸릴 수 있다

- 디자인 마인드셋: 이해하기, 평가하기
- 실제 작업: 모델 트레이닝을 수행한 팀에게 확장성에 대해 알려주었고 성능 측정을 했다.

데이터 처리 작업은 시간이 오래 걸리고 리소스를 많이 소모한다 – 데이터 처리 중 실패할 가능성이 있다

- 디자인 마인드셋: 탐색하기

- 실제 작업: 안정성을 높이기 위한 방법을 브레인스토밍했다. 작업 스케줄링 패턴을 연구했고, 처리 시간을 단축할 수 있는 대안을 설계했다.

통계적으로 중요한 모델을 트레이닝하기 위해 대량의 데이터가 필요하다 – 스토리지 비용이 높아서 이득이 없을 것이다

- 디자인 마인드셋: 실현하기
- 실제 작업: 가격 측정 모델을 만들었다. 이해관계자들에게 모델 결과에 따른 장단점을 시연했다. 백로그 우선순위를 변경해 위험 기간을 줄였다.

저장된 데이터가 사용자의 개인 정보가 있을 수 있다 – 데이터 격리를 더 고도화할 필요가 있다

- 디자인 마인드셋: 평가하기
- 실제 작업: 데이터 처리 장치의 등급을 매기고 우리의 요구 조건에 맞는지 따져보았다.

엔지니어링에서의 위험 요소는 무엇을 설계할지 결정할 수 있게 합니다. 디자인 마인드셋은 위험을 줄이기 위한 전략을 세울 수 있게 합니다. 위험을 낮춰야 할 때는 먼저 어떤 위험부터 없앨지 결정하세요. 조건, 영향, 확률, 시간 등을 고려할 수 있겠죠. 다음으로 디자인 마인드셋을 선택하세요. 다음은 적절한 디자인 마인드셋을 결정할 때 도움이 되는 몇 가지 질문입니다.

적용할 디자인 마인드셋	만약에…
이해하기	문제 정의가 위험 요소인 경우입니다. 이해관계자나 연관된 시스템에 대해 더 깊게 이해할 필요가 있나요?
탐색하기	해결 방법이 위험 요소인 경우입니다. 다른 대안은 없나요?
실현하기	커뮤니케이션이 위험 요소인 경우입니다. 이해관계자들이 설계를 충분히 이해했고 설계도를 볼 수 있나요?
평가하기	설계의 의사결정이나 설계의 전반적인 적합성이 위험 요소인 경우입니다. 설계에 대한 의사결정을 해야 하나요?

위험은 설계 과정의 GPS와 마찬가지입니다. 현재 우리가 어떤 위치에 있는지, 어디로 갈지, 설계까지 얼마나 남았는지 알려줍니다. 2.3절 '생각–실행–확인하기'에서 소개한 생각–실행–확인하기 과정을 한 번 돌 때마다 위험 요소를 생각하고 다음 단계로 해야 할 일을 결정하세요.

3.3.3 위험이 줄면 수동적인 설계로 전환한다

조지 페어뱅크스는 『Just Enough Software Architecture』(Marshall & Brainerd, 2010) [Fai10]에서 아키텍트는 아키텍처가 시스템에서 위험 요소가 아닐 때까지 기술적 위험을 줄여야 한다고 말했습니다. 아키텍처에서 발생할 위험을 충분히 줄이면 그다음부터는 다른 곳에 시간을 쏟는 편이 좋습니다.

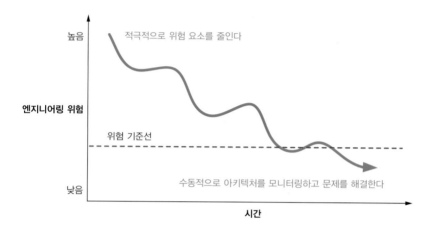

아키텍처가 더는 시스템에서 가장 큰 위험 요소가 아니라면, 그래프에 보이는 것처럼 능동적인 설계active design에서 수동적인 설계passive design로 전환하세요. 능동적인 설계는 위험을 줄이기 위한 설계 프로세스입니다. 수동적인 설계는 시스템에 구현된 아키텍처를 관찰하고 필요에 따라 수정 조치를 취합니다.

명칭을 과대 해석하진 마세요. 수동적인 설계도 할 일이 많습니다. 잘못된 문서를 수정하거나 누락된 문서를 개선할 수 있습니다. 새로운 정보가 있을 때는 아키텍처를 조금 조정할 수 있습니다. 페어pair 코딩을 하거나 코드를 리뷰하며 팀원들에게 아키텍처에 대해 알려줄 수도 있습니다. 가장 중요한 일은, 12.4.2절에서 다루는 아키텍처 침식 문제나 그 밖의 여러 가지 문제를 해소하는 일입니다.

주의 깊게 살펴도 아키텍처는 다시 심각한 위험 요소를 내포할 수 있습니다. 새로운 위험이 나타날 수도 있고요. 구현된 시스템이 계획과 너무 딴판일 수도 있습니다. 우리의 가정이 잘못되었거나 주변 상황이 바뀌었음을 알아차릴 수도 있습니다. 아키텍처가 다시 위험을 품게 되면, 능동적인 설계로 다시 전환하고 새로운 현실을 반영해 아키텍처를 조정해야 합니다.

지금까지 위험 요소를 활용해 무엇을 설계할지 결정하는 방법에 대해 알아보았습니다. 이제는 아키텍처 설계 계획을 만들어 이 장에서 다룬 내용을 종합해보겠습니다.

3.4 설계 계획 세우기

설계 계획은 팀이 아키텍처를 설계할 때 시간을 어떻게 활용할지에 대한 일반적인 전략을 말합니다. 선행 분석을 해볼까요? 나중에 변경될 사항이 있나요? 언제부터 코딩을 시작합니까? 좋은 설계 계획은 기대치를 설정하고 이러한 세부사항에 대해 답할 수 있습니다.

설계 계획을 공식적인 일정으로 삼을 필요는 없지만, 몇 가지 개념은 가지고 있어야 합니다. 다음은 모든 설계 계획에 포함해야 하는 사항입니다. '활동 24 인셉션 덱'에서 설명하는 인셉션 덱inception deck 같은 간단한 문서에서 계획을 적습니다.

설계의 판단 근거

마감 시간을 정하고 선행 설계를 할까요? 아니면 오래 걸리더라도 위험을 줄이는 설계를 할까요? 코딩하기 전에 최소한의 선행 디자인 작업을 할까요? 아니면 아키텍처를 더 많이 구성해볼까요? 작은 부분부터 구현할까요? 아니면 여러 영역을 함께 시작할까요? 정답은 하나도 없습니다. 판단 근거는 팀, 이해관계자, 프로젝트 맥락에 따라 크게 달라집니다.

디자인 산출물

설계를 시작하기 선에 아키텍처의 문서와 계획을 모두에게 알립니다. 화이트보드 사진민으로 괜찮을까요? 더 전통적인 문서가 필요한가요? 팀에서 특정 템플릿을 사용하나요? 설계 결과물은 어디에 저장해야 하나요?

일정

프로젝트 일정 내에서 주요 설계 마일스톤을 정합니다. 대규모 프로젝트에는 요구사항을 수집하고 아키텍처를 탐색하기 위한 별도의 교정 과정이 있습니다. 소규모 프로젝트나 지속적으로 유지 보수하는 소프트웨어 시스템은 정기적으로 집중 설계 기간을 가질 수 있습니다.

최소한으로는 아키텍처에 큰 영향을 끼치는 주요 요구사항을 검토하고, 초안 설계를 검토하고, 평가를 수행하는 마일스톤이 포함되어야 합니다. 또한 이해관계자와 워크숍을 몇 번 해야 합니다. 구현에 들어갈 즈음에 초기 구현에 어떤 범위로 개발할지 논의하는 내용으로 워크숍을 할 수 있습니다.

위험 요소

위험이 이끄는 설계 방식을 사용하고 있으므로, 주요 위험 요소를 설계 계획에서 다룹니다. 소프트웨어 시스템의 수명 전체에서, 특히 선행 아키텍처 설계 중에 위험 목록을 다시 검토합니다.

개괄적인 아키텍처 디자인

어림짐작한 해결법을 먼저 구상합니다. 문제를 정의하기 위한 해결법이어야 합니다. 개괄적인 아키텍처란 초기에 구상한 대략적인 설계를 이에 대해 논할 수 있을 정도로만 그린 가벼운 스케치이기도 합니다.

소프트웨어 시스템에 따라 설계에 소요되는 시간은 몇 시간 혹은 몇 달도 될 수 있습니다. 어떤 일정이든 2.1절 '디자인 싱킹의 네 가지 원칙'에서 소개한 디자인 싱킹의 네 가지 원칙을 활용하고 3.1절 '만족스럽게 설계하기'에서 설명한 만족스러운 해결법을 찾는 데 초점을 맞춘다면, 알맞은 해결법을 제때 얻어낼 수 있을 것입니다.

3.5   사례 연구: 라이언하트 프로젝트

다음 주에 스프링필드 시의 시장을 포함한 이해관계자들의 요구사항을 듣기 위해 현장에 갈 예정입니다. 프로젝트 기한은 6개월로 정해졌습니다. 최종 결과물에 초점을 맞추고 가능한 한 빨리 완수해야 합니다. 핵심적인 요구사항은 기존 프로세스를 따라야 한다고 하니, 요구사항이 오락가락할 가능성은 낮아 보입니다.

개발해야 하는 솔루션은 검색 기능이 있는 평범한 데이터 기반 웹 애플리케이션으로 보입니다. 시장의 설명에 따르면 보안 및 개인 정보 보호가 주요 관심사입니다. 프로젝트 완수 후에는 스프링필드 시의 IT 부서가 소프트웨어를 인수할 예정입니다. 이 부서에서 요구하는 고유한 조건이 몇 가지 있을 수도 있습니다.

우리는 조금 전 장클로드 반담 시장님에게 현장 방문 시 다룰 의제들을 보냈습니다. 현재 가장 큰 위험 요소는 요구사항을 파악하는 일이므로, 이해관계자들을 알아가는 데에 집중하면 많이 해소될 거라 기대합니다. 이런 상황에서는 선행 설계를 최소화하고 산출물을 빠르게 제공하도록 목표를 잡는 게 낫다고 봅니다. 나중에 애플리케이션의 일부를 다시 작성하더라도 말입니다. 팀은 2주간 집중적으로 설계한 후에 코딩을 시작하려고 합니다.

3.6   마치며

선행 설계든 후반 재작업이든, 설계한 아키텍처에 대한 비용은 어떤 식으로든 지불하게 됩니다. 이 장에서는 위험 요소를 활용해 설계 활동을 계획하는 방법을 배웠습니다. 우리가 미리 해야 할 작업을 위험 요소로 결정할 수 있습니다. 위험 요소를 활용해 디자인 마인드셋을 결정할 수도 있습니다.

새로운 소프트웨어 시스템을 접할때 마주하는 첫 번째 위험은, 그 소프트웨어가 낯설 뿐만 아니라 그 소프트웨어가 누구에게 의미 있는지 이해해야 한다는 것입니다. 다음 장에서는 '이해하기' 마인드셋을 이용해 소프트웨어를 사용할 사람들과 공감대를 형성하는 방법을 알아봅니다. 이해관계자의 눈으로 보면 실질적인 요구사항을 더 깊이 이해할 수 있습니다. 이해관계자가 진정 원하는 바를 이해하면 문제를 제대로 해결할 기회도 더 만들 수 있습니다.

4장 이해관계자와 공감하기

때로는 어떤 문제를 해결해야 할지 아는 것이 그 일을 하는 것보다 쉽습니다. 소프트웨어는 사람을 돕기 위해 만드는 것이므로, 우리가 문제를 제대로 이해하려면 소프트웨어에 의해 영향받는 사람들의 삶을 이해해야 합니다. 사용자의 요구에 더 깊이 공감할수록 해결해야 할 실제 문제를 더 잘 보고 이해할 수 있습니다.

이해관계자^{stakeholder}란 어떤 소프트웨어에 관심이 있거나 관여된 사람을 일컫습니다. 이해관계자가 누구인지 알아내고 그들의 요구를 이해하는 일이 아키텍트의 역할이기도 합니다. 이해관계자의 기대치는 시스템 설계에 직간접적으로 영향을 미칩니다.

공감은 설계를 이끄는 힘입니다. 만들고 있는 소프트웨어에 영향받는 사람들과 공감하면 더 나은 소프트웨어를 만들 수 있습니다. 이 장에서는 해결하려는 문제에 관해 누구와 이야기해야 하는지, 그리고 아키텍처 설계를 시작하기 위해서 그들에게서 무엇을 배워야 하는지 알게 될 겁니다.

4.1 알맞은 사람과 이야기하기

일반적으로 (항상 그렇지는 않지만) 이해관계자는 소프트웨어와 관련된 비즈니스에 관심이 있습니다. 이해관계자는 소프트웨어에 돈을 지불하거나 소프트웨어로부터 직접적인 이익을 얻는 사람들입니다. 사용자는 중요한 이해관계자라고 할 수 있지만 소프트웨어를 만들고 유지 보수하는 사람도 마찬가지로 중요합니다. 소프트웨어에 영향받는지조차 모르는 사람들도 있는데, 때로는 그런 사람들의 고민거리도 고려해볼 필요가 있습니다.

통상적으로 이해관계자는 한 명이 아닙니다. 그래서 이해관계자 그룹^{stakeholder group}이라는 용어를 사용합니다. 그룹은 개인과 다릅니다. 두 명의 이해관계자는 하나의 이해관계자 그룹에 속해 있다고 하더라도 서로 의견이 다를 수 있습니다. 그러므로 이해관계자 그룹은 통합적으로 이해해야 하며, 때로는 그룹 안에서 개인들이 서로 합의에 이르도록 도와줘야 할 때도 있습니다.

아래는 1.5절 '사례 연구: 라이언하트 프로젝트'에서 언급했던 라이언하트 프로젝트 사례에 나오는 이해관계자들입니다. 그림 하나가 이해관계자를 나타내며 말풍선에 각 이해관계자의 생각과 느낌이 적혀 있습니다.

라이언하트 프로젝트

이해관계자들은 우리가 만들고 있는 소프트웨어를 주시하며 설계에도 영향을 줍니다. 이들 모두 앞으로 진행할 설계 워크숍에 참여하면 좋기 때문에, 누가 누군지 좀 더 정확히 알아봐야 합니다. 다음 절에서 이해관계자 맵을 살펴봅시다.

결국 고객이다

– 벳 볼회퍼[Bett Bollhoefer], 제너럴 일렉트릭 소프트웨어 아키텍트

아키텍처는 고객을 위한 것이어야 합니다. 아키텍처를 만들 때 고객에게 아무런 가치를 줄 수 없다면 시간 낭비인 셈입니다. 자신의 업무를 이해하지도 못하는 사람들이 탁상공론만으로 시스템을 개발했다는 공포스러운 이야기도 들립니다. 아키텍처로 고객에게 가치를 주려면 어떻게 해야 할까요?

제 대답은 설계 프로세스의 중심을 고객으로 삼는 것입니다. 고객이 누구인지, 무엇을 하고 싶은지부터 시작합니다. 시스템을 고객이 작업을 수행하는 단위로 나눕니다. 고객이 각 작업을 어떻게 시작하는지, 문제는 어디서 발생하는지 확인합니다.

"그건 아키텍처가 아닌데요. 사용자 경험[user experience](UX)이라고 합니다"라고 생각할 수도 있습니다. 그렇습니다. 그러나 많은 UX 디자이너가 알맞은 아키텍처를 결정하기 위한 시스템의 기술적 측면을 충분히 이해하지 못합니다. 제가 말하는 프로세스는 고객의 이익을 끌어올리기 위해, 표면에 드러나는 모습보다 깊숙이 놓인 아키텍처를 고민하는 것입니다. 저는 이를 일컬어 **고객 경험 아키텍처**[customer experience architecture]라고 부릅니다.

- 1단계: 고객에게 무엇이 중요한지 판단합니다. 기능적인 요구사항이나 품질 속성을 비롯해 고객이 평범한 환경에서 일하는 모습을 관찰하고, 왜 그렇게 하는지 이유를 많이 물어봅니다.
- 2단계: 고객의 요구사항으로 시스템을 설계하고 문서화해, 프로토타입을 만들 때 첨부합니다. 프로토타입은 되도록 인터랙티브해야 합니다. 단순한 플로차트[flowchart]는 안 됩니다.
- 3단계: 프로토타입을 가능한 한 빨리 고객과 함께 리뷰합니다. 새로운 시스템에서 무엇이 바뀔지 알려주고 어떤 영향이 있을지 설명합니다.
- 4단계: 고객의 피드백에 따라 설계를 수정하고 아키텍처를 만들어나갑니다.

이 네 단계를 따르면 아키텍처로 고객에게 가치를 전달할 수 있고 그들의 영웅이 될 수도 있습니다. 적어도 탁상공론으로 허송세월을 하지는 않을 것입니다.

4.2 이해관계자 맵 만들기

이해관계자 맵은 소프트웨어 시스템에 관여하거나 영향받는 모든 사람을 보여주는 네트워크 다이어그램입니다. 이해관계자 맵은 사람들 간의 관계 및 상호작용을 시각화하는 데 이상적입니다. 또한 이해관계자들이 각자 어떤 지점에서 동기부여가 되는지 볼 수 있습니다. 이해관계자 맵을 사용하면 중요한 사항이 있을 때 누구와 대화를 나눠야 적합한지 판단할 수 있습니다.

이해관계자 맵을 만들 때마다 소프트웨어 하나 만드는 데 얼마나 많은 사람이 연관되어 있는지 놀라곤 합니다. 다음 그림은 라이언하트 프로젝트의 이해관계자 맵 일부입니다.

모든 이해관계자를 그려 넣지는 않았습니다. 포함 안 된 이해관계자에는 협력하는 IT 거래처, 상공회의소, 부시장, 이 소프트웨어로 영향받는 지역 커뮤니티 그룹 등이 있습니다. 시 부서를 좀 더 세분화하면 교육위원회, 근린시설 관리부, 공공사업부, 보건부 등으로 더 정확하게 나눌 수 있습니다. 이 그룹들이 시스템에 비슷한 지분을 가지고 있다면, 그림에서처럼 하나로 묶어 표현할 수도 있습니다. 경험상 이해관계자 맵은 최대한 구체적으로 작성하면 좋습니다.

이해관계자 맵을 만든 후 한 걸음 물러서서 살펴보세요. 누가 소프트웨어 비용을 지불합니까? 누가 사용하고 있습니까? 입출력 화살표가 많은 네트워크 허브가 있습니까? 상충되는 이해 관계를 가진 이해관계자가 있습니까? 이들 모두 인터뷰와 연구 대상이 될 수 있습니다.

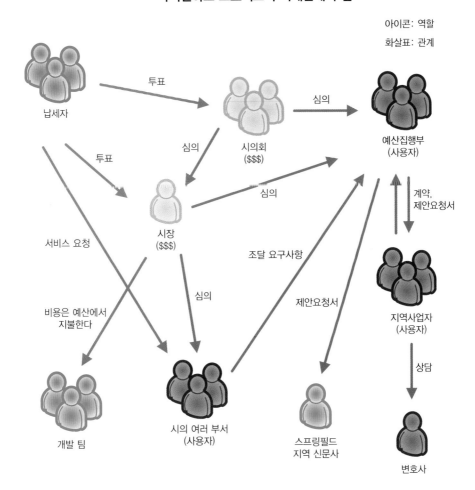

라이언하트 프로젝트의 이해관계자 맵

아이콘: 역할
화살표: 관계

납세자

투표

시의회
($$$)

심의

예산집행부
(사용자)

투표

심의

계약,
제안요청서

시장
($$$)

심의

서비스 요청

조달 요구사항

지역사업자
(사용자)

비용은 예산에서
지불한다

심의

제안요청서

상담

개발 팀

시의 여러 부서
(사용자)

스프링필드
지역 신문사

변호사

라이언하트 프로젝트의 이해관계자 맵을 보면, 더 자세히 조사해볼 만한 몇 가지 흥미로운 부분이 있습니다.

1 장클로드 반담 시장은 우리를 고용했고 우리는 그에게 직접 보고하지만, 예산집행부은 시장과 시의회 모두에게 정책 지시를 받는다.

2 소프트웨어는 많은 여러 부서에 영향을 주지만, 부서 사람 모두와 이야기할 수는 없습니다. 소수의 대표적인 이해관계자를 파악해야 하고, 더 큰 그룹을 대상으로 신중하게 평가해야 합니다.

3 일부 지역 사업자는 제안요청서(RFP)를 볼 때 변호사와 함께합니다. 소프트웨어 사용 방식이 다르면 설계에도 영향을 미칠 수 있습니다.

4 예산집행부는 여러 관계의 중심에 놓여 있지만 비용을 지불하지는 않습니다. 이런 경우 예산 집행부와 직접 이야기해볼 필요가 있습니다. 개발 비용은 시장 혹은 시의회의 직속 예산에서 지불될 가능성이 있으며, 예산집행부는 핵심 사용자이지만 이들이 실제로 겪는 문제는 해결하지 못하는 시스템이 만들어질 수도 있습니다.

이해관계자 맵은 혼자 만들 수 있지만 여럿이 함께 만들면 더 재미있습니다. 이해관계자 맵을 그리는 실습 방법은 '활동 10 이해관계자 맵'을 참고하세요.

4.2.1 직접 해보기: 이해관계자 맵 만들기

사용하고 있거나 활동 중인 오픈소스 프로젝트 하나를 고릅니다. 그리고 그 프로젝트의 이해관계자 맵을 만들어봅시다. 이해관계자 맵을 그린 후 사진을 찍고 이 책의 포럼에 올려보세요. 고려할 점은 다음과 같습니다.

- 프로젝트를 감독하거나 후원하는 조직이 있습니까? 조직 내에 서로 다른 기득권을 가질 수 있는 하위 그룹이 있습니까?
- 프로젝트의 가장 큰 공헌자는 누구인가요?
- 프로젝트의 라이선스 상황은 어떤가요? 라이선스로 가장 이익을 받는 사람은 누구인가요?
- 누가 프로젝트를 사용하고 있나요? 그들은 어떤 문제를 해결하려고 하나요?

4.3 비즈니스 목표 탐색하기

모든 소프트웨어 시스템은 어떤 원초적인 목적을 가지고 있습니다. 비즈니스 목표^{business goal}는 이해관계자가 소프트웨어를 이용해 달성하고 싶은 게 무엇인지 설명할 수 있습니다. 또한 비즈니스 목표는 품질 속성, 트레이드오프, 기술 부채에 관한 대화를 할 때 실마리를 줄 수 있습니다.

비즈니스 목표는 아키텍처를 만들 때 최우선으로 고려해야 할 요소이며 상충하는 사항을 조정할 때 우선순위를 정하게 합니다. 모든 팀원이 이해관계자의 요구를 잘 이해할수록 여러분도 팀원을 더 잘 도와줄 수 있습니다. 다음은 일반적인 비즈니스 목표를 정리한 표입니다.

누가 원하는가	무엇을 원하는가
개인	건강, 힘, 명성, 재미, 지식
조직	매출, 이익, 비즈니스 성장, 업계에서 리더가 되기, 안정성, 신시장 진출, 경쟁사 무찌르기
직원	업무에 대한 흥미와 의미, 폭넓은 지식, 사용자 돕기, 전문가로 대접받기
개발 팀	품질 속성 향상, 비용 절감, 신기능 추가, 표준화, 출시일 준수
국가, 정부	안보, 복지, 사회적 의무, 법치

비즈니스 목표는 이해관계자에게 무엇이 필요한지, 소프트웨어 시스템으로 무엇을 얻을 수 있는지에 대해 아주 단순한 문장으로 선언할 수 있어야 합니다.

4.3.1 비즈니스 목표 선언문 작성하기

훌륭한 비즈니스 목표 선언문은 측정할 수 있는 명확한 성공 기준을 가지고 있습니다. 인간중심적인 비즈니스 목표는 소프트웨어를 만들고 제공하는 팀으로 하여금 사용자를 더 잘 이해할 수 있도록 합니다.

훌륭한 비즈니스 목표 선언문은 다음 세 가지 항목을 담고 있습니다.

주체: 구체적인 사람 또는 역할. 이해관계자나 그룹을 지칭할 이름이 있다면 그 이름을 그대로 사용합니다. 예를 들어, 단순히 '연합체'라고 하기보다는 '햄스터 훈련사 연합'이라고 하는 게 좋습니다.

결과: 이해관계자들의 요구를 측정 가능한 결과로 표현하세요. 시스템이 성공적으로 사용되면 세상이 어떻게 바뀔 수 있는가? 아키텍처는 오로지 이 결과를 이루도록 설계되어야 합니다. 예를 들어, 햄스터 훈련사 연합이 멤버 간에 실시간으로 연락을 주고받을 방법을 찾고 있다면 이것이 곧 그들의 요구입니다.

맥락: 맥락은 이해관계자들의 필요를 더 잘 이해하게 하고 공감대를 형성할 수 있게 합니다. 이상적으로는 맥락이란 훌륭한 통찰력을 줄 수 있어야 하지만 명료하지 않을 때도 있습니다. 예를 들어, 햄스터 훈련사 연합의 연례행사에서는 5만 명의 참석자가 온라인 미팅을 한다는 사실을 알면, 원하는 결과에 도달하기까지 더 깊이 있는 시각을 가질 수 있습니다.

다음 표는 라이언하트 프로젝트의 주요 비즈니스 목표입니다. 비즈니스 목표 선언문은 표로 정리하면 더욱 쉽게 내용을 이해할 수 있습니다.

대부분의 시스템은 3~5개의 비즈니스 목표만 가지고 있습니다. 이보다 많으면 혼란스럽고 기억하기 어렵습니다. 여러 이해관계자와 함께 작업할 때는 목표 간 상대적인 중요도를 기록하면 유용합니다. '반드시 필요'와 '있으면 좋음' 정도로만 구분해도 충분합니다.

4.3.2 이해관계자끼리 비즈니스 목표를 공유하게 돕기

이해관계자들은 대개 자신이 무엇을 원하는지는 알고 있지만, 자신의 요구를 측정 가능하게 표현하는 건 어려워합니다. 아키텍트가 몇 가지 간단한 템플릿을 챙기고 다니면, 이해관계자가 원하는 바를 정확히 도출할 수 있습니다. 아래 표는 '관점 매드 립*point of view mad lib*'[1]으로 사용자 스토리와 유사하지만, 기능 대신 전체 시스템에서 기대하는 가치를 묘사하기 좋은 방법 중 하나입니다. 그 외의 여러 가지 비즈니스 목표 형식은 '활동 8 관점 매드 립'에서 소개합니다.

---

1   옮긴이_ 매드 립은 교육용 단어 게임 중 하나로, 문장 속에 여러 단어를 빈칸으로 두고 빈칸마다 명사, 동사 등의 품사 또는 동의어를 힌트로 세시합니다. 이 책에서는 매드 립의 빈칸 채우기 형식에 맞대어 이해관계자의 관점을 알아내는 방법을 소개하고 있습니다.

이해관계자	목표	맥락
반담 시장	조달 비용을 30% 절감합니다.	선거가 있는 해에는 교육 또는 기타 필수 서비스의 예산 삭감을 피합니다.
반담 시장	처음 신청한 지역 사업자의 수와 지역 사업자가 획득한 전체 RFP 비율을 기준으로 지역 사업자의 도시 사업 참여를 높입니다.	지역 사업자가 도시 사업 계약을 체결하도록 보장함으로써 지역 경제를 개선합니다.
예산집행부	새 RFP를 게시하는 데 필요한 시간을 절반으로 줄입니다.	도시의 공공 서비스를 개선하면서 비용도 줄여야 합니다. 시민들은 공공 서비스가 축소되면 어려움을 겪습니다. 경기장에 화장지가 없거나 시립 병원에 주사기가 부족하면 끔찍할 겁니다.
예산집행부	지난 10년간의 조달 데이터를 검토합니다.	사업자는 과거나 지금이나 유사하게 행동하며, 과거 데이터는 계약 입찰서를 검토할 때 좋은 참고가 됩니다.

반담 시장은 조달 비용을 30% 줄이고 싶어 한다.

이해관계자　　　　　이해관계자의 요구

필수 서비스의 예산을 깎고 싶지 않기 때문이다.

맥락

시스템의 비즈니스 목표를 파악하려면 제품 관리자 또는 비즈니스 이해관계자와 긴밀하게 협력할 필요가 있습니다. 이들은 시스템의 비즈니스 목표를 너무 쉽게 생각하곤 합니다. 이해관계자나 제품 관리자가 비즈니스 목표를 명확하게 설명하기 어려워할 때는 언제든 도와줄 준비를 해야 합니다. 그럼에도 비즈니스 목표의 주인의식은 그들에게 있다는 점을 기억합시다.

4.3.3　직접 해보기: 시스템의 비즈니스 목표 만들기

시스템의 비즈니스 목표는 무엇인가? 아래 시나리오로 몇 가지 관점의 매드 립을 만들어봅시다.

어느 지역에 '춤추는 콩'이라는 식료품 체인점이 있다. 몇 달 전 '유기농 플러스!' 가게가 문을 열었고 춤추는 콩은 매출이 감소했다. 춤추는 콩은 고객들을 매장으로 끌어들이기 위해 당신의 팀을 고용했고, 모바일 애플리케이션 개발을 의뢰하려 한다. 모바일 애플리케이션에서 고객들이 쇼핑 리스트를 만들고, 레시피를 검색하고, 쿠폰을 모을 수 있다. 춤추는 콩은 이 애플리케이션으로 고객을 더 확보하고 고객 데이터로 표적 광고까지 할 수 있으리라 기대한다.

- 이해관계자는 누구인가? 그들은 무엇을 얻길 원하는가?
- 사용자는 누구인가? 그들이 어떤 일을 끝내고 싶어 하는가?(참고: 소프트웨어로 달성하는 작업이 아닌, 실제로 완수하고 싶은 일)
- 최악의 경우는 무엇인가? 때로는 실패를 생각함으로써 비즈니스 목표를 찾을 수도 있다. 사람들은 실패만은 피하고 싶어 하니까.

4.4   사례 연구: 라이언하트 프로젝트

반담 시장이 핵심 전략을 말해줬기에 우리 팀 제품 관리자는 프로젝트를 기분 좋게 시작할 수 있었습니다. 제품 관리자가 가장 먼저 한 일은 반담 시장의 사업 목표를 다른 이해관계자들과 평가하는 일이었습니다. 제품 관리자는 이해관계자 맵(4.2절)을 본 후 예산집행부의 부장 및 시의원 2명과 회의 일정을 잡았습니다. 제품 관리자가 이해관계자 인터뷰를 주도했으며, 이 과정에서 여러분은 이해관계자들의 요구를 관찰한 후 더 많은 공감대를 만들 수 있었습니다.

제품 관리자는 4.3.2절의 표준화된 목표 형식에 따라 비즈니스 목표를 요약했습니다. 반담 시장을 비롯해 예산집행부 직원들과 모든 팀이 함께 작성한 비즈니스 목표를 검토했습니다. 그 후 제품 관리자는 위키 페이지[2]를 만들고 모두가 언제든 볼 수 있게 비즈니스 목표를 게시했습니다.

비즈니스 목표를 두고 이해관계자들과 대화를 나눠보면 품질 속성과 관련된 기능 요청이나 문제점에 대한 이야기를 많이 듣곤 합니다. 그때마다 비즈니스 목표를 운전대 삼아서 이에 맞는 중요 요구사항만 반영하면 설계 작업이 좀 더 쉬워집니다.

---

2   옮긴이_ 위키(wiki)는 적은 양의 정보를 뜻합니다. 여기서는 프로젝트와 관련된 비즈니스 목표를 정리한 작은 웹 페이지를 말합니다.

4.5 　마치며

공감은 곧 디자인을 이끄는 힘입니다. 이해관계자가 누구인지 명확하게 인식하고, 그들이 소프트웨어로 얻고자 하는 바를 정확히 알면 더 좋은 설계 결정을 할 수 있습니다. 비즈니스 목표는 이해관계자들이 원하는 사항을 팀 모두의 마음에 깊이 스며들게 하는 아주 직접적인 방법입니다.

이해관계자가 누구인지 파악하고 비즈니스 목표가 무엇인지 이해하는 일은 중요하지만, 이것만으로는 소프트웨어가 무엇을 해야 하고 어떻게 동작해야 하는지 알 수 없습니다. 이런 정보를 알아내면 요구사항으로 정리할 수 있습니다. 아키텍트는 기존 시스템의 요구사항과 구분할 수 있는 다른 정보가 필요합니다. 다음 장에서는 소프트웨어 아키텍처 관점에서 요구사항을 살펴보는 방법에 대해 알아봅니다.

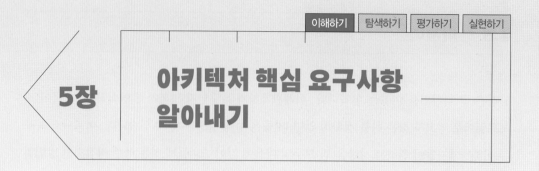

5장 아키텍처 핵심 요구사항 알아내기

모든 아키텍처 설계는 누가, 무엇을, 왜 하는지 논의하는 일에서 시작합니다. 4장에서는 이해관계자를 중심에 두고 누가 소프트웨어에 영향을 미치고 왜 우리가 그들을 중요하게 생각해야 하는지 알아봤습니다. 이번 장에서는 소프트웨어 아키텍처 관점에서 '무엇을'에 해당하는 요구사항을 알아봅니다.

아키텍처 핵심 요구사항^{architecturally significant requirement}(ASR)이란 아키텍처를 선택하거나 구성할 때 큰 영향을 미치는 요구사항을 말합니다. 어떤 요구사항이 중요한지 선별하는 일이야말로 아키텍트의 책무입니다. 요구사항은 크게 네 가지로 구분할 수 있습니다.

1 **제약**: 바꿀 수 없는 결정사항. 대체로 이미 결정된 사항을 받지만, 가끔은 선택권이 있음.

2 **품질 속성**: 시스템을 다른 시스템과 구분 짓는, 겉으로 보이는 요소. 구체적인 상황에서 시스템이 어떤 작업을 수행하는지 등.

3 **영향력 있는 기능 요구사항**: 아키텍처에서 특별히 주목해야 하는 기능.

4 **기타**: 시간, 지식, 경험, 능력, 내부 규정, 개인의 개성 등 설계에 영향을 미치는 요소들.

이제 아키텍처 핵심 요구사항이 무엇인지 하나씩 살펴보고, 이해관계자들과 일할 때는 이를 어떻게 다루어야 하는지 알아보겠습니다.

5.1   제약으로 설계 선택지 줄이기

제약은 이미 정해져서 변경이 불가능한 설계상의 의사결정을 의미합니다. 아키텍트 스스로 선택해서 만드는 제약도 있습니다. 대부분의 소프트웨어 시스템은 제약이 그리 많지 않습니다. 제약은 선택지를 줄이지만, 잘 선택된 제약은 문제를 단순하게 만들고 이로써 만족스러운 아키텍처가 나오기도 합니다. 하지만 때로는 요구사항을 도저히 충족시키지 못하는 지옥을 만들기도 합니다.

제약은 기술 또는 비즈니스에도 영향을 미칠 수 있습니다. 비즈니스적인 제약은 인력, 프로세스, 비용, 일정에 대한 결정을 제한합니다. 기술적인 제약은 소프트웨어 시스템에서 사용할 수 있는 기술에 대한 결정을 제한합니다. 다음은 각 항목의 몇 가지 예입니다.

기술적인 제약	비즈니스적인 제약
개발 언어: JVM 기반이면 뭐든 상관없음	팀 구성: 팀 A가 컴포넌트 X를 만들 것이다
OS, 플랫폼: 윈도우, 리눅스, BeOS에서 구동되어야 함	일정, 예산: 7월 전시회에 출시해야 하고 개발비는 80억 원을 넘으면 안 됨
사용 가능한 컴포넌트: DB2를 가지고 있으므로 이를 활용해야 함	법률, 계약: 구매한 라이선스의 하루 데이터 처리량은 최대 5GB로 제약이 있음

5.1.1   제약 단순화하기

제약을 파악하려면 간단한 문장으로 설계 결정과 그 주체를 설명합니다. 1.5절 '사례 연구 라이언하트 프로젝트'에서 소개했던 라이언하트 시스템의 제약을 기준에 따라 다음과 같이 표로 정리했습니다.

일단 결정된 제약은 협상할 수도 없고 돌이킬 수 없다고 못박습니다. 제약을 받아들일 때는 보수적이 되세요. 반드시 하지 않으면 실패하는 일과 그냥 하면 좋은 일 사이에는 큰 차이가 있습니다.

소프트웨어 시스템에서 설계 결정은 제약처럼 변질되기도 합니다. 시스템이 커질수록 우리가 만든 제약과 주어진 제약을 구분하기가 점점 어려워집니다. 시간이 지날수록 소프트웨어는 점차 삐걱거리고, 느려지고, 더러워지고, 거칠어집니다. 결국 아키텍처를 수정하기가 너무 어려워져서 초기의 설계 선택이 미래에는 아키텍트에게 제약이 될 수 있습니다.

새로운 제약이 생길 때는 스스로가 만든 제약인지, 스스로를 위해 선택한 제약인지 조심스럽게 구분해야 합니다. 어려운 일이겠지만 여러 가지 제약 중에 좀 더 설계에 용이한 선택지는 있기 마련입니다.

제약	주체	유형	내용
오픈소스로 개발해야 함	반담 시장	비즈니스	시는 오픈 데이터 정책을 공표했기에 시민들도 언제든 소스를 볼 수 있음
웹 브라우저 기반이어야 함	반담 시장	기술	소프트웨어 배포와 관리를 용이하게 하고 싶음
3분기에 배포해야 함	반담 시장	비즈니스	예산 심사보다 빨라야 함
최신 파이어폭스 브라우저를 지원해야 함	시 IT 부서	기술	공식 지원 브라우저임
리눅스 서버를 사용해야 함	시 IT 부서	기술	시의 기술 정책은 리눅스와 오픈소스를 권장함

5.2 품질 속성 정의하기

품질 속성은 소프트웨어 시스템의 외부에서 볼 수 있는 특성과 그 시스템에 기대하는 동작이 무엇인지를 설명합니다. 품질 속성은 시스템이 어떤 작업을 얼마나 잘 수행해야 하는지를 정의합니다. 이들은 시스템의 '~성(효율성 등)'으로 표현되기에 품질 요구사항quality requirement이라고도 합니다. 아래의 목록은 『소프트웨어 아키텍처 이론과 실제』[BCK12]에서 볼 수 있는 일반적인 품질 속성입니다.

설계 시점의 요소	실행 시점의 요소	추상적인 요소
변경 가능성	가용성	관리 용이성
유지 보수성	신뢰성	정비성
재사용성	성능	단순성
테스트 가능성	확장성	교육 편의성
구축 편의성	보안	

아키텍처에 관한 결정이 이루어지면 품질 속성 중 하나쯤은 꼭 촉진되거나 억제됩니다. 대부분의 결정은 어떤 품질 속성을 촉진하는 동시에 다른 중요한 요소를 억제하기도 합니다! 이 경우 아키텍처에 좀 더 어울리는 품질 속성을 선택하고 다른 품질 속성의 가치를 줄일 수밖에 없습니다.

아키텍처 핵심 요구사항을 정립하는 시간의 대부분은 품질 속성을 다루는 일입니다. 품질 속성은 설계 프로세스 전반에 걸쳐 기술, 구조, 패턴을 선택할 때뿐 아니라 디자인 의사결정을 알맞게 했는지 평가할 때도 사용합니다.

품질 속성은 기능 요구사항이 아닌가요?

기존의 소프트웨어 엔지니어링 교과서에서는 요구사항을 두 부류로 나눠서 논의했습니다. 소프트웨어 시스템의 동작에 대한 내용을 **기능 요구사항**functional requirement 으로, 기능 요구사항이 아닌 모든 요구사항은 **비기능 요구사항**non-functional requirement 으로 정의했습니다. 이 기준에 따르면 현재 이야기하는 품질 속성이나 제약은 비기능 요구사항에 해당합니다.

소프트웨어 아키텍처를 설계할 때 기능과 제약과 품질 속성을 구분하면 좋습니다. 세 부류의 요구사항은 디자인에 미치는 힘의 방향이 각기 다르기 때문입니다. 예를 들어, 제약은 협상할 수 없는 사항이지만 품질 속성은 절충이나 맞교환하는 성질이기 때문입니다.

품질 속성은 비기능적인 요구사항이지만, 마냥 비기능이라고 하기엔 어색한 점이 많습니다. 품질 속성을 설명하는 시나리오는 품질 요구사항이라고도 불리며, 특정 기능에 대한 내용을 담고 있습니다. 그리고 품질 속성은 시스템이 동작하는 맥락하에서 의미가 있으며, 그 시나리오에서 말하는 결과물은 어떤 기능에 대한 응답입니다.

5.2.1 품질 속성을 시나리오로 만들기

품질 속성은 단어에 지나지 않습니다. 확장성, 가용성, 성능 등은 그 단어만으로는 의미가 없습니다. 우리가 이 단어에 의미를 부여해야 무엇을 설계하는지 이해할 수 있습니다. 품질 속성 시나리오quality attribute scenario 를 만들어보면 품질 속성을 더 명확하게 설명할 수 있습니다.

품질 속성 시나리오는 특정 상황에서 소프트웨어 시스템이 동작하는 방식을 설명합니다. 각 시나리오는 여느 기능 단위의 설명서와 마찬가지로 일정 기능을 하는 컴포넌트가 중심에 있습니다. 컴포넌트든 기능이든 자극^{stimulus}을 주면 반응^{response}을 한다는 점에서 같지만, 품질 속성 시나리오는 반응을 측정하고 그 값으로 반응을 검증하므로 기능 요구사항과는 다릅니다. 단지 올바르게 반응하는 것만으로는 충분하지 않습니다. 시스템이 어떻게 반응하는지도 중요합니다. 다음 다이어그램은 품질 속성 시나리오의 여섯 가지 부분을 시각화해 보여줍니다.

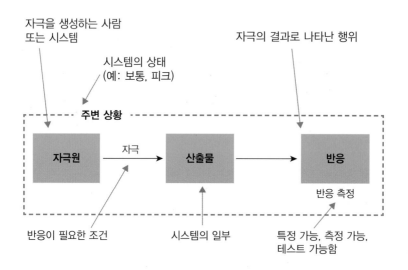

자극: 시스템이 어떤 식으로든 반응하도록 요구하는 일종의 이벤트입니다. 자극은 시나리오를 시작하는 신호입니다. 자극은 품질 속성의 유형에 따라 여러 가지가 있을 수 있습니다. 예를 들어, 가용성 시나리오의 자극은 노드가 접속 불능 상태가 될 때까지의 트래픽을 상정한다면, 변경 가능성 시나리오의 자극은 여러 값에 대해 변경하는 명령을 상정할 수 있습니다.

자극원: 자극을 발생시키는 사람이나 시스템입니다. 예를 들어 사용자, 시스템 컴포넌트, 외부 시스템 등이 있습니다.

산출물: 시나리오를 특정할 수 있게 하는 시스템의 한 부분을 일컫습니다. 산출물은 시스템 전체일 수도 있고 특정 컴포넌트일 수도 있습니다.

반응: 자극 때문에 시스템 외부로 산출물을 드러내는 동작입니다. 자극이 반응을 만듭니다.

반응 측정: 반응 측정은 시나리오가 성공했을 경우 반응이 어떠할지를 기준으로 성공의 기준을 정합니다. 반응 측정은 구체적이고 측정 가능해야 합니다.

주변 상황: 주변 상황이란 시나리오를 실행하는 동안 시스템이 놓인 실행 환경을 의미합니다. 주변 상황이 '이상 없음'이라 할지라도 항상 기록해야 합니다. 트래픽이 최고로 몰려 있는 비정상적인 상황도 흥미로운 시나리오가 될 수 있습니다.

다음은 「Quality attributes for mission flight software: A reference for architects」 [WFD16]에서 가져온 제트 추진 연구소의 예시로, 탐사 로봇 '화성 로버$^{Mars\ Rover}$'의 이동성 시나리오입니다.

화성 로버의 이동성 시나리오

원시 시나리오: 프로세서와 플랫폼은 여러 프로젝트를 거치면서 조금씩 변경될 수 있습니다. 프로젝트를 진행할 때 어느 프로세서와 플랫폼을 선택하든 애플리케이션에 미치는 영향을 최소화하는 방향으로 시스템을 최적화합니다.

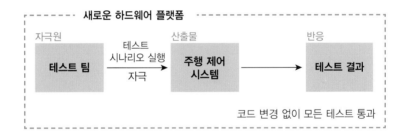

이 예시의 기본 시나리오에서는 반응을 어떻게 측정한다는 말이 없습니다. 원시 시나리오$^{raw\ scenario}$는 품질 속성 시나리오를 정교하게 다듬기 전에 거치는 간단한 설명입니다. '원시'라고 하는 이유는 좋은 시나리오가 되려면 몇 번의 요리를 해줘야 하기 때문입니다. 다시 말해, 시나리오를 만들기 전에 먼저 원시 시나리오부터 만듭니다.

품질 속성 시나리오를 만들 때 여섯 가지 부분을 모두 상세하게 정의할 필요는 없습니다. 자극, 자극원, 반응, 반응 측정 정도만 정의하는 경우도 많습니다. 여기에 실행 환경이 특수하다면 주변 상황을 추가하기도 합니다.

아래는 라이언하트 프로젝트의 품질 속성 시나리오 예시입니다.

품질 속성	시나리오	우선순위
가용성	RFP 데이터베이스가 반응하지 않으면 라이언하트는 실패 로그를 기록하고 3초 내로 예전 정보로 응답합니다.	높음
가용성	사용자가 RFP를 검색할 때 99% 이상 응답을 받아야 합니다.	높음
확장성	7시간 내로 점검 시간 안에 새 서버를 증설할 수 있어야 합니다.	낮음
성능	초당 2회의 검색 부하를 가정할 때 사용자가 5초 내로 검색 결과를 볼 수 있어야 합니다.	높음
안정성	RFP를 갱신한 경우 24시간 내로 애플리케이션에 반영되어야 합니다.	낮음
가용성	사용자가 갱신하는 모든 정보는 5초 내로 시스템에 반영되어야 합니다.	낮음
가용성	시스템이 초당 100회의 피크 검색을 받는 경우에도 90% 이상의 요청은 평균 검색 응답 시간 내에 있어야 합니다.	낮음
확장성	데이터는 매년 5%가량 증가할 예정입니다. 이에 대해 최소한의 공수로 대응할 수 있어야 합니다.	낮음

잘 작성된 품질 속성 시나리오는 요구사항을 명확하게 투영하며 모두가 이해할 수 있습니다. 정교하고 측정 가능하다면 더 바람직합니다. 두 사람이 품질 속성 시나리오를 읽었다면 시스템 확장성이든 성능이든 유지 보수성이든 동일하게 이해하고 있어야 합니다.

5.2.2 측정 가능하고 명료하게 기술하는 방법

반응 측정을 작성하기 위해 먼저 자신의 경험에 따라 잠재적 값을 추정해봅시다. 허수아비 오류[1]를 사용해 이해관계자들과 대화를 시작합니다('활동 9 허수아비 반응' 참조). 시스템을 새로운 마이크로컨트롤러 플랫폼으로 마이그레이션하는 데 9개월이 걸리면 어떻게 될까요? 6개월은 어떤가요? 이런 식으로 대화하면 이해관계자들에게서 어떤 반응이든 이끌어낼 수 있고 대응책도 찾을 수 있습니다.

측정하기 좋을수록 테스트도 수월하게 할 수 있습니다. 시스템 초기에는 아키텍처가 문서로만

---

1   옮긴이_ 일부를 전체인 것처럼 과장하거나 곡해하며 싱대방의 주장을 공격하는 오류를 말립니다. 자세힌 내용은 활동 9를 침고하세요.

존재하지만, 이내 동작하는 시스템을 마주해야 합니다. 시나리오로 테스트를 작성할 수 없으면 그 시나리오는 명료하거나 측정 가능하지 않다는 의미입니다.

적절한 측정 방법 선택하기

저는 한때 군사 전투 시스템을 위한 시뮬레이션 테스트베드를 제작하는 팀에 있었습니다. 테스트베드는 전 세계에 퍼져 있는 군사기지 12개를 연결해 모의 전쟁 게임을 수행했습니다. 테스트 중 하나로 가상의 비행기를 생성하고 진행하는 시나리오가 있습니다. 각 지역의 하드웨어와 소프트웨어는 가상의 비행기를 탐지하고, 전투 시스템은 실제처럼 센서 데이터를 처리합니다.

테스트베드의 요구사항으로 대기 시간이 매우 중요했습니다. 정해진 제한 시간 내에 모든 군사기지가 동일한 시뮬레이션 데이터를 수신하지 않으면, 마치 하늘에서 비행기가 나타났다가 사라지는 것처럼 보였습니다. 더 나쁘게는 일부 기지에서만 보이기도 했습니다. 그렇다고 대기 시간을 늘리는 방법은 시스템 테스트로서 의미가 없었습니다.

몇 번의 시도 끝에 이를 해소하려면 빛의 속도보다 빠르게 데이터를 전송해야 한다는 결론을 내렸습니다. 이 측정 기준은 성능과 가용성 모두 현실과 동떨어진 셈입니다. 양자 네트워크라도 실현되는 날에 다시 이 문제를 검토하는 게 낫겠지요.

5.2.3 직접 해보기: 메모를 품질 속성 시나리오로 재구성하기

라이언하트 이해관계자들과 미팅을 진행하면서 아래와 같은 몇 가지 문장을 작성해 공유했습니다. 한 문장마다 품질 속성을 파악할 수 있게 했고, 여섯 가지 품질 속성 시나리오에 맞게 형식을 갖추어 작성했습니다.

- 보고받은 질문이나 문제는 (아무리 소수의 사용자의 것이라 할지라도) 1영업일 안에 답장해야 합니다.
- 릴리스는 한 달에 최소 한 번은 해야 합니다. 바람직하게는 코딩을 끝내자마자 릴리스할 수 있어야 합니다.
- RFP 인덱싱이 제대로 되었는지 확인해야 하며, 이 작업은 자동화해야 합니다.
- 현재 개발 팀의 계약이 만료되면 이 프로젝트만 담당하는 개발 팀을 신속하게 새로 구성해야 합니다.

생각할 거리도 있습니다.

- 각 문장마다 어떤 품질 속성을 뽑아낼 수 있나요? '～성'으로 줄여서 표현할 수 있나요?
- 암시적인 반응이나 반응의 측정 기준이 있나요?
- 개인의 경험에 기초해 추가할 만한 고려사항이 있나요?

5.3 기능 요구사항 찾아내기

유스케이스나 사용자 스토리로 알아낸 기능 요구사항은 소프트웨어 시스템의 동작을 정의하기도 하지만 이는 대체로 아키텍처를 설계할 때에만 흥미로울 뿐입니다. 기능 요구사항은 성공적인 소프트웨어 시스템을 만드는 데에 필수적이지만 모든 기능이 아키텍처에 중요한 것은 아닙니다. 어떤 기능 요구사항이 아키텍처의 의사결정을 주도할 정도로 중요하다면, 우리는 이를 '영향력 있는 기능 요구사항'이라고 부릅니다.

영향력 있는 기능 요구사항은 아키텍처 킬러라고도 불립니다. 아키텍처가 높은 가치와 높은 우선순위를 가진 기능 중 하나라도 소화하지 못하면, 아키텍처를 해체하고 다시 만들어야 합니다.

영향력 있는 기능 요구사항을 알아내는 과정은 예술이나 과학과 일맥상통하는 부분이 있습니다. 여러 번 경험할수록 쉬워집니다. 제가 사용하는 방법은 아래와 같습니다.

1 먼저 현재의 생각을 요약한 추상적인 수준의 아키텍처를 간단히 작성해보세요.

2 비슷한 문제끼리 묶은 후 일반적인 요구사항을 분류합니다.

3 앞서 작성해본 아키텍처로 해결 가능한지 분류별로 살펴봅니다. 만약 요구사항이 모호하고 해결 방법도 즉시 떠오르지 않는다면, 그 요구사항은 아키텍처에 중요한 영향을 미칠 가능성이 높습니다.

두 번째 단계는 아주 긴 요구사항 목록을 적게 줄이는 일입니다. 몇 가지 고려할 점이 있습니다.

- 하나의 아키텍처 요소로 구현할 수 있는 공통적인 요구사항을 파악합니다. 예를 들어, 데이터 불변성을 디루

는 요구사항끼리 묶고, 사용자 인터랙션을 다루는 요구사항끼리 묶을 수 있습니다.

- 구현하기 어려운 요구사항을 찾아봅니다. 이런 요구사항들이 아키텍처에 중요한 영향을 미칩니다.
- 가치가 높고 우선순위도 높은 기능 요구사항을 파악합니다.

예를 들어 1.2.3절 '품질 속성과 시스템 속성 도출하기'에서 본 간단한 계산기를 살펴봅시다. 두 개의 숫자를 더하는 기능은 중요한 기능 요구사항이지만 아키텍처에는 거의 영향을 미치지 않습니다. 그런데 갑자기 새로운 요구사항이 들어왔습니다. 덧셈 기능의 사용자가 전화기를 분실한 경우에도 기존 계산 기록을 볼 수 있게 합시다. 마케팅 팀은 "과거의 기록이 보이면 좋을 겁니다"라며 우리를 종용했습니다. "끝내주는 계산기가 될 거예요!"라는 말도 덧붙였네요.

기록이요? 문제없지요. 사용자의 작업을 로컬 데이터베이스에 저장할 수 있습니다. 어라? 전화기를 잃어버려도요?! 이제 우리는 원격 데이터베이스 서버가 필요합니다. 동시에 수만 가지 질문도 터져나왔습니다. 사용자의 전화기가 오프라인일 경우 어떻게 됩니까? 가용성은 어떻습니까? 확장성은 필요합니까? 호스팅 비용은요? 스키마가 변경될 때 애플리케이션도 동기화해야 합니까? 이런 식으로 요구사항을 따져보는 목록이 쭉쭉 늘어납니다.

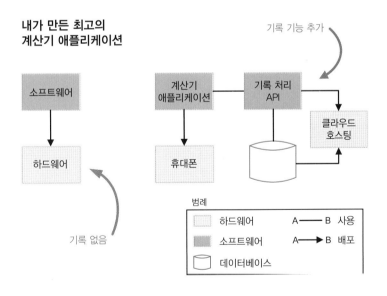

단순해 보이는 기능 요청 하나가 복잡도를 기하급수적으로 높였습니다. 이 간단한 계산기의 예에서 우리는 계산 작업을 그저 하나의 일반적인 요소로 취급할 수 있습니다. 하지만 새롭게 요청

받은 기록 기능을 만들려면 원격 스토리지가 필요합니다. 이 기능은 기존의 아키텍처와 요구사항만으로는 충족하지 못하므로 새로운 방향으로 발전해야 합니다.

작성한 아키텍처 문서의 모든 영향력 있는 기능 요구사항을 검토하고 요구사항에 따른 엔지니어링 작업이 중복되지 않도록 해야 합니다. 일차적인 목표는 의사결정에 영향을 미치는 중요한 기능에 이목을 집중시키는 일입니다.

5.4   아키텍처에 영향을 미치는 다른 요소 찾아내기

아키텍처 핵심 요구사항 외에도 아키텍처에 직간접적으로 영향을 미칠 수 있는 요소가 많습니다. 다음은 아키텍처에 영향을 미칠 수 있는 몇 가지 요인입니다.

무엇이 아키텍처에 영향을 주는가?

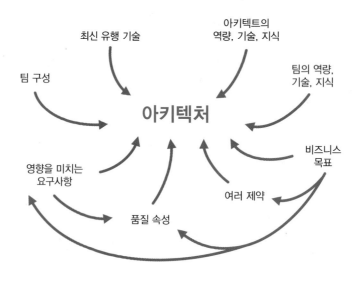

아키텍트로서의 능력과 경험에 따라 설계 접근 방식과 사용 가능한 아키텍처의 옵션이 천차만별입니다. 아키텍트의 지식과 팀의 지식이 곧 설계의 표현력과 상상력을 정의합니다. 루비 온 레일즈를 잘 알고 있다면, 아키텍처에 이곳저곳 틈새를 노리는 방법을 동원할 수 있습니다. 여러분이 가진 도구가 망치뿐이라면, 눈에는 못만 보일 뿐입니다.

아키텍처가 항상 최신 기술 동향을 따라야 할 필요는 없습니다. 새로운 하드웨어, 소프트웨어 및 설계 패러다임이 등장함에 따라, 일부는 소프트웨어 엔지니어링 환경을 완전히 바꾸고 있습니다. 하지만 대부분은 오래된 아이디어에 좋은 포장만 씌운 경우가 많습니다. 여러분의 아키텍처도 1980년대 헤어스타일에 버금가는 디자인을 자랑스럽게 뽐내고 있을지도 모릅니다.

5.5   콘웨이 법칙

팀을 구성하고 협업하는 형태는 아키텍처 디자인에 영향을 미칩니다. 콘웨이 법칙은 멜빈 콘웨이Melvin Conway가 1967년에 제창했으며, 프레더릭 브룩스가 『맨먼스 미신』(인사이트, 2015) [Bro95]에서 조직 구조와 아키텍처의 관계에 관한 설명에 인용하면서 널리 알려졌습니다.

   "설계 조직의 커뮤니케이션 구조는 곧 제품을 설계할 때의 한계를 정의한다."

팀이 셋이면 컴포넌트도 결국 세 개로 만들어집니다. 사람들 사이의 의사소통 경계가 아키텍처에서 컴포넌트 간의 경계로 나타납니다. 콘웨이의 법칙은 양방향으로 작용합니다. 아키텍처 위에 그려진 커뮤니케이션 경로는 팀을 구성하는 방식에도 영향을 미칩니다. 최고의 소프트웨어를 설계하고 싶다면 팀을 재정비해야 합니다.

그 외의 영향은 일반적으로 설계를 결정할 때의 논리적 근거로 이용됩니다. 아키텍처에 영향을 미치는 요소는 매우 많으므로 모든 잠재적 영향을 문서화할 수는 없습니다.

5.6   필요한 정보에 깊이 들어가기

아키텍처 핵심 요구사항(ASR)은 이곳저곳에 숨어 있습니다. ASR은 사용자 스토리에서 찾을 수도 있고 매니저의 요청 안에 들어 있기도 하고, 원하는 바는 있지만 어떻게 설명해야 할지 잘 모르는 이해관계자들의 상상 속에 있기도 합니다.

제품 백로그는 ASR의 보물 창고이기도 합니다. 거의 모든 기능 요구사항은 품질 속성을 암시적으로 묘사합니다. 때로는 사용자 사례만으로도 응답 시간, 확장성, 오류 처리 방법을 쉽게 뽑아낼 수 있습니다. 백로그에서 이러한 세부 정보를 품질 속성 시나리오로 챙겨두면 백로그를 처리한 후에도 품질을 놓치지 않을 수 있습니다.

이해관계자와 대화하고, 무엇을 걱정하는지 알아내세요. 이해관계자들에게 더 좋은 반응을 이끌어낼 부분을 찾아보세요. 살펴보고 있는 위험을 공유하고 질문을 받아보세요. ASR을 더 찾아낼 수 있는 방법은 아래와 같습니다.

- '활동 3 GQM 접근법'에 따라 목표, 질문, 메트릭을 구체화합니다. 구체적인 데이터 요구사항을 가지고 비즈니스 목표와 품질 속성에 따른 반응의 측정치를 연결합니다.
- '활동 4 이해관계자 인터뷰'에 따라 이해관계자 인터뷰를 합니다. 이로써 숨겨진 품질 속성 시나리오와 제약을 찾아냅니다. 인터뷰는 기술 이해관계자들과 대화할 때 특히 효과적입니다.
- '활동 5 가정 나열하기'에 따라 가정하고 있는 사항을 나열합니다. 이로써 암시적인 요구사항을 명료하게 합니다.
- '활동 7 미니 품질 속성 워크숍'에 따라 작은 품질 속성 워크숍을 엽니다. 우선순위가 높은 품질 속성 시나리오를 빠르고 효율적으로 정의할 수 있습니다. 이 워크숍은 서로 다른 분야의 이해관계자들과 함께할 수 있으며 어떤 형태의 프로젝트에도 잘 어울립니다.
- '활동 24 인셉션 덱'에 따라 인셉션 덱을 사용해 새 프로젝트의 킥오프 체크리스트를 만듭니다. 아키텍처는 인셉션 덱의 핵심 주제로 활약하게 됩니다.

5.7   ASR 워크북 만들기

아키텍처 핵심 요구사항이 나올 때마다 노트에 기록합니다. 노트를 ASR 워크북이라고 이름 지으면 좋습니다. 새로운 소프트웨어 시스템을 만드는 초반에는 ASR 워크북을 빠르게 갱신해야 하지만 아키텍처가 슬슬 통합되면 워크북 편집은 점점 덜 하는 대신 참고 자료로 더 많이 활용하게 됩니다. 시스템 개발이 완료될 시점에는 실행 가능한 테스트 및 소스 코드가 ASR 워크북을 일정 부분을 대체하지만, 여전히 ASR 워크북은 그간의 변화를 담는 역사책으로 의미를 지니게 됩니다.

ASR 워크북은 개발자, 테스터는 물론 아키텍트에게 프로젝트의 맥락과 다양한 정보를 제공합니다. ASR을 이해하는 사람이 많아질수록 아키텍트를 감독할 일이 줄어듭니다.

아래는 ASR 워크북 목차의 예시입니다. 아래 목차를 요구사항을 도출하는 체크리스트로 활용해 보세요.

ASR 워크북 목차의 예

목적과 범위

사용자 범위

비즈니스 콘텍스트

    이해관계자

    비즈니스 목표

아키텍처 핵심 요구사항

    기술적인 제약

    비즈니스적인 제약

    품질 속성에 관한 요구사항

        최상위 시나리오

    영향력 있는 기능 요구사항

        최우선 사용자 또는 페르소나

        유스케이스 또는 사용자 스토리

부록 A: 용어집

부록 B: 품질 속성의 위계와 분류

능동적으로 듣는 법

— 티멘 데 고이예르, IT 아키텍트

가치 있는 소프트웨어를 만드는 첫걸음은 이해관계자와 이해관계자의 목표를 이해하는 일입니다. 서로의 관점을 이해하고 공감하면 상대가 소프트웨어에 거는 기대가 무엇인지 알 수 있습니다. 기술적인 훈련을 하고 경험도 쌓으면 요구사항을 구현 가능한 아이디어로 만들 수 있습니다. 하지만 개발자와 경영진에게 자신의 비전을 공유하고 아이디어를 코드로 구현하려면 뛰어난 커뮤니케이션 역량이 필요합니다.

저에겐 능동적으로 듣는 것이 가장 쓸모 있는 커뮤니케이션 기술이었습니다. 하지만 그냥 듣기만 해서는 안 됩니다. 들은 바를 이해해야 합니다. 제가 커뮤니케이션에 관한 수업 중에 알게 된 놀라운 훈련을 하나 소개하겠습니다. 동료와 함께 해보세요.

A라는 사람이 B에게 달성해야 할 목표나 해결해야 할 문제를 설명해줍니다. 이때 A가 설명을 끝마칠 때까지 B는 아무 말도 하면 안 됩니다. 설명이 끝나면 B는 이해를 높이기 위해 몇 가지 질문을 A에게 할 수 있습니다. A의 설명에 관한 피드백이나 비판은 할 수 없습니다. B의 목표는 오직 A의 설명을 이해하는 일이어야 합니다. 그 후 서로 역할을 바꿔서 다시 진행합니다.

이 훈련을 직접 해보면 이게 얼마나 힘든 일인지 느낄 수 있습니다. 여러분은 말을 많이 하는 동료나 수줍고 조용한 인턴을 마주한 적이 있겠죠. 가까운 동료일지라도 그들의 요구사항은 제대로 이해하고 있는지 확신할 수 있나요?

이해관계자의 말을 그대로 받아 적어도 구현 가능한 요구사항으로 이어지지 않습니다. 인간의 언어는 복잡하고 혼란스럽고 사회문화적 통념까지 담겨 있습니다. 코볼, 자바, PHP, 파이썬 같은 프로그래밍 언어와는 완전히 다릅니다. 문화는 나라와 종교에만 있는 게 아닙니다. 도시, 회사, 학교, 동네 스포츠 클럽에도 그 나름의 문화가 있습니다. 그리고 문화의 차이는 사람 간의 커뮤니케이션에 영향을 줍니다.

능동적으로 듣는 자세를 가지려면 상대가 하는 말과 문화적인 맥락에 공감부터 해야 합니다. 조용히 듣고, 판단하지 말고, 더 잘 이해하기 위한 질문만 해야 합니다.

커뮤니케이션 역량은 책으로만 키우기엔 한계가 있습니다만, 훌륭한 아키텍트가 되는 데에 도움이 되는 책 두 권을 추천하고 싶습니다. 『카네기 인간관계론』[Car09]에서는 사람들과 좋은 관계를 만들기에 좋은 여러 실천 방법을 알려줍니다. 토머스 와이펠[Thomas D. Zweifel]은 『Culture Clash 2』[Zwe13]에서 문화적 다양성을 파악하고 극복할 수 있는 프레임워크를 이해하기 쉽게 설명합니다.

ASR 워크북으로 팀과 이해관계자에게 아키텍처 개념을 소개할 수 있습니다. 워크북을 볼 사람들에게 비즈니스 목표, 제약, 품질 속성, 영향력 있는 기능 요구사항이 무엇인지 간략하게 알려주면, 문서에 수록된 내용을 더욱 상세히 이해시킬 수 있을 겁니다.

5.8　사례 연구: 라이언하트 프로젝트

팀의 제품 관리자가 진행한 사용자 경험 워크숍에서 수십 가지 새로운 기능을 발견했습니다. 발견한 기능을 제품 백로그에 추가하고 아키텍처 핵심 요구사항으로 보이는 기능은 노트에 기록합니다. 또한 잠재적인 제약 몇 가지는 이해관계자와 함께 검증할 수 있도록 메모해둡니다.

요구사항 워크숍이 끝난 며칠 뒤, 여러 이해관계자가 참여한 미니 품질 속성 워크숍을 진행했습니다. 워크숍에서 대략 20가지 품질 속성 시나리오를 도출하고 우선순위를 정했습니다. 워크숍에서 제기된 모든 우려사항을 공식적으로 기록하지는 않았지만, 참가자들과 협력해 최우선 시나리오 7개를 구체화했습니다.

지금까지 주된 초점은 문제를 제대로 이해하는 것이었습니다. 우리는 이해한 내용을 이해관계자와 공유하기 위해 몇 가지 자료를 만들었습니다. 현장에서는 단 며칠 만에 많은 것을 발견할 수 있습니다. 팀에서 준비한 질문 목록을 보면서, 이제 정보는 충분히 모았으니 '탐색하기' 마인드셋을 동원해 아키텍처를 잡아갈 수 있습니다.

5.9 마치며

아키텍처는 다양할지라도 구현할 때는 동일한 기능 집합으로 모을 수 있습니다. 기능 자체는 소프트웨어 시스템을 설계하기에 정보가 충분하지 않습니다. 아키텍처 핵심 요구사항, 그중에서도 품질 속성에 관한 사항은 아키텍처를 어떻게든 결정하도록 강요합니다.

해결 방법은 우리가 문제를 얼마나 이해했는지에 따라 달라집니다. 굳이 문제를 완벽히 이해한 후에 해결책을 궁리할 필요는 없습니다. 모든 문제를 정의한 후에 풀려고 하면 결국 아무것도 만들지 못합니다! 해결 방법을 찾아가는 도중에 새로운 통찰력을 얻을 수 있습니다. 문제 해결 중에 지금까지는 몰랐던 무언가를 발견할 수도 있습니다. 다음 장에서는 현재 알고 있는 정보를 활용해 설계 시 여러 가지 대안을 구상하고 결정할 수 있는 방법에 대해 배웁니다.

6장 아키텍처 선택하기

어떤 소프트웨어 시스템에든 아키텍처가 있지만, 모두가 올바른 결과로 끝나지는 않습니다. 아키텍트가 설계 결정을 주도하지 않고 운명에 맡기면, 어떤 결과를 맞이하게 될지 아무도 모릅니다. 의사결정을 적극적으로 할수록 우리가 원하는 방향으로 소프트웨어 시스템을 맞출 수 있습니다.

소프트웨어 아키텍처 설계란 불확실함 속에서 의사결정을 내리는 일입니다. 이 결정에는 절충과 타협이 있으며, 좋은 것을 포기하는 대신 나쁜 것을 피하고 나쁜 것을 받아들임으로써 다른 것을 더 좋게 하는 결정을 하기도 합니다. 받아들일 수 있는 수준의 절충안을 선택하다 보면 아키텍처 핵심 요구사항을 충족하고 이해관계자들의 비즈니스 목표도 달성할 수 있습니다.

이 장에서는 아키텍처 핵심 요구사항을 이용해 구조를 어떻게 선택하고 의사결정을 해나가는지 알아봅니다.

6.1 대안을 위한 분기, 결정을 위한 융합

무언가를 결정한다는 말은 선택할 수 있는 여러 가지 대안이 있다는 뜻이기도 합니다. 만약 옵션이 하나뿐이라면 결정할 필요가 없습니다. 이미 결정이 난 셈이니까요. 아키텍처 설계 시 다양한 대안을 보려면 설계 공간을 살펴볼 필요가 있습니다.

설계를 위한 탐색은 분기와 융합을 반복하는 여정입니다. 먼저, 문제를 파악하면 여러 갈래로 생각을 뻗어보고 문제를 해결할 수 있는 다양한 대안을 만들어봅니다. 몇 가지 대안이 나왔으면 현재 문제에 맞지 않은 대안은 지우면서 남은 아이디어를 모으고 공감대를 만들어갑니다.

인간의 뇌는 선택을 갈망합니다. 여러 가지 대안을 보면 결정할 때 신뢰도가 높아집니다. 유감스럽게도 소프트웨어 시스템을 설계할 때에는 가능한 모든 대안과 경우의 수를 고려할 시간이 없습니다. 그러므로 아키텍트는 품질 속성, 구조, 그리고 이에 영향을 미치는 설계에 집중해야 합니다.

6.1.1　설계에 중요한 사항을 찾아내기

그래디 부치는 "모든 아키텍처는 설계지만, 모든 설계가 아키텍처는 아니다"[1]라고 말했습니다. 1.2절 '소프트웨어 아키텍처란 무엇인가'에서 소프트웨어 아키텍처는 품질 속성을 비롯한 여러 가지 요소의 수준을 끌어올리려는 설계 의사결정의 집합이라고 했습니다. 아키텍트는 설계 시 중요한 의사결정을 주도적으로 파악해야 하고, 소프트웨어 구성을 적극적으로 선택해서 품질 속성을 원하는 수준까지 올려야 합니다.

아래는 통상적인 소프트웨어 시스템 설계에서 아키텍트가 파악해야 하는 것입니다.

아키텍처에서 구조를 어떻게 조합할지 결정하기 위한 각 구성 요소와 그 역할

1.2.1절 '필수 구조 정의하기'에서 말했듯 아키텍처는 요소들의 조합으로 이루어져 있습니다. 잘 설계된 아키텍처에는 요소마다 명확한 역할이 있습니다. 명확한 역할이 없는 요소는 제거되어야

1　Grady Booch, Abstracting the Unknown, SATURN 2016, http://resources.sei.cmu.edu/library/asset-view.cfm?assetID=454315

합니다. 설계 시 어떤 대안이 가능한지 알아내려면 요소 간의 조합으로 만들어지는 다양한 역할을 알고 있어야 합니다.

구성 요소 간의 상호작용 방식을 결정하기 위한 관계와 인터페이스

아키텍처에서 관계란 하나의 작업을 완수하기까지 두 요소가 어떻게 함께 작동하는지를 말합니다. 인터페이스는 관계의 한 예입니다. 통신 메커니즘(예: HTTP, TCP, 공유 메모리 등)과 통신 규칙(예: API, 응답 개체, 필수 데이터 등)은 모두 인터페이스를 정의하는 지식이므로 알고 있어야 합니다. 인터페이스와 구성 요소를 이우르는 규칙은 한 지점에서 상속받는 형태로 일관성이 있어야 합니다. 다만 세부 규칙은 느슨하게 만들 수도 있습니다. 메서드 이름이나 응답 값의 필드는 세부를 구현하는 아키텍트에게 맡기는 경우도 있습니다.

아키텍처가 모델로 삼은 세상을 이해하기 위한 도메인

모든 문제에는 그 문제가 다루는 세계관이 있고 고유 용어와 개념이 있습니다. 도메인에서 나온 개념, 그에 속한 개체, 이벤트에 대한 설명이 아키텍처의 어딘가에 있어야 합니다. 문제를 잘 이해할수록 아키텍처에서 구성 요소를 알맞게 분할하고 요소 간 역할도 의미 있게 나눌 수 있습니다.

품질 속성을 끌어올리기 위한 기술과 프레임워크

오늘날의 소프트웨어 개발 기술은 적용할 아키텍처를 미리 가정한 채로 개발되었습니다. 프레임워크, 미들웨어, 라이브러리도 다 그렇습니다. 그러므로 기술을 정확히 파악해 언제 어떻게 사용하는지 알아야 합니다. 독선적인 기술은 아키텍처를 특정한 형태로 강요합니다.

기술이 우리의 요구에 부합하면 아름다운 결말로 끝나겠지만, 기술이 우리가 생각하는 범위 밖에 있다면, 프레임워크와 힘든 싸움을 해야 합니다.

아키텍처를 온전히 릴리스하기 위한 설치와 배포 방법

아키텍처에 따라 소프트웨어의 구성과 배포 방법이 달라집니다. 지속적 배포^{continuous delivery}(CD) 방법을 사용하고 싶거나, 다수의 개발자가 병렬적으로 작업하는 방법을 원하거나, 특정한 테스트 전략을 사용하고 싶다면 아키텍처가 이러한 요구사항을 적용할 수 있도록 설계해야 합니다.

과거의 설계에서 얻은 관점과 의사결정 과정

하늘 아래 새로운 설계는 없습니다. 대부분의 아키텍처 탐색은 이미 알고 있는 설계를 살펴보면서 시작합니다. 설계에 관한 지식은 코드나 문서로 존재하곤 합니다. 하지만 때로는 자신의 경험에서 나올 수도 있고, 오랜 세월 동안 아키텍트들 사이에서 전해지는 전설적인 이야기에서 나올 수도 있습니다.

설계상의 의사결정과 이해관계자의 요구사항 사이를 명료하게 연결할 수 있으면 좋습니다. 이를 위해 5장에서 소개한 아키텍처 핵심 요구사항을 카테고리별로 구분하고, 카테고리에 따라 탐색과 의사결정을 어떻게 해나갈지 알아봅시다.

배포를 과소평가하지 마세요

– 렌 배스, 소프트웨어 아키텍처 컨설턴트이자 『소프트웨어 아키텍처 이론과 실제』[BCK12], 『소프트웨어 아키텍처 문서화』[BBCG10], 『DevOps: A Software Architect's Perspective』 (Addison-Wesley Professional, 2015)[BWZ15]의 공저자.

다수의 인스턴스에서 실행 중인 시스템이나 서비스를 디자인할 때 가장 간과하기 쉬운 항목 중 하나는 배포입니다. 다수의 인스턴스를 운용 중인 서비스에서 새 버전을 배포하는 방법은 크게 두 가지가 있습니다. 레드/블랙^{red/black} 또는 롤링 업그레이드입니다.

레드/블랙 배포(블루/그린처럼 다른 색으로 말하기도 한다)는 충분한 수의 가상 머신을 새 버전을 배포할 인스턴스로 할당하고, 해당 인스턴스에 새 버전을 배포하면 기존 인스턴스와 교체합니다. 롤링 업그레이드는 한 번에 하나의 인스턴스를 업그레이드합니다.

두 경우 모두 어딘가에서 불일치가 일어날 가능성이 있습니다. 예를 들어 서비스 A가 서비스 B에 의존하는 서비스 체인을 가지고 있다고 가정해봅시다. 다시 서비스 B는 서비스 C에 의존합니다. 새 버전에서 인터페이스 이름이나 형태를 바꿨다면, 서비스 A가 서비스 B를 호출할 때 오류가 발생할 수 있습니다. 이때 어떻게 해야 할까요? 서비스 B는 서비스 C가 새 버전이라고 가정하고 있는데 서비스 C는 아직 배포가 안 되었다면 무슨 일이 일어날까요?

롤링 업그레이드를 사용하면 인터페이스가 다른 두 버전의 서비스 B를 동시에 실행할 수 있습니다.

이러한 불일치를 해소하는 기술이 몇 가지 있습니다. 구버전 호환성을 유지하도록 정책적으로 강요하거나, 기능별로 끄고 켜는 토글을 마련하거나, 처리 못 하는 응답을 암묵적으로 무시하는 등의 방법입니다. 어떤 방법을 사용하든 다수의 인스턴스를 운용 중이라면 언제든 불일치 문제가 일어날 수 있다고 가정해야 합니다.

6.2 제약 수용하기

5.1절에서 언급했듯이, 제약이란 설계할 때 이미 결정되어서 바꿀 수 없는 사항을 의미합니다. 제약은 기술적인 제약과 비즈니스적인 제약 두 가지가 있습니다. 기술적인 제약은 기술을 선택할 때, 비즈니스적인 제약은 사람, 프로세스, 비용, 일정을 선택할 때 주어지는 제약입니다.

대체로 기술적인 제약은 일단 받아들이고 아키텍처에 통합할 수밖에 없습니다. 예를 들어, 닷넷 (.NET) 기반으로 프로그램을 작성해야 한다는 것에 수긍하면 그동안 자바 프레임워크에 쏟았던 애정에 미련을 가지면 안 됩니다.

비즈니스적인 제약은 기술적인 제약보다는 좀 더 유연합니다. 물론 받아들이긴 해야 하지만 아키텍처에 미치는 영향이 도드라지지 않을 때도 있습니다. 예를 들어, 시스템을 7월 말에 열릴 박람회에서 론칭할 수 있도록 준비해야 한다고 할 때, 아키텍처 관점에서는 이 조건을 만족시킬 만한 몇 가지 선택지를 생각해볼 수 있습니다.

- 동시 개발에 적합한 패턴 선택하기
- 증분 배포incremental delivery에 적합한 패턴 선택하기
- 위험을 낮추는 방법으로 팀원들에게 익숙한 기술 선택하기
- 자동화와 개발에 적합한 기술 선택하기

- 계획 없이 개발해서 기술 부채를 감당하지만 그럴싸하게 동작하도록 만들기
- 위의 모든 방법을 다 해보기

비즈니스적인 제약은 아키텍처 외의 방법으로 해소할 수도 있습니다. 예를 들어 정교함이나 선행 테스트를 강조하거나 시급이 낮은 외주 계약을 맺어서 처리할 수 있습니다.

초기의 설계 결정이 제약이 될 수도 있지만, 이를 제약이라고 하지는 않습니다. 단지 건물 지을 때 이곳저곳에 버팀목을 세워둔 정도로 볼 수 있죠. 버팀목을 옮기는 일이 힘들긴 하지만 그래도 옮길 수는 있습니다. 주어진 제약과 스스로가 만들어낸 제약을 구분할 줄 알아야 합니다.

제약은 아키텍처에 심대한 영향을 미치지만 그럼에도 아키텍처의 의사결정은 품질 속성을 올리는 데에 초점을 맞춰야 합니다.

제약은 생각보다 광범위한 결과를 초래할 수 있습니다

몇 년 전 제가 일했던 스타트업은 훨씬 더 크고 위험을 싫어하는 회사에 인수되었습니다. 인수 직후, 새로운 기업의 법무 팀은 몇 가지 새로운 정책을 알려줬습니다. 크게 변한 정책 중 하나는 특정 라이선스의 오픈소스를 사용하지 말아야 한다는 것이었습니다.

법무 팀이 만든 이 새로운 제약 때문에 거의 1년 동안 추가 개발을 해야 했습니다. 이때의 교훈은 다음과 같습니다. 이해관계자는 제약이 아키텍처에 어떤 영향을 미칠 수 있는지 잘 이해하지 못합니다. 제약이 너무 잔혹하면 그로 인한 영향에 대해 이해관계자와 상의합시다. 저는 이때 법무 팀을 설득하지 못했지만, 시도해보세요. 가혹한 제약이 조금은 누그러질 수도 있습니다.

6.3　품질 속성 끌어올리기

아키텍처에 적합한 구조를 고르는 일은 마치 스무디를 만드는 것과 비슷합니다. 스무디는 맛있지만 잘 만들기는 어렵습니다. 훌륭한 소프트웨어를 만들려면 여러 가지가 제대로 진행되어야

하지만, 훌륭한 스무디를 만들려면 단 한 가지만 생각하면 됩니다. 바로 적당한 믹서기를 고르는 것입니다. 물론 과일 손질 등 스무디를 만드는 데 여러 어려움은 있겠지만, 믹서기는 그중 가장 결정적인 도구입니다.

믹서기 고르기는 결코 쉬운 일이 아닙니다. 세척이 쉬운 믹서기가 좋을까요? 선반에 잘 고정되고 수납하기 편한 믹서기가 좋을까요? 회전 수는 어떤지, 소음은 어떤지, 소풍 갈 때 가져갈 수 있는지. 이러한 다양한 고려사항이 바로 믹서기 품질 속성이라고 말할 수 있습니다.

아래 세 가지 종류의 믹서기가 있습니다. 기기마다 강점이 있으며, 우선시하는 품질 속성이 다릅니다.

초강력 믹서기 사진 제공: 마이크 워런(Mike Warren)

일반 믹서기는 식기세척기로 씻을 수 있고 선반에 단단히 고정할 수 있는 받침이 있습니다. 하지만 전기 코드를 꽂아야 하므로 식탁에서만 쓸 수 있습니다. 배터리가 내장된 무선 믹서기는 작고, 휴대하기 편하고, 씻기 편하지만 힘이 부족합니다. 마지막으로, 휘발유로 작동하는 초강력 믹서기는 오토바이 엔진을 써서 힘도 좋고 들고 다닐 수도 있지만, 너무 시끄럽고 실내에서는 쓸 수 없습니다.

아래는 믹서기마다 어떤 품질 속성을 중시하는지를 정리한 표입니다.

	일반 믹서기	무선 믹서기	초강력 믹서기
세척 편의성	중간	좋음	중간
선반에 세워서 보관	좋음	나쁨	매우 나쁨
소음	중간	좋음	매우 나쁨
힘	중간	나쁨	매우 좋음
휴대성	매우 나쁨	좋음	매우 좋음
안전성	중간	중간	나쁨

믹서기는 모두 동일한 기본 기능을 수행합니다. 분쇄 기능이죠. 그리고 서로 호환되는 부품을 가지고 있습니다. 예를 들어, 일반 믹서기의 유리 물통은 초강력 믹서기에서도 사용할 수 있습니다. 믹서기를 설계한 사람은 품질 속성을 염두에 둬 비용, 생산 기술, 외부 시스템과의 인터페이스 등 여러 가지를 고려했습니다. 그렇게 최종적으로 설계를 마친 구조는 모두 설계자가 가장 중요하게 끌어올리고 싶은 가치를 선택한 결과물입니다.

믹서기 설계자와 마찬가지로, 아키텍트는 소프트웨어 시스템에서 품질 속성을 더 촉진할 수 있는 구조를 선택해야 합니다. 구조를 선택하는 가장 일반적인 방법은 패턴을 탐색하는 것입니다. 기억하세요, 모든 디자인은 다시 디자인한 것입니다! 원하는 품질 속성을 촉진하는 패턴을 찾아 해당 패턴을 아키텍처의 시작점으로 잡으세요.

6.3.1 품질 속성을 염두에 두고 패턴 찾기

7장 '패턴으로 기초 만들기'에서는 아키텍처 패턴을 자세히 살펴봅니다. 그 전에, 품질 속성을 사용해 적절한 패턴을 선택하는 간단한 예를 살펴보겠습니다.

웹 브라우저용 데이터 기반 애플리케이션을 구축한다고 생각해봅시다. 이 애플리케이션에 어떤 패턴을 선택할까요? 적절한 선택지는 세 가지가 있습니다. 다음 그림처럼 3계층[3-tier], 발행/구독[publish-subscribe], 서비스 지향 패턴[service-oriented pattern]이 있습니다.

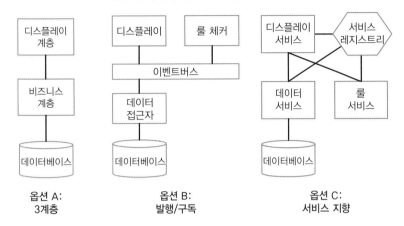

데이터 기반 웹 애플리케이션에서
어떤 아키텍처 패턴을 사용할 것인가?

옵션 A:
3계층

옵션 B:
발행/구독

옵션 C:
서비스 지향

- **옵션 A 3계층 패턴(7.8절 참조)**: 각 계층은 애플리케이션에서 서로 다른 부분을 담당합니다. 웹 애플리케이션의 경우 디스플레이 계층은 UI를 렌더링하고, 비즈니스 계층은 비즈니스 로직을 구현하도록 서버와 연관되며, 데이터베이스 계층은 데이터를 저장합니다.

- **옵션 B 발행/구독 패턴(7.6절 참조)**: 각 요소마다 메시지를 만들고 이벤트 버스로 보냅니다. 특정 메시지 타입에 관심 있는 컴포넌트가 구독할 수 있습니다. 메시징 시스템의 규칙에 따라 이벤트는 순차적으로 도착하지 않을 수도 있고 유실될 수도 있습니다.

- **옵션 C 서비스 지향 아키텍처 패턴(7.5절 참조)**: 중앙에 서비스를 등록하고 관리하는 레지스트리가 있고 다른 서비스가 서로를 찾을 수 있습니다. 컴포넌트는 서비스를 직접 호출하거나 정보를 요청하고 받을 수 있습니다. 물론 어느 서비스의 동작에 문제가 있으면 응답을 못 받습니다.

위의 패턴은 서로 다른 품질 속성을 촉진합니다. 어떤 패턴을 선택하는 게 좋을까요?

3계층 패턴은 대부분의 경우에 적합합니다. 쉽게 테스트할 수 있고, 쉽게 배포할 수 있고, 쉽게 설명할 수 있습니다. 하지만 비용은 높은 편입니다. 계층이 여러 겹인 멀티 계층 패턴은 확장성이나 가용성과 같은 품질 속성에는 적합하지 않습니다. 다른 어떤 품질 속성을 더 중요하게 다룰지는 모르지만, 이 패턴은 아키텍처를 다른 패턴으로 확장하지 않으면 우리의 요구를 채워주지 못할 수도 있습니다.

발행/구독 패턴은 서비스를 여러 번 변경해도 유연하게 대응할 수 있습니다. 이 유연성은 느슨하게 결합된 시스템을 만들 때 적합합니다. 이런 유연성이 매력적이지만 단점도 있습니다. 데이터

위주의 애플리케이션에서는 메시지의 순서가 중요하지만 발행/구독 패턴은 순서를 보장하기 어렵기 때문입니다. 메시지 버스 기술을 제대로 만들면 메시지 순서 문제도 해결할 수 있지만, 뭔가 어색한 게 사실입니다. 메시지 순서를 지키도록 만드는 순간 이 아키텍처의 매력이 줄어들기 때문입니다.

다른 패턴과 마찬가지로 서비스 지향 아키텍처도 유연하고 테스트하기 좋습니다. 서비스 지향 시스템은 품질 속성 중 확장성과 가용성을 다른 아키텍처보다 중요하게 다룹니다. 그와 동시에 인프라 관점에서 가장 복잡도가 높기도 합니다. 꼭 달성해야 할 품질 속성 때문에 써야 할 경우가 아니라면 이 패턴은 과할 수 있습니다.

어떤 패턴을 사용하든 성공적으로 요구사항을 구현할 수 있습니다. 품질 속성은 기능 구현보다는 의사결정을 이끌어냅니다. 품질 속성으로 디자인의 맞고 틀림을 판단할 수는 없습니다. 하지만 다른 디자인보다 더 좋고 더 나쁘다는 판단은 할 수 있습니다. 이런 판단을 하려면 몇 가지 분석이 필요합니다.

6.3.2 의사결정 매트릭스 만들기

의사결정 매트릭스는 아키텍처 설계 시 여러 선택지의 절충안을 분석할 때 쓸 수 있는 간단한 방법입니다. 이를 통해 패턴부터 컴포넌트의 역할과 기술 선택까지 모든 아키텍처에 대한 결정을 내릴 수 있습니다. 아래는 그 예입니다.

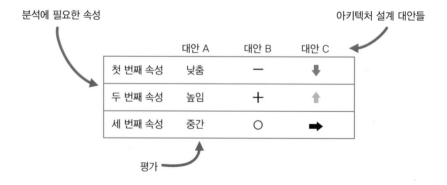

의사결정 매트릭스를 사용하려면 분석에 사용할 특성을 표의 첫 번째 열에 넣습니다. 각 행은 특정 속성을 나타냅니다. 한 열마다 각 선택지에 대한 분석을 넣습니다.

단어, 화살표, 기호, 색상과 같이 알기 쉬운 표기법으로 분석 결과를 요약합니다. 각 선택지마다 가치 있다고 생각하는 속성에 어떤 영향을 미치는지 표현하도록 합니다. 아래는 그 예입니다.

매우 높임	이 선택지는 시스템의 특정 속성을 끌어올리는 데에 큰 도움이 됨
조금 높임	이 선택지는 시스템의 특정 속성을 충족하게 함
중간	이 선택지는 시스템의 특정 속성에 도움을 주지도 해치지도 않음
조금 낮춤	이 선택지는 시스템의 특정 속성을 달성하기 어렵게 함
매우 낮춤	이 선택지는 시스템의 특정 속성을 달성하는 데 비용이 들거나 매우 어렵게 함

최선의 선택은 매트릭스 안에서 명확히 드러나곤 합니다. 위와 같은 척도를 이용해서 선택지별로 분석해볼 수 있습니다. 그 어떤 디자인 선택지든 시스템으로 달성하고자 하는 목표에 맞지 않는다면 즉시 삭제해야 합니다.

앞서 믹서기 예시에서 보여준 매트릭스처럼 라이언하트 프로젝트로 매트릭스를 만들어봅시다. 아래는 5.2.1절 '품질 속성을 시나리오로 만들기'에서 가져온 품질 속성별 시나리오와 그에 따른 분석입니다.

라이언하트 프로젝트 의사결정 매트릭스

	3계층	발행/구독	서비스 지향
가용성 (데이터베이스)	+	○	+
가용성 (운용 시간)	○	○	○
성능 (5초 이내 응답)	○	−	+
보안	○		○
확장성 (연간 선장률 5%)	○	○	+
유지 보수성 (팀의 기술 숙련도)	+	−	○
빌드 편의성 (구현 위험성)	++	−	− −

범례

매우 높임	‖
높임	+
매우 낮춤	− −
낮춤	−
중간	○

위의 매트릭스를 봤을 때 어떤 패턴을 선택해야 할까요? 결정하기까지 미처 파악 못 한 다른 요소는 없을까요?

매트릭스를 만드는 과정은 매트릭스 자체보다 더 중요합니다. 의사결정 매트릭스는 이해관계자들과 토론하면서 요구사항을 발굴하고 요약하기에 꽤 괜찮은 방법입니다. 이해관계자들은 설계 선택지 사이에서 더 폭넓은 절충안을 생각할 수 있습니다. 이제 매트릭스를 설명하면서 어떻게 점수를 매길지도 준비해야 합니다.

매트릭스에 숫자를 넣고 싶은 마음이 들 수 있습니다. 하지만 숫자로 점수를 매기지 마세요. 숫자는 그릇된 자신감을 주고 부정확한 분석을 하게 합니다. 게다가 누군가가 이해관계자의 입맛에 맞게 가중치를 조절할 수도 있고, 몇 개의 열을 뭉뚱그릴 수도 있고, 애써 평균을 내려고 노력할 수도 있습니다. 다 좋지 않습니다.

'활동 32 의사결정 매트릭스'에 더 자세한 내용이 있습니다. 여러 절충안 사이에서 결정을 내릴 때 도움이 되는 대안으로 '활동 1 하나만 고르기'의 트레이드오프 슬라이더를 이용해 우선순위를 정할 수도 있습니다.

6.4　구성 요소에 기능별 역할 할당하기

아키텍처 안의 어떤 요소든 자기만의 역할이 있습니다. 아키텍처에 맞는 적당한 구조를 선택한 후에는 요소별로 고유한 기능을 할당하고, 이를 모아서 필수적인 요구사항을 충족할 수 있도록 합니다.

라이언하트의 예시로 돌아가보겠습니다. 예산집행부의 직원들과 인터뷰를 하면서 추려낸 기능 요구사항은 아래와 같습니다.

예산집행부 직원들은 다음의 작업을 수행할 수 있어야 한다.

- 과거와 현재의 계약서를 검색할 수 있어야 한다.

- 모든 결과를 페이지별로 넘겨볼 수 있어야 한다.

- 회사의 기본 정보를 조회할 수 있어야 한다(이름, 전화번호, 주소,그 회사와 맺은 과거와 현재의 계약 정보).

- 계약서의 기본 정보를 조회할 수 있어야 한다(유형, 상태, 만료일, ID, 입찰에 참여한 회사들, 낙찰된 회사 등).

- 계약서가 갱신될 때마다 알림을 받을 수 있어야 한다.

위의 기능 요구사항 안에는 시스템의 컴포넌트가 갖추어야 할 역할도 암시적으로 포함되어 있습니다. 직접 언급한 기능 외에 아래의 사항도 유추할 수 있습니다.

- 검색할 수 있으므로 색인[index]도 필요하다.

- 계약서와 회사 정보를 보여줘야 하므로 어딘가에 저장해야 한다.

- 알림을 받아야 하므로 이메일 주소를 저장해야 한다.

- 갱신될 때 알림을 받아야 하므로 갱신을 알아내는 방법이 있어야 한다.

다음 그림은 위의 언급한 기능 요구사항을 충족하는 컴포넌트의 구성 예시입니다.

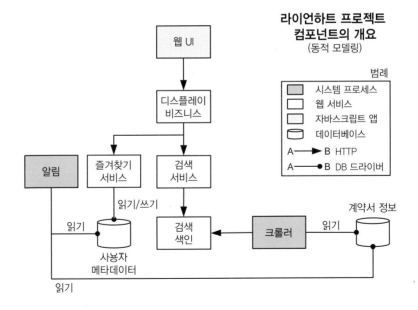

앞서 살펴본 다이어그램에 따른 구성 요소별 역할 목록입니다.

구성 요소	역할
웹 UI	웹 브라우저로 사용자 인터페이스를 표시하고 사용자의 입력을 받는다.
디스플레이 비즈니스	인증과 권한 관리를 하며, 백엔드 서비스의 프록시 역할을 수행한다. 애플리케이션의 비즈니스 로직을 평가한다.
검색 서비스	쿼리 파싱, 검색, 페이징, 필터링 기능을 제공한다.
즐겨찾기 서비스	태그를 일반화하고, 즐겨찾기를 저장한다.
알림 서비스	최근 갱신 사항을 찾아내고, 데이터베이스에 저장된 알림 서비스 구독자들의 이메일로 내용을 보낸다.
크롤러	계약서 데이터베이스에서 데이터를 읽어서 인덱싱하기 좋은 정보로 가공한 후 인덱스에 업로드한다.
사용자 메타데이터 DB	사용자 정보와 사용자와 연관된 부가 정보를 저장한다.
검색 색인	계약서에 최적화된 형태의 검색 표시용 데이터를 저장. UI에 표시되는 모든 계약서 관련 정보는 검색과 정렬이 가능해야 한다.
계약서 DB	RFP와 그에 따른 계약서 정보가 저장된 저장소
HTTP 관계	표준 HTTP 프로토콜로 통신. API는 RESTful 형태를 가정
DB 드라이버 관계	아직 선정되지 않은 데이터베이스의 네이티브 드라이버

구성 요소별 역할 목록은 각 요소별로 가져야 할 필수적인 사항을 기록하고 있으며, 아키텍처에서 어떤 책임을 가져야 하는지를 나타냅니다. 이 목록을 작성할 때 아키텍처에 영향을 미치는 기능 요소를 파악해가면서 하나의 역할에 대해 단 하나의 구성 요소만 가질 수 있도록 했습니다. 게다가 아키텍처에서 하나의 구성 요소는 적어도 하나의 역할을 맡게 했습니다. 다시 말해, 목적이 없는 구성 요소는 없도록 했습니다.

요소별로 역할을 할당할 때 '영향력 있는 기능 요구사항'으로 체크리스트를 만들 수도 있습니다. 그 외에 역할을 정하기 좋은 방법 중 하나로 '활동 13 컴포넌트–역할 카드'에서 소개하는 '컴포넌트 책임과 협업 카드'로 시스템을 모델링하는 방법도 있습니다.

6.5 변화에 대응하는 디자인

이번 장에서는 여러 설계 선택지 사이에서 탐색하는 방법과 ASR로 어떻게 의사결정을 내릴 수 있는지 알아봤습니다. 단단한 아키텍처를 구축하려면 중요한 설계마다 좋은 결정을 내려야겠지만, 그럼에도 소프트웨어는 언제나 뜻밖의 변화를 마주하게 됩니다.

위대한 아키텍처는 피할 수 없는 변화에 꾸준히 대응한 결과입니다. 변화하는 여러 사항에 대응하려면, 주도적으로 의사결정할 시기를 정하는 방법과 아키텍처를 흔들지 않으면서 설계하는 방법이 있습니다.

6.6 결정은 미룰 수 있을 때까지 미룬다

결정은 일단 내리면 되돌리기 어렵습니다. 특히 아키텍처에 관한 결정은 더욱 그렇습니다. 의사결정 시기를 최대한 늦출 수만 있다면 잘못된 길로 가거나 막다른 골목에 가지 않을 수 있습니다. 결정을 해야만 하는 순간까지 설계에 대한 의사결정을 미루면서 연구와 탐색을 위한 시간을 벌 수 있습니다.

『Lean Software Development』(Addison-Wesley Professional, 2003)[PP03]에서 메리와 톰 포펜디크는 '책임감 있는 최후의 순간^{last responsible moment}'이라는 표현을 썼습니다. 이 순간이라 함은 다른 대안을 선택할 기회가 사라지는 때를 의미합니다. 이 책에서는 책임감 있는 최후의 순간보다는, 가장 책임감이 큰 순간이라고 재정의하고 싶습니다. 이 순간이란 어떤 의사결정이 소프트웨어에 가장 크게, 긍정적인 영향을 미치는 때를 의미합니다.

최후의 순간에 책임감이 가장 커지므로 이는 이상적으로 곧 최선의 순간이기도 합니다. 다만 실제로는 가장 책임감이 큰 순간에 우리가 결정할 수 없는 외부 환경에서 의사결정이 이루어지거나, 합의가 일어나거나, 교육을 해야 하거나, 설계 검증이 이루어지곤 합니다. 가장 책임감 있는 순간은 예상보다 이른 시기에 찾아옵니다.

현재가 의사결정을 하기에 가장 좋은 시간인지 파악하기 위해 아래 질문들을 해볼 수 있습니다.

- 결정을 못 해서 더 나아갈 수 없는가?
- 더는 기다릴 수 없이 당장 결정해야만 해결되는 문제인가?
- 의사결정이 더 많은 선택지나 기회를 만드는가?
- 결정을 미루면 위험이 매우 커지는가?
- 결정을 내릴 때의 영향력을 충분히 숙지하고 있는가?
- 지금 왜 결정을 내려야만 하는지 논리적 근거가 명확한가?
- 잘못되었을 경우 되돌릴 만한 시간은 있는가? 실수를 감당할 수 있는가?

의사결정을 하기 좋은 시기를 알지라도 항상 좋은 결정을 내린다는 보장은 없습니다. 다행히 최악의 상황은 면할 수 있는 묘수를 부릴 수 있는데, 그것은 바로 아키텍처에 영향을 주지 않도록 의사결정하는 방법입니다.

6.6.1 아키텍처에 영향을 주지 않게 의사결정하기

언제라도 쉽게 바꿀 수 있는 의사결정이라면 이미 아키텍처와는 별로 상관이 없는 일일 겁니다. 아키텍처에서 자주 바뀔 수 있는 사항은 상세 설계하는 쪽에서 알아서 결정하도록 비워둬도 됩니다.

프로그래밍에서 언급하는 소프트웨어 설계 원칙은 어디에나 적용해도 좋은 원칙이기도 합니다. 예를 들어, SOLID 원칙[2]을 아키텍처에 적용하면 객체지향 설계에서와 마찬가지로 여러 가지 장점이 있습니다. SOLID는 단일 책임, 개방/폐쇄, 리스코프 치환, 인터페이스 분리, 의존관계 역전 등의 설계 원칙을 말합니다. 이런 원칙 모두 아키텍처 설계 시 참고로 활용할 수 있습니다. 아키텍처의 각 요소들이 하나의 역할만 가지도록 국한시키면, 변경이 잦은 부분을 더 쉽게 분리할

---

2 옮긴이_ SOLID 원칙은 로머트 마틴이 명명한 객체지향 프로그래밍 및 설계의 다섯 가지 기본 원칙을 말합니다. https://ko.wikipedia.org/wiki/SOLID_(객체_지향_설계)

수 있습니다. 추상화 원칙에 따라 깨끗한 인터페이스를 요소별로 만들면 구조가 더욱 유연해집니다.

추가 가능한[pluggable] 아키텍처, 환경변수 설정, 자기 기술적[self-describing] 데이터,[3] 동적 탐색 등 설계와 관련된 결정을 아키텍처 밖으로 옮기는 여러 가지 방법이 있습니다. 이와 같은 시도는 모두 아키텍처를 수정하거나 품질 속성에 부정적인 영향을 주지 않으면서도 시스템의 형태나 동작을 바꿀 수 있는 방법입니다.

6.7 사례 연구: 라이언하트 프로젝트

미니 품질 속성 워크숍('활동 7 미니 품질 속성 워크숍' 참조)을 마친 후에, 우리 팀은 여러 아키텍처 선택지를 놓고 토론을 했습니다. 우리가 데이터 기반의 웹 애플리케이션을 만든다는 사실은 알았지만, 그 이상으로 더 무엇이 있는지는 파악하지 못했습니다. 전체 시스템에 적용할 패턴은 무엇일까? 웹 애플리케이션은 어떤 기술을 선택할까? 코드는 어떻게 배포하고 호스팅하고, 또 어떻게 관리할까?

팀원들과 몇 가지 제약을 검토하고 흥미로운 기능 요구사항도 몇 가지 파악했습니다. 영향력 있는 기능 요구사항으로 데이터베이스와 검색엔진을 사용해야 할 필요가 있었습니다. 팀원들 대부분은 MySQL 사용 경험이 있었습니다. 그래서 팀원들에게 MySQL을 사용하도록 지시했습니다. 그다음 검색엔진에 대해 조사하고 하나를 선정해야 하는 작업을 백로그에 추가했습니다.

코딩을 시작하기 전에 코드를 어떻게 관리할지 결정해야 했습니다. 컴포넌트를 어떻게 구성할지도 대략적으로 결정해야 합니다. 생각–실행–확인 단계에 따라 계획을 세워보고자 합니다.

---

3   옮긴이_ 자기 기술적 데이터는 데이터 값 외에 데이터의 스키마 또는 구조가 함께 들어 있는 형식을 의미합니다. 데이터를 받는 쪽에서는 값 뿐만 아니라 데이터 안의 관계와 구조를 알 수 있으므로 예외적인 경우를 미리 알 수 있을 뿐만 아니라 원본에 가까운 구조로 개발할 수 있다는 장점이 있습니다.

우선 화이트보드에 고민거리를 나열하고 팀원들에게 질문합니다. 잠시 후 화이트보드는 쏟아지는 질문과 위험 요소로 빼곡해졌습니다. 이제 실행 단계로 접어들어서 "팀을 나눠서 각자 답을 찾아나가면 좀 더 많은 정보를 파악할 수 있겠군요(활동 15 나눠서 정복하기). 팀의 절반은 품질 속성을 달성할 수 있는 패턴을 찾으세요. 그리고 나머지 반은 기술 관련 질문에 대한 답을 찾아봅시다"라고 말합니다. 일주일 뒤에 확인 단계로 팀원을 소집해 각자가 찾은 답을 놓고 결정을 내리기로 합니다.

6.8   마치며

구조를 선택하는 건 쉽습니다. 하지만 적절한 구조를 선택하는 건 어렵습니다. 이번 장에서는 아키텍처에 관한 의사결정을 할 때 일반적으로 사고방식이 어떻게 흘러가는지에 대한 몇 가지 미스터리를 풀었습니다. 제약을 받아들이고, 중요한 기능 요구사항을 발굴해내고, 아키텍처가 이를 충족시키도록 만듭니다. 그리고 품질 속성을 끌어올릴 수 있는 패턴을 찾아내도록 합니다.

의사결정을 제때 내리고, 변화를 적극 수용해야 합니다. 설계에 관한 의사결정은 결코 쉽지 않지만 경험이 쌓이면 쉬워집니다. 다음 장에서는 일반적인 아키텍처 패턴을 배우고 지금까지 경험한 설계를 실체화하는 방법을 알아봅시다.

7장 패턴으로 기초 만들기

오래전부터 엔지니어늘은 자수 발생하는 분제를 해결할 때마다 재사용할 수 있도록 '패턴'을 만들어왔습니다. 소프트웨어 엔지니어 역시 마찬가지입니다. 유행에 민감한 소프트웨어 아키텍트는 패턴을 아주 많이 알고 있기도 합니다. 노련한 아키텍트는 새로운 문제를 접할 때 자신의 설계 패턴 목록을 뒤적이며 유사한 해법을 찾은 후에야 새로운 설계를 시작합니다. 적당한 패턴을 찾을 때는 문제의 특이사항 몇 가지를 채워 넣은 후에 요구사항에 맞게 조금 수정합니다.

어떤 소프트웨어 시스템이든 작은 주제의 패턴을 모아놓고, 그 위에서 전체 디자인을 결정합니다. 패턴을 사용하면 팀원들에게 소프트웨어 아키텍처를 설득하기 편해집니다. 그리고 패턴을 사용하면 수고스러운 노력을 직접 기울이지 않고도 다른 사람들의 지혜를 얻을 수도 있습니다.

수백 가지의 패턴이 다양한 도메인과 주제에서 사용됩니다. 이 장에서는 가장 자주 사용하는 패턴 몇 가지를 알아보고, 이를 요구사항에 어떻게 적용하는지 소개합니다.

7.1 아키텍처 패턴이란 무엇인가

아키텍트가 접하는 기술적인 문제 중에 새로운 것은 거의 없습니다. 소프트웨어 아키텍트가 폭넓게 활동하기 시작하면서 확장성 있고, 유지 보수가 용이하며, 신뢰성 있고, 고가용성을 가지며, 테스트도 쉬운 소프트웨어 시스템이 수십 년간 만들어져왔습니다. 새롭게 등장하는 문제도 꾸준히 있지만, 요즘의 소프트웨어 설계와 관련한 문제는 대체로 해결 방법이 존재합니다.

아키텍처 패턴^{architecture pattern}이란 특정 문제에 대해 재사용할 수 있는 해법입니다. 소프트웨어 아키텍처 패턴은 알려진 몇 가지 구조의 조합으로 품질 속성을 끌어올리는 방법입니다. 문제에 적합한 패턴을 선택하면 함정을 피할 수도 있고 바닥부터 디자인하는 수고를 덜 수도 있습니다.

그 외에도 패턴의 장점은 더 있습니다. 잘 알려진 패턴을 사용하면 대화하고 설득하기에 용이합니다. 그림 한 장이 백 마디 말보다 낫습니다. 패턴은 수천 장의 그림과 같은 효과가 있습니다. 유명한 패턴은 프레임워크나 플랫폼으로도 존재하므로 적용하기도 편합니다.

이제 요즘 흔히 사용하는 패턴에 대해 알아봅시다. 아래 소개하는 패턴 목록은 소프트웨어 패턴의 극히 일부입니다. 더 많은 패턴 정보는 웹이나 다른 아키텍처 관련 도서를 참고하세요.

디자인 패턴과 아키텍처 패턴의 차이점

아키텍트에게 디자인 패턴은 필수적인 설계 도구입니다. 어떤 디자인 원칙을 적용하든 추상화를 얼마나 하든 디자인 패턴은 의미가 있습니다. 프로그래밍이나 엔터프라이즈 아키텍처뿐만 아니라 사용자 인터페이스부터 테스트, 데이터베이스 설계, 엔지니어링 프로세스에 이르기까지 디자인 패턴은 어디서든 쉽게 찾을 수 있습니다. 현대적인 소프트웨어 개발이라면 디자인 패턴은 이미 적용되어 있습니다.

아키텍처 패턴은 프로그래밍 디자인 패턴과는 다소 다릅니다. 예를 들어 『GoF의 디자인 패턴』(프로텍미디어, 2011)[GHJV95]에 나열된 패턴 카탈로그의 경우, 객체지향 프로그램의 재사용성과 유지 보수성을 높일 수 있는 다양한 구성을 소개합니다. 아키텍처 패턴은 이와는 달리 다양한 품질 속성 시나리오를 해결하는 데 목적이 있습니다. 소프트웨어의 설계 시간, 실행 시간, 추상적인 컴포넌트 등을 다룹니다. 아키텍처의 범주는 어떤 품질 속성을 다루는지, 얼마나 추상적인 수준인지에 따라 더 넓어지기도 합니다.

정작 일할 때는 프로그래밍 설계 패턴과 아키텍처 설계 패턴의 구분에 별 의미가 없기도 합니다. 누군가에게는 아키텍처지만 누군가에게는 좀 더 프로그래밍 설계처럼 보일 때도 있기 때문입니다.

7.2 레이어 패턴

레이어 패턴[layer pattern]은 가장 흔히 사용되고 필요 이상으로 남용되는 패턴입니다. 대부분의 프로그램 개발은 여러 개발자가 함께 합니다. 코드를 나누고 관심사별로 독립적인 레이어를 구분하면 개발자들이 함께 일하기가 수월해집니다. 레이어 간에 결합은 낮추고 응집을 높이면 유지 보수성이 좋아집니다. 레이어 패턴을 사용하면 하나의 모듈을 업데이트할 때 다른 모듈이 받는 영향을 최소화할 수 있습니다.

카테고리	• 모듈
구성 요소	• 레이어: 기능적으로 응집할 수 있는 단위
관계	• 사용할 수 있음(allowed to use): 하나의 모듈을 다른 레이어에서 사용할 수 있음을 나타낸다.
사용 규칙	• 어떤 모듈이든 반드시 하나의 레이어에만 존재해야 한다. • 상위 레이어는 하위 레이어를 사용할 수 있으며, 이를 '사용할 수 있음'이라는 관계로 맺는다. 이 관계는 한 방향으로만 흘러야 한다. 또한, 현재 레이어가 바로 아래의 하위 레이어만 사용할 수 있도록 제한을 둘 수 있다. 순환 참조는 허용하지 않는다.
강점	• 유지 보수성, 독립 구동 가능성(portability), 재사용성, 테스트 가능성, 설계 시점의 유연성이 높아진다. 이론적으로는 구현이 단순하며, 레이어 단위로 구현하기 좋다.
약점	• 최상위 레이어와 최하위 레이어 간에는 별도의 추상화 작업이 필요하다. 이 추상화 작업 때문에 복잡도가 올라가거나 성능이 저하될 수 있다. 너무 많은 레이어는 구현하기 어려우며, 추상화에서 어딘가가 비어 있으면 개발자가 괴로워진다.

다음 쪽의 다이어그램은 레이어 패턴의 예시입니다. 다이어그램의 왼쪽 부분은 요소 간에 사용을 허가하는 이용 관계를 명시적으로 표현하지만, 우측은 요소 간의 관계가 암시적으로만 그려져 있습니다.

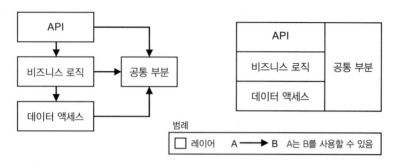

레이어 패턴 예시

레이어 패턴의 변형은 많습니다. 그렇지만 레이어의 개수나 그림 형태와는 무관하게 요소, 관계, 사용 규칙은 존재합니다.

7.3   포트와 어댑터 패턴

포트와 어댑터 패턴[port and adapter pattern]은 핵심 비즈니스 로직을 격리할 때 유용합니다. 다양한 주제에 적용할 수 있을뿐더러 데이터와 이벤트를 격리된 환경에서 테스트할 때도 사용할 수 있습니다. 실행 중에도 마치 플러그를 꽂듯이 어댑터를 구현하면, 특정 입력 소스를 비즈니스 로직에 주입해 데이터와 이벤트를 제공할 수 있습니다. 어댑터는 소프트웨어 구축 시 또는 실행 시에 환경 설정 값에 따라 바뀔 수 있습니다. 그러므로 이 패턴은 여러 입력 장치를 지원하는 소프트웨어나 입력 환경이 바뀔 수 있는 경우에 적용하면 좋습니다.

이 패턴은 최초에 앨리스터 콕번[Alistair Cockburn]이 육각형 아키텍처[hexagonal architecture]라는 이름으로 제안했습니다. 자세한 내용은 다음 쪽의 표를 참고하세요.

다음 쪽의 다이어그램은 포트와 어댑터 패턴의 예시입니다. 이 예시에서 레이다 시뮬레이터는 실제 레이다 장치로 교체될 수 있습니다. 그럼에도 핵심적인 비즈니스 로직은 변경할 필요가 없습니다. 로깅과 커뮤니케이션 버스는 상황에 따라 교체 가능할 수도 있습니다.

포트와 어댑터 예시

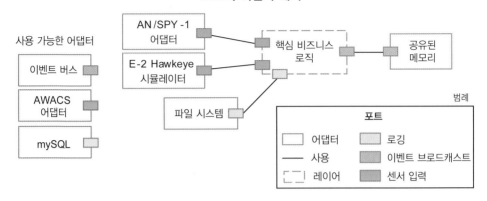

카테고리	· 모듈, 컴포넌트와 커넥터
구성 요소	· 레이어: 데이터나 이벤트로 어떤 값이 올지 모르는 도메인 또는 비즈니스 로직 · 포트: 레이어와 어댑터 사이의 인터페이스를 정의. 포트는 레이어 간의 관계를 어댑터로 분리할 수 있게 한다. · 어댑터: 레이어가 데이터 또는 이벤트에 액세스하는 데 사용하는 코드. 외부 데이터 소스, 장치 또는 기타 구성 요소와 상호작용한다.
관계	· 노출: 특정 레이어에서 가능한 포트를 표시 · 구현: 어댑터를 제한하는 포트를 표시 · 주입: 레이어에서 사용 가능한 어댑터를 표시
사용 규칙	· 레이어는 포트를 노출한다. 모든 레이어가 포트를 노출할 필요는 없으며, 포트를 노출하지 않는 레이어는 내부 레이어(inner layer)라고 한다. · 어댑터는 하나 이상의 포트에 적용할 수 있도록 포트의 제약 조건을 충족해야 한다. · 어댑터가 포트를 적용할 수 있도록 인터페이스를 구현한 경우, 어댑터는 포트로만 정보를 주입해야 한다. · 요소와 관계를 구현하는 기술에 따라 다르지만, 이 패턴은 대체로 설계 시점 또는 실행 시점에 참고하기에 유용하다. 설계할 때 모델을 모듈 구조로 표현할지 컴포넌트와 커넥터 구조로 표현할지 일관성이 있어야 한다.
강점	· 테스트 가능성, 유지 보수성, 그리고 변경에 대한 적응력을 높인다. 레이어와 어댑터마다 서로 다른 팀이 함께 일할 수 있다.
약점	· 소프트웨어 실행 중에도 어댑터를 선택할 수 있는 메커니즘을 구현해야 한다. 보안이나 안정성 등 소프트웨어의 품질이 어댑터에 따라 달라질 수 있다. 그러므로 서드파티 어댑터는 주의해서 적용해야 한다.

7.4 파이프와 필터 패턴

파이프와 필터 패턴^{pipe-and-filter pattern}에서 요소 하나하나는 필터라고 부르며 단방향으로 데이터를 변형하는 작업만 합니다. 데이터는 필터에서 필터로 빠르게 흐르고, 병렬적으로 데이터 처리가 이루어지기도 합니다. 필터 간의 관계를 느슨하게 만들수록 필터를 재사용하기 용이하고 새로운 파이프라인을 만들 때도 다양한 구성으로 결합할 수 있습니다.

이 패턴은 데이터 분석과 처리에서 자주 사용됩니다. 유닉스 명령어 `pipe`를 사용해봤다면 이미 이 패턴을 맛본 셈입니다. 아래 다이어그램은 파이프와 필터 패턴의 예시입니다.

파이프와 필터 패턴 예시

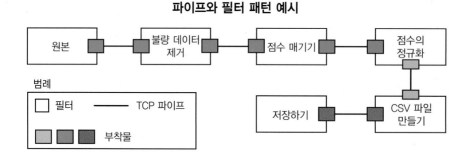

파이프와 필터 패턴과 비슷한 패턴으로 배치 시퀀셜^{batch sequential} 패턴이 있는데, 한 가지 큰 차이점이 있습니다. 배치 시퀀셜 패턴은 단계별로 하나의 작업만 실행하지만 파이프와 필터 패턴은 병렬 처리가 가능합니다. 게다가 배치 시퀀셜 패턴은 주요 단계마다 모든 데이터를 디스크에 저장한 후 다음 단계로 넘어가지만, 파이프와 필터 패턴은 스트리밍 데이터를 가정합니다.

카테고리	• 컴포넌트와 커넥터
구성 요소	• 필터: 데이터를 읽고 변형한 후, 결과 데이터를 내보내는 컴포넌트. 통상적으로 필터는 데이터를 읽자마자 처리하도록 구현한다. 필터마다 기대하는 입력과 출력을 정의해야 한다. • 파이프: 필터에서 필터로 전달하는 커넥터. 데이터의 순서를 유지한다. 파이프는 단일 입력과 출력을 하며, 전달 과정에서 데이터를 변경하지 않는다. • 변종 패턴으로 소스와 싱크를 포함하는 경우가 있다. 소스는 데이터 생산만 하고, 싱크는 데이터를 받기만 한다.
관계	• 부착물: 한 필터의 출력과 다른 필터의 입력을 파이프로 연결한다.

사용 규칙	• 입력과 출력이 호환되는 필터끼리만 파이프로 이을 수 있다. 필터 하나는 다른 필터에 의존하지 않고 온전히 독립적이어야 하며, 다른 필터로부터의 데이터 흐름을 전혀 모르는 상태로 동작해야 한다.
강점	• 성능, 재사용성, 변경 대응력이 높음
약점	• 파이프와 필터 시스템은 인터랙티브하지 않으며, 패턴 자체로는 사용자 인터페이스를 갖기 어렵다. 안정성을 높이는 패턴은 아니지만 필터 하나마다 에러 처리를 하도록 설계하면 안정성을 높일 수는 있다. 이 패턴을 쉽게 생각하고 구성할 경우, 여러 개의 필터가 동시에 실행되면서 전체 시스템 성능이 크게 하락하거나 각종 프로세싱 비용이 높아지는 문제를 겪을 수 있다.

7.5 서비스 지향 아키텍처 패턴

서비스 지향 아키텍처 패턴service-oriented architecture pattern(SOA)은 특정 기능을 가진 컴포넌트를 독립적인 서비스로 구현합니다. 시스템은 실행 중에 서비스를 조합해 작업을 수행합니다. 다시 말해, 서비스를 사용하는 측에서는 각 서비스가 어떻게 구현되었는지는 몰라도 서비스를 불러내고 실행할 수 있어야 합니다.

SOA를 구현하는 방법은 다양합니다. 전통적인 SOA는 SOAPsimple object access protocol로 통신하는 메시지 버스에 강하게 의존했습니다. 최신 SOA 구현 방법은 마이크로서비스로 더 세분화하고 더욱 가벼운 HTTP 프로토콜로 서로를 잇습니다.

복잡한 조직에서 큰 시스템을 만들 때 부서마다 각자 맡은 부분을 구현하도록 하기 위해 SOA를 도입하기도 합니다. SOA는 아키텍처적 순수성을 해치지 않는 선에서 부서마다 독립적으로 작업할 수 있으며, 각 서비스마다 보유한 정보를 숨기거나 공개할 수 있습니다.

아래 그림은 SOA 패턴의 예시입니다. SOA에는 아주 복잡하고 많은 아키텍처 요소도 들어갑니다. 아래 다이어그램에서, 두 서비스가 서비스 레지스트리에 부착되어 있습니다. 서비스는 레지스트리에 등록되어 접속 정보를 조회할 수 있도록 해야 하고, 다른 서비스가 원할 때는 언제든지 접근할 수 있어야 합니다.

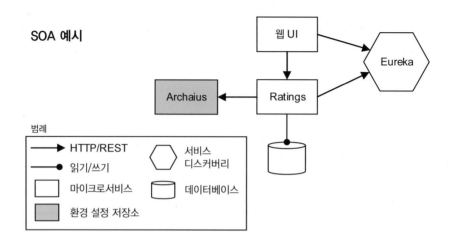

SOA 예시

범례
- → HTTP/REST
- —● 읽기/쓰기
- □ 마이크로서비스
- ■ 환경 설정 저장소
- ⬡ 서비스 디스커버리
- ⬭ 데이터베이스

카테고리	• 컴포넌트와 커넥터
구성 요소	• 서비스: 독립적으로 배포할 수 있는 단위. 잘 설계된 인터페이스와 기능을 제공 • 서비스 레지스트리: 사용 가능한 모든 서비스 목록을 제공하고 서비스 간 서로 탐색할 수 있도록 함 • 메시지 시스템: SOA 구현 형태에 따라 서비스 간 정의된 통신 프로토콜. 예를 들어, SOAP, REST, gRPC, 비동기 메시징 등
관계	• 구현하는 SOA 시스템의 전제 조건에 따라 여러 형태가 있다. 넷플릭스가 사용해 유명해진 스마트 엔드포인트 방식은 호출만 존재한다. 만약 비동기 통신을 메시지 시스템으로 사용한다면 구독과 게시 아키텍처의 관계를 그대로 따를 수 있음
사용 규칙	• 서비스는 자신이 어떻게 쓰이는지에 대해 모른다. 하나의 서비스는 서비스 레지스트리나 메시지 버스 등 자신이 아닌 다른 외부 컴포넌트를 통해서만 다른 서비스를 조회할 수 있어야 한다.
강점	• 통합성, 재사용성, 확장성을 확보할 수 있음. 많은 지식이 축적된 패턴이지만 아주 많은 세부 패턴으로 나뉘어 있다.
약점	• SOA 시스템은 분산 시스템이며, 분산 시스템이 가진 모든 복잡성을 다 가지고 있다. SOA 시스템은 많은 조각으로 나뉘어서 조립하기도 어렵다. 다른 서비스에게는 간단한 문제이지만 SOA에서는 실행 중에 겪는 문제가 될 수 있다. 예를 들어, SOA 시스템에서의 버전 정보는 단지 특정 시점에 각 서비스가 어떤 버전인지만 알 수 있을 뿐이다. 가용성, 안정성, 성능은 부족한 편이다.

7.6 발행/구독 패턴

발행/구독 패턴publish-subscribe pattern은 발행자와 구독자가 서로 독립적으로 존재하며 서로를 모르는 형태의 패턴입니다. 다수의 구독자가 다양한 발행자가 만들어낸 이벤트를 구독합니다. 발행자와 구독자는 이벤트 버스를 통해 간접적으로 통신하는 셈입니다. 이벤트 버스는 발행자가 게시한 이벤트를 구독자에게 전달하는 책임이 있습니다. 어떤 기술의 이벤트 버스를 선택하는지에 따라 시스템 전반에 큰 영향을 미칩니다. 발행/구독 패턴은 다수의 독립적인 컴포넌트가 동일한 정보를 다루고 싶을 때 주로 사용됩니다. 아래 다이어그램은 발행/구독 패턴의 예시입니다.

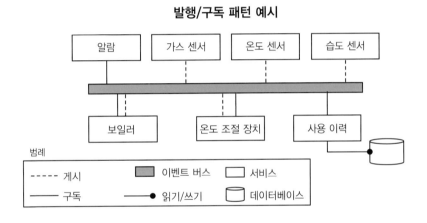

발행/구독 패턴 예시

카테고리	• 커넥터와 컴포넌트
구성 요소	• 발행자: 이벤트를 생산하는 컴포넌트. 설계 문서에 게시되는 이벤트를 서술해야 한다. • 구독자: 이벤트를 구독하는 컴포넌트 • 이벤트 버스: 컴포넌트를 등록하고 게시된 이벤트를 전달한다. 이벤트 버스의 기술과 기능에 따라 증진되는 시스템 요소가 달라진다.
관계	• 발행: 게시자가 이벤트 버스로 이벤트를 내보낸다. • 구독: 이벤트 구독하는 컴포넌트를 이벤트 버스에 등록한다.
사용 규칙	• 이 패턴의 모든 통신은 이벤트 버스에서 이루어진다. 그러므로 이벤트와 연관된 컴포넌트는 반드시 이벤트 버스에 등록해야 한다. 컴포넌트는 게시와 구독을 모두 수행하는 경우노 있다.
강점	• 확장성, 재사용성, 테스트 가능성이 높아진다. 이벤트 버스의 특성에 따라 가용성, 신뢰성, 확장성이 높아질 수 있다.
약점	• 발행/구독 시스템은 컴포넌트마다 독립적이며 비동기적으로 동작하므로 전체 성능을 예측하기 어렵다. 이벤트 버스에 따라 시스템의 인징싱이 진직으로 결정된다. 그리므로 이벤트 버스는 신중하게 선택해야 하며, 선택했다면 그 기술을 완벽히 숙지해야 한다.

대부분의 발행/구독형 시스템은 '이벤트 규약'을 정의합니다. 이벤트 규약에는 이벤트 포맷뿐만 아니라 어떤 컴포넌트가 이벤트를 게시하는지도 설명합니다.

7.7   공유 데이터 패턴

공유 데이터 패턴^{shared-data pattern}은 다수의 컴포넌트가 하나의 데이터 저장소에 접근하고 사용하는 패턴입니다. 이 패턴은 많은 컴포넌트가 많은 데이터를 필요로 할 때 유용합니다. 공유 데이터 패턴에서 데이터와 데이터 소스는 컴포넌트 간 인터랙션의 중간자 역할을 합니다. 이는 이벤트 버스를 이용하는 시스템이 메시지 전달만으로 컴포넌트 간에 통신하는 방식과는 다른 점입니다. 아래 그림은 공유 데이터 패턴의 예시입니다.

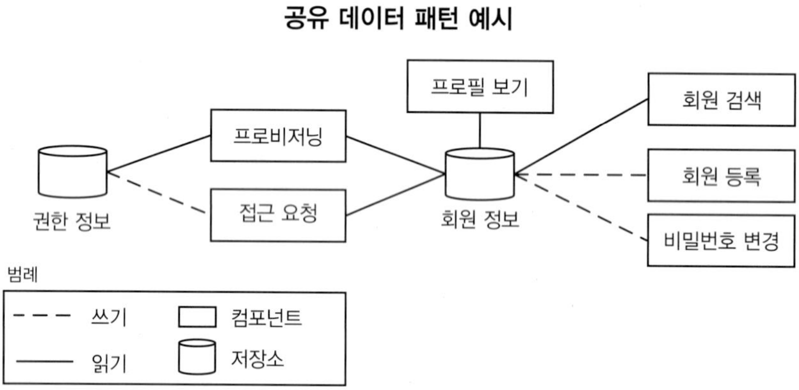

공유 데이터 패턴 예시

공유 데이터 패턴은 다른 패턴과 잘 섞어서 사용할 수 있습니다. 대용량 데이터에 기반한 시스템이라면 이 패턴이 어떤 형태로든 들어 있습니다.

카테고리	• 컴포넌트와 커넥터
구성 요소	• 데이터 저장소: 데이터에 접근하는 컴포넌트에게 제공할 데이터를 보유. 데이터 저장소의 특징과 제약에 따라 달성하고자 하는 품질 속성이 결정된다. • 데이터 접근 컴포넌트: 데이터를 어떤 용도로든 사용하는 컴포넌트
관계	• 읽기: 데이터 접근 컴포넌트가 공유 데이터 저장소에서 데이터를 읽는다. 읽을 때 특정 프로토콜이 필요할 수도 있고 데이터 개수나 형태에 제약이 있을 수 있다. • 쓰기: 데이터 접근 컴포넌트가 공유 데이터 저장소에 데이터를 기록한다. 트랜잭션 처리가 될 수도 있고, 허용량 한계가 있거나 차단될 수도 있는 등 다양한 형태의 제약이 있을 수 있다.
사용 규칙	• 데이터 접근 컴포넌트만 데이터를 직접 다룰 수 있다.
강점	• 데이터의 일관성, 보안, 정보 보호에 신경 쓰면 신뢰성이 높아진다. 확장성과 가용성 또한 데이터 저장소의 성능이 잘 튜닝되고 데이터 접근 컴포넌트의 부하량이 적절하게 조절되면 높일 수 있다.
약점	• 공유 데이터 저장소가 정지하면 모든 시스템이 멈춘다. 이는 가용성과 성능에 큰 피해를 준다. 유지 보수성의 경우, 데이터 저장소를 교체할 때 모든 데이터 접근 컴포넌트도 이에 따라 수정해야 할 수 있다. 이 패턴은 구현하기 쉽지만 너무 남발되기도 한다. 데이터를 공유하면 많은 문제가 쉽게 풀리지만, 때에 따라서는 다른 아키텍처 패턴이 더 맞을 수 있으니 다른 패턴도 함께 고려해보길 권장한다.

7.8   멀티 계층 패턴

멀티 계층 패턴$^{multi-tier pattern}$은 실행 중인 소프트웨어를 논리적인 단위로 나누어 구성한 패턴입니다. 각 논리적인 단위의 그룹은 특정 하드웨어에 설치될 수 있습니다. 예를 들어, 서버나 클라우드 플랫폼 등이 있습니다. 멀티 계층 패턴은 레이어 패턴과 개념적으로는 비슷합니다. 레이어도 모듈 구조를 가지고 있으며 설계 시점에 요소별로 구분합니다. 하지만 계층은 실행 환경에 대한 개념으로, 컴포넌트와 커넥트 구조든 배포하는 구성이든 상관없이 실제 실행하는 소프트웨어를 기준으로 그룹을 짓습니다.

계층 개념으로 실행 중인 시스템을 바라보면, 어떤 컴포넌트가 다른 플랫폼에 존재해도 괜찮은지 어떤 컴포넌트는 특정 하드웨어와 함께 있어야만 더 이득인지 등을 판단하는 데에 도움이 됩니다.

아래 다이어그램은 멀티 계층 패턴의 예시입니다. 아래 예시에서 애플리케이션 계층은 고객용 서버에서 동작하고, 중간 계층은 공통 플랫폼으로 배포하지만 각자의 역할이 나뉩니다. 데이터 계층에서는 여러 가지 클라우드 플랫폼을 이용하지만 데이터베이스 용도로만 이용합니다.

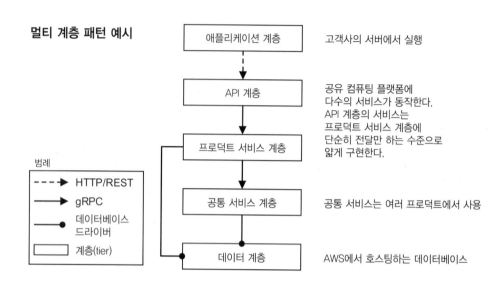

멀티 계층 패턴 예시

| 애플리케이션 계층 | 고객사의 서버에서 실행 |

| API 계층 | 공유 컴퓨팅 플랫폼에 다수의 서비스가 동작한다. API 계층의 서비스는 프로덕트 서비스 계층에 단순히 전달만 하는 수준으로 얇게 구현한다. |

| 프로덕트 서비스 계층 | |

| 공통 서비스 계층 | 공통 서비스는 여러 프로덕트에서 사용 |

| 데이터 계층 | AWS에서 호스팅하는 데이터베이스 |

범례
- - - - ▶ HTTP/REST
——▶ gRPC
——● 데이터베이스 드라이버
☐ 계층(tier)

카테고리	• 컴포넌트와 커넥터 구조 또는 할당 단위
구성 요소	• 계층: 실행 중인 컴포넌트를 논리적으로 묶은 단위. 계층을 나누는 방법은 다양하다. 기능, 계산, 팀, 커뮤니케이션 방식, 보안, 데이터 접근 권한 단위 등으로 나뉠 수 있다.
관계	• 소속됨: 하나의 계층으로 묶인 컴포넌트를 표현할 때 사용한다. • 통신함: 계층 또는 컴포넌트끼리 서로 관계를 맺을 때의 표현이다. 프로토콜이나 통신상의 특징이나 제약을 담을 수 있다. • 통신할 수 있음: 어떤 계층이든 다른 계층의 컴포넌트와 통신할 수 있다. • 할당됨: 계층이 물리적인 서버나 플랫폼에 배포되고 실행된다.
사용 규칙	• 하나의 컴포넌트는 단 하나의 계층에만 속할 수 있다. 기본적으로 컴포넌트는 오직 같은 계층의 다른 컴포넌트와 통신할 수 있다. 다른 계층과 통신 시 어떤 제약이 있는지 정의해놓으면 시스템의 동작을 예상하기 쉽고 유지 보수성도 좋아진다. 일반적으로는 두 계층이 서로 교차되는 지점에서만 통신이 이루어지도록 설계한다.
강점	• 보안, 성능, 가용성, 유지 보수성, 변경 가능성 모두 높아질 수 있다. 비용과 배포 단위를 판단하기에 용이하다.
약점	• 시스템이 커지면 계층이 명확히 나뉘지 않을 수 있다. 너무 많은 계층으로 나뉘면 성능과 유지 보수성이 떨어진다.

7.9 숙련된 전문가 패턴

숙련된 전문가 패턴^{center of competence pattern}은 하나의 전문가 팀이 패턴부터 실습, 관련 지원 도구, 교육까지 모든 사항을 결정하고 진행합니다. 이들은 시스템을 직접 개발하고 배포하진 않지만 다른 팀이 수행하는 개발 업무를 더욱 효율적으로 만드는 지원 팀입니다. 이 팀이 집중하는 주제는 기술, 유스케이스, 패턴, 위험이 높은 사항 등입니다. 숙련된 전문가 팀을 구성하면 개발 팀이 아키텍처와 기술을 더 수월하게 구현할 수 있습니다. 이 팀은 어디까지나 지원 조직이므로, 일순위 목표는 개발 속도를 끌어올리고 전반적인 소프트웨어 품질을 개선하는 일입니다.

카테고리	• 배치
구성 요소	• 숙련된 전문가 팀: 개발자와 아키텍트 그룹 • 담당 영역: 아키텍처의 일부분. 패턴, 기술, 유스케이스 등이 될 수 있음
관계	• 책임: 숙련된 전문가 팀과 담당 영역을 연결
사용 규칙	• 일반적으로 숙련된 전문가 팀은 단 하나의 기술이나 유스케이스를 담당한다.
강점	• 전문가를 다방면으로 활용할 수 있음. 보안, 확장성, 성능, 안정성, 유지 보수성 등 품질 속성 전반에 걸쳐서 전문가 집단은 긍정적인 영향을 준다.
약점	• 숙련된 전문가 팀 덕분에 팀 내에 전문 지식이 존재. 전문가가 이직하면 조직이 붕괴될 위험이 있다. 숙련된 전문가 팀의 역량이 부족하면 혼란만 초래하거나 개발 속도를 떨어뜨린다.

아래는 수백 팀을 거느리는 한 회사가 숙련된 전문가 팀을 운영하는 사례입니다.

숙련된 전문가 팀	담당 영역
업무 일정 관리 및 유스케이스	업무 일정 및 유스케이스에 관한 프레임워크를 개발한다. 몇 가지 개발 도구도 만들어서 개발 팀이 프레임워크를 스스로 클러스터에 배포하고 사용할 수 있게 한다.
성능	성능 테스트와 부하 테스트를 주제로 개발 팀을 상담해준다. 테스트 도구를 제공하고 수집된 데이터와 테스트 관련 자원을 관리한다.
데이터베이스	적합한 데이터베이스를 사용하도록 개발 팀과 의논한다. 운영 도구를 제공하고, 데이터베이스 이전을 수행하며, 데이터베이스 생성과 배포에 관한 교육도 진행한다.
핵심 플랫폼	공통 컨테이너 관리 시스템을 유지 보수한다. 공통으로 사용하는 도커 이미지를 제공한다. 로그 수집이나 헬스 체크 같은 일반적인 기능에 관한 도구를 개발한다.

7.10 오픈소스 공헌 패턴

오픈소스 공헌 패턴^{open source contribution pattern}은 아키텍처 컴포넌트를 만들 때 팀원들만 개발하지는 않을 것이라고 생각할 때 적용할 수 있는 패턴입니다. 이 패턴이 잘 작동할 때, 팀은 자비로운 독재자처럼 컴포넌트들 다루게 되고, 품질과 개념적으로 결점이 없는 기준으로 변경사항을 검토하고, 그에 못 미치는 작업은 거절하는 식입니다. 이 패턴은 아키텍처가 너무 중앙 집중적으로 몰리지 않게 하기도 합니다. 전문가들이 여러 개발 팀에 넓게 퍼져 있거나 공통적으로 의존하는 컴포넌트가 있을 때 이 패턴을 적용해보면 좋습니다.

이 패턴이 성공적으로 작동하려면, 팀은 자신이 만드는 컴포넌트가 폭넓은 적용 분야 중에서도 어떤 경우에 딱 맞는지 확실하게 이해하고 있어야 합니다. 팀의 책임감을 높이려면 쓰기 권한을 팀에게만 부여합니다. 다른 팀도 코드를 제출할 수 있지만 검토 과정을 거쳐야만 합니다. 팀 외의 개발자들이 공헌하기 편하도록 코드 스타일 가이드를 만들고, 테스트 가능하게 설계하고, 기술이 전제하는 제약을 미리 정해놓으면 좋습니다.

카테고리	• 할당
구성 요소	• 팀: 컴포넌트 변경사항을 검토하거나 제출하는 그룹 • 저장소: 소프트웨어 컴포넌트를 저장하는 코드 저장소
관계	• 책임자: 저장소의 변경사항을 검토하고 무결성에 대해 책임지는 역할로 개발 팀 소속이다. 책임자는 자비로운 독재자라고 불리기도 한다. • 공헌자: 저장소에 코드를 제출할 자격이 있는 팀
사용 규칙	• 저장소 책임자는 통상적으로 한 명이지만, 꼭 한 명일 필요는 없다. 여러 팀이 여러 개의 저장소에 공헌할 수 있다.
강점	• 재사용성, 유지 보수성, 개발 속도를 끌어올릴 수 있다.
약점	• 이 패턴은 컴포넌트를 완벽하게 분리할 수 있어야 의미 있다. 공헌하기 위한 학습 곡선이 너무 가파를 경우, 공헌을 포기할 수 있으므로 쓸모없는 패턴이 될 수 있다. 다른 성공적인 오픈소스 운영 사례를 참고해 팀에 적용할 필요가 있다.

7.11 큰 진흙 공 패턴

큰 진흙 공 패턴^{big ball of mud pattern}은 패턴이라기보다는 현실에서 쉽게 볼 수 있는 상황입니다. '큰 진흙 공'이라는 표현은 『Pattern languages of Program Design 4』(Addison-Wesley, 1999) [FHR99]에서 처음 나왔습니다.

큰 진흙 공 패턴은 정의된 요소와 관계 따위가 없습니다. 그리고 어떤 품질 속성도 끌어올리지 않습니다. 예상하겠지만 큰 진흙 공은 유지 보수성과 확장성을 크게 떨어뜨립니다. 모듈과 모듈 구조든 컴포넌트와 커넥터 구조든 큰 진흙 공이 될 수 있습니다. 사이먼 브라운은 모놀리식 구조뿐만 아니라 마이크로서비스에서도 분산 처리 단위가 큰 진흙 공처럼 나쁘게 진화하는 경우를 쉽게 볼 수 있다고 했습니다.

큰 진흙 공 패턴은 이론으로 정립되지는 않았지만 실제 상황에서는 흔히 마주하는 현상입니다. 그나마 좋게 말할 수 있다면, 장시간의 설계와 통합에 필요한 비용을 짧은 개발 기간으로 맞바꾸는 장점이 있습니다. 이 패턴은 주로 아키텍처 원리의 이해가 결여되었거나 개발 문화가 성숙하지 않은 경우에 불쑥 등장합니다.

가끔은 전략적으로 사용할 때도 있습니다. 팀에서 기술 부채를 감당하고 초기 버전을 빠르게 릴리스해야 할 경우입니다. 하지만 대체로 제때에 첫 버전을 없애지도 못하고 기술 부채를 갚지도 못하기 때문에 이런 전략은 위험합니다.

7.12 새로운 패턴 발굴하기

패턴은 경험에서 우러나옵니다. 새로운 패턴은 매일 나옵니다. 어떤 패턴은 다양한 팀과 시스템으로 저변화되지만, 또 어떤 패턴은 국소적으로 단 하나의 팀에서만 사용되곤 합니다. 새로운 패턴은 누군가가 어느 순간 발명한다기보다는 자연스럽게 생겨난다고 말할 수 있습니다.

아키텍트가 새로운 패턴을 발굴하는 모습은 마치 생물학자가 새로운 종을 발견하는 방식과 같습니다. 그저 들판에서 하염없이 시간을 보낼 뿐입니다. 그리고 상황을 계속 관찰합니다. 가능성 있는 패턴을 발견하면, 그 패턴에 대해 간략히 묘사하고 지금까지 알던 패턴과의 관계를 정의합니다. 알고 있던 패턴과 비슷하다면 몇 가지 특징을 정리해서 블로그나 논문에 기록합니다. 완전히 새로운 패턴을 발견했다면 팀의 패턴 자료집에도 기록하고 공유합니다.

새로운 패턴을 발굴하는 방법은 크게 두 가지가 있습니다. 문제에 집중하거나, 해법에 집중하거나. 문제에 집중한다면 우선 공통의 문제를 찾습니다. 몇 번씩이나 경험하는 공통적인 문제가 있다면 이에 대응하는 일반화된 해결법으로 만듭니다. 기존의 해결법을 조사하고 현재 만들려는 해결 방법과의 유사점과 차이점을 파악합니다. 이러한 분석을 통해 해결 방법을 패턴화합니다.

해법에 집중한다면, 우선 과거에 여러 번 적용해본 해결 방법을 찾아봅니다. 때로는 너무 당연하게 적용해와서 개발자조차 못 알아챘던 방법일 수도 있습니다. 그 해법이 무엇이었는지 분석하고 이에 적용했던 여러 문제의 공통 분모를 정의해볼 수 있습니다.

패턴을 정립했다면 이제 피드백을 받아볼 차례입니다. 이미 관련된 문제나 해법을 경험했던 사람들에게 알려주고 의견을 받습니다. 끝으로 패턴을 직접 구현해봅니다. 그리고 피드백 받은 의견을 바탕으로 초기 버전의 패턴을 개선해나갑니다.

7.13 사례 연구: 라이언하트 프로젝트

팀원들과 함께 콘퍼런스룸에 모여서 최근까지 진행한 설계 탐색 작업을 공유했습니다. 검색 기술은 쉽게 선택할 수 있었습니다. 팀원 중 한 명이 선택할 수 있는 검색 기술을 주제로 간단한 발표와 기술 데모를 했고, 최종적으로 추천한 기술은 꽤 납득할 만했습니다. 하지만 기본적으로 적용할 아키텍처를 선정하는 과정은 그리 간단하지 않았습니다.

"단순한 3계층 아키텍처로 하지요?"라고 팀원 중 한 명이 말했습니다. 그러고는 화이트보드에 상자 몇 개와 선을 그렸습니다. '활동 19 화이트보드 토론'에서 말하는 즉흥적인 화이트보드 토론이 이루어졌습니다. 이번엔 다른 누군가가 반박했습니다. "마이크로서비스 책을 읽어봤는데 이 프로젝트에 적용해도 좋을 것 같더군요" 그는 마이크로서비스에 대해 간단한 설명을 곁들였습니다. 또 다른 사람이 거들었습니다. "마이크로서비스는 좋아 보이네요. 하지만 간단한 웹 애플리케이션으로는 너무 작업량이 많아 보입니다."

화이트보드 토론은 몇 분간 계속되었고, 팀은 새로운 패턴도 제안해보고 각 패턴의 장점에 대해 의견을 나눴습니다. 이제 불쑥 끼어들어봅시다. "좋은 이야기들이군요"라고 말한 후, 이렇게 묻습니다. "점점 주제에서 빗어나고 있으니 이제 끝장을 내릴 때가 되었어요. 그때시 지금까지 거론했던 아키텍처들은 이번 프로젝트의 최상위 품질 속성에 어떤 영향을 주나요?"

7.14 마치며

이번 장에서는 패턴에 대해 기본적인 수준으로 살펴봤습니다. 소프트웨어 패턴에 관한 연구와 출판물은 정말 많습니다. 패턴을 많이 알수록 더 나은 소프트웨어 설계자로 발전할 것입니다.

패턴을 선택하고 설계에 반영하고 의사결정도 했다면, 이제는 다른 사람과 그 결과를 공유해야 합니다. 다음 장에서는 아키텍처에서 필수적인 디자인 개념을 파악하고 모델을 만들면서 실체화하는 방법에 대해 설명합니다.

8장 의미 있는 모델로 복잡도 관리하기

소프트웨어 시스템은 성공적으로 운용될 때 으레 구조가 복잡해지기 마련입니다. 사용자가 많아지면 가용성, 확장성, 성능이 곧 한계에 다다릅니다. 새로운 기능도 그때그때 일단 맞는 곳에 붙여놓게 되죠. 소프트웨어는 점점 커지다가 이윽고 작고 귀여운 규모의 개발 팀을 집어삼킵니다. 소프트웨어 시스템을 꾸준히 개선하지 않으면 소프트웨어로 성공했을지라도 결국 그 소프트웨어로 실패합니다.

하지만 아직 희망이 있습니다. 복잡도가 점차 증가할 때쯤 우리에겐 몇 가지 선택지가 있습니다. 요구사항을 수정하거나 코드의 일정 부분을 덜어내서 다시 소프트웨어를 좀 더 작게 만들 수 있습니다. 큰 소프트웨어를 나누면 파악하기도 쉽고 관리하기에도 수월합니다. 세부적인 사항을 따지기보다는 한 발 물러나서 큰 그림을 보며 다시 생각해보는 시간을 가질 필요도 있습니다.

1.2.1절 '필수 구조 정의하기'에서 아키텍처는 구조를 만드는 일이라고 배웠습니다. 또한, 구조는 곧 요소와 관계로 이루어져 있다고 했습니다. 이 장에서는 여러 요소를 쌓아올리면서 의미 있는 모델을 만드는 방법과 이를 통해 더 수월하게 아키텍처를 파악하는 방법에 대해 알아봅니다.

8.1 아키텍처 파악하기

머릿속에 방대한 정보를 담는 데는 한계가 있습니다. 수년간 소프트웨어 개발자들은 인간의 한계를 극복하려고 머리를 굴렸습니다. 한 가지 방편으로 여러 명이 동시에 병렬적으로 일을 수행해봤습니다. 다른 누군가는 지식을 추상화된 여러 조각으로 나눠서 처리하는 개념을 생각하기도 했습니다. 협업과 추상화. 이 두 가지 접근 방법이 곧 우리가 아키텍처를 바라볼 때 필요한 자세인 '분석하기'와 '이해하기'입니다.

추상화를 통해 집중해야 할 사항만 신경 쓰고 나머지는 관심에서 멀어지도록 할 수 있습니다. 예를 들어 객체지향 프로그래밍의 클래스 인터페이스는 퍼블릭 메서드에 대한 설명만 있고 구체적으로 어떻게 구현해야 하는지는 설명하지 않습니다. 인터페이스를 구현한 메서드가 곧 인터페이스에 대한 구체적인 설명입니다. 이처럼 일단 세부 설명은 잊고 어떤 인터페이스를 만들고 싶은지에만 집중할 필요가 있습니다.

다른 사람과 의사소통할 때 활용할 수 없다면 완벽한 추상화의 의미가 퇴색됩니다. 누구나 상자와 선을 그릴 수 있습니다. 하지만 진정으로 쓸모 있는 아키텍처 모델architecture model을 만들려면 심각하게 고민을 거듭해야 합니다. 모델이란 그저 그런 스케치가 아닌, 커뮤니케이션을 강화하고 시스템을 파악하는 데에 쓰이는 아키텍처의 한 부분에 대한 정확한 설명입니다.

좋은 아키텍처 모델은 아래와 같은 장점이 있습니다.

모델이 곧 디자인 용어 사전이다.

요소의 이름을 지을 때는 이름에 그 의미와 의도가 잘 담겨 있어야 합니다. 우리가 모델을 만들 때마다 시스템의 사전이 조금씩 두꺼워집니다. 우리는 이 용어 사전으로 회의하고, 코딩할 때도 이름 짓기에 활용하고 시스템을 바라보는 관점도 만들어갑니다.

모델은 관심사를 더 자세한 수준으로 이끌어준다.

소프트웨어 개발은 디테일이 전부입니다. 하지만 그저 모든 사항이 중요하다고 해서 그 모든 사항을 모두 심도 있게 파고들 수는 없는 노릇입니다. 모델은 어떤 부분은 적당히 가려서 더 관심을 가져야 할 사항에 집중할 수 있게 해줍니다. 그러면 더 자세하게 파고들어야 할 사항에 시의적절한 질문을 하며 그에 걸맞은 답을 구할 수 있습니다.

모델은 품질 속성을 비롯한 시스템의 여러 속성을 예측하게 한다.

모델은 시스템이 어떻게 동작할지 더 쉽게 그려보고 이해하게 합니다. 아키텍처에 알맞은 모델을 만들면 시스템을 구현하기 전에 미리 설계 수준에서 테스트를 수행할 수도 있습니다. 물론 프로토타입을 만들고 실험을 하며 모델을 더 정교하게 가꾸는 일은 여전히 해야 하지만, 실험을 진행하는 전체적인 비용과 소요 시간을 크게 줄일 수 있습니다. 이는 모든 시스템을 다 구현한 후에 실험을 진행하지 않고 설계에 더 가깝게 붙어서 진행할 수 있기 때문입니다.

모델은 아키텍트의 의도를 반영한다.

개발자라면 모름지기 현재 시스템의 설계를 온전히 이해한 후에 구현해야 합니다. 훌륭한 모델은 구조 속에 의도를 담기 마련입니다. 이 의도를 이해하는 사람들이 많을수록 시스템을 점진적으로 개선하고 유지 보수할 때 더 훌륭한 시스템으로 거듭날 가능성이 높아집니다.

모델은 우리가 세상을 바라보는 관점에서 생겨납니다. 그리고 모델은 설계 의도보다 한 단계 깊은 의미를 전달하기 위한 우리의 노력을 담습니다. 모든 모델에는 개념과 그 개념을 사용하는 방법을 알려주는 규칙이 있습니다. 규칙을 올바르게 적용하면 우리가 바라보는 관점을 일관되게 유지하면서 모델을 키워나갈 수 있습니다.

모델링을 건너뛰고 바로 코딩하면 안 되나요?

『기업 통합 패턴』(에이콘출판, 2014)[HW04]과 『37 Things and Architect Knows』[Hoh16]의 저자 그레거 호페Gregor Hohpe는 한 시간의 아키텍처 설계로 코딩하는 시간 한 달을 아낄 수 있다고 말합니다. 아키텍처를 설계하고 고치는 일은 코딩하고, 테스트를 통과하고, 릴리스 후에 고객의 불평을 듣고 개선하는 일보다는 쉽고 가벼운 일입니다. 그레거는 설계도상의 아키텍처 문제가 수만 줄의 코드를 수정하는 작업보다는 고치기 쉽고 빠르다고 말합니다.

코딩을 하면 시스템 설계를 바로 알아챌 수 있습니다. 그러므로 코딩을 가급적 빨리 하는 편이 좋습니다. 아키텍처를 구성하는 동안 실험도 해야 하고 프로토타입도 만들어야 합니다. 모델 그 자체는 소프트웨어를 직접 사용하는 경험을 대체할 수는 없습니다. 다이어그램만으로 소프트웨어 시스템의 모든 동작을 파악하기란 불가능하기 때문입니다.

3.2절 '설계를 얼마나 우선해야 하는가'에서 배웠듯이, 결국은 아키텍처입니다. 설계를 우선하든, 코드부터 짜든, 둘을 동시에 진행하든 어쨌거나 아키텍처로 귀결됩니다. 모델링을 건너뛰고 코딩할 때는 한 번 더 심사숙고하세요. 언제부터 설계에 집중할 수 있을지, 그리고 얼마만큼의 재작업을 감당할 수 있을지. 한 시간의 아키텍처 설계로 한 달을 아낄 수 있습니다.

8.2 메타모델 설계하기

소프트웨어 시스템의 아키텍처 메타모델architectural meta-model이란 모델을 만드는 개념이며 이 개념이 적용되는 규칙을 의미합니다. 메타모델은 설계용 문법과 같은 역할을 합니다. 우리의 생각을 어느 정도 통제하면서도 아키텍처를 말할 때 활용하는 용어집이기도 합니다. 다음 다이어그램은 이런 의미를 표현한 그림입니다.

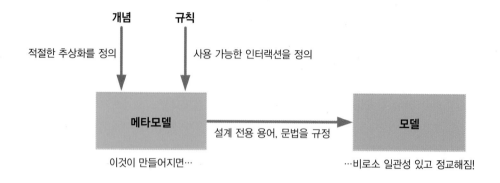

메타모델을 정의하면 아키텍처를 서술하기 수월해집니다. 또한 설명을 받아들일 사람들의 눈높이를 정하거나 모델을 유추하기에도 한층 편해집니다. 메타모델을 만들려면 우선 동원할 개념부터 정의해야 합니다. 동원할 개념들은 곧 아키텍처의 요소와 관계가 될 것입니다. 개념에 대해 정의하면 그다음엔 개념을 어떻게 사용할지에 대한 규칙을 만들어야 합니다.

8.2.1 개념 개별화하기

개념 개별화concept individuation는 우리가 인식하는 어떤 개념을 다른 개념과 구분하는 인지적 과정입니다. 아키텍처에서 새로운 개념을 개별화하면 우리가 그동안 이해했던 시스템과 모델을 새롭게 갱신해 생각하게 됩니다.

개념 개별화란 그리 생소한 표현이 아닙니다. 이미 우리가 태어날 때부터 자연스럽게 하고 있는 일입니다. 아이가 문을 처음 보면, 벽과는 다른 무언가라고 인식하며 문고리가 달려 있는 것도 봅니다. 어느 날 문고리를 돌려보니 꿈쩍도 안 합니다. 이 탐색 과정으로 똑같이 닫힌 문이라도 문고리의 잠금장치로 인한 차이를 구분합니다. 그리고 자신의 모델을 갱신해 문을 다시 새롭게 인식합니다.

개념 개별화는 조너선 무건Jonathan Mugan이 『The Curiosity Cycle』(Mugan Publishing, 2014)[Mug14]에서 말한 '호기심 순환 고리curiosity cycle'라는 단순한 과정을 따르면 가능합니다. 이 과정은 소프트웨어뿐만 아니라 우리가 세상을 인식하는 어떤 모델에도 적용할 수 있습니다.

무건의 호기심 순환 고리

우선 질문부터 합니다. 이 질문으로 간단한 테스트를 만들 수 있습니다. 테스트를 거치면서 우리는 파악하려는 모델의 답을 찾거나 현재 인식과의 차이를 파악할 수 있습니다. 답을 찾으면 기존 모델을 강화할 수 있고, 차이를 파악하면 모델을 어떻게 새롭게 바꿀지에 대해 생각할 수 있습니다.

아래는 호기심 순환 고리를 실제로 활용할 때의 예시입니다. 예를 들어, 이해관계자들은 가용성을 우선시한다고 합시다. 하지만 우리는 비용을 절약해야 합니다. 이 상황에서 아래와 같은 질문을 할 수 있습니다.

- 질문: 어떤 컴포넌트가 비정상 상태일 때 가장 많은 비용을 내야 하는가?
- 테스트: 현재 모델로는 답할 수 없다. 컴포넌트는 있지만 각각의 비용을 알 수 없다.
- 개념 개별화: 비용 개념을 도입한다.
- 새 모델 구축: 메타모델에서 색상을 정의하고, 컴포넌트별로 비용에 따라 색상으로 표현한다. 흰색은 비정상 상태에서 손실이 없다는 의미이며, 색이 짙을수록 더 많은 손실을 의미한다.
- 테스트: 아하! 'Foo' 모델이 가장 큰 손실을 발생시킬 컴포넌트임을 알 수 있다.

메타모델에 비용 개념을 넣은 후에는 비용과 다른 품질 속성의 관계를 파악할 수 있는 새로운 모델을 만들게 되었습니다.

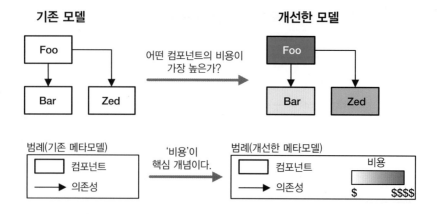

'아하!'라고 외치기까지 시간이 오래 걸릴 수 있습니다. 제대로 된 시스템을 설계하기까지 개념 개별화를 할 만큼 지식과 경험이 부족할 수도 있습니다. 이때는 널리 알려진 아키텍처 패턴과 같이 이미 알고 있는 메타모델을 활용하면 개념 개별화를 하기가 좀 더 수월합니다.

8.2.2 패턴 고르기

2.1절 '디자인 싱킹의 네 가지 원칙'에서 말했듯이, 모든 디자인은 다시 디자인한 것입니다. 패턴은 다시 '재디자인'을 극대화한 사례입니다. 아키텍처 패턴은 특정 문제에 대해 미리 갖추어놓은 메타모델을 담고 있습니다. 패턴은 마치 아키텍처의 씨앗과 같습니다. 적절한 패턴만 고르면 메타모델은 자연히 얻게 되는 셈입니다.

7장 '패턴으로 기초 만들기'에서 여러 유명한 패턴을 살펴보았습니다. 패턴마다 요소, 관계, 사용 규칙도 알아봤습니다. 패턴의 메타모델은 일관성이 있으며 그 자체로 온전히 동작하고 유연하기까지 하므로 여러 가지 상황에 맞게 설계자가 활용할 수 있습니다.

대부분의 아키텍처는 한두 가지 패턴을 중심으로 시스템 설계를 시작합니다. 중심을 이루는 패턴이 있지만 세부적으로 들어가면 여러 차이점이 있기 마련입니다. 메타모델에 새로운 개념을 추가할 때마다 아키텍처 기반에 있는 패턴을 훼손할 수도 있습니다.

8.2.3 불일치 조정하기

패턴을 통합해갈수록 메타모델도 결합되고, 결합된 메타모델 안에서 불일치가 일어날 수 있습니다. 예를 들어, 두 메타모델은 'worker'라는 요소를 정의했지만 worker의 역할과 사용 규칙은 완전히 다를 수 있습니다. 이런 불일치를 조정하려면 유사한 개념을 병합하거나, 이름이 같지만 다른 개념인 경우에는 이름을 바꿔서 따로 구분 지을 필요가 있습니다. 사용 규칙도 조정해야 합니다. 불일치를 방관하면 설계에 들이는 노력이 퇴색됩니다.

메타모델에 새로운 개념을 추가할수록 개념을 사용하는 규칙도 업데이트해야 합니다. 규칙은 시스템에서 요소와 관계가 상호작용하는 방법을 정의합니다. 그러므로 규칙은 매우 현실적이어야 합니다. 예를 들어, 많은 프로그래밍 언어에는 엄격한 타입 시스템이 있습니다. 강력한 타입을 가진 언어를 사용해 파이프와 필터 패턴(7.4절 '파이프와 필터 패턴' 참조)을 구현했다면 메타모델에 타입에 대한 규칙을 넣어야 합니다. 선택한 언어가 타입에 관대하다면 메시지 상세 또는 프로토콜 헤더를 정의해야 합니다.

규칙은 아키텍처에 적용할 때 적용할 제약 조건을 설명합니다. 개념적인 제약을 만들면 특정 품질 속성을 촉진할 수 있습니다. 예를 들어 7.2절 '레이어 패턴'에서 소개한 레이어 내의 요소는 동일한 레이어 또는 그 바로 아래 레이어의 다른 요소만 사용할 수 있습니다. 유지 보수성을 촉진하기 위해 이 규칙을 만들었습니다. 이 규칙을 어기면 시스템은 유지 불가능한 스파게티 한 그릇으로 끝나버립니다.

규칙을 만드는 방법은 여느 개념을 만들 때와 같습니다. 질문하고, 모델을 테스트하고, 모델에 규칙을 추가하거나 수정합니다. 그리고 질문에 대한 충분한 답을 얻을 때까지 이 과정을 반복합니다.

8.2.4 적절한 이름 짓기

이름 짓기^naming는 어렵습니다. 하지만 대단히 중요합니다. 이름 짓기 역시 설계 도구 중 하나이며, 코딩할 때의 좋은 이름 짓기 규칙은 아키텍처를 설계할 때에도 그대로 적용됩니다.

알로 벨시^{Arlo Belshee}는 'Good Naming is a Process, Not a Single Step'[1]이라는 글에서 이름 짓기를 7단계로 소개했습니다. 이름은 우리가 설계하는 대상을 얼마나 잘 이해하는지를 보여줍니다. 이해도가 높아질수록 개념을 알맞게 반영해 이름을 지을 수 있습니다. 벨시가 소개한 소프트웨어 아키텍처 이름 짓기 7단계를 살펴봅시다.

- **1단계: 모름**

  이름이 없음. 시스템이나 맥락을 충분히 파악하지 못해 이름을 짓지 못한다.

- **2단계: 넌센스**

  이름에 아무 의미가 없음. 다만 관련 있는 아이디어는 몇 개 뽑아두었다.

- **3단계: 정직**

  이름이 요소의 역할 중 적어도 하나의 역할에 대해서는 제대로 설명한다.

- **4단계: 정직하고 완전함**

  이름이 모든 요소의 모든 역할을 제대로 설명한다.

- **5단계: 올바름**

  이름이 요소가 앞으로 발전할 방향도 암시함. 이 수준에 이르려면 아키텍처의 전체 맥락 안에서 요소가 가지는 의미를 알아야 한다.

- **6단계: 의도를 담음**

  이름이 요소의 역할뿐만 아니라 목적도 설명함. 목적을 알려면 요소의 역할뿐만 아니라 왜 존재해야 하는지도 알아야 한다.

- **7단계: 도메인 추상화**

  이름이 개별 요소를 초월해 새로운 추상화를 만드는 단계. 여기서 메타모델에 대한 새로운 개념이 탄생한다.

아래는 단계에 따른 이름 짓기의 예시입니다. 이 예시의 요소는 웹에서 데이터를 가져오고 이를 변형하는 역할을 합니다.

---

1 http://arlobelshee.com/good-naming-is-a-process-not-a-single-step

단계	이름
모름	The thing that does the thing(하여간 뭔가 하고 있는 것)
넌센스	Cranberry(크랜베리)
정직	Job Starter Process
정직하고 완전함	Data Fetcher, Checker, Transformer, Job Starter
올바름	Data Transformation Job Runner
의도를 담음	Data Preparer
도메인 추상화	Data Preparation Agent

마지막 단계에서 도출된 이름에서 'agent'라는 표현을 사용했습니다. 이는 시스템의 다른 부분에서 비슷한 역할이나 상호작용 규칙을 지닌 요소가 agent라는 표현을 사용하고 있기 때문입니다. agent라는 개념은 꽤 설득력 있습니다. 추상화를 더 깔끔하게 할 수 있고 이로써 메타모델을 더욱 발전시킬 수 있기 때문입니다.

이름은 시스템을 얼마나 잘 이해하고 있는지 판별하는 리트머스종이이기도 합니다. 이름이 넌센스나 정직한 수준에 머물러 있다는 생각이 든다면 지금 설계하고 있는 시스템의 개념을 좀 더 깊게 파보아야 합니다.

8.2.5 직접 해보기: 콘웨이의 라이프 게임

'라이프 게임Game of Life'[2]은 수학자 존 호턴 콘웨이가 고안한 세포 자동자의 일종으로, 분열하는 세포의 패턴을 2차원 그리드에 표현한 것입니다. 세포는 분열 단계를 거친 결과, 매번 죽거나 삽니다. 세포에는 네 가지 상태가 있습니다.

1 살아 있는 세포에 인접한 세포가 두 개 이하일 때는 죽는다(인구 부족).

2 살아 있는 세포에 인접한 세포가 두 개 또는 세 개인 경우 다음 세대로 살아남는다.

3 살아 있는 세포에 인접한 세포가 세 개를 초과하면 죽는다(인구 과잉).

4 죽은 세포에 인접한 세포가 세 개 있으면 다시 살아난다(재생).

---

2 https://ko.wikipedia.org/wiki/라이프_게임

라이프 게임을 설명하는 아키텍처 플립북을 만들면서 개념 개별화를 연습해볼 수 있습니다. 아키텍처 플립북에 대한 자세한 내용은 '활동 12 아키텍처 플립북'에 나와 있습니다.

자 그럼, 아래와 같은 질문을 해봅시다.

- 라이프 게임의 규칙을 설명하는 동사와 명사는 무엇입니까?
- 지어낸 이름은 '이름 짓기 7단계' 중 어디에 있습니까?
- 모델에 대해 답변해야 할 질문은 무엇입니까?
- 다이어그램의 범례에는 어떤 요소와 관계가 적혀 있습니까?

8.3 코드로 모델 구현하기

모델로 아키텍처를 유추할 수 있지만, 함부로 추측했다간 오해를 살 수 있습니다. 대부분의 모델은 아키텍처의 표현일 뿐이고, 코드와는 별로 상관이 없습니다. 조심스럽게 접근하지 않으면 모델이 코드로 옮겨질 때 완전히 다른 모습이 될 수 있습니다. 이렇게 되면 지금까지 했던 고민과 추론 따위는 모두 무의미해집니다.

하지만 낙담하긴 이릅니다. 생각해보면 아키텍처 모델의 대부분은 코드로 온전히 구현할 수 있습니다. 아키텍처 모델을 코드로 구현하면 많은 이점이 있습니다. 아키텍처가 코드 내에서 선명하게 보이면 설계의 무결성을 유지하기도 좋고, 원하는 품질 속성을 끌어올리기가 더 쉬워집니다. 모델을 코드로 구축하면 모델과 코드가 한 몸으로 이동하기 때문에 아키텍처가 누더기가 될 가능성이 줄어듭니다. 또한 소프트웨어 시스템 자체에 설계 의도를 내장했으므로 문서화 업무도 줄일 수 있습니다.

하지만 조지 페어뱅크스는 『Just Enough Software Architecture』[Fai10]에서 아키텍처의 모든 개념적인 메타모델을 코드로 그대로 옮길 수는 없다고 말합니다. 모델과 코드의 간극을 줄일 수는 있지만 완전히 일치하게 만들 수는 없습니다.

모델과 코드 사이의 차이를 줄이기 위해 조지 페어뱅크스가 말한 '아키텍처적으로 명확한 코딩 스타일architecturally evident coding style'이라는 방식을 사용할 수 있습니다. 이 접근 방식으로 모델의 힌트, 사용 규칙, 설계의 논리적 근거를 코드에 포함할 수 있습니다. 이렇게 하면 우리가 작성한 코드에서 아키텍처 아래에 흐르는 개념적인 모델이 좀 더 생생하게 드러나고 간격도 좁힐 수 있습니다.

8.3.1 아키텍처 용어를 코드에 적용하기

추상적인 아키텍처를 코드로 옮길 때 흔히 겪는 혼란으로 용어 불일치 문제가 있습니다. 아키텍처는 레이어, 서비스, 필터에 대해 이야기하지만 코드는 패키지, 클래스, 메서드를 구현해야 합니다. 모델을 코드에 담는 가장 간단한 방법은 아키텍처의 어휘를 그대로 사용하는 것입니다.

레이어를 사용하는 경우 코드에서도 레이어라고 이름 짓습니다. 파이프와 필터 패턴을 채택한 경우 클래스 이름도 파이프와 필터로 지정합니다. 시스템을 조종사와 네비게이터에 비유하며 이야기했다면, 이 단어를 코드에도 타입과 인스턴스의 이름으로 사용합니다.

모델과 코드의 격차를 줄이는 또 다른 방법으로, 도메인 모델을 코드에 넣는 방법이 있습니다. 도메인 개념에 맞추어 모델링한 코드는 객체지향 프로그래밍에서 흔히 볼 수 있습니다. 객체와 관계의 매퍼mapper나 액터actor 기반 시스템 등 많은 프레임워크는 구현체 안에 도메인 모델이 이미 있다고 가정합니다. 도메인 모델이 없는 경우라도 도메인 모델이 있을 때 프레임워크가 의도대로 더 잘 동작하도록 구현되어 있습니다. 이처럼 코드에 도메인 모델을 전제하고 구현하는 방식은 도메인 주도 설계domain-driven design(DDD)를 비롯한 여러 설계 방법론의 핵심 원칙이기도 합니다. 마찬가지로 이벤트 기반 패턴이나 반응형 패턴 또한 도메인 정의에서 이벤트 모델을 만들고, 이 이벤트 모델을 패턴화한 형태입니다.

8.3.2 코드 구성으로 패턴을 선명하게 드러내기

좋은 이름 짓기는 시작에 불과합니다. 코드를 어떻게 구성하느냐에 따라 아키텍처 구조도 영향을 받습니다. 자바 컴파일러의 경우 여러 클래스를 하나의 파일에 넣든 논리적으로 나누든 상관없이 컴파일됩니다. 아래 그림은 여러 레이어를 코드 패키지로 구성한 예시입니다.

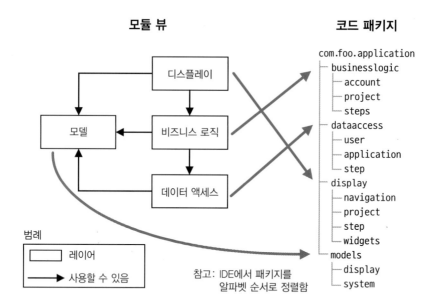

코드를 구성하는 방법은 많습니다. 전통적으로 레이어 기준으로 나누는 방법 외에도 기능을 기준으로 모듈화할 수 있습니다. 하나의 온전한 기능을 수행하는 클래스끼리 하나의 패키지로 묶는 방법입니다. 기능 패키지를 이용하는 외부 클래스는 패키지 내의 비즈니스 로직이나 데이터 관련 클래스에 접근할 수 없도록 합니다.

가장 표준적인 방법은 설계 구조에 맞게 코드를 구성하는 것입니다. 화이트보드에 그려진 패턴만으로는 아무런 품질 속성도 촉진하지 않습니다. 코드가 촉진합니다. 구현한 시스템에 아무런 패턴이 없다면 이는 아무런 품질 속성과도 관련이 없다고 결론 지을 수 있습니다. 패턴으로 구현하지 못하면 설계상으로 충족시켜야 했던 어떤 품질 속성의 목표도 달성하지 못한 셈입니다. 사이먼 브라운의 『Software Architecture for Developers』[Bro16]에서 이에 대한 많은 연구를 찾을 수 있으며 다양한 사례도 실려 있습니다.

적어도 아키텍처에 맞추어 패키지 단위로 코드를 구성해야 합니다. 그다음 아키텍처상으로 절대 침범할 수 없는 관계를 코드 구성에 반영하면 좋습니다.

8.3.3 요소 간 관계 제어하기

대부분의 아키텍처에서 겪는 문제 중 하나로, 개념상의 무결성을 유지하기 위해 규칙과 주의 사항을 잔뜩 만드는 경우가 있습니다. 규칙만 믿지 말고 코드로 아키텍처를 제어하는 방법을 생각해야 합니다. 코드로 꽉 짜인 설계는 거스를 수 없습니다.

얼마나 아키텍처를 제어할 수 있는지는 현재 다루는 구조의 형태, 개발 언어, 운영 환경, 그 외에 여러 기술적 요인에 따라 다릅니다.

모듈 구조

모듈 구조는 코드로 읽기엔 가장 수월하지만 제어하기엔 어려움이 많습니다. 현대적인 프로그래밍 언어에서는 모듈의 접근을 제어함으로써 사용 가능성을 제한할 수 있습니다. 이 방법이 제대로 동작하지 못할 때는 모듈을 나누거나 엄청난 양의 문서를 작성하곤 합니다.

요소 간의 관계를 제어하지 못하면 적어도 확인할 수 있어야 합니다. 정적 분석 도구로 '사용함^{use}, 사용할 수 있음$^{allowed\ to\ use}$, 필수적임^{require}' 등의 관계가 정해진 아키텍처 규칙에 위배되는지 확인할 수 있습니다. 일부 프로그래밍 언어에서는 새로운 타입을 정의해서 요소 간의 노출과 접근을 제어하고 확인할 수 있습니다.

컴포넌트와 커넥터 구조

컴포넌트와 커넥터 구조를 제어하는 한 가지 방법으로 아키텍처를 위반할 때 시스템이 빠르게 실패하도록 설계하는 방법이 있습니다. 『Object-Oriented Software Construction』[Mey97]에서 베르트랑 메예르$^{Bertrand\ Meyer}$가 처음 정의한 '계약에 의한 설계$^{design\ by\ contract}$'는 사전 조건, 사후 조건, 불변 조건을 코드에 추가하고 실행할 때 관계를 확인하는 제어 방식입니다. 개발자가 계약을 위반한 구현을 했을 경우, 프로그램은 예외를 발생시키고 실행을 종료합니다. 계약은 여러 수준의 추상화 단위로 만들어낼 수 있습니다. 예를 들어 오브젝트 단위, 서비스 단위, 프로세스나 스레드 단위로도 구성할 수 있습니다.

컴포넌트와 커넥터 구조의 모델을 코드로 강제하는 방법 중 또 하나는, 연결하면 안 되는 컴포너트는 절대로 연결할 수 없도록 하는 방법입니다. 흔한 예로, 데이터 소스에 접근하려는 컴포넌트는 반드시 인증을 거치게 하는 방식이 있습니다.

마이크로서비스 아키텍처가 갑자기 인기를 끌면서, 패턴이 도메인 모델을 노출시키고 실행 중에도 이를 제어해야 하는 필요성이 대두되었습니다. 모듈 구조에서는 '사용할 수 있음'을 제어하기가 까다롭습니다. 그 대신, 모듈을 컴포넌트로 변환하면 실행 중에 이러한 상호작용을 제어하기가 쉽습니다.

할당 구조

할당 구조에서 코드로 의도를 표현하기란 매우 어렵습니다. 서비스형 플랫폼$^{platform-as-a-service}$(PaaS), 도커^{Docker} 같은 컨테이너 기술, 코드로 관리하는 인프라$^{infrastructure as code}$(IaC), 깃^{git} 같은 분산형 버전 제어 시스템 등의 기술과 패러다임의 발전으로 할당 구조 모델을 코드로 표현하거나 제어할 수 없습니다.

인프라를 코드로 처리하면 정적 분석을 할 수 있습니다. 클라우드 플랫폼을 활용할 때 빌드 및 배포 파이프라인을 자동화하면 배포 프로세스에서 아키텍처 검사를 자동화할 수 있습니다. 대부분의 PaaS 제품은 하드웨어 할당 한계를 테스트할 수 있습니다. 또한 몇 가지 설정과 자동화를 손보면 하드웨어 확장 및 플랫폼 프로비저닝을 수행해볼 수 있습니다.

컨테이너는 물리적인 하드웨어나 기존 가상 머신에 비해 경량이며 일회용으로 작동합니다. 컨테이너를 사용하면 마치 컨테이너마다 프로세스를 하나씩 설치하는 것처럼 간단하고 쉽게 할당 패턴을 적용할 수 있습니다.

깃허브^{GitHub} 같은 웹 기반 도구와 결합된 분산형 버전 제어 시스템은 개방적인 개발 문화를 유지하며 특정 아키텍처 컴포넌트에 팀을 쉽게 할당할 수 있습니다. 포크^{fork}와 풀^{pull}, 업스트림 리포지터리$^{upstream repository}$ 같은 워크플로는 협업을 방해하지 않으면서도 접근을 자연스럽게 제한합니다.

8.3.4 설명문으로 힌트 주기

코드로는 모델만 표현하게 됩니다. 코드로 의사결정된 사항을 강요할 수는 있지만, 코드 구조만 봐서는 결정이 내려진 이유까지는 알 수 없습니다. 좋은 이름을 짓고 알려진 패턴을 적절히 사용해 코드에 몇 가지 논리적 근거를 넣을 수 있습니다. 이에 더해서 주석도 활용할 수 있습니다.

코드 내의 설명문은 다양한 형태를 가질 수 있습니다. 근거를 설명하는 주석은 필수적이며, 기존 설계 문서와 자유롭게 연결될 수 있어야 합니다. 예외 문구에도 설계 힌트를 넣을 수 있습니다. 오류에 설계 이유를 간략하게 설명하고 범용적인 에러문을 줄일 수도 있습니다. 예를 들어, UNKNOWN 오류보다는 ASSUMPTION_VIOLATED: Document ID required for validation처럼 유효성 검사에 필요한 필요조건을 오류와 함께 출력하는 편이 좋습니다.

8.3.5 코드로 모델 생성하기

모델을 코드에 담지 못하거나 코드로 보여줄 수 없을지라도, 시스템이 모델을 생성하게 할 수도 있습니다. 프로그래밍 언어나 기술, 패턴에 따라 다르겠지만, 생성된 모델로 규약을 점검하거나 설계상의 변화를 자동으로 모니터링할 수 있습니다.

근래의 거의 모든 객체지향 언어는 코드로부터 통합 모델링 언어Unified Modeling Language(UML)[3] 클래스와 패키지 다이어그램을 생성할 수 있습니다. 대부분의 프로그래밍 언어에는 종속성 분석 도구가 있습니다. 이처럼 생성된 모델을 사용해 모듈 구조를 분석할 수 있습니다.

컴포넌트와 커넥터 구조는 자동으로 모델을 생성하기가 더 어렵습니다. 컴포넌트와 커넥터 구조를 생성하려면 실행 중인 모델을 관찰할 수 있도록 계측 기능을 추가하는 편이 좋습니다. 기존에 저장된 데이터로 모델을 생성하고 아키텍처의 여러 기준을 잘 준수하고 있는지 분석할 수 있습니다. 이 주제에 대한 자세한 내용은 '활동 33 관측하기'에 있습니다.

---

[3]   옮긴이_ 통합 모델링 언어는 특정 언어나 기술과 무관하게 소프트웨어 설계에 일반적으로 사용할 수 있도록 정의한 모델링 언어입니다. 소프트웨어 설계를 시각화, 명세화, 문서화할 때 유용합니다.

8.4　사례 연구: 라이언하트 프로젝트

개발은 시작되었지만, 시작은 꽤 험난했습니다. 팀은 실행 환경에 대해 전통적으로 계층을 나눈 패턴을 사용했고, 코드는 레이어 구조를 채택했습니다. 아직도 결정할 게 많이 남아 있습니다. 많은 팀 구성원이 아키텍처에서 동일한 요소를 서로 다른 용어로 말하고 있습니다. 그래서 설계 회의에서는 모두가 동의했다가도 각자가 자기 자리에 가서는 다른 결론을 생각하는 문제를 겪고 있습니다.

코드는 이미 쓰레기입니다. 이는 팀원들이 설계와 관련된 의사결정을 제대로 이해하지 못했다는 의미이기도 합니다. 팀에서 채택했다고 생각했던 패턴은 시스템 어디에도 없는 상황입니다.

문제를 파악해보니, 설계를 결정하기까지 합의가 필요했으며, 공통의 메타모델을 추출할 필요도 있었습니다. 팀원들을 즉석 화이트보드 토론('활동 19 화이트보드 토론' 참고)으로 호출했습니다. 화이트보드 토론을 진행하면서 팀원들에게 시스템을 정확하게 설명하도록 이끌었습니다. 결국 우리는 모델의 개념, 요소, 관계에 대해 좋은 이름을 붙일 수 있었습니다. 미팅이 끝난 후, 위키 문서에 메타모델을 기록하고 팀에서 함께 내린 결론을 공식화했습니다.

이제 우리는 공통의 메타모델을 갖게 되었으니, 우리가 원하는 모델과 일치하도록 코드를 리팩터링해야 합니다. 페어 프로그래밍은 아키텍처 원리를 가르칠 수 있는 좋은 방법이기에 팀원끼리 짝을 지어서 코드 구조를 수정했습니다. 다행히 아직 시스템 구현의 초기이기 때문에 리팩터링은 간단했습니다. 다른 팀원들과 짝을 이루면서 모든 사람이 현재 아키텍처에 동의하거나 이해하는 것은 아니라는 사실을 알게 됩니다. 더 멀리 나아가기 전에 공동 워크숍에서 아키텍처의 대안을 좀 더 살펴볼 필요가 있다고 판단했습니다.

8.5 마치며

모델은 구조를 추론하고 의사소통하기에 용이하도록 추상적인 개념을 제공해 복잡한 사안을 다루는 데에 도움을 줍니다. 모든 모델에는 개념적인 메타모델이 깔려 있습니다. 메타모델이 무엇인지 알게 되면, 우리는 메타모델을 분석과 통신에 사용할 수 있고 아키텍처를 설계할 때에도 도움을 받을 수 있습니다. 이 장에서는 모델이 어디에서 왔는지, 모델을 어떻게 설명하는지에 대해 배웠습니다. 하지만 그렇다고 해서 개념을 개별화하거나 메타모델 내에서 규칙을 파악하기가 더 쉬워지지는 않습니다. 다음 장에서는 디자인 스튜디오라는 그룹 워크숍으로 그룹의 역량을 활용해 설계 공간을 탐색하고 여러 모델 중 우수한 모델을 도출하는 방법에 대해 알아봅니다.

9장 아키텍처 디자인 스튜디오 운영하기

19세기 프랑스의 건축학과 교수들은 학생들의 프로젝트를 나무 수레로 운반한 후에 채점했습니다. 수레가 돌아다닐 때는 아무도 제출하고 싶지 않았겠지만 교수님은 프로젝트를 빼앗듯이 걷어갔습니다. 그때마다 학생들은 수레를 졸졸 따라다니거나 올라타면서 다리와 건물을 완성했고, 교수님이 다음 학생의 프로젝트를 걸으려고 수레에서 프로젝트를 내려놓을 때까지 나무 조각을 붙이고 철사를 꼬았습니다. 이처럼 여럿이 뭉쳐서 집중하는 모습을 샤레트^{charrette}라고 불렀습니다.

21세기에 와서 샤레트는 시간을 더 오래 쏟아봤자 더 나은 설계가 나오지는 않는다는 생각에서 창안한 워크숍 운영 방식의 기반이 되었습니다. 19세기 프랑스의 건축학과 교수들은 이를 잘 알고 있었지요. 오늘날에도 여전히 훌륭한 교훈입니다. UX 커뮤니티는 샤레트 방식을 디자인 스튜디오^{design studio}라는 이름으로 대중화했습니다. 디자인 스튜디오는 그룹 협업을 장려하고 팀이 짧은 시간 내에 광범위한 아이디어를 볼 수 있도록 엄격하게 시간을 제한하곤 합니다.

이 장에서는 아키텍처 디자인 스튜디오를 계획하고 운영하는 방법에 대해 알아봅니다. 먼저 디자인 스튜디오의 개요부터 짚어본 후, 디자인 스튜디오를 쉽게 꾸리는 방법을 배울 것입니다. 좋은 운영은 좋은 매너가 아닌 멋진 비즈니스에 가깝습니다. 끝으로 디자인 스튜디오가 크게 성공할 수 있는 몇 가지 팁과 힌트도 알아봅니다.

9.1   아키텍처 디자인 스튜디오 계획하기

아키텍처 디자인 스튜디오를 운영하면 그룹 구성원들의 아이디어와 경험을 더 효과적으로 모을 수 있습니다. 디자인 스튜디오를 진행할 때는 엄격하게 제한된 시간을 설정하고 시간 안에 다양한 아이디어를 가능한 한 빠르게 많이 쏟아내게 합니다. 우선 그룹원들에게 탐색 시간을 주고, 그 다음 아이디어를 몇 개의 유력한 후보로 빠르게 좁혀나갑니다.

디자인 스튜디오는 모든 사람이 아키텍처 설계에 참여할 수 있도록 함으로써 팀 커뮤니케이션을 개선하고 디자인 의사결정을 얻어냅니다. 워크숍은 '빠르고^{fast}, 효과적이며^{effective}, 재미있게^{fun}' 라는 3F 원칙으로 운영하며 설계 의사결정을 만들어갑니다. 재미는 참여를 도모해 탐색 과정을 효과적이고 빠르게 해줍니다.

디자인 스튜디오에서 진행자의 역할은 강력하게 실행 가능한 아이디어가 결론으로 나오도록 워크숍을 계획하는 것입니다. 디자인 스튜디오를 한 번 진행하면 다음과 같은 세 가지 유형의 아이디어를 얻을 수 있습니다.

- **구체화할 아이디어**: 어떤 아이디어는 유망해 보입니다. 유망한 아이디어는 모델이나 프로토타입을 만들어 세부사항을 구체화합니다.
- **연구가 더 필요한 아이디어**: 어떤 아이디어는 옳아 보이지만, 광범위한 가정으로 구성되거나 중요한 정보가 빠져 있습니다. 실험을 실행하거나 연구를 수행함으로써 이러한 아이디어를 더 자세히 조사해야 합니다. 조사 과정에서 얻은 내용에 따라 일부 아이디어는 적절하지 않을 수 있고, 다른 아이디어는 아키텍처의 후보가 될 수 있습니다.
- **질문을 여는 아이디어**: 때로는 문제를 해결하다가 새로운 질문만 얻게 되는 경우도 있습니다. 이는 디자인 스튜디오 워크숍에서 얻을 수 있는 최고의 결과입니다. 몇 주 동안 코딩을 하지 않았을 때보다 현재 시점에는 이런 질문을 얻는 편이 더 낫습니다. 이해관계자들에게 새로 얻은 질문을 다시 전하고, 그 답으로 문제를 더 잘 이해할 수 있습니다.

일반적으로 워크숍은 몇 시간 혹은 하루 정도 운영합니다. 디자인 스튜디오의 분위기를 머칠 동안 업무 중간중간에 적용해도 좋습니다. 얼마나 오래 진행하든 상관없이 모든 디자인 스튜디오 워크숍은 동일한 기본 구조를 따릅니다.

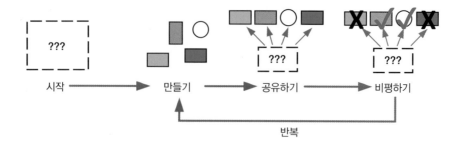

아키텍처 디자인 스튜디오 실행 단계

1 준비하기: 탐색할 문제를 파악하고 조사한다.

2 시작하기: 워크숍의 목표와 해결해야 할 문제를 기술하고 그룹에게 알린다.

3 만들기: 모델을 만들고 스케치하고 프로토타입을 만든다. 대체로 시간을 정해놓고 진행한다.

4 공유하기: 만들었던 작업물을 그룹원들에게 발표하고, 설계 결과가 어떻게 목표를 달성할 수 있는지 설명한다.

5 비평하기: 그룹원들은 발표를 듣고 목표를 충족했는지에 대해 피드백을 한다.

6 반복하기: 위의 3~5단계를 반복한다. 모델을 수정하고 새롭게 만든다. 하나의 목표를 탐색하는 데에 적어도 세 번 반복한다.

7 대응하기: 가장 적절한 아이디어나 위험성, 질문 등을 가지고 다음 단계를 결정한다.

이제 워크숍의 단계별로 자세히 살펴봅시다.

9.1.1 워크숍 준비하기

디자인 스튜디오 워크숍을 시작하기 전에 목표를 정하고 누가 참여할지 결정해야 합니다(9.3절 '적절한 참가자 초대하기' 참고). 직접 탐색해야 할 문제를 부분적으로라도 제대로 이해하기 못한 채 여럿이 모여서 아키텍처를 설계하는 건 다른 사람들의 시간까지 헛되게 보내는 일입니다.

워크숍 준비는 생각보다 시간이 오래 걸립니다. 그러니 과소평가해서는 안 됩니다. 이해관계자들과 대화하고, 연구하고, 비즈니스 목표를 정의해야 합니다. 품질 속성을 포함해 아키텍처 핵심 요구사항(ASR)을 세부적으로 구분합니다. 워크숍을 시작하기 전에 문제와 맥락을 충분히 이해해 워크숍이 의미 있는 시간이 되게 해야 합니다.

하나 또는 두 개의 워크숍 목표를 정의해 그룹원들이 워크숍 동안 무엇을 탐구할 것인지를 명확히 합니다. 한 사람은 데이터베이스를 설계하는데 다른 사람은 데드락^{deadlock} 문제를 해결하고 있으면 안 됩니다. 워크숍을 시작하기 전에 문제를 부분적으로만 이해하고 있어도 괜찮습니다. 워크숍을 진행하면서 해결책을 모색하는 과정도 문제를 더 깊이 이해하는 방법 중 하나입니다.

워크숍의 목표는 참가자들에게 워크숍을 진행하는 동안 어떤 방향으로 머리를 쥐어짜야 하는지 명확히 말해줘야 합니다. 다음 표에 몇 가지 예시를 정리했습니다.

워크숍을 준비하는 데 며칠 또는 몇 주가 걸릴 수 있습니다. 시작하기 전에 적어도 비즈니스 목표 초안과 아키텍처 핵심 요구사항은 꼭 있어야 합니다. 프로젝트의 맥락을 파악했고 워크숍의 목표도 합리적이라는 생각이 들면 이제 워크숍을 시작할 수 있습니다.

아래와 같은 목표를 탐구해야 한다면…	아래와 같이 말할 수 있습니다.
품질 속성	"우리에겐 확장성과 신뢰성이 가장 중요한 품질 속성입니다. 어떻게 해야 둘 다 끌어올릴 수 있을까?" (그리고 구체적인 시나리오를 함께 제시한다)
컴포넌트 간 인터페이스	"우리는 API 개발에 REST를 채택하기로 했습니다. 이를 위해 시스템에서 어떤 부분을 살펴야 하는지 봅시다" (모두가 RESTful 아키텍처를 이해하고 있다고 가정한다)
도메인 모델	"이해관계자들의 비즈니스를 파악해보니, 시스템에서 공통적으로 추상화할 수 있는 부분이 있어 보입니다"
곤란한 상황에서 벗어나기	"10년 전 시스템을 처음 설계했던 때에는 상상하지 못할 정도의 데이터가 쌓이고 있습니다. 이를 극복할 수 있는 방법을 최대한 많이 찾아봅시다"
할당 구조	"시스템을 구분해 최대한 병렬적으로 개발합시다"
패턴 선택	"A에서 얻은 데이터를 B로 보낼 때 어떤 방법이 있는지 조사해봅시다. 그다음 각각의 장단점을 비교합시다"
가능한 한 많은 아이디어	"오늘은 최대한 다양한 아이디어를 얻고 싶습니다. 적어도 각자 아이디어를 5개 이상 개진해주세요"

9.1.2 워크숍 시작하기

워크숍을 시작합시다. 워크숍을 발판 삼아 성공적인 협업을 이끌어낼 수 있습니다. 지금까지 파악한 문제점과 아키텍처를 공유해 모두가 같은 맥락을 이해할 수 있도록 합니다. 그리고 탐색해야 할 영역에 연관된 모든 내용을 검토합니다. 그룹원들과 맥락을 공유하는 시간은 그룹원들의 배경지식이 적을수록 오래 걸립니다. 만약 참가자가 비즈니스 목표나 ASR을 모른다면 더 많은 시간을 쏟아서 눈높이를 맞춰야 합니다.

모든 참가자들과 눈높이를 맞췄으면 이제 워크숍 목표를 간략히 설명합니다. 목표는 워크숍 전체를 관통하며 그룹의 집중력을 유지시킬 겁니다. 그리하여 워크숍을 진행하는 동안 모든 참가자의 설계 작업이 목표를 충족시키도록 집중하게 할 수 있습니다. 또한 설계하면서 도출된 아이디어를 비평할 때도 목표를 염두에 두고 진행할 수 있습니다.

9.1.3 중간 과정 반복하기

워크숍의 대부분은 '만들기-공유하기-비평하기' 과정의 반복입니다.[1] 반복할 때마다 더 많은 설계 영역을 탐색할 수 있고 그룹원들의 이해도 높아집니다. 9.2절 '적절한 설계 활동 선택하기'에서 이 반복 과정에서 활용할 수 있는 활동을 알아봅니다.

만들기

만들기 단계에서 참가자들은 혼자 작업하거나 소그룹으로 모여서 목표로 제시된 문제를 해결할 수 있는 아이디어를 스케치하거나 모델링합니다. 디지털 기기를 동원하지 않고 아날로그 도구를 사용하는 편이 훨씬 좋습니다. 펜이나 보드마커를 사용하면 아이디어에 집중하는 분위기를 만들 수 있습니다. 이 시기에는 정교함이나 완벽함보다는 아이디어를 더 우선해야 합니다.

---

1   https://vimeo.com/37861987

만들기 단계에서는 늘 제한 시간을 설정해야 합니다. 소그룹 워크숍은 5~7분가량으로 제한합니다. 워크숍 전체 일정이 길다면 만들기 단계가 조금 더 길어져도 괜찮습니다. 하지만 대체로 시간을 더 쓴다고 해서 더 좋은 아이디어가 나오진 않습니다. 아키텍처를 탐색할 때는 깊이 있는 생각을 해야 하므로, 목표에 맞게 적절히 시간을 조절해야 합니다. 제한 시간이 5분보다 짧으면 소프트웨어 아키텍처를 다루기에는 좀 부족합니다.

공유하기

만들기 단계에서 모두 무인가를 만들었다면 이제 모두에게 공유할 때입니다. 공유하기 단계는 피치pitch라고도 표현하는데, 아이디어를 툭 던져야 하기 때문입니다. 소그룹별로 3~5분씩 공유할 시간을 줍니다. 무엇을 만들었고, 그 설계가 어떻게 목표를 충족시킬 수 있는지 설명합니다. 핵심만 말해야 하며 모든 내용을 브리핑하지 말아야 합니다. 이 과정에서 참가자들은 자신이 공유하지 못할 내용까지 만들 필요는 없다는 사실을 배웁니다.

공유하기 단계에서 참가자들은 듣기만 하고 질문하지 않습니다. 질문을 비롯한 여러 가지 첨언의 기회는 비평하기 단계에서 이루어집니다.

비평하기

한 그룹이 공유하기 단계에서 발언을 끝마치는 즉시 다른 참가자들은 아이디어에 대해 비평할 기회를 가집니다. 비평하기 단계에서 오가는 피드백은 오로지 목표에 관한 설계상의 장점에만 초점이 맞추어져야 합니다. 이렇게 해야 건설적인 대화를 쌓아갈 수 있습니다. 예를 들면 이렇게 합니다. "해당 설계는 어떤 이유로 목표를 충족시키지 못합니까?" "설계가 요구사항을 충족하지 못하는 이유는 무엇입니까?"

비평을 진행하는 동안 모두가 명확하게 사실에만 근거해서 말하도록 노력해야 합니다.

바람직한 비평	피해야 할 비평
설계 목표와 설계자가 제안한 해결 방식에 집중한다.	비평을 받을 때 방어적인 자세를 취한다.
구체적으로 사실에 근거해 말한다.	개인적인 취향을 말한다.
문제를 더 명확하게 파악하도록 질문한다.	문제 해결의 주변만 짚는다.
위험 요소를 지적하고 설계 때문에 새롭게 발생할 문제에 대해 알려준다.	악랄하게 군다(다음 희생양은 당신이 될 거다).
설계상의 이점을 언급한다.	단점만 파헤친다.

비평은 설계의 장점을 드러낼 수 있도록 해야 하며, 비평 덕분에 더 발전할 수 있는 비평을 해야 합니다. 나쁜 설계 속에 좋은 아이디어가 숨어 있기도 하며, 최고의 설계에도 발전할 구석은 있기 마련입니다. 어떤 설계든 긍정적인 피드백과 건설적인 비평을 받게 해야 합니다. 모든 그룹이 아이디어를 공유했으면 다시 처음부터 반복합니다.

반복하기

'만들기-공유하기-비평하기'를 반복하면서 아이디어는 빠르게 구분되고 융합합니다. 이에 대해서는 6.1절 '대안을 위한 분기, 결정을 위한 융합'에서 언급한 바 있습니다. 만들기 단계에서는 새로운 아이디어를 만들고, 공유하기 단계에서는 서로의 아이디어를 섞으며 우연한 영감을 탄생시킵니다. 비평하기 단계에서는 불필요한 요소는 없애고 더 나은(어쨌거나 조금은 다른) 해결 방법을 도출하게 합니다.

반복은 참가자들이 함께 학습한 것을 기반으로 구축하게 합니다. 만들기-공유하기-비평하기 과정을 가능한 한 빠르게 여러 번 반복할수록 학습 효과가 더 오래갑니다.

새로운 반복 회차마다 그룹 구성원들을 섞어보세요. 구성원들을 역동적으로 섞을수록 더 폭넓게 탐색할 수 있고 집단에 대한 소속감도 커집니다. 구성원이 홀로 일하고 있다면 짝을 만들어주거나 소규모로 그룹을 지어줍니다. 여럿이 일하고 있다면 다른 그룹 구성원과 섞어봅니다. 워크숍을 진행할 때는 적어도 3번의 온전한 '만들기-공유하기-비평하기' 과정을 반복하도록 계획해야 합니다.

워크숍 마무리와 다음 계획 세우기

워크숍 마무리는 깔끔하고 탄탄해야 합니다. 마무리 때문에 생산적인 워크숍이었다는 평과 즐겁지만 시간 낭비였다는 평이 갈릴 수 있습니다. 워크숍을 마무리하며 새로운 주제를 나누고 그룹별로 소화할 수 있는 시간을 줍니다. 그리고 명확한 실행 아이템을 정합니다. 어떤 아이디어가 유망해 보이고 더 많은 관심을 받아야 하나요? 해결해야만 하는 위험 요소는 해결 방법을 찾았나요? 시작해야 할 실험이 있나요?

워크숍에서 나온 모든 자료를 사진으로 촬영합니다. 모든 사람의 머릿속에 아이디어가 아직 생생할 때 공유 저상소에 자료를 업로드하면 좋습니다. 무엇보다도 실행 아이템을 기록하고 개인별로 따라다니면서 제대로 수행하고 있는지 확인하는 일이 가장 중요합니다.

9.2　적절한 설계 활동 선택하기

디자인 스튜디오의 주최자는 모든 참가자가 '만들기-공유하기-비평하기' 과정을 빠르고 효율적으로 즐길 수 있도록 적절한 활동을 선택해야 합니다. 설계 활동에는 여러 가지가 있습니다. 하지만 모든 활동이 아키텍처 설계에 적합하지는 않습니다. 시스템에 대해서만 생각할 때는 더욱 아키텍처에 집중할 수 있는 아키텍처에 효과적인 활동을 선택해야 합니다.

다음은 설계 활동 중 라운드 로빈을 중심으로 진행하는 워크숍의 예입니다. 워크숍은 어디서든 진행할 수 있으며 초기 아이디어만 탐색하는 경우 90분 정도, 시스템 여러 부분을 심층적으로 탐색할 계획이라면 하루 정도 필요합니다.

활동	소요 시간	목적
전체적인 맥락과 목표 소개하기	15분	참가자 모두 능동적으로 참여하며 워크숍에 임하도록 한다.
활동 18 라운드 로빈 설계	30분	지식을 빠르게 융합하고 구분하며 진행한다. 계획상 한 번만 수행하지만 여러 번 해도 무방하다.
활동 17 그룹 포스터	30분	알아낸 사항들을 포스터로 만들어서 공유하기 쉽게 한다. 지식의 공감대를 형성
포스터로 발표하고 비평하기	15분	포스터 하나당 3분간 진행하고, 스티커로 투표한다.
워크숍 리뷰 및 다음 계획 수립하기	10분	워크숍을 돌아보고, 다음 계획을 구체적으로 정한다. 워크숍 시간의 10%가량을 할당한다.

워크숍을 조금 변형하려면 다른 활동으로 진행하면 됩니다. 라운드 로빈 설계 활동 외에 '활동 19 화이트보드 토론'을 해볼 수 있습니다. 더 나은 시스템 메타포를 만드는 게 목표라면 아키텍처가 인격체인 것처럼 대하며 이야기를 만드는 '활동 11 아키텍처 의인화'를 할 수도 있습니다. 디자인 스튜디오에서 적절한 활동을 선택할수록 목표 달성도 수월해집니다.

9.2.1 직접 해보기: 스케치 연습

디자인 스튜디오를 진행하면서 참가자들에게 아주 촉박한 시간 내에 빠르게 스케치하고 아이디어를 공유하도록 해봤습니다. 스케치와 공유는 연습하지 않으면 꽤 어려운 일입니다. 아키텍처 스케치 연습을 꾸준히 하면 워크숍에서 경직되어 있는 사람들을 더 참여적이며 부드럽게 만들 수 있습니다.

아래는 스케치에서 생각해볼 만한 사항입니다.

- 얼마나 다양한 종류의 선을 그릴 수 있나요? 화살표는 몇 가지인가요? 선과 화살표마다 의미는 어떻게 다른가요?
- 아키텍처 다이어그램을 최대한 자세하게 그려보세요. 이제 동일한 아키텍처를 모호하지 않은 선에서 최대한 단순하게 그려보세요.
- 여러 형태의 사람을 그려보세요. 그중에 가장 어울리는 스타일을 고르세요.
- 종이 한 장을 도형, 화살표, 사람, 낙서로 가득 채워보세요.
- 좀 더 진지하게 해보려면, 공책을 사서 스케치를 가득 해보세요.

9.3 적절한 참가자 초대하기

어떤 단체 활동이든 마찬가지겠지만, 워크숍의 질적인 수준은 참가자에 따라 다릅니다. 너무 많은 사람이 참여하면 비용이 많이 듭니다. 알맞지 않은 사람을 초대하면 탐색의 범위가 줄어들거나 건설적인 토론에서 빗나가곤 합니다. 주최자는 규모와 다양성 사이에서 균형을 잘 잡아야 합니다.

9.3.1 워크숍의 적절한 규모

효율적으로 협업하기에는 7명 이상으로 이루어진 그룹들이 적당합니다. 규모가 너무 크면 그룹을 관리하기 어렵고, 대화에 더 많은 시간이 필요하며, 스케줄 조정은 거의 불가능합니다. 큰 그룹은 작은 그룹으로 나누어 관리할 수 있습니다. 다만 현실적으로 한 명의 진행자^{facilitator}는 한 번에 서너 개의 하위 그룹만 관리할 수 있습니다.

달성하려는 목표와 도움을 주는 진행자가 있는지 여부에 따라 다르지만, 디자인 스튜디오의 크기는 10명 정도가 적당합니다. 경험에 비추어 볼 때, 가장 작은 규모로 구성한 그룹이 가장 효율적으로 탐색 작업을 할 수 있었습니다. 아이디어를 도출하는 작업에서 짝을 지어야 할 필요가 있다면 인원을 늘리지 말고 오직 한 사람과만 짝을 하는 게 좋습니다. 3~5명 정도로 이루어진 그룹이 대부분의 소프트웨어 아키텍처 설계 작업에 이상적입니다.

9.3.2 다양한 참가자 초대하기

이상적인 아키텍처 디자인 스튜디오에는 항상 반대 의견을 제시하거나 다른 관점을 제시하는 사람이 한 명 이상 있습니다. 다른 배경이나 새로운 관점을 가진 사람이 있으면 '유레카!' 하며 깨우치는 순간을 경험할 확률이 높아집니다.

먼저 주요 이해관계자를 초대합니다. 그리고 특정한 문제에 대해 거의 알지 못하지만 다른 관점으로 공격할 수 있는 사람을 초대합니다. 만약 팀의 대다수가 개발자라면 테스터나 프로덕트 매니저를 초대합니다. 팀원이 전부 시스템 개발자라면 프런트엔드 개발에 정통한 사람을 초대합니다. 질문을 잘하거나 복잡한 생각을 잘하는 사람일수록 좋습니다. 이를 위해 주최자는 다양한 영역에 걸쳐 다양한 경험을 쌓아야 합니다.

누구나 자신만의 독특한 관점을 가지고 있습니다. 이러한 다양성은 모든 사람이 설계에 대해 같은 생각을 할 때보다 더 멀리, 더 넓게 탐색하는 데 도움을 줍니다.

9.3.3 집단의 힘을 의미 있게 활용하기

모든 설계는 사회적인 의미를 지니지만, 모든 설계를 그룹으로 진행해야 하는 건 아닙니다. 협업에는 어두운 면도 있습니다. 집단 사고groupthink는 그룹이 개성을 잃고 워크숍의 목표보다 화합과 공감대를 더 중요시하는 현상입니다. 워크숍이 집단 사고에 빠질 경우, 워크숍에서 나온 결정은 차선책에 머물 뿐 아니라 해롭기까지 합니다.

노련한 농구 코치들은 코트에서 끽끽거리는 선수들의 신발 소리만 들어도 팀이 얼마나 잘하고 있는지 압니다. 마찬가지로 바람직한 디자인 스튜디오 워크숍에는 '흠…' 하면서 진행되는 협력적인 브레인스토밍이 있습니다. 그룹이 협업을 잘하고 있는지 확인할 수 있는 몇 가지 항목을 표로 정리했습니다.

진행 요원이 그룹 토론에 적극적으로 개입하면 좋습니다. 토론에 아무 말 없이 휩쓸려 가는 사람을 찾고 참여를 종용해야 합니다. 의견에 반박하지 않는 토론은, 분위기가 긍정적으로 보이지만 사실 대부분은 그렇지 않습니다. 의견이 충돌하는 지점에서 곧 탐색하는 영역의 범위가 결정되며 중요한 주제를 더 명확하게 밝혀줍니다.

그룹의 상황이 아래와 같다면…	현재 그룹의 상태는 아마도…
의미를 명확히 하기 위한 질문을 하며, 정중하게 아이디어에 반박을 하며, 아이디어 구현에 관해 토론한다.	협력을 잘하고 있다.
지배적인 아이디어에 쏠림 현상이 있고 비평이 없다. 생각을 나누려고 하지 않는다.	충돌하는 상황을 꺼려하거나 협력에 대한 확신이 없다.
아이디어를 폭넓게 나누지 않는다. 도돌이표처럼 했던 말을 반복하며 처음 논의로 돌아온다.	그룹 구성원들이 다양한 생각을 나누지 못하고 있다.
한 사람만 말한다.	모두가 주제를 제대로 이해하지 못하고 있다. 주도적인 한 명의 성향이 조용한 다수를 누르고 있다.

9.4 그룹 관리하기

워크숍에서 토론을 진행시키는 일이 주제를 정하고 시간을 엄수하는 일보다 중요합니다. 이는 꽤 적극적인 역할입니다. 활동을 공유하는 방법은 활동에 참여하는 사람들의 마음가짐에 큰 영향을 미칩니다. 진행자가 참가자들과 소통을 늘릴수록 참가자들이 워크숍에 참여하는 자세도 적극적으로 바뀝니다. 워크숍이 의미 있는 결과를 낼 수 있도록 운영하는 것은 전적으로 진행자의 책임입니다.

9.4.1 충분한 시간 할당하기

시간이 부족하거나 활동을 서둘러 진행하면 워크숍의 목표가 퇴색되며, 참가자들은 결과에 대해 신뢰하지 않게 됩니다. 짧은 시간 내에 광범위한 아이디어를 확인하다 보면 '결박된 합리성^{bounded} ^{rationality}'을 극복하고 싶기도 합니다(3.1절 '만족스럽게 설계하기' 참조).

워크숍에서 한두 시간 안에 한두 가지 목표만으로 빠른 탐색 활동만 수행한다면 가능할 수도 있습니다. 이러한 워크숍은 작은 목표를 대상으로 탐색하거나, 참가자들이 고차원적인 해결 방법은 알지만 세부사항은 탐구해야 하는 상황에서 공감대를 형성하는 목적으로 수행하기에 좋습니다.

탐색할 목표가 많은 디자인 스튜디오를 완료하려면 하루나 이틀이 걸릴 수 있습니다. 문제가 잘 이해되지 않을 경우 몇 주 동안 소규모 세션을 많이 가지도록 계획해야 합니다. 워크숍에서 모든 문제를 공동으로 탐구해야 할 필요는 없습니다.

9.4.2 처음부터 기대치 설정하기

성공적인 워크숍은 어느 정도 비밀스러운 분위기를 풍기지만 참가자들에게 무엇을 해야 하고 왜 모여야 하는지 미리 알려줍니다. 워크숍 목표를 미리 설명하고, 시작하기 전에 모두 같은 생각을 가지고 한 배에 탑승했는지 확인합니다.

먼저 워크숍은 평범한 안건을 공유하면서 시작합니다. 세부사항을 모두 공유할 필요는 없습니다. 처음부터 너무 세부적인 사항까지 공유하면, 참가자들이 혼란스러워하거나 미리 설계할 내용을 생각해놓기 때문에, 몇 가지 세부사항은 비밀로 유지하는 편이 낫습니다. 몇 시간 이상 진행되는 워크숍의 경우, 참가자가 특정 활동을 직접 선택하거나 취소할 수 있도록 안건마다 예상 시작 시간을 공지합니다. 이렇게 하면 참가자들이 워크숍에 제때 참석하고 언제 시끄러울지도 예상하게 되므로 워크숍이 엉망이 되지 않습니다.

워크숍을 시작할 때 대원칙ground rule을 정합니다. 아래는 예시입니다.

워크숍의 대원칙	
모두가 참여한다.	시간이 종료되면 다음 순서로 넘어간다.
옳은 답, 틀린 답은 없다.	도움이 필요하면 질문한다.
시간을 확인한다.	즐겁게 임한다.

9.4.3 tell-show-tell 접근법 활용하기

그룹에 새로운 활동을 소개할 때는 항상 참가자들에게 무엇을 할 것인지 말하고, 그것이 어떤 모습일지 예시를 보여준 다음, 참가자들에게 방금 설명한 것의 지침을 검토하게 해야 합니다. 대부분의 사람들은 새로운 것을 처음 볼 때 중요한 세부사항을 놓칩니다. 구체적인 예를 보여준 후 참가자들에게 지침을 검토하게 하면 활동에 대해 질문할 수 있는 기회를 주는 셈입니다.

이전에 진행했던 워크숍을 예시로 들면 가장 좋습니다. 적당한 예시가 없으면 활동을 수행하는 장면을 사진으로 준비하거나 예제에 근접한 방법으로 사례를 만듭니다.

9.4.4 유용한 팁 공유하기

"자, 시작합시다!"라고 말하면 대부분 얼어붙습니다. 대부분의 사람에게는 무언가를 함께 탐색하는 형태의 워크숍이 처음 겪는 일이기 때문입니다.

참가자들에게 몇 가지 유용한 팁을 제시해주면 도움이 됩니다. 간단한 조언만으로도 종이를 비워둔 채 멍하니 있는 현상을 해소할 수 있습니다. 빈 종이만 덩그러니 보고 있는 그룹이나 참가자가 있는지 찾아야 합니다. 이런 사람들은 어떻게 시작해야 하는지부터 도와줘야 합니다.

9.4.5 마감 설정하기

디자인 스튜디오의 모든 활동에는 제한 시간이 있습니다. 시간을 현실적이면서도 극적으로 제한하면 워크숍을 물 흐르듯 자연스럽게 진행할 수 있습니다 참가자들은 긴박함을 느끼겠지만 어떻게든 주어진 시간 내에 활동을 끝내게 해야 합니다. 모든 활동마다 진행자가 "끝!"이라고 외치면 모든 참가자가 활동에서 손을 떼도록 하는 게 좋습니다.

9.4.6 참가자 교육하기

워크숍 참가자들과 협업한 적이 한 번도 없다면 워크숍 현장에서 핵심적인 소프트웨어 아키텍처와 설계 콘셉트를 가르칠 필요가 있습니다. 이처럼 즉석으로 적시에 참가자를 가르치면, 참가자들이 수행할 설계 활동에 대해 충분한 정보를 미리 얻은 상태로 참여할 수 있습니다. 중요한 아키텍처 개념에 대해 빠르게 훑어주는 과정이나 품질 속성 시나리오에 대한 기초 강의가 필요할 수 있습니다.

워크숍을 성공으로 이끌려면 참가자들의 적극적인 참여가 필수입니다. 애초에 그룹으로 모인 이유이기도 합니다. 참가자들이 효과적으로 참여하는 데 필요한 지식을 갖출 수 있도록 도와줍시다.

9.4.7 추가 토론 세션 운영하기

설계는 목적지에 도달하기까지 구불구불한 길을 가는 여정입니다. 디자인 스튜디오 도중에 흥미로운 아이디어나 의미 있는 토론을 하고 싶지만 시간이 여의치 않을 수 있습니다. 이때는 워크숍이 끝난 후 마저 토론할 수 있도록 관련 주제를 기록한 뒤, 토론 세션을 추가로 만들어주면 좋습니다. 이로써 워크숍은 원래 일정대로 진행하면서, 흘러간 주제에 관심 있는 사람들은 나중에 따로 모여서 이야기를 나눌 수 있는 시간이 있다고 안심시킬 수 있습니다.

9.5 원격으로 협업하기

한 장소에 사람이 모이기가 어려울 때도 있습니다. 디자인 스튜디오든 다른 종류의 협업 워크숍이든 원격으로 진행하는 것도 충분히 효과적입니다. 아래 목록은 원격 워크숍을 진행할 때의 팁입니다. 언급하는 팁은 이번 장에서 언급한 활동뿐만 아니라 이 책에서 소개하는 모든 활동에 적용할 수 있습니다.

온라인 협업 도구 사용하기

협업 도구는 필수입니다. 협업 도구에는 여럿이 함께 쓸 수 있으면서 탐색 결과를 공유할 수 있는 기능이 있어야 합니다. 워크숍에서 진행하는 활동에 따라 필요한 기능은 다를 수 있습니다. 화면 공유, 공동 문서 작업, 실시간 캔버스, 브레인스토밍, 그룹 채팅, 음성 채팅 등의 기능 등을 고려해야 합니다. 아주 많은 온라인 협업 도구가 있으니 적절히 선택해보세요.

시간 넉넉히 정하기

한 장소에 모일 수 없다면, 설계 활동에 시간을 좀 더 많이 할당해야 합니다. 협업 환경을 구성할 때마다 문제가 발생하기도 합니다. 넉넉하게 계획을 잡아서 문제가 생겼을 때 당황하지 않게 해야 합니다.

더 많은 이야기 나누기

온라인상으로는 한 번에 한 사람만 이야기할 수 있습니다. 음성이 겹치면 소리가 잘 들리지 않으니까요. 그런데 한 번에 한 사람만 말하면 그룹 활동을 할 수 없습니다. 이럴 땐 음성 통화 외에 채팅 소프트웨어 등으로도 대화할 수 있도록 환경을 구성하면 좋습니다. 소그룹 활동을 할 때는 시간을 명확히 설정하고 그룹별 채널을 공지해서 활동이 끝난 후 더 큰 규모로 참가자들이 다시 모이게 합니다.

집중시키기

원격으로 진행하면 아무래도 주의가 산만해집니다. 진행자도 화이트보드에 편하게 기록할 수 없습니다. 화이트보드 내용은 같은 방에 있는 사람만 볼 뿐입니다. 프리젠테이션 자료를 준비해서 각자가 열어볼 수 있게 하거나 화면 공유를 합니다. 공동 문서 작업을 이용해서 모두가 함께 토론에 참여하고 문서를 작성하게 합시다.

얼굴 보며 진행하기

면대면보다 나은 건 없습니다. 화상 채팅 서비스를 이용해서 서로 얼굴을 보며 진행해봅시다.

비동기로 진행하기

워크숍 외에도 아이디어를 탐색하는 방법은 많습니다. 설계 활동을 며칠에 걸쳐 아주 느리게 진행할 수도 있습니다. 예를 들어, 라운드 로빈 같은 활동은 이메일만으로도 함께 있는 수준으로 진행할 수 있습니다.

원격으로 아키텍처 디자인 스튜디오를 진행하는 구체적인 사례를 들어보겠습니다. 진행자 마리는 워크숍 시작 시각보다 일찍 원격 회의 주소로 접속해 화면 공유를 시작합니다. 모든 참가자가 들어오자 프리젠테이션 슬라이드를 띄우고 워크숍의 목표와 안건을 공유했습니다. 마리는 화이트보드에 메모하며 모두가 볼 수 있게 했습니다.

팀은 라운드 로빈 설계 활동을 진행했습니다. 첫 번째 회차에 마리는 참가자들에게 아키텍처를 스케치하는 방법을 설명했고 각자는 자신의 휴대폰으로 촬영한 후 슬랙 메신저에 업로드했습니다. 두 번째 회차에서는 참가자들이 할당받은 스케치마다 이미지 편집 프로그램으로 의견을 덧붙이고 원본 이미지와 수정한 이미지를 박스Box[2] 폴더에 업로드했습니다. 스케치에 대해 토론을 진행한 후 마리는 참가자들을 몇 개의 그룹으로 나눴습니다. 그룹마다 정해진 시간 동안 구글 화상 채팅 프로그램과 박스 폴더에 저장된 자료를 이용해 아키텍처에 관한 발표 자료를 만들었습니다. 주어진 시간이 끝나자 모든 참가자는 다시 원격 회의 주소에 접속했고 발표를 진행했습니다. 이어서 비평 시간에 마리와 참가자들은 실시간 공유 문서 편집 기능으로 함께 메모했습니다. 모여서 진행했을 때는 90분 정도 소요되는 일정이지만, 이보다는 조금 더 시간이 걸려 2시간 정도에 디자인 스튜디오 워크숍을 끝마쳤습니다.

9.6 사례연구: 라이언하트 프로젝트

팀은 갈림길에 섰습니다. 팀원 중 누군가는 서비스 지향 아키텍처를 사용해서 마이크로서비스 형태로 구현해야 한다고 말했고, 다른 팀원은 안전하고 검증된 멀티 계층 패턴으로 구현하자고 했습니다. 여러분은 이제 이 둘 사이의 장단점을 분석해 설계 방향을 결정해야 합니다. 두 방법 모두 잘 동작하겠지만, 이번에는 디자인 스튜디오를 열어서 어떤 선택을 하든 팀의 공감대를 얻고자 합니다.

워크숍에서 두 패턴의 미묘한 차이를 파악하고 잠재적인 위험에 대해 토론할 수 있도록 합니다. 먼저 작은 그룹으로 나눠서 아이디어를 냅니다. 마이크로서비스와 멀티 계층 패턴에 대해 다루지만 다른 패턴도 살펴보면서 새로운 아이디어를 떠올립니다.

첫 번째 회차에서 발표와 비평을 한 후에는 그룹 포스터를 만듭니다. 의외의 결과로, 마이크로서비스를 주장한 팀원이 다른 아이디어를 탐색하고는 마이크로서비스가 적합하지 않다고 판단했

---

2   옮긴이_ 드롭박스와 유사한 파일 공유 서비스입니다.

습니다. 2시간 동안의 워크숍이 끝날 때까지 팀은 6가지 디자인 대안을 탐색해 훌륭한 솔루션을 찾았습니다. 큰 소득이 있다면, 이 과정에서 최종 결정을 할 때 모든 사람이 발언권을 가졌고, 워크숍 전에는 존재하지 않았던, 프로젝트에 대한 주인의식이 팀원들에게 만들어진 듯합니다.

9.7 마치며

디자인 스튜디오는 아이디어를 빠르게 탐색하기에 아주 좋은 방법입니다. 때로는 결정보다 결정에 이르기까지의 과정이 더 중요합니다. 디자인 스튜디오에서는 모든 참가자가 설계에 참여하고 만드는 데 일조할 수 있습니다. 이를 통해 모두에게 만들어진 주인의식은 책임감과 자율성을 고취시킵니다. 주인의식은 곧 코드에서 아키텍처에 이르기까지 모든 곳에 스며듭니다.

협업해 진행하는 디자인 워크숍은 강력한 도구입니다. 지금까지 살펴본 바와 같이 아키텍처 설계는 단체 활동이나 메모장 공유 그 이상의 무언가입니다. 디자인 스튜디오만으로는 훌륭한 아키텍처를 설계하기에 충분하지 않습니다. 어떤 방법이 얼마나 효과적인지는 그 방법이 쓰이는 맥락에 따라 크게 좌우됩니다. 그러므로 언제나 어떤 방법이 좋을지 깊이 생각하고 실행해야 합니다.

지금까지 아키텍처 설계를 도모하는 관점으로 문제를 정의하는 방법, 설계 콘셉트를 파악하는 방법, 모델을 만드는 방법, 설계 결정을 내리는 방법을 배웠습니다. 다음 장에서는 이해관계자나 팀원들과 공유하기 좋도록 설계 아이디어를 시각화하는 방법을 알아봅니다.

10장   설계 시각화하기

아이디어를 공유하는 최선의 방법은 아이디어를 손에 잡힐 듯하게 만드는 것입니다. 아키텍처를 개념적으로만 이야기하면 대부분 이해하지 못합니다. 하지만 아키텍처를 보여주면 보는 사람이 자신의 이해력에 맞추어 스스로 탐색하고 이해할 수 있습니다. 개발자들은 잘 알고 있습니다. 아직 구체적이지 않은 아이디어를 이야기할 때는 화이트보드 앞에 서서 스케치하면서 이야기하면 좋습니다. 아이디어를 그리기 시작하면 상상의 눈높이가 맞춰집니다.

그림은 누구나 그릴 수 있습니다. 아키텍처 다이어그램은 예쁘게 그릴 필요가 없습니다. 효과적으로 공유할 수 있으면 됩니다. 8장 '의미 있는 모델로 복잡도 관리하기'에서 우리는 모델을 정확하게 규정할수록 아키텍처로 품질 속성을 끌어올릴 수 있다고 배웠습니다. 이번 장에서는 아키텍처 다이어그램을 그리는 방법을 배우고 개발자들과 수월하게 대화하는 방법을 알아봅시다.

10.1   다양한 관점으로 아키텍처 표현하기

그림 한 장에 아키텍처의 모든 내용을 담을 수는 없습니다. 다이어그램 하나에 모든 것을 담기보다는 다양한 관점^{view}에 기초해 그린 다이어그램 여러 개에 나눠 담는 게 좋습니다. 여기서 관점이란 특정 이해관계자 또는 그와 긴밀하게 연관된 고려사항의 시각에서 바라보는 것을 의미합니다.

구글 지도 같은 지도 애플리케이션으로 여행 계획을 짠다고 가정해봅시다. 지도를 확대해 도시의 거리들을 확인합니다. 지도를 축소해서 도시가 하나의 점으로 보이게 한 후, 주요 고속도로를 살펴봅니다. 지역 날씨나 실시간 교통 정보를 켜보기도 합니다. 위성 지도나 지형 지도로 바꿔보기도 합니다. 특정 시간에 찍힌 거리뷰를 볼 수도 있습니다.

이처럼 여행 계획을 짜는 데 다양한 관점을 동원할 수 있습니다. 서울에서 부산까지 가는 최적의 경로는 어디일까요? 비바람은 어떻게 피할 수 있을까요? 가는 중에 맛있는 백숙을 먹으려면 어디서 멈춰야 할까요?

지도 애플리케이션에서 다양한 관점을 적용해볼 수 있습니다. 이처럼 아키텍처에서도 이해관계자들의 질문에 답을 할 수 있도록 여러 가지 관점을 갖출 수 있습니다. 개발 진도는 어떻게 되나요? 누가 이 컴포넌트를 만들고 있나요? 품질 속성 시나리오를 충족하기에 부족한 점은 없나요?

소프트웨어 시스템에서 관점은 미리 정해진 게 없습니다. 다만 대부분의 시스템에서 유용하게 쓰이는 것은 있습니다. 소프트웨어 아키텍처를 바라보는 여러 관점을 지칭할 때는 뷰^{view}라고 부르곤 합니다. 이제 몇 가지 유용한 뷰를 소개하겠습니다.

10.1.1 요소-역할 뷰로 요소의 역할 보여주기

선과 상자는 아키텍트가 가장 많이 사용하는 도구입니다. 다이어그램 그릴 때 이보다 믿음직한 도구도 없죠. 선과 상자로 이루어진 다이어그램은 복잡한 구조를 보기 쉽게 표현합니다. 하지만 그것만으로는 부족합니다. 아래 라이언하트 프로젝트의 다이어그램을 보며 그 이유를 알아봅시다.

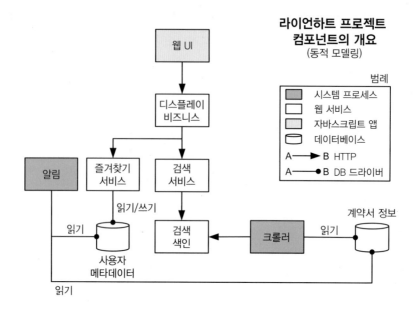

위의 다이어그램에는 중요한 정보가 **빠졌**습니다. 모든 요소가 각자의 목적에 부합하지만 그림만으로는 알 수 없습니다. 이 다이어그램의 부족한 점은 6.4절 '구성 요소에 기능별 역할 할당하기'에서 다룬 '구성 요소별 역할 목록'이 채워줘야 합니다. 공유해야 할 정보에 따라 주석, 표, 글로 보완해 구성 요소의 역할을 설명할 수 있습니다.

요소–역할 뷰element-responsibility view는 아주 흔히 쓰입니다. 이 뷰만 필요할 때도 있습니다. 요소와 그 역할을 나열할 수만 있다면 실제로 동작하는 시스템도 만들 수 있습니다.

10.1.2 구체화 뷰로 확대/축소하기

범죄 영화에서 주인공이 흐릿한 범죄자 얼굴을 확대한 후 선명하게 만드는 장면이 있습니다. "얼굴이 안 보이는군. 여기 키워봐! 해상도 향상!"이라고 외치곤 하죠. 소프트웨어 시스템의 멋진 점은, 흐릿한 이미지와는 달리 한없이 세부적으로 확대할 수 있다는 것입니다.

구체화 뷰refinement view는 한 모델을 일련의 뷰로 점점 상세하게 보이도록 처리해줍니다. 마치 구조를 더 배율이 높은 렌즈로 보듯 요소의 내부적인 동작을 보여주고, 다시 더 자세히 보여줄 수 있습니다.

라이언하트 디스플레이 비즈니스 요소를 확대해 구조를 살펴보겠습니다.

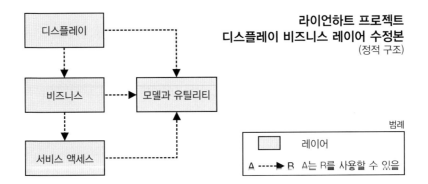

라이언하트 프로젝트
디스플레이 비즈니스 레이어 수정본
(정적 구조)

구체화의 첫 번째 단계에서 디스플레이 비즈니스 요소는 평범한 레이어 패턴으로 이루어졌음을 알 수 있습니다. 레이어는 디스플레이, 비즈니스, 서비스 액세스로 구분되며, 부수적으로 데이터 모델과 유틸리티 클래스를 뭉뚱그린 레이어가 있습니다. 위의 다이어그램을 보면, 전체적으로 맥락은 있지만 유지 보수성이 어떤지 알고 싶으면 좀 더 구체화를 해야 합니다.

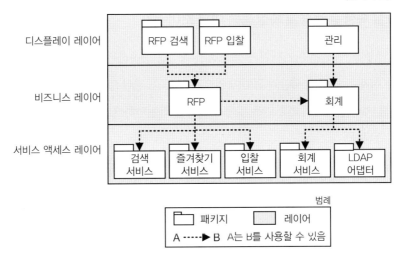

라이언하트 프로젝트
디스플레이 비즈니스 패키지 뷰
(정적 구조)

위의 구체화 과정에서는 레이어 내부의 패키지와 레이어 간 상호작용을 보여줌으로써 유지 관리성에 관한 품질 속성 시나리오를 파악할 수 있습니다. 좀 더 살펴보면, RFP 패키지가 다른 패키지와 너무 많이 연결되어 있으므로 테스트와 디버깅이 어려울 수 있는 게 분명합니다.

모델 및 유틸리티 레이어는 이번 구체화에서는 보이지 않습니다. 모든 요소가 모델 및 유틸리티 레이어의 클래스를 사용할 수 있습니다. 모든 관계를 포함하면 다이어그램이 너무 복잡하기 때문에 이번 뷰에서는 일부 관계를 제거했습니다. 뷰를 이리저리 자르고 쓰는 게 유용할 때도 있지만 아키텍처 모델을 이해하기 어렵게 만들기도 합니다.

뷰를 구체화함으로써 특정 질문에 알맞은 답을 만들 수 있습니다. 적당한 배율의 구체화로 큰 그림을 만들 수도 있습니다. 그림을 보고 이해할 수 있는 수준으로 맥락이 만들어지면, 특정 이해관계자가 필요로 하는 주요 세부사항만 확대해 보다 자세하게 보여줄 수 있습니다.

2.1.2절 '모호함을 유지하라'에서 설명한 아키텍처 미니멀리즘의 원리에 따라, 모델을 어느 수준까지만 구체화하는지 결정합니다. 구체화는 특정 품질 속성을 충족하고 우선순위가 높은 위험 요소를 줄일 수 있다고 입증하는 데 필요한 수준까지만 해야 합니다.

10.1.3 품질 속성 뷰로 품질 속성 충족 여부 보여주기

품질 속성 뷰quality attribute view는 아키텍처가 특정 품질 속성을 충족하는지 확인할 때 사용합니다. 품질 속성 뷰는 현재 논의 중인 사안과 관련이 없으면 가리고, 관련 있다면 강조합니다. 예를 들어, 5.2.1절 '품질 속성을 시나리오로 만들기'에서 살펴본 라이언하트 프로젝트의 가용성 시나리오는 다음과 같습니다.

> 사용자가 시스템에서 보내는 시간의 99%는 열람 가능한 RFP 목록을 받고 RFP를 찾아보는 일입니다.

이 품질 속성을 만족하려면 중복 패턴을 이용할 수 있습니다. 우선 다음 다이어그램처럼 뷰를 만들어봅시다.

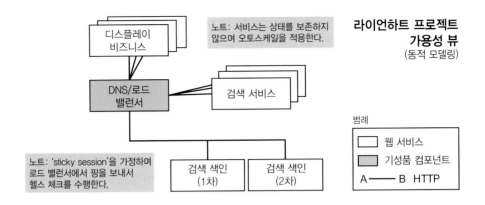

'가용성을 촉진한다'는 것은 라이언하트 서비스가 장애에 탄력적으로 대응할 수 있게 한다는 뜻입니다. 이를 위해서 디스플레이 비즈니스, 검색 서비스, 검색 색인에 쓰이는 인스턴스가 여러 개 필요합니다. 디스플레이 비즈니스 및 검색 서비스 컴포넌트는 상태를 보존하지 않는[stateless] 마이크로서비스이므로 쿠버네티스[Kubernetes][1] 또는 마라톤[Marathon][2]과 같은 컨테이너 관리 시스템에서 여러 인스턴스를 쉽게 배포할 수 있습니다.

검색 색인은 상태를 보존하는[stateful] 컴포넌트이며 시스템 성능에 잠재적인 병목 현상을 주므로 데이터 저장에 매우 주의해야 합니다. 또한 일시적인 중단과 데이터 파티셔닝이 일어날 때 장애가 발생하지 않도록 라우팅을 고려할 필요가 있습니다. 이번에는 간단히 로드 밸런서와 도메인 네임 시스템[domain name system](DNS)을 사용해 요청을 라우팅합니다.

이제 다이어그램을 사용해 품질 속성 시나리오를 만족하는지 확인하겠습니다. 검색 색인 컴포넌트 중 하나가 실패한 것으로 가정합시다. 로드 밸런서는 상태를 확인해 실패를 감지하고 들어오는 요청을 보조 검색 색인 컴포넌트로 라우팅합니다. 그럭저럭 괜찮군요.

이 뷰는 꽤 괜찮지만 아직 발전의 여지가 있습니다. 상태 확인은 얼마나 자주 합니까? 핑을 한 번 보낼 때는 무엇이 필요합니까? 로드 밸런서가 다운되면 어떻게 됩니까? 실패한 검색 색인이 다시 온라인 상태가 되면 어떻게 됩니까? 이러한 질문에 대한 대답은 다이어그램과 함께 글로 설명

---

1   https://kubernetes.io

2   https://mesosphere.github.io/marathon

하도록 합니다. 다이어그램 하나만으로는 아키텍처가 가용성 시나리오를 어떻게 충족하는지 온전하게 설명하지 못하기도 합니다.

10.1.4 매핑 뷰로 여러 뷰의 요소 연결하기

여러 뷰를 동원하면 서로 다른 뷰에서 하나의 요소가 다른 요소와 어떤 관계를 맺고 있는지를 쉽게 파악할 수 있습니다. 더 나아가 뷰를 맞붙여서 하나의 뷰로 만들면 요소끼리 어떤 관계가 있는지 보여줄 수 있습니다. 두 개 이상의 뷰를 맞붙인 뷰를 매핑 뷰$^{mapping\ view}$라고 합니다.

서로 맞붙이기에 유용한 두 가지 뷰로 업무 할당 뷰와 배포 뷰가 있습니다. 업무 할당 뷰에서는 시스템의 여러 구성 요소마다 작업할 팀을 볼 수 있고, 배포 뷰에서는 컴포넌트와 커넥터 구조에 입각해 구성 요소가 실제로 어디에 설치되고 실행하는지를 볼 수 있습니다.

아래는 라이언하트 프로젝트의 업무 할당 뷰 예시입니다.

컴포넌트	할당된 팀	비고
웹 UI	벌꿀오소리	웹 프런트엔드 전문가 집단
디스플레이 비즈니스	벌꿀오소리	웹 UI와 강하게 결합되어 있음
검색 서비스	빨간 티셔츠	
검색 색인	빨간 티셔츠	Solr 개발자 집단
즐겨찾기 서비스	벌꿀오소리	팀에 손이 남음. 이 컴포넌트는 사용자 경험에 직접적인 영향이 있음
알림	미정	가능한 팀이 우선 맡는다
크롤러	빨간 티셔츠	팀에 전문성이 있음
DNS/로드 밸런서	트론	인프라 전문가
사용자 메타데이터와 계약 데이터베이스	스프링필드 시	시에서 데이터베이스 보유 중

뷰는 다이어그램이 아니라는 점에 유의합시다. 목표는 단지 의미 있는 설계 의사결정이 이루어지도록 하는 데에 초점이 있어야 합니다. 때로는 표만 만들어도 목표를 달성할 수 있습니다.

매핑 뷰는 이해관계자 간의 서로 다른 관점을 반영할 수 있습니다. 업무 할당 뷰는 스케줄과 인원 계획을 세우는 프로젝트 매니저에게는 완벽하게 부합합니다.

매핑 뷰는 이해관계자가 스스로 취합해 알긴 어려운 맥락을 한 겹 더 제공합니다. 예를 들어 제품 관리자는 꼭 필요한 특정 기능이 언제 출시되는지 알고 싶을 때가 있습니다. 이때 아키텍처 컴포넌트와 기능별 부가 가치를 나란히 붙여서 매핑해보면 모든 이해관계자가 소프트웨어의 어떤 부분이 어떤 기능을 지원하는지 이해하는 데 도움이 될 겁니다. 제품 관리자가 요구한 기능의 필요성을 이해하고 나면, 개발자들이 제품 관리자의 요구사항을 염두에 두고 업무 우선순위를 정할 수 있습니다. 매핑 뷰 덕분에 이해관계자들 사이에 공감대가 만들어졌습니다.

10.1.5 카툰으로 아이디어 표현하기

지금까지 봤던 뷰는 대체로 정교한 편입니다. 정교함은 곧 비용입니다. 모델을 정교하게 만들려면 세부사항을 정확히 알아야만 하고, 이를 만들려면 시간이 많이 듭니다. 때로는 정교함이 소통을 방해하기도 합니다. 특히 아이디어를 탐색할 때는 그렇습니다. 시스템을 잘 알수록 덜 정교하더라도 정확한 모델을 만드는 게 유용할 때가 있습니다.

아키텍처 카툰^{architecture cartoon}은 분석보다 소통을 중요시할 때 쓰입니다. 정교함은 떨어지지만 모델을 빠르게 그릴 수 있으니까요. 비공식적인 소통에서나 빠른 반복이 필요할 때 만화를 사용하면 좋습니다. 탐색 워크숍이나 즉석 토론에 특히 잘 어울립니다.

마이클 킬링 작. 사인펜으로 이면지에 그림(2017).

올리버 골드스미스(Oliver Goldsmith)의 『An History of the earth and animated nature』에서 발췌한 그림(1822). 아랍종 얼룩말. 엉덩이 부문은 T. 딕슨(T. Dixon)이 판화 작업을 함.

카툰 형식은 나누고 싶은 아이디어의 본질을 포착합니다. 아래는 말을 카툰으로 그린 그림과 해부학적으로 정교하게 그린 그림입니다. 말은 다리 네 개, 치렁치렁한 꼬리, 갈기를 가지고 있습니다. 근육이나 해부학에 관한 정보가 필요하면 정교한 그림이 필요하지만, 말의 생김새만 표시하는 정도의 용도라면 만화도 충분히 제 역할을 해냅니다.

아키텍처 카툰은 간단한 형식을 사용하며, 이 장에서 내내 논의했던 많은 모범 사례를 무시한 형태입니다. 하지만 아이디어를 다루는 동안에는 정확하지 않은 표기법을 사용해도 괜찮습니다. 설계 결정을 내려야 할 즈음에 더 정확한 모델을 만들면 됩니다.

아래는 라이언하트 프로젝트의 아키텍처 카툰입니다. 그동안 봤던 뷰와 비교해봅시다.

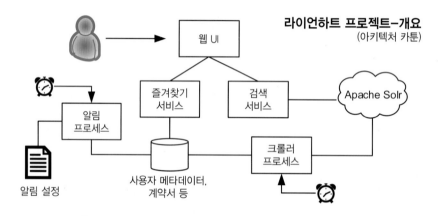

10.1.6 커스텀 뷰로 의미 있는 내용 보여주기

어떤 뷰든 이해관계자에게 시스템에 대한 이야기를 효과적으로 할 수 있어야만 그 가치가 있습니다. 특정한 목적에 맞게 창의적인 뷰를 만들고 사용자 지정 뷰를 만들 수 있습니다.

뷰는 여러 가지 변수의 조합입니다. 요소와 역할, 품질 속성과 패턴, 요소와 프로젝트 스케줄 등의 조합입니다. 새로운 뷰를 만드는 일은 새로운 변수를 아키텍처 요소와 결합하는 정도로도 간단히 만들 수 있습니다. 시스템 성능의 병목 현상을 보여줘야 하나요? 컴포넌트 다이어그램을 기반으로 정보의 흐름, 실행 시간에 따른 색상을 추가하면 금세 성능 뷰가 만들어집니다.

하지만 유념해야 할 점은, 모든 뷰, 심지어 커스텀 뷰도 8.2절 '메타모델 설계하기'에서 설명했던 메타모델로 관리되어야 한다는 것입니다.

10.2 멋진 다이어그램 그리기

훌륭한 다이어그램은 그저 아름다운 그림이 아닙니다. 훌륭한 다이어그램은 아키텍처의 개념적인 토대를 반영한 정확한 모델입니다. 아키텍트는 상자와 선으로만 그린 다이어그램으로 악명 높지만, 실상은 대충 추상적으로 그린 수준보다 더 많은 작업이 필요합니다.

10.1절 '다양한 관점으로 아키텍처 표현하기'에서 배웠듯이 다이어그램으로 다양한 설계 아이디어를 보여줄 수 있습니다. 다이어그램은 다른 매체보다 사실적으로 아키텍처를 시각화할 수 있습니다. 다이어그램을 멋지게 만들면 모든 사람이 아키텍처에 더 수월하게 다가올 수 있습니다.

아래처럼 하세요	주의하세요
범례를 만들어서 다이어그램과 연관된 메타모델을 요약한다.	내가 사용하는 용어를 상대가 당연히 알 거라고 단정하지 않는다(통합 모델링 언어(UML)에서도 함부로 단정하면 안 된다).
구체적인 제목을 붙이고 다이어그램이 어떤 구조를 말하려는지 설명한다.	다이어그램 하나에 모든 내용을 담으려 하지 않는다.
그림에 주석을 붙여서 명료하게 설명한다.	흑백으로 인쇄할 때 주석이 없어질 수 있으니 주의한다.
모든 다이어그램에 일관된 용어를 사용한다.	화려하게 치장하거나 지나치게 다양한 선과 도형을 사용하지 않는다.
패턴을 시각적으로 보여준다.	설명을 생략하지 않는다.

위의 팁에 이어서, 조금 더 자세히 알아보도록 하겠습니다.

10.2.1 범례 사용하기

아래 다양한 기호들은 어떤 의미일까요?

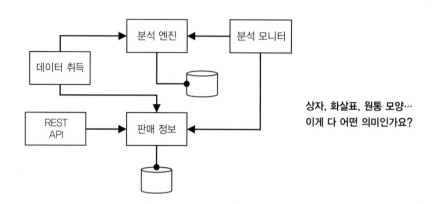

상자, 화살표, 원통 모양…
이게 다 어떤 의미인가요?

범례가 없으면 무엇을 설명하는지 이해하기 어렵습니다. 아래는 동일한 다이어그램이지만 범례를 포함합니다.

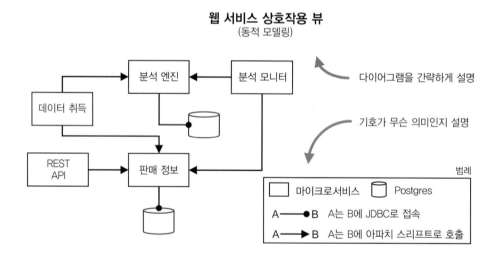

위 그림을 보자마자 이 다이어그램이 웹 서비스의 세부 항목들을 다루며, 통신 메커니즘으로 아파치 스리프트$^{Apache Thrift}$를 사용하고 있음을 알 수 있습니다. 이 아키텍처를 받아서 요소별 상세 설계를 진행할 아키텍트는 이런 정보를 원했을 겁니다. 다른 이해관계자는 이 정보를 더 심층적인 대화를 진행할 때의 소재로 활용할 수 있습니다.

범례는 아키텍처의 개념적 메타모델(8.2절 '메타모델 설계하기')을 알려줍니다. 범례를 먼저 그리면 다이어그램을 현실적이고 일관성 있게 유지할 수 있고 분석 도구로 활용할 수도 있습니다.

이제 모두가 동일한 메타모델을 이해하게 되었습니다. 그러므로 다이어그램에 어떤 잘못이나 의문점이 있는지 함께 살펴볼 수 있습니다. 분석 모니터와 데이터 취득부는 마이크로서비스여야 하나요? 분석 엔진은 현재 스크립트가 아니라 REST 인터페이스로 제공하고 있는데 어떤 점이 문제가 될 수 있을까요? 이건 실수인가요? 아니면 다르게 알고 있던 건가요? 아니면 나중에 제공할 계획이 있는 건가요?

어떤 용어를 사용하든 모든 다이어그램에는 범례가 있어야 합니다. 이는 UML은 물론이고 직접 만든 어떤 형태의 다이어그램에서든 마찬가지로 필요합니다. UML을 보는 사람이 모두 UML 용어나 표현을 알고 있다고 전제하면 안 됩니다. 범례로 이해도를 높여줘야 합니다.

10.2.2 패턴 강조하기

이전에 소개했던 다이어그램에는 비밀이 하나 있습니다. 컴포넌트의 위치를 조금 바꿔봅시다.

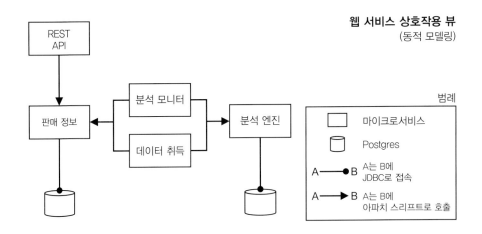

서비스들의 위치를 조금 조정했을 뿐인데 멀티 계층 패턴이라는 사실이 드러났습니다! 이러한 재배치는 그리 의미가 없어 보일 수 있지만, 패턴을 보이게 하면 아키텍처에 숨겨진 의도를 상세 구현을 해야 하는 설계자들에게 전달할 수 있습니다. 예를 들어, REST API가 멀티 계층 패턴이

라는 사실을 알고 있다면, 이 API는 데이터 계층에 속한 데이터베이스와는 직접 통신하지 않을
것이라고 예상할 수 있습니다.

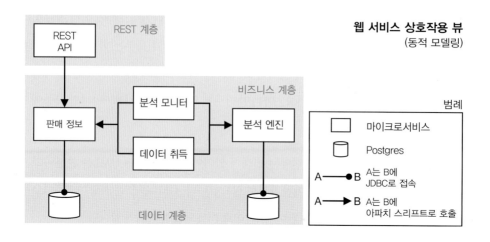

단순하고 완결성 있게 하세요

– 사이먼 브라운, 『Software Architecture for Developers』[Bro16]의 저자이자 독립 컨설턴트

전 세계 1만 명 이상의 사람들을 대상으로 다이어그램 워크숍을 진행해보니, 소프트웨어 개발자들은
다이어그램으로 아키텍처에 관한 소통을 하는 데 어려움을 겪고 있다고 자신 있게 말할 수 있습니
다. 제가 본 많은 다이어그램은 정보의 손실을 감안하고서라도 소프트웨어를 논리적인 블록으로 분
해하는 작업에 초점이 맞춰져 있었습니다. 즉 우리는 소프트웨어 시스템의 '논리적 관점'과 '개발 관
점'은 별개라고 배운 셈입니다. 불행히도 다이어그램 하나하나를 볼 때는 거의 의미가 없는 다이어그
램 모음으로 귀결되는 경향이 있습니다. 어떤 다이어그램도 코드를 정확하게 반영하지 못합니다.

한 가지 해결책은 소프트웨어 시스템에 대한 논리적인 관점의 뷰와 개발 관점의 뷰를 병합해 다이어
그램을 코드를 기준으로 확대/축소 가능한 지도처럼 만드는 방법입니다. 제가 제안하는 C4 모델의
핵심 개념으로, 다양한 추상화 수준을 보여주는 다이어그램 모음입니다. 단계별로 **시스템 콘텍스트
다이어그램**^{system context diagram}은 시스템이 사용자와 시스템을 둘러싼 주변 환경에 얼마나 적합한지 보여
줍니다. **컨테이너 다이어그램**^{container diagram}은 시스템 안으로 들어가서 컨테이너(애플리케이션 및 데이
터 저장소) 단위의 구성을 보여줍니다. **컴포넌트 다이어그램**^{component diagram}은 특정 컨테이너로 들어가
서 컨테이너 내부의 컴포넌트를 표현합니다. 추가적으로 **UML 클래스 다이어그램**^{UML class diagram}이 특
정 구성 요소로 들어가서 코드 수준으로 보여줍니다.

UML은 여전히 유용하지만, 저는 소프트웨어 아키텍처를 설명할 때엔 간단한 상자와 선으로만 그리는 편입니다. 혼란을 줄이려면 가능한 한 간단하고 단어 자체가 설명을 내포하도록 용어를 설정하고, 필요한 경우 이름과 범례를 추가합니다. 마지막으로 상자에 글을 좀 더 많이 입력해 역할에 대한 정보를 추가하거나, 여러 상자 사이의 모호성을 줄이도록 합니다.

지금까지 다이어그램에서 패턴을 눈에 더 띄게 해봤습니다. 이는 다양한 방법으로 해볼 수 있습니다. 아키텍처 이름을 패턴 이름에서 차용해도 좋고, 패턴을 강조하는 뷰를 별도로 만들어도 좋고, 요소의 배치를 바꿔가며 패턴을 보여줘도 좋습니다. 궁극적으로는 패턴을 쉽게 용어의 일부분으로 녹여내야 합니다.

10.2.3 일관성과 단순함 지키기

다이어그램에서는 점 하나도 의미가 있습니다. 다이어그램 속 요소의 색상, 모양, 방향, 글꼴, 위치가 모두 의미를 가집니다. 보는 사람이 아이디어에 집중할 수 있도록 불필요한 꾸밈이나 세부 사항은 없애야 합니다. 다른 색상이나 모양을 넣고 싶다면, 단순히 다이어그램이 예뻐 보이게 하는 수준이 아니라 다른 아이디어를 강조하기 위해 사용해야 합니다.

아이디어를 공유할 때는 일관성이 최고입니다. 개념적으로 동일한 메타모델을 가진 아이디어가 두 개의 다이어그램에 있다면 동일한 모양과 색을 사용해야 합니다. 다이어그램을 그릴 때는 의미 없이 그려 넣은 것이라도 다이어그램을 보는 사람은 색상과 글꼴의 변화에 어떤 의미가 숨겨져 있는지 찾으려고 합니다.

다이어그램을 너무 자세히 그려서 보는 사람을 압도하고 혼란스럽게 할 수도 있습니다. 때로는 아이디어를 표현하기 위해 여러 모양의 화살표를 사용하기도 하는데, 화살표가 너무 많아서 의미를 이해하기 어려울 때도 있습니다. 의미를 전달할 수 있는 한, 가장 간단하게 다이어그램을 그려야 합니다.

10.2.4 설명문 넣기

그림은 설명이 함께 어울릴 때 가장 보기 좋습니다. 글을 포함하면 뷰의 여러 요소들이 어떻게 결합해 품질 속성을 끌어올리거나 억제하는지, 왜 이렇게 시스템을 설계했는지 이야기로 풀어서 설명할 수 있습니다. 때로는 다이어그램이 뷰에서 가장 흥미롭지 않기도 합니다. 정작 뭐라도 움직이는 모양을 설명하려면 글을 써야 합니다!

아키텍처에 대한 설명은 간단한 표, 텍스트 단락, 글머리 기호, 심지어 내레이션을 포함할 수도 있습니다. 다이어그램은 단지 아키텍처를 설명하는 이야기, 그러니까 아키텍처가 어디에서 왔는지, 어떻게 동작하는지, 어디로 가고 있는지에 대한 이야기에 시각적으로 도움을 주는 정도라고 생각해보세요.

11장 '아키텍처를 문서로 설명하기'에서는 뷰에 상응하도록 이야기를 공유하는 방법에 대해 배웁니다. 다이어그램은 설계 결정이나 맥락을 전달하는 수단일 뿐이고, 다이어그램 그 자체는 아무런 말을 하지 않습니다. 이야기는 오로지 여러분에게 달려 있습니다.

10.2.5 직접 해보기: 다이어그램 비평하기

최근에 만든 소프트웨어의 다이어그램을 하나 가져옵니다. 지금까지 아키텍처를 시각화하는 방법에 대해 배웠으니, 이 다이어그램을 어떻게 바꿀 수 있을지 생각해봅니다. 프로젝트가 아직 진행 중이라면 뷰를 개선하고 팀원들과 공유해봅시다.

생각할 거리는 다음과 같습니다.

- 다이어그램이 어떤 점을 유추할 때 도움이 되요?
- 다이어그램의 핵심적인 패턴은 무엇인가요? 패턴이 숨겨져 있나요?
- 다이어그램이 내포하는 메타모델은 무엇인가요? 다이어그램이 없어도 그 자체로 이해할 수 있나요?
- 다이어그램은 완성본인가요? 더 단순화해도 여전히 이해할 수 있나요?

아키텍처 명세 언어를 사용해야 하나요?

이 책에서는 통상적인 아키텍처 명세 언어architecture description language (ADL)를 다루진 않지만, 알아두면 좋습니다. 대부분의 아키텍트는 파워포인트, 비지오Visio, 그래프비즈GraphViz 등의 시각화 도구를 매일 사용합니다. 연필, 종이, 핸드폰 카메라 필터를 동원하기도 합니다.

다이어그램을 그리는 도구는 사용하기 쉽고 공유하기 좋은 결과물을 만들어주지만, 그림만으로는 깊이 있는 분석을 이끌어내지 못합니다. ADL은 특정 모델에 대한 용어를 강제하고 제한함으로써 이 문제를 해결합니다. ADL은 모델을 자동으로 확인하는 하나의 도구로 구현되기도 합니다. 어떤 ADL에는 리버스-엔지니어를 통해 직접 코드를 생성하는 기능도 있습니다.

ADL은 멋져 보이지만, 실무에서 사용할 땐 그리 편하지 않습니다. ADL은 설계의 표현 범위를 제한합니다. ADL을 지원하는 소프트웨어는 모델을 독자적인 파일 형식으로 저장합니다. 제 경험상 대부분의 도구는 완성도가 부족했으며 배우기도 힘들었습니다.

제 조언은 ADL을 진짜 진심으로 사용하고 싶을 때만 사용하라는 겁니다. 최신 ADL 목록은 http://byadl.di.univaq.it에서 확인할 수 있으니 참고하세요!

10.3 사례 연구: 라이언하트 프로젝트

소프트웨어 개발이 한창 순조롭게 진행 중입니다. 매일 직면한 문제를 풀면서 하나씩 배우고 있습니다. 아키텍처도 세부 사항을 포함하며 더욱 성숙해지고 있습니다. 팀은 정기적으로 그림을 그리며 아이디어를 모으고 대안을 모색합니다.

팀원들은 설계 토론 중에 동일한 다이어그램을 스케치하곤 합니다. 휴대폰 카메라로 화이트보드의 스케치를 찍고 간단한 기록과 함께 사진을 소스 코드 저장소에 넣습니다. 또한 요소별 역할 뷰를 만들어서 모든 요소가 어우러져 동작하는 방식을 쉽게 설명할 수 있게 되었습니다. 이러한 뷰는 아키텍처에 새로운 요소를 추가할 때 꽤 유용합니다.

지금까지 프로젝트에서는 아무런 형식 없이 설계의 결정사항을 공유했습니다. 그러다 보니 종종 놓치는 게 있었습니다. 이제는 문서화에 좀 더 힘을 쏟아서 흩어진 지식을 모아야 합니다.

10.4 마치며

추상적인 아이디어를 공유할 때는 그림을 그리세요. 주저하지 마세요. 스케치를 하면 추상적이었던 게 구체적으로 표현되면서 새로운 통찰력이 솟아납니다. 이윽고 팀원들도 여러분이 만든 상상 속으로 함께 들어옵니다. 설계 결정이 품질 속성을 어떻게 촉진하는지 설명할 때 시각적인 장치를 이용하면 많은 도움이 됩니다. 이야기와 다이어그램을 통합할수록 소프트웨어 시스템을 보여주는 뷰가 하나씩 나오기 시작합니다. 모든 뷰는 아키텍처를 보는 창입니다.

다음 장에서는 아키텍처 설명서를 작성해 다이어그램으로 이야기를 전달하는 방법에 대해 자세히 알아봅니다. 아키텍처 설명서는 그림으로 시작하지만 설계 결정, 이력, 시스템을 설계한 논리적 근거도 포함합니다.

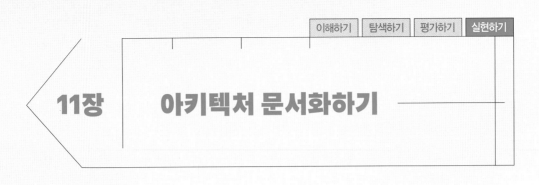

11장   아키텍처 문서화하기

소프트웨어 아키텍처 명세서^{software architecture description}(SAD)는 대체로 좋은 평을 받지 못합니다. 코딩을 하는 시점보다 한참 전에 작성되기도 합니다. 명세서가 독자적인 파일 형식으로 작성된다면 문서는 수정할 수도 없습니다. 결과적으로 아무도 읽지 않습니다. 이 명세서는 너무 비참한 취급을 받다 못해 'SAD'(아무도 읽지 않아 슬프다!)라고 합니다.

실제로 나쁜 문서는 우리를 슬프게 합니다. 반면 훌륭한 문서는 선명한 비전을 보여줍니다. 훌륭한 문서는 업무 계획의 근간이 되며, 커뮤니케이션 보충 자료이자 협업 도구이기도 합니다. 설계 의사결정을 할 때 모두에게 공통의 인식을 심어주어서 더 나은 품질의 소프트웨어를 만들 수 있게 합니다.

이번 장에서는 모두가 사랑할 만한 소프트웨어 아키텍처 명세서를 작성하는 방법을 알아봅니다. 어떻게 해야 사랑스러울까요? 사람들이 알고 싶어 하는 정보를 정확하게 알려주면서, 인간미 있고 읽기 쉬운 형식이라면 그럴 겁니다. '사랑'은 소프트웨어 아키텍처 명세서에도 충분히 어울릴 수 있는 단어입니다. 사랑스럽고 훌륭한 소프트웨어 아키텍처 명세서는 생각보다는 어렵지 않게 만들 수 있습니다.

11.1 문서화의 가치

8.3절 '코드로 모델 구현하기'에서 아키텍처 모델과 실제 코드 사이에는 늘 조금의 차이가 있다고 했습니다. 코드와 모델 사이를 좁힐 수는 있지만, 아키텍처의 모든 설계 의사결정을 코드로 표현할 수는 없습니다. 극소수의 이해관계자들만 코드를 읽으며, 시스템의 개발 초기에는 계획을 수립하는 데에 집중하느라 코드가 없기도 합니다.

그럼에도 아키텍처 명세서는 아래와 같은 이유로 필요합니다.

조직 구성

소프트웨어 개발은 기술을 다루는 것만큼 사람을 다루는 일이기도 합니다. 아키텍처 명세서는 이 모두를 아울러서 보여줍니다. 우리가 어떤 팀에 배정이 되든, 스스로 조직을 구성하든, 모든 사람은 시스템과 그 요소에 대해 어떻게 동작하는지 알게 되면 그에 맞추어 움직입니다.

기술과 비즈니스 이해관계자들의 어휘 통일

모든 이해관계자들은 아키텍처를 이해할 권리가 있습니다. 모델이 설계에 사용할 용어를 정의했다면 아키텍처 명세서는 모델을 모아서 이해관계자들이 이해할 수 있는 개념으로 해석해줍니다. 나아가 비즈니스 목표와 품질 속성이 아키텍처의 설계로 어떻게 달성되는지 보여줄 수 있습니다. 이는 아키텍처 명세서의 가장 중요한 존재 이유입니다.

품질 속성 강조

품질 속성에 관심을 가지지 않으면 그만큼 멀어집니다. 아키텍처는 품질 속성을 최우선으로 강조해야 합니다. 문서에서 이를 강조해 말해야만 모두가 아키텍처의 실체를 인정하고 품질 속성을 중요하게 생각합니다.

생각의 명료화

아무것도 기록하지 않은 상태에서는 모든 요소가 다 명확하다고 믿곤 합니다. 하지만 펜을 들고 종이에 적는 순간 얼마나 생각이 모호했는지 깨닫습니다. 아키텍처를 명세서로 옮겨야만 아이디어를 더 단단하게 만들 수 있으며, 무엇을 아는지, 무엇을 안다고 착각했는지, 무엇을 모르는지 제대로 파악할 수 있습니다.

평가 대상 파악

인간은 뭐든 직접 다뤄보지 않으면 추론력이 떨어집니다. 그렇다고 평가 전까지 모든 실계를 코드로 구현하도록 마냥 기다릴 수도 없습니다. 아키텍처 명세서로도 설계를 분석할 수 있으며, 이는 코드로 옮기기 전에 수정할 시간적 여유를 줍니다. 3시간 동안 모호한 아이디어를 설명하고 교정하는 시간이 한 달 동안 구현만 하는 시간보다 의미 있습니다.

보여주기

소프트웨어 아키텍처는 그 자체로도 멋집니다! 열정을 다해 설계한 소프트웨어는 모두에게 환영받을 가치가 있습니다. 아키텍처 명세서는 소프트웨어 시스템을 자랑하는 최적의 형식입니다. 좋은 아키텍처 명세서는 프로젝트의 고객과 윗사람들에게 확신을 줍니다. 좋은 명세서만으로도 목적, 계획, 비전을 선명하게 보여줄 수 있습니다.

아키텍처의 명세서 작성은 투자할 가치가 있는 일입니다. 가치를 더 빛나 보이게 하려면 팀과 프로젝트에 흐르는 맥락을 잘 드러낼 적절한 서술 방법으로 명세서를 작성할 수 있어야 합니다.

11.2 상황에 맞는 서술 방법

아키텍처 문서화에 절대적인 방법은 없습니다. 시스템이 미숙하다면 대화 몇 번 만에 아키텍처가 여러 번 바뀌곤 합니다. 작은 시스템을 여러 팀이 만들 때는 화이트보드와 스토리텔링만으로도 원만하게 진행할 수 있습니다. 규제가 심한 산업의 시스템을 만들 때는 설계를 결정하는 과정도 법률적인 절차를 밟고 문서로 남깁니다.

아키텍처 문서화 방법을 결정하려면 두 가지 질문에 답해야 합니다. 설계가 변경될 가능성은 얼마나 됩니까? 그리고 결정된 설계는 어디까지 공유해야 할까요? 이 질문에 어떻게 대답하느냐에 따라 원시 부족적^{tribal}, 공동체적^{communal}, 형식적^{formal}, 시간 소모적^{waste of time}이라는 네 가지 유형의 서술 방법 중 하나로 귀결됩니다.

어떤 아키텍처 서술 방법을 사용해야 할까?

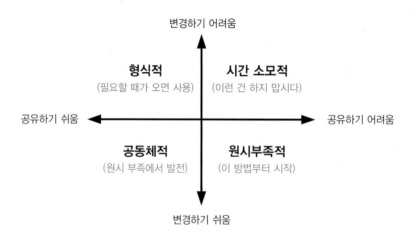

11.2.1 원시 부족적 서술 방법

원시 부족적 서술 방법이란 구전동화나 유물에 크게 의존하는 경우를 일컫습니다. 스토리텔링, 은유, 비공식적인 스케치는 모두 원시 부족의 아키텍처 서술 방법의 예시입니다. 언제나 이 방식으로 시작합니다. 원시 부족적 서술 방법은 변경하기 쉬우므로, 진도가 빠른 초기에 아키텍처를 설계할 때 적합합니다.

원시 부족적 서술 방법은 쉽게 만들고 고칠 수 있지만, 그만큼 공유하기가 어렵습니다. '활동 29 시스템 메타포'에서 말하는 시스템 메타포는 팀 전체가 대화에 귀 기울일 때는 문제없지만 구전의 특성상 누군가가 말을 할 때만 이야기의 생명력이 있습니다.[1] 6명 정도의 소규모 팀에서도 끊임없이 이야기를 하면 지칠 수 있습니다.

11.2.2 공동체적 서술 방법

아키텍처는 모든 면에서 동일한 속도로 발전하지 않고, 동일한 종류의 서술 방법을 필요로 하지도 않습니다. 경험에 비추어 볼 때, 여러분이 같은 이야기를 여러 명에게 말한다면, 이제는 아키텍처의 서술 방법을 발전시켜서 폭넓게 도달하도록 범위를 넓힐 때입니다. 이제부터는 공동체적 서술 방법이 필요합니다.

공동체적 아키텍처 서술 방법이란 원시 부족에서 전해지는 개개인의 구전동화가 아니라 공동체 안에서 공유되는 방법을 말합니다. 아키텍처 하이쿠architecture haiku,[2] 8.3절 '코드로 모델 구현하기'에서 다룬 '아키텍처적으로 명백한 코딩 스타일', 아키텍처 의사결정 기록(활동 20 아키텍처 의사결정 기록)은 모두 공동체적 서술 방법의 예시입니다. 공동체적 서술 방법은 여전히 변경하기 쉽지만 원시 부족의 서술 방법에 비해서는 공유하기 쉽습니다.

대부분의 팀에서는 아키텍처가 성숙해지면서 변경사항이 줄면 자연스럽게 원시 부족적에서 공동체적 서술 방법으로 바꿔나갑니다. 공동체적 서술 방법은 대부분의 팀에 적합합니다. 하지만 어떤 상황에서는 좀 더 항구적인 무언가를 원합니다. 격식 있는 아키텍처 서술 방법으로 이러한 영속성을 얻을 수 있습니다.

---

1   Michael Keeling, *Creating an Architecture Oral History: Minimalist Techniques for Describing Systems.* SATURN 2012. http://resources.sei.cmu.edu/library/asset-view.cfm?assetID=20330

2   옮긴이_ '하이쿠'는 일본 정형시의 일종으로 삼행시와 유사합니다. 본문의 아키텍처 하이쿠는 아키텍처를 간략하게 요약하는 작업이 마치 시를 짓는 것과 흡사하여 이름 붙인 활동입니다. 자세한 내용은 '활동 21 아키텍처 하이쿠'를 참조하세요.

11.2.3 형식적 서술 방법

형식적 서술 방법은 기존의 아키텍처 명세서와 형식 모델^{formal model}을 포함합니다. 이러한 문서 작업은 규모가 크며 많은 노력을 들여야 합니다. 형식 모델(수학적인 모델을 갖추어 아키텍처를 정의하는 유형)은 더 높은 정확도와 정밀도를 요구합니다.

고위험군에 속한 시스템이나 아키텍처는 그만큼 험난한 의사결정 과정이 필요한데, 형식적 서술 방법은 이런 경우에 적합합니다. 산업 특성에 따라 공식 문서를 작성해야 할 때도 있습니다. 이 경우에도 차근히 원시 부족적 서술 방법부터 시작해서 공동체적 서술 방법까지 진전시킨 다음 형식적 서술 방법에 이르는 편이 수월합니다.

기존의 문서 작성 방법 대신에 화이트보드 스케치와 시스템 메타포로 시작합니다. 결정을 한 번 내릴 때마다 아키텍처 의사결정 기록^{architecture decision record}(ADR)을 하나씩 기록합니다. 일단 결정을 내리면, 결정에 동원한 모든 내용을 아키텍처 하이쿠로 모으고, 코드가 모델을 온전히 반영하도록 지속적으로 리팩터링합니다. 아키텍처가 통합되기 시작하면, 원하는 때(또는 이해관계자가 요청할 때)에 기존의 방식대로 문서를 작성합니다.

전통적인 소프트웨어 아키텍처 명세서 작성하기

기존의 전통적인 소프트웨어 아키텍처 명세서(SAD)는 모든 아키텍트가 작성 방법을 알아야 하는 전형적인 설계 문서입니다. 문서를 만드는 데 시간도 많이 걸리고, 무게는 금덩어리처럼 무겁습니다. 명세서를 가능한 한 두껍게 만들어야 한다는 의미는 아닙니다! 전통적인 SAD 작성도 노력할 가치가 충분히 있다는 뜻입니다.

대부분의 이해관계자(개발자도 포함해서)는 아키텍처의 전체 모습을 본 적이 없습니다. SAD는 모든 것을 모아서 전체를 아우르는 이야기를 들려주는 하나의 산출물입니다.

전통적인 아키텍처 명세서는 사용된 템플릿에 따라 다르지만 10~20쪽 정도의 분량입니다. 70쪽이 넘는 SAD도 있지만 드뭅니다. 모든 내용과 상황이 포함했을 때의 분량입니다. 일부러 부풀릴 필요는 없지만 SAD 작성은 투자의 의미가 큽니다.

전통적인 아키텍처 명세서를 작성할 때는 기존에 썼던 템플릿을 찾거나, 없으면 템플릿을 만든 후에 시작합니다. 이미 다양한 템플릿이 온라인에 있습니다.[3] 소속된 조직에서 이미 템플릿을 가지고 있는 경우도 있습니다. 무엇보다도 추천하는 건 Software Engineering Institute의 'Views and Beyond'[4]와 'ISO/IEC/IEEE 42010 표준 템플릿'[5]입니다.

전통적인 아키텍처 명세서는 아래의 내용을 필수적으로 담습니다.

기본 정보와 서문

표지, 변경사항, 서명, 목차, 그림 목록, 라이선스 및 법적 고지, 기타 공식 문서에 필요한 정보가 있습니다. 목차와 그림 목록은 읽는 사람이 문서를 더 쉽게 탐색할 수 있게 합니다. 나머지 사항은 기록된 정보가 중요하다는 의미를 줍니다. 어떤 이해관계자들은 이러한 서문을 인상적이라고 느낍니다. 참고로 소속된 조직에서 서문에 필수로 싣게 하는 내용이 있을 수 있습니다.

SAD에 대한 개괄과 안내

문서의 목적을 간략하게 서술하고 어떤 방법론으로 문서를 구성하고 만들었는지 설명합니다. 어떤 이해관계자에겐 작성된 SAD가 아키텍처 설명을 보는 첫 경험일 수 있습니다. 그렇다면 이때를 교육의 기회로 삼고, 아키텍처가 바로 이해관계자들을 위해 만들어졌음을 느끼게끔 합시다.

이해관계자, 비즈니스 목표, ASR 요약

아키텍처의 모든 의사결정은 이해관계자들의 이해관계에 달렸으므로, 설계를 설명하기에 앞서 이해관계자들을 나열해볼 필요가 있습니다. 개인적으로는 이때 주요 제약 사항과 품질 속성을 함께 언급하곤 합니다. ASR 워크북(5.6절 '필요한 정보에 깊이 들어가기' 참조)을 만들었다면 이에 대한 참조도 덧붙입니다. 아키텍처 명세서도 코딩과 마찬가지로 중복배제 Don't repeat yourself(DRY) 철학을 따르는 게 좋습니다.

---

3   http://www.iso-architecture.org/42010/applications.html

4   http://www.sei.cmu.edu/architecture/tools/document/viewsandbeyond.cfm

5   http://www.iso-architecture.org/42010/templates

맥락

소프트웨어 시스템이 어떤 환경에 적합한지 대략적으로 설명합니다. '활동 22 콘텍스트 다이어그램'에 자세한 내용이 있습니다.

의미 있는 뷰

10.1절 '다양한 관점으로 아키텍처 표현하기'에서 언급했듯이, 아키텍처가 너무 크면 하나의 다이어그램으로 보여주기 벅찹니다. 품질 속성과 여러 요구사항에 맞는지 설명하려면 여러 개의 뷰를 만들어야 합니다. 뷰를 단순히 나열하면 별로 도움이 안 되고, 이해관계자들의 고려사항에 맞추어서 뷰를 구성해야 합니다. 뷰마다 이해관계자들이 신경 쓰는 관점을 유추할 수 있도록 한다는 의미입니다. 예를 들어, 서로 관련 있는 품질 속성 시나리오끼리 묶어서 배치합니다. 이에 대해서는 11.5절의 '이해관계자들의 관심사에 맞게 뷰 구성하기'에서 배울 예정입니다.

위험 요소, 질문, 향후 작업

이 장에서는 알려진 문제점과 아직 미해결된 문제에 대한 열린 질문을 기록합니다. 이 장의 존재 이유는 세부사항을 설계하는 이들이 가질 의문을 미리 기록해 미해결된 문제 때문에 시간을 소모하지 않게 하기 위함입니다.

부록

용어집은 필수적으로 넣도록 합니다. 그리고 축약어에 대한 설명도 넣습니다. 추천하자면, 품질 속성의 분류표를 넣으면 좋습니다. 공식적인 문서라면 변경 요청서 서식과 이에 대한 처리 절차를 넣기도 합니다.

SAD를 만드는 건 정말 노력이 많이 드는 일입니다. 팀이 협업해 문서를 작성합니다. 한 명을 SAD 마스터로 지정하면 좋습니다. SAD 마스터는 템플릿을 만들고 누가 각 섹션을 맡을지 정합니다. SAD 마스터는 모두가 문서를 일관된 서식으로 작성하게 하고 끝까지 완성하는 책임을 집니다.

11.2.4 시간 소모적 서술 방법

문서의 완성도를 높이기 위해 수정 용이성과 공유 용이성이라는 두 축으로 만든 사분면 안에 명세서를 놓아봅시다. 만약 명세서가 두 축 모두에서 음의 영역에 존재한다면 뭔가 다른 방법을 생각해봐야 합니다.

대표적인 예로 슬라이드로 만든 아키텍처 명세서가 있습니다. 슬라이드는 아키텍트들이 선호하는 강력한 도구입니다. 하지만 슬라이드는 많은 설명을 담기 어려운 형식이며, 수정하기도 힘듭니다. 누군가가 발표하면서 생략된 내용을 말할 때에 효과적일 뿐입니다. 누군가는 온갖 애니메이션 효과를 적용한 상자나 화살표를 겹겹이 쌓느라 오랜 시간을 보냅니다. 이렇게 많은 노력을 들인 다이어그램은 너무 아름다워서 내용을 고칠 때 주저하게 만듭니다. 결국 현실 세계는 모두 변해도 명세서의 내용은 안 바뀝니다. 원시 부족적 서술 방법과 비교하면, 슬라이드는 돌에 글자를 새기는 것과 비슷한 수준으로 변화에 둔감한 방법입니다.

최적의 아키텍처 설명서를 만들어서 시간 낭비를 줄여야 합니다. 어떤 방법을 사용하든 훌륭한 설명서는 아래의 네 가지 특징을 지니고 있습니다.

1 명세서를 읽을 사람을 고려해 작성합니다.

2 아키텍처의 다양한 뷰를 보여줍니다.

3 각 요소와 그 역할을 분명하게 정의합니다.

4 설계의 의사결정마다 논리적 근거를 설명합니다.

이제 위의 특징을 하나씩 이해하고 소프트웨어 아키텍처 설명서에 어떻게 적용할 수 있는지 알아봅시다.

11.3 명세서의 독자 고려하기

2.1절 '디자인 싱킹의 네 가지 원칙'에서 살펴본 바와 같이, 모든 디자인은 사회적입니다. 아키텍처 설명서를 읽고 활용하는 독자는 누구입니까? 그들이 명세서에서 무엇을 얻고자 합니까? 어떻게 하면 그들이 가장 필요로 하는 정보를 가장 잘 보여줄 수 있습니까?

설계를 시작할 때는 이해관계자와 공감하면서 그들의 주요 관심사를 파악하고 기록했습니다. 아키텍처로 이해관계자들의 문제를 해결할 수 있도록 계획을 세웠습니다. 이제 우리의 일은 그 정보를 공유하는 것입니다. 공유할 대상이 누구인지 알면, 그들이 필요로 하는 바를 정확히 제공하는 아키텍처 설명 문서를 쓸 수 있습니다. 이런 노력을 기울일수록 사람들이 아키텍처 명세서를 더 잘 읽을 수 있으며, 이로써 다음에 설계 의사결정을 할 때 영향력을 더욱 키울 수 있습니다.

여러 단계로 설명하기

– 조지 페어뱅크스, 구글 소프트웨어 엔지니어, 『Just Enough Software Architecture』[Fai10] 저자

갑자기 프로젝트에 투입되어 처음 보는 코드를 이해하려고 애쓴 적이 있을 것입니다. 오픈소스 프로젝트의 리포지터리를 탐색할 때는 달랑 하나의 폴더만 있고 그 안에 수백 개의 소스 파일이 있는 경우도 있습니다. 일이 어떻게 돌아가는지 유추하려면 많은 노력이 필요하며 아마 실수도 하겠지요.

언제까지 이럴 수는 없습니다. 코드를 여러 단계(레이어)의 이야기로 구성해 내용을 전달하고, 확대 또는 축소하도록 구성해야 합니다. 최근에 갔던 레스토랑을 생각해봅시다. 먼저 저녁을 먹으러 왔다는 걸 인식합니다. 확대해보면 각 코스 요리가 보이고, 더 확대하면 코스마다 나오는 요리, 더욱더 확대하면 요리에 쓰인 재료까지 인식하게 됩니다.

이렇게 수준을 나누면 더욱 명료하게 생각할 수 있습니다. 저녁 식사가 얼마나 오래 걸릴지 궁금하면 코스가 몇 개로 구성되어 있는지 살펴보고, 알레르기 유발 가능성이 궁금하면 재료를 살펴보는 게 가장 좋습니다. 하지만 반대로 재료로 식사 시간을 예측하거나 코스 개수로 알레르기 물질을 파악하는 건 전혀 도움이 되지 않습니다.

사람들은 소프트웨어보다 훨씬 더 오랫동안 저녁에 대해 생각해왔기 때문에 이미 저녁은 우리의 언어로 빚어졌습니다. 여러분보다 먼저 프로젝트에 참여했던 개발자들의 지혜를 빌릴 수는 있겠지만 여러분은 스스로 이야기와 그 수준을 창안해야 합니다. 아키텍처 패턴은 커넥터나 레이어 같은 일반적인 명칭이나, 인터페이스나 브로커 같은 특별한 명칭도 가져다 쓰기 좋게 미리 알려줍니다.

여러 단계의 이야기를 만드는 일은 결코 쉽지 않습니다. 이야기가 명료해지도록 꾸준히 가꿔야 하고 시간을 쓰며 소소한 리팩터링도 계속 해야 합니다. 오늘 다루는 코드는 커넥터가 세 개만 있어서 모두 같은 폴더에 넣었지만, 제때 가꾸지 않으면 이내 수십 개로 늘어날 수 있기 때문에 틈틈이 신경 써야 합니다. 일이란 게 늘 그렇듯이, 제때에 한 번 하면 나중에 아홉 번 할 일을 줄여줍니다. 부지런이 아나 보면 지금까지 무엇을 하고 있는지 일세 될 때가 옵니다.

소스 코드만 신경 쓰면 간단하겠지만 하드웨어나 컨테이너에 할당되어 실행 중인 시스템도 마찬가지로 신경 써야 합니다. 뭐든 명료하게 생각하고 싶으면 이야기를 여러 단계로 구성하세요.

이해관계자를 떠올리고 그들이 무엇을 소중하게 여기는지 생각해보세요. 프로젝트에서 이해관계자들의 역할과 책임은 무엇입니까? 정보를 어떻게 처리하면 좋아합니까? 이해관계자에게 정보를 제공해주면 어떻게 사용할 건가요? 이런 질문의 답을 마련할 때 '공감 지도empathy map'를 만들면 도움이 됩니다('활동 2 공감 지도' 참조). 아래에 개발자를 위한 공감 지도 예시가 있습니다.

공감 지도 예시를 보면, 이 개발자는 어떤 결정을 할 때 상반된 의견을 보며 토론하기를 좋아하므로 명확한 근거를 가진 문서를 필요로 한다는 판단을 할 수 있습니다. 또한 이 사람은 배포에 관심이 있고 기술적인 세부사항을 알고 싶어 한다는 점도 확인할 수 있습니다.

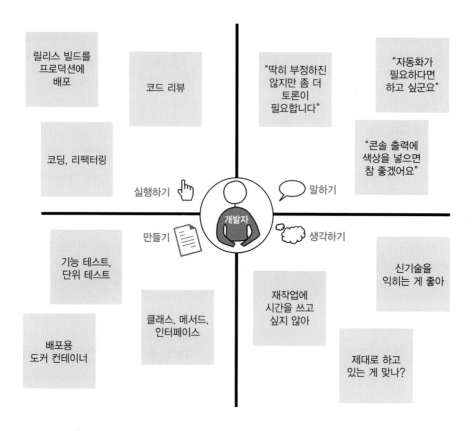

이제 상대가 무엇을 원하는지 알았고 정보를 어떻게 활용할지도 알았습니다. 상대가 가장 이해하기 쉬운 아키텍처 명세서를 어떻게 만들지에 대해 살펴보겠습니다.

11.4 이해도가 중요하다

아키텍처 명세서를 작성할 때는 커뮤니케이션이 제일 중요합니다. 명세서의 독자는 여러분, 즉 명세서를 쓴 사람을 이해하고 싶어 합니다. 이해관계자가 몸담고 있는 도메인의 언어로 설명해야 아키텍처 명세서가 쉽게 이해될 수 있습니다. 예를 들어, 이해관계자가 자재 하나를 칭할 때 '마스터 넘버'라고 부른다면 굳이 '상품 ID'라고 하지 말고 이해관계자의 용어를 그대로 따르는 편이 좋습니다.

복잡하고 추상적인 아이디어를 어떻게 묘사하는지도 중요합니다. 쉬운 말을 사용하고 전문용어를 피하세요. 아키텍처의 핵심 개념을 간략하게 정의해 독자가 미리 익혀야 할 배경지식이 있는지 알려주도록 합니다. 그리고 완전히 의미가 다른 경우가 아니라면 이해관계자가 이미 사용하는 설계 용어를 사용하세요. 예를 들어 이해관계자가 '비기능적 요구사항'에 대해 논의하자고 하면 '품질 속성'이라고 용어를 고쳐주지 말고 그들의 용어를 따르는 편이 좋습니다. 의사소통의 효율을 높여야 오류가 줄어듭니다.

이해도는 표기법과도 연관이 있습니다. 모두가 설계 표기법을 아는 게 아닙니다. 이는 통합 모델링 언어^{unified modeling language}(UML)에 이르면 두 배로 복잡해집니다. UML도 여러 변종이 있습니다. UML은 아키텍처를 표현하는 데 훌륭하지만, 그 표현이 언제나 직관적이거나 명료하다고 할 수는 없습니다. 여러분은 UML의 16가지가 넘는 다이어그램에 통달했을지라도 명세서의 독자는 UML을 한 번도 공부한 적이 없을 수 있습니다. 10.2절 '멋진 다이어그램 그리기'에서 언급했듯이, 모든 다이어그램에 범례를 넣어서 표기법과 그 표기법 아래 깔려 있는 '메타모델'을 정의해놔야 합니다.

끝으로 명세서를 잘 구성해 쉽게 읽히도록 해야 합니다. 템플릿을 표준화하고 보기 좋게 만듭니다. 정렬도 맞추고 글꼴도 적절하게 바꾸세요. 인쇄할 때, 화면으로 볼 때, 발표할 때를 생각하며 구성해야 합니다. 보기 좋은 문서는 신뢰감을 주며 전문가가 만들었다는 인상을 줍니다.

아래처럼 하세요	주의하세요
아키텍처의 핵심 개념을 처음 정의했던 대로 사용하세요	새로운 개념을 굳이 소개하려 하지 마세요
해당 도메인의 언어로 말하세요	다이어그램의 표기법을 모두가 알 거라 단정하지 마세요
다이어그램에 범례를 넣으세요	전문용어를 사용하지 마세요
공통의 템플릿이 있다면 우선적으로 사용하세요	

지금까지 설계 의사결정을 문서화하는 몇 가지 방법을 알아봤습니다. 독자를 이해하고 그에 맞추어 아키텍처 명세서를 설계하는 방법도 배웠습니다. 이제 이 두 가지 지식을 잘 섞어서 이해관계자들의 관심사에 맞도록 아키텍처 명세서를 구성하는 방법을 알아보겠습니다.

11.5 이해관계자의 관심사에 맞추어 뷰 구성하기

이해관계자들마다 제각기 다른 관점으로 소프트웨어를 이해하고 싶어 합니다. 개발자는 코드 구성이나 배포, 모듈 간의 관계에 대해 알고 싶어 합니다. 한편 테스터는 인터페이스나 프로토콜을 알고 싶어 합니다. 프로덕트 매니저는 전체 진행 상황과 특정 기술에의 의존성을 알고 싶어 합니다. 새로 들어온 팀원은 지금까지 작성된 문서에 깔려서 도움을 요청하고 있습니다. 이런 상황에서 아키텍처 명세서는 적어도 설계의사결정, 논리적 근거, 구조에 대해 알려줄 수 있습니다.

이 정보를 어떻게 정리하느냐도 중요합니다. 무엇을 설계하든 설계 그 자체에 드는 노력만큼 설계 내용을 공유하는 노력도 마찬가지로 많이 듭니다.

아키텍처의 뷰를 정리할 때는 수많은 설계 문서가 난립하곤 하지만, 이해관계자들이 누구인지를 잊지 않으면 비교적 쉽게 아키텍처를 이해시킬 수 있습니다. 이를 위해서는 우선 이해관계자들이 무엇을 알고 싶어 하는지 파악해야 합니다. 특정 이해관계자 집단이 알고 싶어 하는 바를 묶은 후에야 뷰를 만들 수 있습니다. 쓸모 있는 문서를 만들어야 비로소 사람들이 아키텍처 명세서를 보게 됩니다.

11.5.1 관점 확립하기

관점^{viewpoint}으로 이해관계자의 관심사에 맞게 아키텍처를 설명하는 방식을 정합니다. 관점은 어떤 뷰를 작성해서 누구에게 보여줘야 하는지를 알려줄 뿐만 아니라, 뷰를 작성할 때 사용할 표기법이나 단어의 사용법도 정의합니다. 이는 소프트웨어 아키텍처에 대한 국제표준인 'ISO/IEC/IEEE 42010:2011 System and software engineering – Architecture description'에 정의된 ISO/IEC/IEEE 42010:2011 표준의 일부입니다.

관점은 전통적인 아키텍처 명세서를 작성할 때 사용하곤 하지만, 일반적인 원칙은 여느 아키텍처 명세서를 만들 때에도 마찬가지로 적용할 수 있습니다. 예를 들어보겠습니다.

라이언하트 프로젝트에서 몇 개의 컴포넌트를 파악했습니다. 어쨌거나 이 컴포넌트를 어딘가에 배포해야 합니다. 개발 팀은 어디에 배포해야 하는지 알아야 하며, 시의 IT 부서는 어떤 시스템을 모니터링해야 하는지 알아야 합니다. 이제 배포의 관점이 필요합니다. 한 가지 관점은 다음과 같습니다.

컴포넌트	배포 위치
웹 UI	사용자의 브라우저에서 실행. 디스플레이 비즈니스에서 제공함(로드 밸런서로 접근)
디스플레이 비즈니스	리눅스 VM 위에 톰캣(Tomcat)에서 동작. 클라우드 서비스 제공자가 호스팅
즐겨찾기 서비스	리눅스 VM 위에 톰캣에서 동작. 클라우드 서비스 제공자가 호스팅. VM은 디스플레이 비즈니스에서 독립적으로 배포 가능
검색 서비스	즐겨찾기 서비스의 VM에서 함께 동작함
검색 색인	클라우드 서비스에서 제공하는 Solr 서비스 사용
알림 프로세스	클라우드 스케줄러에서 프로세스를 시작함. 독립적인 컨테이너에서 동작
크롤러 프로세스	시의 IT 부서에서 직접 관리하는 서버에서 실행
연락처와 사용자 메타데이터 DB	클라우스 서비스에서 제공하는 Postgres DB 사용

이에 더해서 요소 간 의존성, 플랫폼 의존성, 서드파티 요구사항(예를 들어 특정 리눅스 버전) 등을 덧붙일 수 있습니다. 그리고 위험 요소, 비용, 네트워크 위상 관계 등도 추가할 수 있습니다. 관점 그 자체는 도안과 설명문으로 작성합니다.

실제로 이번 예제에 쓰인 뷰는 몇 개의 ADR로 정리하거나 아키텍처 하이쿠로 요약할 수 있습니다. 라이언하트 프로젝트 팀의 경우, 배포 스크립트에서 원시 부족적 서술 방법 수준의 지식을 알아내는 정도로 충분할 수는 있습니다. 그 스크립트에 몇 가지 코멘트를 넣어가며 설계의 논리적 근거를 보충할 수도 있습니다. 개발 팀에게는 괜찮겠지만, 위와 같이 표로 정리하는 게 시의 IT 부서로 이관할 때를 고려하면 더 낫습니다. 이처럼 아키텍처를 문서화하는 방법을 결정할 때는 항상 대상이 누군지를 고려해야 합니다.

11.5.2 커스텀 관점 만들기

아키텍처 명세서를 만들 때 참고할 만한 관섬이 몇 가지 있습니다.[6] 개인석으로는 『소프트웨어 아키텍처 문서화』[BBCG10]에서 설명한 '뷰와 그 너머 접근법views and beyond approach'을 추천하며,

---

6   http://www.iso-architecture.org/42010/afs/frameworks-table.html

그 외에도 필립 크루흐텐[Phillipe Krutchen]의 '4+1 구조적 뷰 모델',[7] 닉 로잔스키[Nick Rozanski]와 오언 우즈가 『소프트웨어 시스템 아키텍처(에이콘출판, 2015)』[RW11]에서 말한 '시점과 관점[viewpoint and perspective]', 사이먼 브라운의 'C4 모델[C4 model][Bro16]을 추천합니다.

품질 속성을 기준으로 관점을 구성하기도 합니다. 이해관계자의 요구를 충족하도록 관점을 구성하는 식입니다. 아래는 몇 가지 예시입니다.

- **확장성, 보안, 유지 보수성 관점**으로는 아키텍처가 특정 품질 속성 시나리오를 충족하는지를 보여줍니다.
- **규제 관점**으로는 특정 이해관계자 그룹이 고려하는 규제 사항을 검토합니다.
- **교육 용이성 관점**은 새로운 팀원이 하루 만에 아키텍처와 개발 환경을 익히고 코드를 커밋할 수 있는지에 대한 내용을 담습니다.
- **비즈니스 영향 관점**은 아키텍처의 여러 부분이 어떻게 비즈니스에 가치를 주고 있는지 서술합니다.

관점은 전통적인 아키텍처 명세서에서는 필수적입니다. 원시 부족적 혹은 공동체적 서술 방법에서는 기회가 있을 때마다 관점을 만들고 가볍게 유지하는 편이 낫습니다. 예를 들어, 코드에 ADR이 몇 개 보인다면 명세서에 관점 페이지를 하나 만들고 의사결정기록(ADR)과 코드 링크를 함께 남겨놓으면 맥락을 좀 더 정확하게 전달할 수 있습니다. 아키텍처 명세서라고 장황하게 쓸 필요는 없습니다. 명세서 독자에게 맞추어 친절하게만 작성하면 독자도 좋아합니다.

뷰는 여러 가지 아이디어를 정리하고 아키텍처를 효과적으로 공유할 수 있도록 합니다. 아키텍처 명세서에 뷰와 의사결정만 있는 건 아닙니다. 애초에 왜 그런 결정을 내렸는지도 중요합니다.

11.6 결정에 대한 논리적 근거 설명하기

설계의 근거를 마련해 설계마다 결정을 내린 이유를 설명할 수 있습니다. 특정 품질 속성을 끌어올리려고 어떤 패턴을 선택했을 수 있습니다. 팀에 익숙한 기술이거나 적절한 비용의 기술이라

---

7 https://en.wikipedia.org/wiki/4%2B1_architectural_view_model

서 선택했을 수도 있습니다. 모든 결정에는 대안이 있고 장점과 단점이 있습니다. 단지 일련의 논리적 사고를 거치면서 여러 가치 사이에서 저울질하고 결론을 정당화할 뿐입니다.

아키텍처를 받아서 세부사항을 설계하는 사람들이 결정을 내린 근거를 잘 이해할수록 설계의 의도를 더 잘 반영합니다. 다른 사람들이 여러분의 결정에 대한 의도를 더 잘 이해할수록, 시스템이 발전해나가면서도 아키텍처의 무결성을 유지할 가능성이 더 높아집니다.

아키텍처 명세서에 이러한 근거는 다양한 형태로 제공할 수 있습니다. 줄글일 수도 있고, 이야기일 수도 있고, 목록 형태일 수도 있습니다. 때로는 거절당한 결정이 장황한 설명보다 더 명확할 수 있습니다.

11.6.1 가지 않은 길

소프트웨어 개발은 하나의 여정입니다. 길은 구불구불하고 목적지로 통하는 도로는 수십 개가 됩니다. 어떤 갈림길, 즉 여러분이 내리는 어떤 결정은 다른 사람에게 소프트웨어 아키텍처가 왜 그러한지 이해할 수 있게 설명하고 도와주는 기회입니다. 하나의 결정사항을 다른 사람이 이해할 수 있도록 돕는 방법 하나는 거부했던 모든 선택지를 열거하는 것입니다.

라이언하트 프로젝트의 아키텍처에서 선택하지 않았던 방법을 생각해봅시다. 다음 표를 보세요.

가지 않은 길	논의 사항
하나의 커다란 웹 애플리케이션	부하가 몰릴 때 적극적으로 스케줄링할 수 없다.
디스플레이 비즈니스에서 자바 채택	팀원들이 Node.js를 알고 있으므로 유지 보수성을 높이려고 클라이언트, 서버 모두에 자바스크립트를 채택한다.
SQL 데이터베이스에 RFP 문서의 색인을 만들고, 검색 서비스가 데이터베이스를 직접 읽는다.	이해관계자가 요구하는 수준의 복잡한 표현을 쿼리로 작성할 수 없다.
몽고DB 데이터베이스 사용	좋아 보이지만 팀에 전문가가 없다.
서비스마다 컨테이너를 분리해 운용	컨테이너 운용 기술에 익숙하지 않다. 일단 모든 서비스를 같은 VM에 올릴 예정이다. 이 결정은 추후 배포 전략에 따라 변경될 수 있다.

우리가 결정을 내릴 때 모두가 같은 방에 있지 못할 수 있습니다. 다른 사람들에게 선택하지 않은 길과 그 이유를 읽게 함으로써, 선택을 고민했던 시작점부터 함께 걷는 느낌을 받게 할 수 있습니

다. 이런 지식이 없는 건 영화를 마지막 5분만 봤을 때의 기분과 같습니다. 등장 인물의 전후 사정을 전혀 모른 채 마지막에 보는 인물들의 행동은 아무 맥락이 없어 보이겠죠. 배경지식을 알고 있으면 〈스타워즈 에피소드6 – 제다이의 귀환〉에서 다스 베이더의 결정은 더 깊이 있는 의미로 다가옵니다. 배경지식이 없으면 다스 베이더는 그저 변덕스럽고 화만 낸다고 생각할 겁니다.

유지되는 아이디어보다 거절되는 아이디어가 언제나 더 많습니다. 수십 가지 선택지가 일순간에 없던 일로 묻히기도 합니다. 맥락을 놓치지 않으려면 팀에서 논의하며 결정한 모든 사항을 공식적으로 기록합시다. 자신이 내린 결정에 대해 혼자 중얼중얼하지 말고 다른 사람도 무언가를 얻을 수 있도록 생각을 더 표현하고 노출하도록 노력하세요.

11.6.2 직접 해보기: 가지 않은 길 돌아보기

최근에 진행한 프로젝트를 생각해보세요. 팀과 협의했던 아키텍처 외에 그 대안으로 어떤 아키텍처가 있었는지 적어보세요. 그리고 왜 그 대안을 거절했는지도 적어보세요. 이 결정에서 팀원 중 누가 논리적 근거를 마련했나요?

생각할 거리는 다음과 같습니다.

- 의사결정 과정에서 팀원들과 심도 있게 회의를 진행했나요?
- 팀에서 결정을 내리기 어려워했던 사항은 무엇이 있나요?
- 여건이 불확실한 상황에서 어떤 결정이 내려졌습니까?
- 돌이킬 수 없는 이유로 특정한 방법을 선택할 수밖에 없지는 않았나요?

11.7 사례 연구: 라이언하트 프로젝트

팀은 설계를 진행하면서 다이어그램을 만들고 스케치를 하기도 했습니다. 하지만 화이트보드를 찍은 몇 장의 사진으로 아키텍처 명세서를 대체하려는 건 아닙니다.

한 공간에 함께 있을 수 있는 작은 팀이기에 화이트보드 스케치와 시스템 메타포를 계속 사용하기로 했지만, 설계할 때 결정한 여러 사항은 기록하도록 권했습니다. 메타포와 화이트보드에 그리는 그림은 빠르고 손쉬운 방법이기 때문입니다. 이와 동시에 ADR을 공유 목적으로 기록하면 다른 팀에게 전달할 때 유용하지만 다음에 참여할 개발자에게 알려주기에도 좋습니다.

공식 아키텍처 명세서 작성은 일단 미루기로 했습니다. 공식 문서는 프로젝트 후반에 써야 편합니다. 그때쯤이면 대부분의 설계가 코드로 고정되므로 내용이 비교적 적게 바뀌기 때문입니다. 작성할 문서의 첫 번째 독자는 다음에 업무를 이관받을 팀입니다. 경험이 쌓일수록 문서에 학습 용이성, 배포, 전략적 변화(확장성)에 대한 관점을 담는 게 중요하다고 생각하게 되었습니다.

11.8 마치며

아키텍처 명세서는 더욱 발전할 여지가 있습니다. 얼마나 멋지게 문서를 설계하는지는 여러분에게 달려 있습니다. 독자들이 원하는 바를 알고 아키텍처 뷰를 정리해 큰 그림을 볼 수 있도록 해보세요. 아키텍처에서 요소, 요소의 역할과 책임, 요소를 선택한 이유에 대해 다양한 방법을 활용해 서술합니다. 설계와 그 의사결정을 설명하는 게 두꺼운 문서로만 할 수 있는 건 아닙니다. 최우선 목표는 아키텍처에 대한 비전을 효과적으로 전달하고 설명하는 것입니다.

아키텍처 명세서를 작성하면 코드를 많이 작성하기 전에 시스템 설계를 테스트할 수 있는 첫 번째 기회도 만들어집니다. 아키텍처는 조기에 테스트할수록 좋습니다. 다음 장에서는 아키텍처를 더 일찍 평가해 미래의 고통을 줄이는 방법에 대해 알아봅니다.

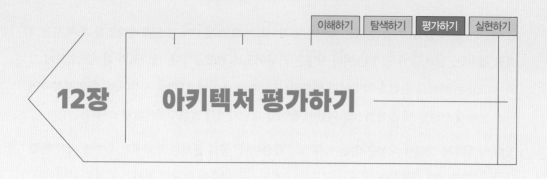

12장 | 아키텍처 평가하기

학교에서 성적표는 학생, 학부모, 선생님 모두에게 중요한 피드백입니다. 한 해가 끝날 때까지 수강 과목의 당락을 기다리기보다 중간고사, 기말고사 등으로 정기적으로 성적표를 받으면 학점이 합격하기에 적당한지 알 수 있고, 너무 늦기 전에 보강할 부분이 무엇인지도 알 수 있습니다. 아키텍처도 평가할 시간이 필요합니다. 학교 성적표를 봤을 때처럼 문제점을 미리 알아내어 제때에 소프트웨어를 출시하도록 할 수 있습니다.

평가할 때는 프로그래밍을 하지 않는다고 생각하면 안 됩니다. 평가 시간은 프로그래밍만 하는 시간보다 더 강력한 결과를 만들 수 있는 때라고 생각해야 합니다. 평가는 한 시간 이내에 끝날 수도 있고, 아무도 모르게 개발 과정 사이사이에 끼워 넣을 수도 있습니다.

이 장에서는 아키텍처에 성적표를 부여하는 방법을 알아봅니다. 평가의 피드백은 팀을 교육하고, 설계 시 의사결정을 보강하고, 배포의 위험을 줄이고, 아키텍처를 개선하는 데 사용할 수 있습니다.

12.1 평가를 통해 배우기

아키텍처 평가architecture evaluation는 아키텍처가 목적에 어느 정도 적합한지에 대해 배우는 과정입니다. 소프트웨어 아키텍처를 설계할 때의 일반적인 오류로, 설계가 끝나는 시점에 아키텍처를 한 번만 검사한다는 잘못된 관념이 있습니다. 이때 전체 아키텍처가 정확하지 않으면 실패한 설계라고 선언하며 구현에 들어가지도 않습니다. 이 생각은 틀렸습니다. 정말입니다. 완전히 틀렸습니다.

아키텍처는 절대 전적으로 좋거나 전적으로 나쁘지 않습니다. 전체 아키텍처를 단 하나의 뷰로 볼 수 없듯이 전체 아키텍처를 한 번에 평가할 수도 없습니다. 하나의 컴포넌트를 잘 설계하거나 아키텍처의 한 영역을 잘 이해시킬 수는 있겠지만, 그동안 다른 컴포넌트는 위험으로 가득 차 있습니다. 구현에 들어가기 전에 모든 설계를 완벽하게 할 수는 없는 노릇입니다.

아키텍처 평가에 사용하는 한 방법으로 사인오프sign-off[1]가 있습니다. 특히 컴포넌트가 특정 기준을 엄격히 충족해야 하는 경우 이러한 승인 과정은 매우 유용합니다. 예를 들어, 사인오프 평가는 통합 지점이 많거나 중요한 하드웨어 요구사항이 있는 시스템에서 재작업을 줄이고 비용을 아낄 수 있습니다.

사인오프가 중요하지만, 마치 통과하기만 하면 되는 검문소 정도로만 활용하면 평가를 받을 수 있는 좋은 기회를 놓칠 수도 있습니다. 세상은 끊임없이 변합니다. 아키텍처가 여전히 이해관계자들의 요구를 충족하는지 여부를 알 수 있는 유일한 방법은 아키텍처를 평가하는 것입니다.

이 장에서 평가에 대해 다루면서 우리는 다음 두 가지를 배우고자 합니다. '아키텍처가 얼마나 좋은가?', '어떤 이유로 이 아키텍처가 좋은가?' 이 두 질문에 대한 답변으로 아키텍처적 핵심 요구사항(ASR)에 대해 배웠던 내용을 활용할 예정입니다. 아키텍처가 ASR을 더 잘 충족할수록 아키텍처가 목적에 더 잘 부합함을 의미합니다.

---

1   옮긴이_ 품질 인승 부서에서 제품이 요구사항을 충족했음을 확인하고 통과 신호를 줄 때 쓰는 용어입니다

12.2 설계 테스트하기

일찍 테스트하고 자주 테스트하세요. 코드를 다룰 때 흔히 말하는 이 지침은 아키텍처에서도 마찬가지로 적용됩니다. 아키텍처가 초기 단계에 불과할 때에도 코드를 작성하기 전에 테스트할 수 있는 항목이 항상 있습니다.

아키텍처를 평가하기 위해 필요한 것이 세 가지 있습니다. 첫째, 우리는 산출물, 즉 손에 잡힐 듯이 표현한 설계 결과물이 필요합니다. 둘째, 이해관계자들의 관점에서 좋고 나쁨을 판별할 수 있는 척도가 필요합니다. 이를 '루브릭^{rubric}'이라고 합니다. 마지막으로, 아키텍처 리뷰어들이 통찰력을 가지고 아키텍처의 우수성을 정리할 수 있도록 지원하는 계획이 필요합니다.

12.2.1 평가 대상 만들기

평가를 하려면 평가할 대상이 뭐라도 실제로 있어야 합니다. 평가 대상은 아이디어가 아니라 실존하는 무언가여야 합니다. 이를 위해 손에 잡힐 듯한 산출물을 마련해야 합니다. 산출물은 화이트보드 스케치일 수도 있고 아주 상세한 아키텍처 명세서일 수도 있습니다.

실존하는 무언가를 평가하는 게 어려운 일은 아닙니다. 예를 들어 아래와 같은 대상이 있습니다.

- 작성한 코드 조각
- 화이트보드에 스케치한 모델
- 다이어그램 툴로 그린 모델
- 아키텍처를 여러 뷰로 그린 프리젠테이션 슬라이드
- 발표나 화이트보드에서 실험한 결과의 요약본
- 전통적인 소프트웨어 아키텍처 명세서(11.2.3절 참조), 아키텍처 하이쿠('활동 21 아키텍처 하이쿠' 참조)
- 어떤 컴포넌트로 어떤 품질 속성이 영향받는지 표현한 트리

2.1절 '디자인 싱킹의 네 가지 원칙'에서는 커뮤니케이션을 원활하게 할 수 있도록 설계를 실체화하는 방법에 대해 배웠습니다. 평가에 사용할 산출물은 우리가 ASR을 해결하도록 계획할 때 그

의도를 전달할 최고의 매개체가 되어줍니다.

원하는 유형의 피드백을 요청할 수 있도록 산출물을 준비합니다. 예를 들어, 특정 품질 속성에 리뷰어의 초점을 맞추게 하려면 산출물에 해당 품질 속성을 보여주는 뷰를 포함해야 합니다. 아직 아키텍처가 미숙해서 일반적인 피드백을 받고자 한다면 설계가 아직 유동적이라는 느낌을 줄 수 있도록 스케치한 듯한 도표를 사용하는 방법도 있습니다. 결정해야 하는 설계의 위험도나 비용이 높은 편이라면 당면한 문제의 심각성을 전달할 수 있도록 격식 있고 정교하게 구성합니다.

코드도 중요합니다!

– 이페크 오즈카야, 카네기 멜런 대학교 소프트웨어 엔지니어링 연구소의 기술 분야 시니어 멤버

저는 아키텍처가 해당 조직과 팀에 적합한지 판단하고 이에 기반해 시스템의 품질을 개선하도록 돕는 일을 합니다. 이런 일에서는 언제나 "당신의 아키텍처를 보여주세요"라는 말이 필요합니다. 저의 이 요청에 대해 수년 동안 받았던 응답을 기초로 아키텍처와 아키텍처 설계에 대한 오해를 정리했습니다.

- **유스케이스 시나리오마다 만드는 시퀀스 다이어그램은 아키텍처가 아닙니다!**
  시퀀스 다이어그램으로 본뜬 유스케이스는 유용하고 중요하지만 적절한 수준으로 클래스를 추상화하지는 못하므로 시스템의 동작을 추론하기엔 부족합니다.

- **코드 리뷰는 아키텍처 리뷰를 대체할 수 없습니다!**
  설계 작업의 핵심은 비즈니스와 이해관계자의 목표를 충족하는 시스템을 설계하고 구현하는 것입니다. 동작하는 코드는 엄연히 현실에서 벌어지는 일입니다. 그러나 아키텍처에서는 구현된 시스템의 모든 요소를 온전히 보여주지는 않습니다. 효과적인 아키텍처 리뷰는 아키텍처 핵심 요구사항과 이들이 다루는 모든 요소를 다룹니다. 코드 리뷰만 하면 아키텍처부터 구현된 요소 하나하나까지 일관된 관점으로 다루지 못합니다.

- **아키텍처 요소에 네모만 있는 건 아닙니다!**
  구체적인 산출물이 있음에도 소프트웨어 아키텍처 문서(SAD)를 보면 대충 그린 네모 몇 개와 선만 있기도 합니다. 이 정도도 감지덕지만, 선 없이 네모만 있으면 안 됩니다. 네모 하나에 의논했던 내용이 담겨 있는 경우도 있지만, 네모보다는 이를 잇는 선이 아키텍처의 의사결정에 관한 중요한 맥락을 전달합니다.

이 세 가지 오해 중 가장 중요한 하나를 꼽으라면, 아키텍처 다이어그램에서 선이 가지는 의미와 그 중요성입니다. 생각해보세요. 성능 향상을 목표로 하면 요소 간 통신의 빈도와 용량에 중점을 둡니다. 어느 요소가 자주 변경될 수 있는 경우 요소 간의 상호작용을 제한합니다. 보안을 최적화하려면 요소 간 관계를 보호합니다. 이 모든 의도는 선으로 표시됩니다!

많은 아키텍처의 의사결정이 요소를 잇는 그 가느다란 선에 담겨 있습니다. 이런 이유로 저는 요소 간의 관계를 더 잘 이해해야 한다고 강조합니다. 아키텍처 설계를 할 때는 선을 최우선으로 챙겨주세요!

12.2.2 루브릭 정의하기

모든 아키텍처에는 명암이 있습니다. 어떤 리뷰어는 아키텍처가 걸작이라고 결론을 내릴 때 다른 리뷰어는 불타는 쓰레기라고 평가할 수 있습니다. '디자인 루브릭$^{design\ rubric}$'은 리뷰어가 아키텍처의 적합성을 판단할 때 사용해야 하는 기준을 정의합니다.

루브릭은 두 부분으로 구성되어 있습니다. '기준^{criteria}'은 설계의 산출물을 평가하는 데 사용할 특성을 설명합니다. '등급^{rating}'은 특성을 해석하는 데 사용할 척도입니다. 일반적으로 루브릭은 행렬로 구성합니다.

아래 라이언하트 프로젝트의 예시에서 왼쪽에는 품질 속성 시나리오를 루브릭의 기준으로 사용하고 있습니다. 오른쪽에는 리뷰어가 척도를 사용해 등급을 입력합니다.

이제 어떻게 이 루브릭을 만들었는지 살펴보고 루브릭을 만들기 위한 몇 가지 일반적인 조언을 정리해보겠습니다.

아키텍처 핵심 요구사항으로 기준 만들기

아키텍처 핵심 요구사항은 이해관계자의 관점에서 소프트웨어의 목적을 정의합니다. 5장 '아키텍처 핵심 요구사항 알아내기'에서는 분석과 평가가 가능하도록 ASR을 지정하는 방법에 대해 배웠습니다. 정확하고 명료하며 측정 가능한 방식으로 ASR을 정의한다면, 이를 그대로 루브릭으로 정의해 평가에 활용할 수 있습니다.

기준. 리뷰어가
등급을 매길 때 사용

리뷰어가 평가한
등급을 적는다

품질 속성	시나리오	등급(1~4)
가용성	색인이 동작 안 해도 라이언하트는 응답해야 한다.	
가용성	유지 보수 시간에도 항상 응답할 수 있어야 한다.	
성능	평균적인 부하에서 5초 이내에 응답해야 한다.	
확장성	시스템은 향후 7년간 데이터가 연평균 5% 늘어난다는 가정하에 확장 가능해야 한다.	

등급 평가하기

1: 시나리오를 충족하지 못하거나 평가할 수 없음
2: 시나리오를 부분적으로 충족하지만 위험이 높거나, 기술 부채가 크거나, 비용이 높음
3: 시나리오를 충족하며, 감당할 만한 위험, 기술 부채, 비용 안에 있음
4: 시나리오를 충족하며, 위험, 기술 부채, 비용에 부담이 거의 없거나 전혀 없음

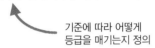

기준에 따라 어떻게
등급을 매기는지 정의

ASR을 따라가면 루브릭의 기준까지 만들 수 있습니다. 좋은 루브릭은 아래의 조건을 가지고 있습니다.

- **중요하고 필수적**: ASR 관점에서 아키텍처의 어떤 점이 좋은지 정의하는 게 곧 루브릭의 기준이어야 합니다. 단지 있으면 좋은 정도나 사소한 세부사항을 기준으로 삼으면 아키텍처의 본래 목표에 어긋나게 됩니다.
- **분명한 구분**: 하나의 루브릭 기준이 다른 기준과 겹치면 안 됩니다. 각각의 기준은 설계의 전반적인 적합성 중 하나의 면을 바라보도록 구성합니다. 이상적으로는 기준마다 독립적으로 평가하고 채점할 수 있어야 합니다.
- **관찰과 측정이 가능**: 리뷰어는 루브릭의 기준을 평가하고 채점할 수 있어야 합니다. 평가할 산출물은 기준을 가시화한다는 의미가 있습니다. 평가를 수행하면서 수집한 데이터로 기준에 따라 측정하며 등급을 매깁니다.
- **정교하고 명확함**: 어떤 리뷰어라도 기준을 동일하게 이해할 수 있어야 합니다.

품질 속성 시나리오는 이미 이러한 조건을 만족하고 있으므로 기준으로 삼기에도 좋습니다.

등급의 척도 결정하기

리뷰어는 기준에 따라 평가할 때 제시된 등급이 척도에 따라 반난합니다. 등급의 척도는 개심이

필요한 사항은 무엇인지, 좋은 것, 더 좋은 것, 가장 좋은 것이 어떤 의미인지를 정의합니다. 척도는 평가의 목표에 따라 다릅니다. 다음은 몇 가지 척도의 예시이며, 각 예시를 언제 사용하면 적합한지 정리했습니다.

척도	예시	언제 사용하면 좋은가
2가지	• 예 혹은 아니오 • (조건) 충족 혹은 불충족	• 모두 통과해야 하거나 전혀 통과하지 못하는 조건, 표준, 표시 등에 사용 • 한 명 또는 소수의 리뷰어를 대상으로 한다.
3가지	• 실패–통과–좋음 • 안 됨–가끔–항상 • 낮음–허용할 만함–높음	• 최솟값에 대한 역치가 있거나 설계에서 기대하는 수준이 있는 경우. 여러 명의 리뷰어를 대상으로 한다.
4가지	• 안 됨–가끔–자주–항상 • 실패–괜찮음–통과–초과	• 자세한 피드백이 필요한 경우 • 기대하는 수준이 정성적이거나 복합적인 요인이 관여할 때
5가지 이상	• 1~10 사이의 숫자	• 가급적 사용하지 않음. 척도가 너무 많으면 일관되지 않은 결과를 초래할 수 있다.

라이언하트 프로젝트의 예에서는 간단한 1~4 척도를 사용해 리뷰어가 더 많은 피드백을 할 수 있도록 했습니다. 루브릭을 사용해 여러 리뷰어가 기준에 따라 점수를 매기면 우리는 그 결과의 평균을 구합니다. 평균 점수가 허용치 안에 들더라도 1점을 받은 기준이 있으면 표시해뒀다가 추가 논의를 진행합니다.

위의 루브릭 예시는 등급을 매기기에 수월하지만 리뷰어가 기준에 따라 점수를 매긴 이유를 설명할 여지는 주지 않았습니다. 등급으로 설계를 신속하게 평가할 수 있지만, 리뷰어가 기준마다 점수를 매기면서 어떤 생각을 했는지 아는 게 더 중요합니다.

여기 산출물이 있습니다. 그리고 무엇이 더 좋고 더 나쁜지에 대한 정의도 했습니다. 이제 마지막 단계로 리뷰어가 채점할 때 아키텍처에 대한 통찰력을 만들어낼 수 있도록 도와야 합니다.

12.2.3 통찰력 만들어내기

설계에 관한 루브릭은 아래 그림과 같이 답변 가능한 질문으로 이루어져 있습니다. 우리가 리뷰어에게 설계에 대한 통찰력을 이끌어내도록 도와주면, 설계가 ASR을 얼마나 잘 충족하는지에 대한 리뷰어의 의견을 이끌어낼 수 있습니다.

아키텍처 평가에서 꼭 필요한 요소

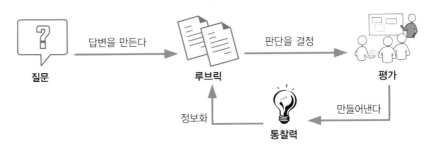

다양한 방법으로 통찰력을 만들어낼 수 있습니다. 설문지, 직접적인 탐색 작업, 위험 도출, 코드 분석 등이 있습니다. 어떤 활동이 가장 효과적인지 결정하려면 루브릭에 답할 때 어떤 정보가 필요한지 파악해야 합니다. 다음은 몇 가지 예입니다.

루브릭 기준	등급을 매길 때 도움되는 통찰력
리스크의 규모	'활동 35 리스크 스토밍' 또는 일반적인 위험 유도 워크숍으로 위험 요소를 식별해, 위험 요소의 개수와 심각도를 조사합니다.
불확실성	'활동 34 질문-코멘트-우려사항'으로 질문지를 만듭니다. 질문이 몇 개인지 확인하고, 답변하기에 얼마나 어려운지 평가합니다.
리뷰어의 협의	투표, 설문 조사, 추천/비추천, 등급 매기기 등을 사용합니다.
설계의 완결성	컴포넌트와 해당 컴포넌트의 현재 설계 상태를 나열 설계를 완료했는지, 추가 작업이 필요한지 기준을 마련합니다.
문제와의 정합성	'활동 37 시나리오 훑어보기'로 민감도, 문제 영역, 위험 요소, 질문 등을 파악합니다.
기술 부채	현재 아키텍처로는 구현할 수 없지만 부가가치가 있는 유스케이스를 나열합니다. 이는 아키텍처에서 구현할 때 드는 비용을 예측합니다.
품질	아키텍처 컴포넌트별 결점 수를 카운트하고 고품질 및 저품질의 임곗값을 정의합니다.

아키텍처를 평가할 때 대부분의 노력은 통찰력을 만드는 데 듭니다. 이 통찰력이라는 건 워크숍에서 협업하다가 도출되는 경우가 많습니다. 그러므로 지금부터 아키텍처 평가 워크숍을 계획하고 진행하는 방법에 내해 자세히 일아보겠습니다.

12.2.4 직접 해보기: 7가지 질문

우수한 리뷰어는 올바른 질문을 합니다. 올바른 질문을 하려면 학습과 연습이 필요합니다. 정답을 모르는 최근 프로젝트의 아키텍처에 관한 질문을 7개 이상 적어보세요. 왜 하필 7개죠? 다른 사람들이 놓쳤을지도 모르는 흥미로운 질문을 찾으려면 뻔한 질문을 넘어설 정도로 많이 끄집어내야 합니다.

생각할 거리는 아래와 같습니다.

- 구체적으로 말하세요. 일반적인 질문으로는 일반적인 통찰력만 얻습니다. 질문이 구체적일수록 통찰력도 더 실행 가능한 수준으로 얻을 수 있습니다.
- 아키텍처에서 관계^{relation}에 대해 무엇을 알고 있습니까(또는 무엇을 모르고 있습니까)?
- 모듈, 컴포넌트와 커넥터, 할당 구조에 대한 뷰가 하나 이상 있습니까?
- 걱정하고 있는 게 있습니까? '만약에…'라는 가정으로 생각해보는 건 그리 재미있는 일은 아니지만 실제로 벌어지는 엔지니어링 문제는 종종 이런 생각이 자라난 결과입니다.

12.3 평가 워크숍 꾸리기

아키텍처 평가 워크숍은 아키텍처를 평가하는 데 필요한 데이터를 수집하고 분석하는 게 첫 번째 목표입니다. 워크숍이 끝날 때는 아키텍처가 품질 속성 및 여러 ASR을 얼마나 잘 충족하는지 평가할 수 있어야 합니다. 평가 워크숍을 운영하는 방법은 여러 가지가 있지만 모든 워크숍은 동일한 기본 공식을 따릅니다.

1 **준비**: 필요한 산출물을 찾거나 만듭니다. 루브릭을 정의합니다. 데이터를 수집하고 리뷰어를 초대하는 방법을 정합니다.

2 **리뷰어 준비**: 산출물과 루브릭을 리뷰어에게 보여줍니다. 평가의 목표를 설명하고 리뷰어의 질문에 답합니다. 리뷰어는 평가를 시작하기 전에 산출물, 루브릭, 평가 목적을 완전히 이해해야 합니다.

3　**평가**: 리뷰어를 이끌어서 산출물을 탐색하고 루브릭을 채점하는 활동을 진행합니다. 이로써 리뷰어가 평가에 필요한 통찰력을 만들어내도록 합니다. 이 활동은 여럿이 협업하는 형태로 진행할 수 있지만, 단독으로 진행할 수도 있습니다.

4　**분석**: 리뷰어들에 제출한 데이터를 분석합니다. 결과를 요약하고 성향을 조사합니다.

5　**팔로업**: 진행한 워크숍에서 배운 점을 토대로 다음 단계를 결정합니다.

이제 각 단계별로 살펴보겠습니다.

12.3.1 준비하기

준비의 일환으로 평가의 목표를 결정하고, 이러한 목표를 달성하는 데 필요한 산출물을 개발해야 합니다. 아래는 몇 가지 예시입니다.

아래와 같은 평가가 필요하다면…	아래와 같은 산출물이 필요합니다
특정 품질 속성을 얼마나 잘 끌어올렸는지	테스트 결과, 유스케이스, 품질 속성 시나리오에 관한 품질 속성과 관련된 뷰
기술 또는 패턴	기술 또는 패턴의 설명서, 실험의 개요, 실험 결과, 품질 속성 시나리오
비용 목표 또는 일정에 대한 달성 가능성	컴포넌트 개요, 컴포넌트 측정치, 기술 의존성, 팀의 역량 설명서
설계 변경	현재와 미래의 설계에 대한 개요, 작업 단계를 정리한 표
아키텍처 설명의 완결성	아키텍처 명세서, 아키텍처 명세서에서 추려낸 질문과 답변 목록, 명세서에 대한 품질 체크리스트
보안	남용, 오용된 경우나 위협 모델, 데이터 저장소, 공격받을 때 위협이 될 만한 부분들
릴리스 준비	품질 속성 시나리오, 관련 있는 뷰, 릴리스 체크리스트, 테스트 결과

산출물 외에 루브릭도 만들고 점수를 매기는 데 필요한 데이터도 선정해야 합니다. 워크숍에서 평가를 수행할 계획이라면 워크숍을 진행할 때 설명할 안건과 자료도 준비해야 합니다.

리뷰어로는 이해관계자 외에 비이해관계자도 대상으로 하며 디테일에 강하고 설계한 시스템에 관심이 있는 전문가를 선정해야 합니다. 이상적인 후보자는 해당 분야에 대한 지식을 가졌거나 아키텍처에 사용된 기술이나 패턴의 전문가입니다. 그리고 객관적인 평가를 할 수 있어야 합니다. 평가는 리뷰어 2명으로도 진행할 수 있지만, 경우에 따라 수십 명의 리뷰어가 참여하기도 합니다.

리뷰어가 평가에 참여하기로 결정했다면 이제는 리뷰어들이 좋은 평가를 수행할 수 있도록 준비해야 합니다.

12.3.2 리뷰어 준비

리뷰어가 좋은 피드백을 할 수 있으려면 그만큼 충분한 정보를 가지고 있어야 합니다. 리뷰어에게 미리 필요한 배경지식을 알려주세요. 예를 들어, 시스템의 전체적인 맥락, 아키텍처 핵심 요구사항이나 검토 중인 산출물 등의 정보입니다. 리뷰어가 맥락이나 루브릭, 목표에 대한 질문을 할 때마다 성실하게 대답해주세요.

이럴 때는 발표 자료나 화이트보드를 두고 토의하면 좋습니다. 팀 내부에서 평가를 수행할 때는 워크숍 시기에 맞추어 함께 산출물을 만들고 검토도 함께하도록 합니다.

리뷰어가 준비되면 이제 평가를 수행하고 통찰력을 얻을 때입니다.

12.3.3 평가 진행하기

워크숍에서 평가를 진행하면서 리뷰어가 통찰력을 만들어낼 수 있도록 하려면, 설계에서 일관적이지 않은 부분이나 문제가 있을 듯한 부분을 비춰주는 활동을 고려해볼 수 있습니다. 통찰력을 주는 활동은 많습니다. 그중 하나로 아래는 17장 '설계 대안을 평가하고 싶을 때'에서 소개하는 활동의 예시입니다.

- 대부분의 평가는 '활동 37 시나리오 훑어보기'에서 소개하는 형태로, 시나리오를 따라가는 방식을 사용합니다. 이 활동은 가장 기본적이고 신뢰할 수 있는 아키텍처 평가 방법입니다.
- '활동 34 질문-코멘트-우려사항'은 시각적인 브레인스토밍 활동의 하나이며, 리뷰어가 아키텍처에 대한 사실과 의문점을 신속하게 파악할 수 있게 합니다.
- '활동 35 리스크 스토밍'에서 설명하는 리스크 스토밍 또한 시각적인 브레인스토밍의 한 형태이며, 시스템의 특정 관점에 대한 위험에 초점을 맞추는 활동입니다.

- 평가의 목표가 대안과의 비교나 대조인 경우, '활동 38 스케치하고 비교하기'에서 설명하는 서로 동일한 품질 속성을 촉진하는 두 가지 이상의 방법을 적용해볼 수 있습니다.
- '활동 35 리스크 스토밍'에서 설명하는 코드 리뷰는 아키텍처의 문제점을 찾는 데에는 별 도움이 안 되지만, 상세 설계와 아키텍처 간의 불일치를 파악할 수는 있습니다. 또한 코드 리뷰는 시스템의 정적 구조가 달라질 때마다 이를 감시할 수 있는 훌륭한 도구입니다.
- 시스템에 대한 ADR를 기록한 경우('활동 20 아키텍처 의사결정 기록' 참조), 설계 결정을 원점에서 다시 고려하면서 해당 결정이 여전히 유효한지 여부를 판단할 수 있습니다. 이에 더불어, 제안한 ADR의 적합성 여부를 평가할 수 있습니다.

어떤 활동을 선택해야 하는지는 이를 통해 얻고자 하는 지식, 주어진 시간, 그리고 평가에 대한 이해관계자들의 익숙함에 따라 다릅니다. 3~4명 정도로 구성된 소규모 평가 팀이라면 60분간 진행하는 간단한 질문-코멘트-우려사항 활동으로도 꽤 흥미로운 통찰력을 얻을 수 있습니다. 평가 경험이 적은 그룹은 시나리오에 따라 진행하거나 설계의 결정사항들을 꼼꼼하게 검토함으로써 더 나은 결과를 얻을 수 있습니다.

평가 워크숍에서는 아키텍처가 설정된 기준을 통과하는지를 확인하고 싶었습니다. 그러나 통과 여부 외에도 워크숍으로 얻을 수 있는 결과는 또 있습니다. 바로 아키텍처가 개선이 필요하다는 정보를 넘어서 개선할 수 있는 방법에 대해 배울 수 있습니다.

12.3.4 데이터 분석과 결론 도출

어떤 기준으로 평가하든 우리는 명확하고 확실한 결론을 얻고 싶어 합니다. 이를 위해 아키텍처가 평가 기준에 얼마나 잘 부합하는지 명확히 기술하고, 어떻게 개선할 수 있을지 권고사항을 구체적으로 작성해야 합니다. 아키텍처 평가의 결론이 단순히 통과 또는 실패가 아니어야 합니다.

아키텍처가 목적에 맞는지 여부는 이야기의 절반일 뿐입니다. 설계가 목적에 왜 부합하는지, 왜 부합하지 않는지 이해하는 것도 중요합니다. 훌륭한 설계는 항상 개선하는 설계입니다. 부실한 설계라도 몇 가지는 올바르게 개선할 수 있습니다.

평가 중에 얻은 통찰력으로 예상되는 미래나 의미 있는 기회를 찾을 수 있습니다. 아키텍처가 얼마나 좋은지 판단하려면 위험 요소를 찾고 열린 마음으로 질문을 받아들여야 합니다. 위험 요소로는 설계에서 어떤 부분에 문제가 일어날지 알아낼 수 있습니다. 질문으로는 아키텍처에 대한 지식과 커뮤니케이션의 격차를 알아낼 수 있습니다.

워크숍에서 얻어낸 데이터는 리뷰어들의 다양한 관점이기도 합니다. 데이터를 공유하고 리뷰어에게 앞으로 어떤 모습이 그려질지 묻습니다. 리뷰어에게 무엇이 걱정되는지 물어보세요. 그리고 리뷰어로부터 질문을 모으고 기록합니다. 이미 질문에 대한 답을 알고 있더라도 누군가가 질문했다는 건 커뮤니케이션을 개선할 여지가 있다는 의미입니다.

데이터를 분석하고 몇 가지 결론에 도달했으면 이제 어떻게 해야 할지 결정해야 합니다.

12.3.5 후속 조치 결정하기

평가 중에 확인한 문제, 위험 요소, 질문을 모두 해결할 필요는 없습니다. 어차피 해결할 시간도 없을 겁니다. 반드시 해야 할 일의 우선순위를 정하고, 비록 흥미롭지만 필수적이지는 않은 사안과 분리하세요. 우선순위가 높은 각 항목마다 작업할 사람을 지정합니다.

평가 워크숍을 끝낼 때 결과와 후속 조치에 대해 요약하고 모든 참가자와 공유합니다. 소규모 워크숍의 경우 간단히 이메일에 작업 목록을 넣는 정도로도 충분히 효과적입니다. 대규모 워크숍의 경우 원본 노트의 링크가 포함된 요약문을 작성하면 더욱 의미 있는 평가가 됩니다.

결론까지 잘 작성하면 이해관계자가 평가에서 도출된 중요한 부분을 쉽게 파악할 수 있고, 아키텍처 또한 진일보할 수 있습니다. 요약문이 있으면 이 시스템의 다음 설계자에게도 도움이 되지만 평가 워크숍을 실행하고 싶은 아키텍트 모두에게 훌륭한 소재가 됩니다.

절대적인 표준: 아키텍처 트레이드오프 분석법

아키텍처 트레이드오프 분석법architecture trade-off analysis method (ATAM)은 지금까지 나온 아키텍처 평가 방법 중 최초이자 가장 포괄적으로 정의된 방법 중 하나입니다. 이 방법은 『ATAM: Method for Architecture Evaluation』[KKC00] 및 『소프트웨어 아키텍처 이론과 실제』[BCK12]에 자세하게 나와 있습니다. ATAM은 12.3절 '평가 워크숍 꾸리기'에서 논의했던 평가 워크숍의 기본 공식에도 큰 영향을 미쳤습니다.

해당 논문에 따르면, ATAM은 교육을 받은 진행 요원과 함께 수일 또는 수주간 진행하는 워크숍입니다. 미사일 유도 시스템이나 자율주행차 시스템 같은 고도로 복잡한 시스템을 설계할 경우 ATAM이 매우 적절합니다. 그 외의 경우에는 보통 더 축소된 과정을 따릅니다. 이 장에서 소개한 평가 워크숍 구성으로 시작하길 권합니다.

ATAM은 엄격한 과정이며 잘 정의되어 있습니다. 아키텍처 평가를 진행해본 적이 없으면 ATAM을 사용해봐도 좋습니다. ATM은 평가 방법의 절대적인 표준에 가깝기 때문입니다.

12.4 빠르게, 자주, 지속해서 평가하기

만일 아키텍처 평가를 안 했다면 그것이 첫 번째 실수입니다. 했더라도 너무 늦게 시작했으면 두 번째 실수라 할 수 있습니다. 설계 테스트를 빨리 시작할수록 개선도 더 빨리 할 수 있습니다. 더 나은 방법으로, 개발 루틴에 평가 과정을 정기적으로 넣으면 좋습니다.

결정된 설계를 확인하거나 수정할 수 있는 기회는 매일 수십 번 찾아옵니다. 우리는 매일 아키텍처를 살펴보고 품질 속성을 촉진하는 방법에 대해 이야기합니다. 동료에게서 제출한 코드의 리뷰를 받기도 합니다. 일과 중에 피어 코딩을 하기도 합니다.

12.4.1 평가 피라미드로 비용과 가치 사이의 균형 잡기

테스트 피라미드는 마이크 콘Mike Cohn이 『경험과 사례로 풀어낸 성공하는 에자일』(인사이트,

2012)[Coh09]에서 소개한 개념입니다. 전제는 간단합니다. 테스트마다 찾아내는 결점이 다르며, 몇몇 테스트는 다른 테스트보다 생성과 유지 관리가 쉽습니다. 대부분의 테스트는 빠르게 실행되어야 하고 유지 관리도 가벼워야 한다고 말합니다. 단위 테스트가 모든 사항을 포착하지는 못하므로, 적은 수의 느리고 깨지기 쉬운 풀스택 통합 테스트도 만들어야 한다고 말합니다.

평가 피라미드의 전제는 테스트 피라미드와 유사합니다. 대부분의 아키텍처 평가는 빠르고 저렴해야 합니다. 빠른 검사는 모든 종류의 설계 이슈를 발견하지는 못하므로 몇 가지 철저하지만 비용이 많이 드는 심층적인 평가도 수행하고자 합니다. 빠른 확인과 심층 평가 간의 일관성을 보장하려면 표적 평가^{targeted evaluation}를 수행할 수 있습니다.

일반적인 시스템에서는 한두 가지 심층 평가, 수십 개의 표적 평가, 수백 개의 빠른 검사만 수행할 수 있습니다. 심층 평가는 시스템 수명에서 주요 마일스톤의 역할을 합니다. 표적 평가는 정기적인 평가의 일부로서, 대략 2~4주마다 합니다. 빠른 검사는 매일(또는 매일 여러 번) 수행되며 개발 워크플로의 일부로 내재화해 수행합니다.

아래는 피라미드의 평가 유형별 예시입니다.

평가 유형	빈도	설명	예시
심층 평가	1~3	가급적이면 전체 시스템이나 ASR 간의 연계를 대상으로 함	아키텍처 트레이드오프 분석 방법
표적 평가	수십 회	단 하나의 설계 결정사항, 컴포넌트, ASR 등을 대상으로 함	리스크 스토밍, 질문-코멘트-우려사항, 아키텍처 브리핑
빠른 검사	셀 수 없이 자주	결정을 내린 설계 단위별로 수행. 설계를 더 잘 이해하거나 평가하는 의미로 수행하기도 한다.	코드 리뷰, 스토리텔링, 화이트보드 토론, 온전성 검사(sanity check)

아키텍처를 지속적으로 평가한다고 해서 잘하고 있다는 의미는 아닙니다. 평가를 진행하면서 다양한 이슈를 찾아내어 충분히 넓은 영역을 다루고 있다는 확신을 가질 수 있어야 합니다.

12.4.2 다른 형태의 이슈 찾아내기

필자는 아들에게 편식하지 말라고 말할 때 '무지개를 먹어라'라고 합니다. 신선한 과일과 채소를 다양하게 먹으라는 표현입니다. 신선한 과일과 채소에는 다양한 비타민이 풍부하기 때문에 색상이 다릅니다. 여러 가지 색을 먹으면 건강한 신체에 필요한 모든 비타민과 미네랄을 얻을 수 있습니다. 이러한 다양성은 건강한 신체와 마찬가지로 건강한 아키텍처에도 중요합니다.

이 장과 17장 '설계 대안을 평가하고 싶을 때'에서 논의한 대부분의 방법은 다양한 종류의 이슈를 도출할 때도 쓰일 수 있습니다. 일반적인 의미에서 이슈란 추가로 조사하거나 생각할 거리가 필요한 주제라는 의미입니다. 건강한 아키텍처를 유지하려면 아래 그림처럼 무지개 전체에서 아키텍처 이슈를 찾아야 합니다.

무지개는 층마다 아키텍처 이슈를 다른 각도로 보여줍니다.

위험(빨간색)

위험이란 나쁜 일이 일어날 수도 있는 무언가입니다. 아직 일어난 건 아닙니다. 3.3절 '위험 요소를 사이느ㅂ 삼기'에서 배운 바와 같이 위험에는 ㅅ선ㅏ 셜ㅏ라는 두 가지 구성 요소가 있습니다.

조건은 현재 아키텍처에 있는 사실입니다. 결과는 그 조건의 직접적인 결과로 발생할 수 있는 나쁜 일입니다. 위험은 완화하거나 수용할 수 있습니다.

무지(주황색)

때로는 아키텍처가 ASR을 충족하는지 여부를 말할 만한 충분한 정보가 없을 수 있습니다. 아직은 모르는 부위의 작동 방식이나 특정 ASR이 해소되는지에 대한 설문지를 공개적으로 만들어서 알려지지 않은 항목을 파악합니다. 아키텍처 평가는 무지를 '미지'로 바꿀 수 있습니다. 다시 말해, 겉으로 드러나지도 않았던 무지의 무언가를 이제는 무엇을 모르는지는 아는 정도로는 바꿀 수 있습니다. 후자는 감당할 수 있습니다. 하지만 전자는 아키텍처를 죽일 수 있습니다. 아키텍처에서 모르는 부분이 있다면 추가 조사가 필요합니다.

문제(노란색)

위험과 달리 문제는 이미 겪은 나쁜 일입니다. 문제가 발생하는 경우는 설계 결정을 내렸지만 원하는 방식으로 작동하지 않을 때입니다. 때로는 주변 환경이 바뀌었기 때문에 그 당시 좋은 생각이었던 결정이 더는 타당하지 않아서 문제가 발생할 수도 있습니다. 문제는 수정하거나 받아들이도록 합니다.

이해 격차(초록색)

팀과 협업하다 보면 이해의 격차가 발생하곤 합니다. 이해의 격차는 이해관계자들이 생각했던 설계와 실제가 다를 때도 발생합니다. 급변하는 아키텍처에서는 이해의 격차가 빠르게 나타나기도 하며 아무런 예고 없이 발생하기도 합니다. 이처럼 이해하는 바가 서로 다를 때 교육으로 해결합니다.

아키텍처 침식(파란색)

대부분의 시스템은 상상한 대로 구현되지 않습니다. 설계와 결과물 사이에서 발생하는 이러한 차이를 아키텍처 침식이라고 하며, 아키텍처 표류 또는 아키텍처 부패라고도 합니다. 아키텍처를 구현하다 보면 계획했던 설계에서 알아채지 못할 정도로 조금씩 달라지다가 나중에는 비슷한 게 거의 없는 지경에 이릅니다. 아키텍처 침식은 코드나 문서의 아주 미세한 차이에 신경 쓰면서 정기적으로 없애야 합니다.

개념 표류(보라색)

때로는 주변 환경이 아무런 예고 없이 바뀌기도 합니다. 소프트웨어를 만드는 데는 시간이 필요합니다. 몇 달 동안은 타당했지만 더는 유효하지 않을 수도 있습니다. 새로운 사실이 갑자기 나타나기도 합니다. 상황도 바뀝니다. 개념 표류는 설계를 결정한 후에 비즈니스 결정에 주효했던 맥락이 바뀔 때면 언제나 발생합니다. 개념 표류는 비즈니스의 목표나 ASR, 이해관계자들의 인식과 요구사항을 지속적으로 점검함으로써 줄일 수 있습니다.

새로운 소프트웨어 아키텍처에서 발생하는 일반적인 실수는 항상 같은 종류의 이슈만 찾는 것입니다. 아키텍처 평가를 더 높은 수준으로 끌어올리는 간단한 방법은 이전에 묻지 않았던 질문을 하는 것입니다. 이슈를 찾다 보면 너무 다양해서 놀랄 뿐이지 몰라서 놀라지는 않습니다.

12.4.3 격식 없이 평가하기

어떤 평가 방법을 실행할 때 격식을 많이 차리면 그만큼 사람들을 긴장하게 합니다. 격식을 차린 평가 방법은 온갖 절차와 의식으로 가득 차 있으며 비용이 높습니다. 물론 격식을 잘 갖춘 평가 방법은 반복하기 쉽고 결과를 일관되게 낼 수 있다는 장점도 있습니다. 반면 격식이 없는 방법은 비공식적이며 형식조차 거의 없습니다. 물론 그만큼 빠르고 저렴하게 수행할 수 있지만, 평가가 다룰 수 있는 범위가 좁고 일관성 없는 결과를 낼 가능성이 높습니다.

팀이 아키텍처 평가에 익숙하지 않다면 ATAM과 같은 방법으로 시작하면 팀원들이 불쾌해할 수 있으며 평가에서 영원히 도망칠 수도 있습니다. 비교적 격식이 적은 방법으로 시작해 팀이 평가에 적응하도록 해야 합니다. 팀에게 아키텍처 평가를 하는 중이라고 말하지 않고 진행할 수도 있습니다

한 가지 예를 들어보겠습니다. 화이트보드 토론(활동 19) 후 그룹을 해산하기 전에 평가를 시작합니다. 화이트보드 마커를 잡고 다음과 같이 말합니다. "시작은 좋아 보입니다. 우리가 '품질 속성 A'를 끌어올리는 데 어떤 이슈가 있을까요?" 그리고 화이트보드의 다이어그램 옆에 팀원들이 말하는 내용을 적으세요. 그다음 팀이 결과를 요약하고 다음 단계를 결정하도록 도와주세요. 짜잔! 아키텍처 평가를 즉석에서 10분 이내에 완료했습니다.

격식 없는 평가 방식은 팀원들의 아키텍처적 사고를 강화하고, 결정한 설계에 반박할 수 있는 문화를 만듭니다. 팀이 격식 없는 방식에 익숙해지면 전략적으로 표적 평가를 도입하고 궁극적으로는 심층 평가를 도입하도록 합니다.

12.5 사례 연구: 라이언하트 프로젝트

프로젝트를 시작한 지 2개월이 흘렀고 많은 성과를 거두었습니다. 백로그를 채우고 기술 검토를 완료하고 개발 사이클도 여러 번 돌았습니다. 지속적 통합도 진행 중이며, 가치를 높일 만한 스토리도 여러 개 끝내고 첫 번째 내부 릴리스를 만들었습니다. 설계한 아키텍처는 사무실 주변의 화이트보드에 스케치되어 있고 몇 가지 중요한 결정사항은 ADR에 기록합니다. 여러분은 지금까지 배운 내용을 바탕으로 계획했던 설계를 재검토하기에 좋은 시기라고 생각합니다.

다음 번 개발 사이클에서는 '활동 34 질문-코멘트-우려사항' 워크숍을 진행하기로 일정을 잡습니다. 상위 5개의 품질 속성 시나리오를 검토해 워크숍을 시작합니다. 다음으로 이 품질 속성과 관련해 몇 가지 아키텍처 뷰를 그리도록 팀원들에게 요청합니다. 각 시나리오를 살펴보면서 화이트보드에 그려진 다이어그램에 포스트잇으로 메모를 붙이고 질문, 의견, 우려사항 등을 파악하도록 팀원들을 부릅니다. 50분 후에 나온 목록에는 온갖 문제점이 가득 나열되어 있습니다.

워크숍을 마치기 전 여러분은 팀원에게 다음 단계로 무얼 하면 좋을지 물어보려고 합니다. 워크숍 종료 10분 전, 파악된 주요 이슈를 해결하도록 실행 계획을 수립합니다. 실행 계획 중에는 설계와 가급적 일치하도록 코드를 리팩터링하는 일도 포함되며, 배포 중에 서비스 중단이 없도록 배포 시스템을 실험하는 일도 있습니다.

다음 평가는 두 번의 개발 스프린트^{sprint}를 진행한 후에 하기로 예약합니다. 동료들과는 이제부터 매일 설계 이슈를 논의하고 모두가 이 훈련을 계속하기로 다짐했습니다.

12.6 마지며

아키텍처는 팀 문화 속의 유기체 중 하나입니다. 매일 우리는 직접 설계한 아키텍처를 선택하고 살아갑니다. 형편없는 설계를 선택하면 숨도 쉬기 힘들어집니다. 아키텍처 평가는 아키텍처를 더 잘 만들 수 있는 방법을 고민할 때 큰 도움을 줍니다. 다음 장에서는 지금까지 익힌 내용을 모두 종합하고, 아키텍처 생각으로 똘똘 뭉친 사람들과 한 팀으로 멋진 소프트웨어를 개발하도록 이끄는 방법을 알아보겠습니다.

13장 | 아키텍트에게 힘 실어주기

요즘엔 소프트웨어 시스템 하나를 개발하는 게 마을 하나를 만들 정도의 규모입니다. 컨테이너화, 저렴한 컴퓨터, 클라우드 인프라와 같은 기술의 발전으로 개발자는 엄청난 성능과 유연성을 얻을 수 있게 되었습니다. 이러한 새로운 기술에 발맞추어 대두된 마이크로서비스나 서비스형 함수function-as-a-service(FaaS) 같은 새로운 아키텍처 패턴으로 개발자는 자신이 내린 결정이 품질 속성이나 여러 시스템 속성에 어떻게 영향을 미치는지 더 잘 알 수 있게 되었습니다.

최신 소프트웨어 시스템에서는 개발자와 아키텍트의 차이가 거의 없습니다. 요즘의 소프트웨어 개발 팀에 기술 리더가 없다는 의미는 아닙니다. 다만 오늘날의 소프트웨어 아키텍트는 과거만큼 스스로를 아키텍트라고 정의하지는 않습니다. 이제는 소프트웨어 개발 팀에 기존의 상명하달식 아키텍트와는 다른 종류의 리더가 필요합니다.

오늘날의 소프트웨어 아키텍트는 팀을 위해서 설계하는 게 아니라 팀과 함께 설계합니다. 아키텍트는 코치, 멘토, 구루guru이기도 합니다. 이 책의 앞부분은 필수 아키텍처와 설계 원칙에 대해 논의했습니다. 2부에서는 이러한 원칙을 실행하는 방법을 알아봤습니다. 이 장에서는 멋진 소프트웨어 아키텍처를 함께 설계하면서 팀을 성장시키고 역량을 강화하는 방법을 배웁니다.

13.1 아키텍처 사고력 향상시키기

팀에서 소프트웨어 아키텍트를 하나의 역할이 아닌 사고방식으로 받아들일수록 더 나은 소프트웨어를 만듭니다. 팀원 대부분이 아키텍트라면 그 팀은 설계상의 더 많은 결정사항을 더 빠르게 탐구할 수 있습니다. 더 많은 사람들이 설계를 비판적으로 평가하고 결정하기 때문에 소프트웨어 품질이 향상됩니다. 문서 또한 적은 노력으로 더 많은 지식을 전달함에도 간결해집니다.

팀원 모두가 아키텍처를 설계할 수 있으면 모두가 하나의 큰 주인의식을 공유하게 됩니다. 이때부터 소프트웨어는 만들고 잊어버리는 시스템이 아니라 '우리의 시스템'이 됩니다. 모든 사람이 설계의 의도를 이해하고 설계의 무결성을 유지해야 할 책임감을 가지기 때문에 변경하기도 더 수월해집니다. 재작업 감소, 품질 향상, 더 효율적인 커뮤니케이션 덕분에 개발 속도도 빨라집니다.

주인의식이 커지면 행복도가 높아지고 전체 소프트웨어 개발 과정에 대한 참여 또한 높아집니다. 소프트웨어를 함께 설계하면 소프트웨어를 더 위대하게 만들 수 있는 힘이 수십 배 커집니다. 이처럼 장점이 놀랍도록 많지만, 모든 사람이 설계의 책임을 지고 싶어 하는 건 아닙니다.

아키텍트는 팀의 설계 능력을 키우는 동시에 설계도 해야 합니다. 그리고 우리는 팀의 역량을 강화하는 동시에 이해관계자가 원하는 높은 가치의 소프트웨어 아키텍처도 설계해야 합니다.

이를 달성하려면, 모든 결정사항을 일일이 감독할 필요 없이 팀이 따를 만한 충분한 가이드를 제공하면 됩니다. 그리고 우리는 설계 능력을 키우거나 신뢰성을 높이는 일에 집중합니다. 또한 어떤 실수가 있어도 복구할 수 있도록 만들고, 팀보다 몇 발자국 앞서 나가서 웅덩이나 낭떠러지가 있는지 미리 살펴보는 일을 해야 합니다.

사실 개발자는 매일 아키텍처를 결정한다

2000년대 초에 공포스러운 이야기를 하나 읽었습니다. 코드 한 줄로 동부 해안의 모든 전화 스위치를 내리게 한 어느 개발자의 이야기였습니다. 저는 '우리에게는 결코 일어나지 않을 일이야!'라고 동료에게 말했고, 깔깔대며 웃었습니다. 하지만 15년 후 제게도 이런 일이 벌어지고야 말았습니다.

요즘에는 소프트웨어 괴담을 찾기 위해 사례 연구 자료를 읽을 필요가 없습니다. 동료 개발자와 이야기해도 충분합니다. 대학교 때 실습하다가 아마존 웹 서비스에 실수로 2만 달러를 넘게 지출한 개발자를 만났습니다. 또 어떤 이는 스크립트 오류로 수 테라바이트의 데이터를 주말 내내 복구했다고 합니다. 저는요? 코드 한 줄로 100여 명의 개발자가 사용하는 서버 클러스터를 정지시킨 적이 있습니다.

오늘날의 개발자는 매일 아키텍처 설계를 결정합니다. 여러분이 작성하는 코드가 품질 속성을 담고 있다면, 여러분은 스스로를 아키텍트라고 말하든 아니든 이미 소프트웨어 아키텍트입니다.

13.2 팀의 의사결정력과 역량 높이기

팀이 진정으로 아키텍처에 주인의식을 느끼려면 소프트웨어 아키텍트는 팀원들을 온전히 지원해줘야 합니다. 아키텍트가 팀의 유일한 설계 권력자 역할을 맡는 게 아니라, 팀이 스스로 결정을 내리는 데 필요한 지식과 기술을 주입해주는 사람이 되어야 합니다. 바람직하게는 아키텍트가 모든 설계 결정을 내리는 권위 있는 리더보다 코치나 멘토처럼 보여야 합니다. 무엇보다 가능하다면 아키텍트가 결정을 내리는 대신 팀이 아키텍처를 주도적으로 설계하도록 합니다.

아래는 아키텍트가 어떻게 행동해야 하는지에 대한 예시입니다.

무난한 아키텍트	위대한 아키텍트
아무런 설문 없이 패턴과 기술을 선택한다.	팀과 협업하고 의견을 취합해 패턴과 기술을 선택한다.
문서를 상세하게 작성하고, 단 한 번 릴리스한다. 완성품을 릴리스한다.	팀이 사용할 문서 템플릿을 작성한다. 문서는 팀과 함께 리뷰하면서 점진적으로 작성한다.
모든 설계를 결정한다.	팀에게 어떻게 결정해야 하는지를 교육한다. 설계 가이드를 제시하고 의사결정을 위임한다. 리뷰와 피드백을 제공한다.
누가 무엇을 만드는지 감시한다.	구성원들이 자발적으로 모여서 일감을 선정하도록 도와준다.
아키텍처 변경을 거부한다.	아키텍처는 변할 수밖에 없다는 점을 인정하고 쉽게 바꿀 수 있게 한다.
기술 결정사항을 명령으로 전한다.	공감대를 형성해 기술을 실천한다.

훌륭한 소프트웨어 아키텍트는 다른 사람으로 대체하기는 어렵지만, 위대한 소프트웨어 아키텍트는 때가 되면 팀을 떠납니다. 아키텍트는 어려운 설계 작업을 모두 마쳤기 때문에 떠나는 게 아니라 팀 스스로 훌륭한 소프트웨어 아키텍트가 되는 방법을 배웠기 때문에 안심하고 새로운 팀으로 옮길 수 있습니다. 이는 꾸준한 연습으로만 이룰 수 있습니다.

13.3 안전한 훈련으로 기회 만들기

팀에 더 많은 설계 권한을 주는 건 준비된 팀에만 가능합니다. 연습하지 않으면 경험도 쌓을 수 없습니다. 마감일은 촉박한데 개발에서 한 발 물러나서 훈련을 받아야 한다면 불쑥 질문을 받게 되겠죠. "너 지금 뭐하고 있니?"라고요. 이제는 설계를 연습하는 안전한 방법을 찾을 때입니다.

13.3.1 짝 설계

짝 설계는 동료와 짝을 지어서 설계를 연습하는 가장 간단하고 안전한 방법 중 하나입니다. 설계 작업을 시작할 때 팀원 한 명과 함께 작업하세요. 모델을 생각해야 한다면 '활동 19 화이트보드 토론'에서 소개하는 화이트보드 토론에 팀원을 초대하세요. 품질 속성으로 이해관계자와 회의를 해야 할 경우에도 팀원을 데리고 가세요. 전체 팀과 공유하기 전에 팀원에게 결정사항이 담긴 문서를 검토하도록 요청하세요.

13.3.2 도움닫기

교육 이론에서 **수업 스캐폴딩**^{instructional scaffolding}[1]은 학습 능력을 촉진하고 강화하도록 학생 개개인에게 지원하는 일련의 체계를 의미합니다. 우리는 이미 학교에서 스캐폴딩을 경험했습니다. 시험을 본 후에 받는 자세한 피드백, 유인물, 루브릭, 숙제가 모두 스캐폴딩입니다. 팀에게 아키텍처를 가르칠 때 유사한 스캐폴딩을 사용할 수 있습니다. 다음은 몇 가지 예시입니다.

- 공통으로 수행하는 설계 작업에 사용할 수 있도록 템플릿 만들기.
- 피어 리뷰를 하면서 건설적으로 비평하기. '활동 31 코드 리뷰' 참조.
- 새 컴포넌트의 코드 스켈레톤 만들기. 코드 스켈레톤은 모듈에 패턴을 스케치한다는 의미가 있지만 뼈에 살을 붙이는 작업은 남아 있습니다. 팁을 주자면 스켈레톤을 만들 때 누군가와 짝을 이루어 하면 좋습니다.
- 산출물이 나오기 전에 예상하는 형태를 묘사하고 그 산출물이 최선일 때와 최악일 때는 어떤 모습일지 이야기하기.
- 팀원들이 아키텍처 사고력을 갖출 수 있도록 디자인 마인드셋과 작업마다 체크리스트 만들기.

13.3.3 아키텍처의 가이드레일 만들기

아키텍처의 가이드레일은 설계의 선택지를 제한해 세부 설계가 원하는 아키텍처의 범위 내에 있도록 합니다. 가이드레일은 우리가 스스로 선택하는 제약의 한 형태인 셈입니다. 가이드레일을 사용해 설계를 더 간단하게 만들 수 있고(5.1절 '제약으로 설계 선택지 줄이기' 참조), 안전하게 연습하는 기회를 만들 수도 있습니다. 가이드레일을 두면 아키텍처가 엉망이 될 가능성이 줄어

---

1 옮긴이_ 스캐폴딩은 우리말로 '비계(飛階)'로, 건설 현장에서 임시로 설치하는 가시설물입니다. 건축 혹은 수리 중인 건물 외벽에 사람이 올라가거나 장비, 자재 등을 옮길 수 있게 기둥과 판으로 만든 것입니다. 여기서는 학습자를 돕는 안전장치, 보조 도구 등의 의미로 쓰였습니다.

듭니다.

가이드레일은 다양한 형태와 강도로 만들 수 있습니다. 설계할 때 규칙을 정해서 해야 할 일과 하지 말아야 할 일을 설명하는 건 간단해 보이지만 강요하기는 힘듭니다. 설계 작업을 누군가에게 위임할 때 일시적으로 설계 규칙을 적용할 수 있습니다. 또는 위험을 줄이고 품질 속성을 높이려 하거나 팀 약점을 극복하는 목적으로 설계 규칙을 영구적으로 적용할 수 있습니다.

가장 엄격한 아키텍처 가이드레일은 코드에 넣어버려서 잘못된 작업이 불가능하도록 하는 방법이 있습니다. 8.3절 '코드로 모델 구현하기'에서도 이에 대한 몇 가지 접근법을 소개했습니다. 일례로 특정 라이브러리의 사용을 강요하는 방법이 있습니다. 이 제약 조건을 적용하면 개발이 더 쉬워지고 간단한 실수를 피할 수 있습니다.

13.3.4 정보 공유 모임 주선하기

팀이 소프트웨어 아키텍처에 관심이 있다면 특정 주제에 대해 자세히 알아볼 수 있도록 정보 공유 모임을 주선해보세요. 누군가가 어떤 지식을 필요로 하기 전에 즉시 제때에 가르칠 준비를 하세요. 수십 가지 작은 교육은 하나의 긴 훈련만큼 좋습니다.

팀은 역량이 오를수록 아키텍처 설계에 대해 더 많이 피드백하기 시작합니다. 피드백이 오면 고마움을 표하고 격려해주세요. 팀원들이 아키텍처를 개선하는 법을 말하기 시작하는 건 뭔가 제대로 하고 있다는 의미이니 설계 권한을 더 많이 위임해도 좋습니다.

13.4 설계 권한 위임하기

디자인 프로세스에 더 많은 팀원이 참여할수록 디자인 권한을 어느 선까지 유지하고 위임할지 확실히 정해야 합니다. 필수적인 품질 속성을 해치지 않으면서도 아키텍처를 망가뜨리지 않은 채 가능한 한 많은 설계 권한을 내려놓는 게 목표입니다. 『매니지먼트 3.0』(에이콘출판, 2019) [App11]에서 유르헌 아펠로^{Jurgen Appelo}는 권한을 7가지 레벨로 나누어 설명했습니다. 수준별로 유지해야 할 설계 권한과 팀에 맡길 수 있는 권한을 결정할 수 있습니다.

- **레벨 1 말하기**: 여러분이 설계를 결정하고, 산출물을 릴리스하면서 팀원들에게 어떤 변화가 있을지 말해줍니다.

- **레벨 2 팔기**: 여러분이 설계를 결정하고, 팀원들에게 왜 맞는 판단인지 보여줍니다(홈쇼핑에서 물건을 파는 느낌으로).

- **레벨 3 상담하기**: 설계를 결정하기 전에 팀원들에게 묻습니다. 하지만 선택권은 여전히 여러분에게 있습니다.

- **레벨 4 동의하기**: 팀원들과 협업하고 모두가 공감하는 설계를 결정합니다. 모두가 동등한 지위를 가집니다.

- **레벨 5 조언하기**: 팀이 서로 의견을 많이 나누도록 북돋아주고 몇 가지 팁만 건네줍니다. 결정에 관여하지 않습니다.

- **레벨 6 질문하기**: 팀이 설계를 결정했으면, 왜 그 판단이 맞는지 팀원들에게 묻습니다.

- **레벨 7 위임하기**: 설계를 결정하는 자리에서 완전히 물러섭니다. 단지 진행자로서 정보를 모아주는 정도로 도와줄 뿐 결정의 책임도 팀원 중 누군가가 가집니다.

권한의 수준은 결정하는 사안과 팀마다 다릅니다. 상황에 맞는 적절한 수준의 설계 권한을 위임하면 팀의 자신감, 행복, 민첩성을 높일 수 있습니다. 설계 권한을 너무 적게 위임하면 신뢰가 약해지고 마이크로 매니징을 받는다고 느끼는 사람도 있습니다. 너무 많은 설계 권한을 위임하면 엉망인 설계 결과를 가진 채 불안해하는 팀이 될 수 있습니다.

감당할 준비가 되지 않은 팀에 너무 많은 설계 권한을 위임했다고 느껴지면 권한 수준을 더 낮춰 다시 시도해보길 권합니다. 권한을 너무 많이 줘서 나오는 문제를 방치하면, 신뢰를 잃고 재작업으로 많은 낭비가 발생합니다. 이러한 상황이 그리 이상적이지는 않지만 복구할 수는 있습니다. 최악은 나쁜 설계를 알아차리지 못해서 복구할 시기를 놓쳐버리는 것입니다.

적절한 수준의 설계 권한을 선택하는 일에 대단한 과학이 있는 건 아닙니다. 팀이 선호하는 운영 방식을 파악하기에는 어느 정도 시행착오가 필요합니다. 팀과 함께 상의하고 권한의 수준을 결정하는 게 알맞은 수준의 권한을 선택했는지 확인하는 가장 쉬운 방법입니다.

13.4.1 설계 권한은 언제까지 쥐고 있나

실패할 위험이 높다면 권한을 보수적으로 위임하는 편이 좋습니다. 경험이 부족한 팀이라면 3레벨까지만 시행하세요. 이 방식은 효과도 입증되어 있고 좋은 설계를 만들 가능성도 높습니다. 안타깝게도 처음 세 레벨에는 품질, 행복, 속도, 민첩성 면에서는 그리 이득이 있지는 않습니다.

아키텍트에게 가장 어려운 시기는 아키텍처를 설계하면서 동시에 팀의 역량을 끌어올릴 때입니다. 개발과 배포를 멈추지 않으면서 해내야 한다는 압박을 받기 때문입니다. 혼자 설계만 할 때가 가장 쉽습니다. 하지만 그렇게 하면 단기적으로는 좋지만, 팀이 성장하지 않으면 설계 결정을 위임할 수 없습니다. 여러분이 팀의 유일한 아키텍트라면 여러분의 기술, 지식, 시간이 곧 팀이 설계하는 시스템의 형태에 한계를 만듭니다. 아직 위임하기가 걱정스럽다면 적절한 기회가 있을 때까지 설계 권한을 유지하세요.

기술 리더로서의 아키텍트

– 파트리크 쿠아Patrik Kua, 소트워크스ThoughtWorks 선임 기술 컨설턴트

아키텍트라는 역할은 힘듭니다. 아키텍트가 짊어지는 책임은 많지만, 기본적으로는 기술적 위험을 줄이고 미래의 변경사항을 계획하며 시스템이 품질 속성을 충족하는지 확인하는 일입니다. 그러나 아키텍트가 진정으로 성공하려면 기술 리더처럼 행동해야 합니다.

능숙한 아키텍트는 자신의 권위에만 의존해 결정을 내리지 않습니다. 오늘날 끊임없이 변화하는 기술 환경에서 아키텍트가 모든 최신 도구와 기술을 잘 파악하고 적용할 수는 없는 노릇입니다. 그 대신 능숙한 아키텍트는 개발 팀과 조직의 폭넓은 경험을 활용합니다. 기술 리더로서 아키텍트는 팀이 기술 방향성을 공유하도록 아우르고 팀원들의 기술력과 효율성을 높이는 데 중점을 둡니다.

아키텍트는 그가 내린 의사결정의 질적 가치로 평가받으니, 개발자가 더 나은 의사결정을 내릴 수 있도록 도와줘야 합니다. 코드 한 줄 한 줄이 곧 선택의 과정이며, 결과적으로는 그 선택은 곧 개발자가 내린 결정입니다. 개발자의 의사결정력을 키우려면 운영이나 환경의 제약을 명확하게 설명하고 아키텍처의 설계 원칙을 팀과 합의함으로써 향후에 있을 의사결정까지 자연스럽게 이끄는 방법이 효과적입니다.

이러한 각 활동(기술 방향성 수립, 제약 설명, 아키텍처 원칙 적용)에는 완전히 다른 비기술적인 역량이 필요합니다. 종종 '소프트 스킬soft skill'이라고 부르는 이러한 역량은 갖추기가 꽤 어렵습니다. 이 역할에서 성공하려면 아키텍트는 기술적 아이디어를 비기술적인 용어로 설명하고, 다이어그램과 모델을 사용해 공통의 이해를 만들고, 스토리를 전달해 팀원에게 동기를 부여하고, 흥미와 관심을 북돋아주고, 팀원들에게 도전거리를 만들어주는 등 심오한 의사소통 기술을 가져야 합니다. 아키텍트로서 개발할 가치가 있는 필수적인 리더십 역량을 하나 더 말하자면 경청하는 능력입니다. 경청은 아키텍트의 지식을 높여줄 뿐만 아니라 팀과 조직이 궁극적으로 달성해야 할 기술적인 목표까지 헌신하며 달릴 수 있도록 합니다.

자신이 가진 전문적인 기술에만 집중하고 모든 기술 결정권을 쥐고 있는 아키텍트는 자신이 만든 상아탑 안에서만 살게 됩니다. 기술 리더십을 연마해 자기 자신, 팀, 조직을 잇는 튼튼한 다리를 만들어서 이러한 고립에서 벗어나야 합니다.

13.4.2 설계 권한은 언제 넘겨주나

팀이 충분히 노련하다면 권한을 위임할 기회를 만들어봐도 좋습니다. 설계를 결정할 때 상담을 하거나 함께 결정하거나 다른 사람이 결정하도록 조언만 해보세요. 설계 권한을 위임한다는 건 팀의 일상적인 업무에 큰 영향을 미치는 일이니 팀도 이에 대한 충분한 열정이 있어야 합니다.

팀이 아키텍처를 점점 많이 공부하고, 여러분도 팀을 이끄는 데에 자신감이 붙기 시작한다면 워크숍을 주관하고 실습을 하며 협업을 이끌어내세요. 그룹으로 모여서 진행하는 협업 워크숍 세션은 여러분이 동의하고, 조언하고, 질문하고, 완전히 결정권을 위임할 수 있을 때 의미 있는 결과를 얻습니다. 팀에 더 많은 권한을 부여하면 참가자로서의 역할이 감소합니다. 그 대신 지식이 풍부한 진행자로서 팀을 지원하면 됩니다.

3부에서 소개하는 여러 가지 활동은 의사결정 과정에서 여러 이해관계자와 함께하는 방법을 소개합니다. 다음은 몇 가지 예입니다.

- 팀과 이야기를 나누고 팀이 아키텍처 이야기를 더 많이 하도록 북돋습니다. '활동 11 아키텍처의 의인화'와 '활동 29 시스템 메타포'를 참고하세요.

- 워크숍에 적극적으로 참여하도록 독려합니다. 협업하기 좋은 워크숍으로는 9장 '아키텍처 디자인 스튜디오 운영하기'에서 소개한 '디자인 스튜디오', '활동 34 질문-코멘트-우려사항', '활동 35 리스크 스토밍', '활동 37 시나리오 훑어보기' 등이 있습니다.
- 팀이 충분히 참여하고 있는지, 그리고 아키텍처를 얼마나 이해하고 있는지 점검합니다. '활동 30 아키텍처 브리핑'이나 '활동 36 온전성 검사'를 활용할 수 있습니다.
- 산출물을 만드는 권한은 적절한 사례를 만들 수 있을 때 위임합니다. 위임하기 쉬운 산출물도 있습니다. '활동 20 아키텍처 의사결정 기록'이나 '활동 21 아키텍처 하이쿠', '활동 24 인셉션 덱'을 활용해 함께 리뷰를 진행하고 위임할 수 있습니다.

13.4.3 직접 해보기: 위임 포커 게임

유르헌 아펠로가 지은 『매니지먼트 3.0 - 모두가 행복한 애자일 매니지먼트』(에이콘출판, 2020) [App16]에서는 위임 포커라는 게임을 소개합니다. 이 게임은 팀원들과 적절한 수준의 위임 레벨을 선택하는 훈련입니다. 'Management 3.0' 웹사이트[2]에서 위임 포커 카드를 인쇄하거나 구매할 수 있으니, 팀원들과 함께 해보세요. 게임 규칙은 웹사이트에 나와 있습니다.

아래는 위임 포커 게임에 대해 생각해볼 거리입니다.

- 게임을 시작하기 전에 각 플레이어는 작은 메모를 작성해야 합니다. 메모에는 위임하고 싶은 영역과 연관된 사례를 짧게 기록합니다. 각 팀원에게 최소한 하나의 사례를 연구하도록 하세요.
- 2부에 있는 각 장의 제목을 참고해 어떤 영역을 다룰지 이끌어보세요. 팀원들이 어떤 주제에 자신감을 가지는지 파악하세요.
- 팀원들이 꺼림직해하는 설계 결정이 있나요? 왜 그런지 물어보세요.
- 어떤 영역을 팀에 위임하면 가장 많은 이점을 얻을 수 있나요? 팀이 더 많은 책임을 짊어질 수 있으려면 무엇을 도와줘야 할까요?

---

2 https://management30.com/practice/delegation-poker

13.5 함께 아키텍처 설계하기

1.4절 '훌륭한 소프트웨어 만들기'에서는 소프트웨어 아키텍처가 어떻게 멋진 소프트웨어를 릴리스할 수 있게 하는지 배웠습니다. 아키텍처가 주는 이점은 많습니다. 그리고 아키텍트는 이러한 이점을 얻을 수 있도록 팀을 안내하고, 팀이 아키텍처를 설계하도록 이끄는 임무를 지니고 있습니다. 1.1절 '소프트웨어 아키텍트가 하는 일'에서는 아키텍트가 하는 업무를 알아봤으며, 그에 대해 이 책 전반에 걸쳐서 폭넓게 설명했습니다.

지금까지 배운 내용을 바탕으로 아키텍트의 주요 역할을 되새겨봅시다.

엔지니어링 관점에서 문제를 정의한다

아키텍트는 아키텍처에서 중요한 요구사항, 특히 품질 속성을 정의할 책임이 있습니다. 언제나 사람을 중심에 두고 설계해 이해관계자의 마음속에 담아둔 요구사항까지도 놓치지 않아야 합니다.

시스템을 구분하고 구성 요소와 팀에 책임을 부여한다

아키텍트는 팀이 패턴을 파악하고 끌어올려야 할 품질 속성을 파악할 수 있도록 안내해야 합니다. 설계는 핵심적인 품질 속성을 충족하는 정도로 최소한만 하고 나머지는 세부 설계를 수행할 사람들에게 맡기는 편이 좋습니다.

큰 그림을 보며 전체적인 설계 일관성을 유지하는 데 힘쓴다

아키텍트는 설계가 무르익을 때까지 꾸준히 점검하고, 팀을 이끌어서 팀이 직접 아키텍처를 완성하도록 해야 합니다. 또한 팀과 이해관계자가 받아들일 수 있는 수준으로 최소한의 문서화를 하면서 결정한 설계를 정확한 모델로 고정합니다. 이렇게 정해진 모델로 시스템을 구상하고, 의사결정을 평가하고, 위험 요소를 파악해 비즈니스 목표를 달성할 수 있을지 판단합니다.

품질 속성 간의 균형을 잡는다

아키텍트는 팀이 다양한 트레이드오프와 설계 결정 사이에서 절충안을 찾도록 돕습니다. 시간이 지나고 아키텍처가 발전하는 동안 겪을 선택을 꾸준히 도와야 합니다. 위험 요소가 얼마큼인지, 그리고 이를 줄이려면 어떻게 설계해야 하는지 판단해 팀이 어디에 집중해야 하는지 결정합니다.

기술 부채를 관리한다

아키텍트는 기술 부채를 파악하고 이를 상환할 전략을 고안해 소프트웨어 릴리스가 온전히 이루어지도록 합니다. 기술 부채는 성공을 위해 피할 수 없는 부산물임을 인식하고 시스템이 수명을 다할 때까지 전략적으로 부채를 관리하도록 합니다.

팀의 아키텍처 역량을 높인다

아키텍트는 팀이 아키텍처를 이해하고, 탐색하고, 만들고, 평가하는 데 필요한 지식과 기술을 보유하도록 합니다. 그리하여 팀이 스스로 만드는 시스템에 주인의식을 갖게 돕습니다. 팀을 위하는 마음으로 아키텍처를 설계하기보다는 팀과 함께 아키텍처를 설계하는 편이 좋습니다.

어쩌면 많은 팀에게 프로그래밍은 쉬운 부분인지도 모릅니다. 어려운 건 문제가 무엇인지 이해하고, 드넓은 시스템을 적절히 동원해 문제를 해결하는 방법을 결정하는 일일 겁니다. 모든 팀원이 아키텍처를 더 잘 이해할수록 팀이 해결할 수 있는 소프트웨어 개발 과제는 더 많아집니다. 시스템을 함께 설계하면 더 깊은 이해를 얻을 수 있습니다.

13.6 사례 연구: 라이언하트 프로젝트, 성대한 결말

반담 시장은 기뻐합니다. 프로젝트는 예정일을 몇 주 넘겨서 완료됐는데, 시작부터 계속 변했던 프로젝트의 상황을 보면 괜찮은 편입니다. 우선순위가 높은 모든 품질 속성을 만족시켰습니다. 비록 공식적인 공개 전에 진행한 부하 테스트에서 몇 가지 문제가 있었지만 그 외에는 모두 훌륭했습니다.

팀은 이 모든 성취가 아키텍처 덕분이었다고 생각합니다. 사전 작업 때는 아키텍처 설계를 최소화하겠다는 결정은 꽤 괜찮았습니다. 팀은 이번에 사용한 대부분의 프레임워크와 기술을 써본 경험이 있었습니다. 처음에는 가장 위험한 영역부터 집중했으며, 합의를 하며 아키텍처를 구축해갔습니다. 웹 서비스 두 개에서 큰 문제가 있어서 뜻밖의 휴식 시간을 보냈지만, 일찍 발견하고 바닥부터 다시 만들 수 있어서 다행이었습니다. 프로젝트의 마지막 개발 회차 때는 스트레스를 많이 받았지만 견딜 만했습니다.

라이언하트 프로젝트의 마지막 공식 작업은 시의 IT 부서가 읽을 유지 보수 문서를 만드는 일입니다. 팀은 우선 문서와 메모를 있는 대로 모은 후 사용자 설명서를 만들었으며, 그다음 아키텍처 뷰를 추가하면서 내용을 정리했습니다. 이 즈음에는 본래의 아키텍처의 사양과 50% 정도만 정확한 수준입니다. 공식적인 아키텍처 명세서는 만들지 않기로 했습니다. 작성했던 많은 문서는 이력 관리 용도로 보관하고, 그 대신 온전히 새로운 문서를 만들기로 했습니다. 새 문서는 다음에 올 개발자를 교육한다는 관점으로 작성합니다. 이 문서에서는 이미 있는 코드를 기반으로 아키텍처를 설명하고자 합니다.

시장실 추산으로는 새롭게 구축한 애플리케이션으로 개시 첫 해에 약 10억 원을 절약할 수 있다고 합니다. 그동안 해왔던 설계와 의사결정으로 큰 목표를 달성했다니 감회가 새롭습니다.

13.7 마치며

아키텍트는 리더입니다. 하지만 이는 아키텍트가 아키텍처의 모든 요소와 관계를 선택한다는 의미는 아닙니다. 소프트웨어 아키텍트는 사람들을 북돋아서 설계에 미치는 영향력을 강화합니다. 팀원들과 협력하고 안전하게 훈련할 수 있는 기회를 만들어서 팀의 아키텍처 역량을 높이세요. 팀의 성장은 설계를 잘 결정하는 일만큼이나 중요합니다.

1부와 2부에서는 소프트웨어 아키텍처 설계에서 알아야 할 가장 중요한 원칙과 사례를 배웠습니다. 이 지식을 온전히 흡수하면 여러분 모두 훌륭한 소프트웨어 아키텍트가 되리라 믿어 의심치 않습니다. 여기서 다룬 내용이 전부는 아닙니다. 문서화, 관점, 패턴, 평가, 특정 기술을 자세히 다루는 학습 정보는 이미 많습니다. 아키텍트로 성장하면서 더 깊이 더 많이 공부하세요.

다음 단계는 뭘까요? 배운 지식으로 훌륭한 소프트웨어를 만드는 겁니다! 여러분이 아키텍트로서 본격적인 여정을 시작하기 전에 힘을 보태고자 3부에 네 가지 디자인 마인드셋을 중심으로 한 실용적인 설계 방법과 팀원들과 함께할 수 있는 활동을 모아놨습니다. 저는 이를 모아 가상의 '은빛 도구상자^silver toolbox'에 넣는 상상을 해봅니다. 네, 맞습니다. 이는 프레더릭 브룩스의 '은 탄환은 없다^No Silver Bullet'[Bro86]의 오마주입니다.

단 하나의 소프트웨어 엔지니어링 방식만으로는 생산성, 신뢰성, 단순성 면에서 엄청난 향상을 거두기 어렵습니다. 소프트웨어 엔지니어링에 은 탄환은 없지만, 함께 사용할 때 엄청난 개선을 이룰 수 있는 소프트웨어 엔지니어링의 은빛 도구상자는 우리 손에 있습니다. 3부에서 소개하는 방법들 중에서 여러분이 자신의 도구상자에 넣고 싶은 몇 가지 유용한 도구를 찾을 수 있기를 바랍니다.

10년 전의 소프트웨어 설계 방식은 오늘날과는 꽤 달랐습니다. 10년 후의 설계 방식 또한 달라질 겁니다. 여러분은 이제 미래를 만들어갈 커뮤니티의 일원입니다. 걱정하지 마세요. 충분히 재미있으니까요. 우리는 그저 꾸준하게 멋진 소프트웨어를 만들어갈 뿐입니다.

3부

아키텍트의 은빛 도구상자

아키텍트라면 누구나 이해관계자의 의견을 받고
동료들의 생각을 정리하는 나름의 방법을 몇 가
지 가지고 있습니다. 3부에서 소개하는 여러 방법
으로 자신만의 도구상자를 만들어보세요.

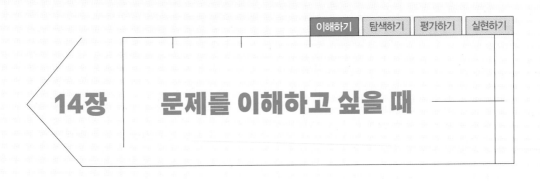

14장 문제를 이해하고 싶을 때

문제 해결을 위한 공감대가 형성되면 이해관계자들에게 적극적으로 정보를 수집하고 문제를 정의해갑니다. 공감대를 형성한다는 건 요구사항을 정의하는 것보다 한 단계 더 높은 차원의 일입니다. 이해관계자가 누군지 알아내고, 시스템의 비즈니스 목표를 확인하고, 아키텍처의 특성에 맞추어 요구사항을 파악합니다.

5장 '아키텍처 핵심 요구사항 알아내기'에서 언급했듯이 구조에 대한 주요 요구사항 네 가지가 있습니다. 네 가지 모두 아키텍처에 영향을 주지만 이 중에서 품질 속성이 가장 중요합니다.

1 제약
  바꿀 수 없는 결정사항. 대체로 이미 결정된 사항을 받지만, 가끔은 선택권이 있음.

2 품질 속성
  시스템을 다른 시스템과 구분 짓는, 겉으로 보이는 요소. 구체적인 상황에서 시스템이 어떤 작업을 수행하는지 등.

3 영향력 있는 기능 요구사항
  아키텍처에서 특별히 주목해야 하는 기능.

4 기타
  시간, 지식, 경험, 능력, 내부 규정, 개인의 개성 등 설계에 영향을 미치는 요소들.

이번 장에서 소개하는 여러 활동은 이해관계자들과 공감하고 아키텍처적으로 중요한 요구사항을 찾는 데 도움이 될 것입니다. 실전에서 문제를 더 잘 파악하고 싶을 때 활용할 수 있습니다.

활동 1 하나만 고르기

이해관계자들과 우선순위에 대해 논의할 때 극단적인 선택을 해보세요. 딱 하나만 고른다면 무엇일까? 이 활동은 의사결정 과정에서 마주하기 힘든 트레이드오프가 있을 때 하기 좋습니다.

장점

- 명료한 대화가 가능합니다. 이것이 저것보다 중요하다고 말하세요.

- 왜 그런 의사결정을 했는지, 의사결정을 위해 이해관계자들은 어떤 생각을 바꿔야 하는지에 대해 말할 수 있습니다.

- 이해관계자가 동의하지 않을 경우, 동의하지 않았다는 사실을 분명하게 할 수 있습니다.

참가자

모든 이해관계자

준비할 것

대안 목록(예를 들어 품질 속성, 비용, 일정, 기능 등 다루기 어려운 트레이드오프 요소들)

실행 단계

① 토론 규칙을 설명합니다. 이해관계자들은 선택지 중 단 하나만 선택할 수 있습니다. 여기서 선택한 하나만 하는 게 아니라, 어려운 요소를 미리 거르는 과정이라는 점을 꼭 알려줘야 합니다.

② 선택지를 이해관계자들 앞에 나열합니다. 선택지마다 어떤 의미가 있는지 이야기하고 모든 선택지의 의미를 이해할 수 있게 합니다.

③ 이해관계자들에게 단 하나만 선택해야 한다고 말합니다. 모두가 하나씩 선택하면서 공감대를 형성합니다.

④ 각자 왜 그런 선택을 했는지 이야기합니다. 이 과정이 선택하는 순간보다 더 중요합니다.

⑤ 아키텍처적으로 중요한 요구사항이 있는 다른 선택지를 선택하고 다시 해봅니다.

지침과 팁

- 일이 너무 복잡해지기 전에 이 활동을 해보길 권합니다. 활동 중에 나누는 대화는 문제가 충분히 구체적일 때보다 아직 추상적일 때가 더 쉽습니다.
- 상충하는 품질 속성이 있다면 서로 경쟁 관계로 인식시켜야 합니다.
- 이 활동은 영향력 있는 기능 요구사항의 우선순위를 정할 때 쓰면 좋습니다.
- 이 활동은 가벼운 대화를 해가며 이해관계자들이 공감대를 높일 때 좋습니다

예시

시나리오마다 이해관계자들에게 한 가지 선택을 강요했을 때 나오는 의사결정 예시입니다.

상충하는 가치	이해관계자들의 선택
빠른 처리 속도 대 높은 정확도	빠른 처리 속도. 최소한의 정확도만 확보된다면 괜찮다.
비용 대 정시 출시	정시 출시. 이해관계자들은 기술 부채를 감당할지라도 정시에 출시함으로써 요구사항을 충족시키고 싶어 한다.
사용성 대 보안	보안. 보안은 최상의 품질 속성이었으므로 다른 모든 품질 속성보다 우선한다.
가용성 대 비용	가용성. 시스템의 고가용성을 확보하기 위해 중복 지출을 감수한다.

대안

상충하는 가치를 경쟁 관계에 놓기보다는 이해관계자들이 여러 가치를 절충해서 판단하도록 지표를 만들어서 비교하게 할 수 있습니다. 먼저 3개에서 5개 정도의 연관된 가치를 정리한 후, 각각 1부터 n까지 숫자를 붙입니다. n은 나열된 가치의 수입니다. 두 항목이 같은 숫자를 가질 수 없습니다. 이렇게 하면 꽤 시각적으로 판단할 수 있습니다.

성능	**1**	2	3	4

확장성	1	2	**3**	4

민첩성	1	2	3	**4**

신뢰성	1	**2**	3	4

활동 2 공감 지도

이해관계자들의 책임, 생각, 감정을 브레인스토밍하며 기록해보세요. 팀은 프로젝트 목표를 달성하기까지 한 차원 높은 수준의 공감대를 형성할 수 있습니다.

장점

- 아키텍처를 본격적으로 구상하기 전에 참가자들이 원하는 바를 미리 알 수 있습니다.
- 어떤 정보를 넣거나 빼는 것을 판단하는 데 도움이 됩니다.
- 아키텍처의 효과를 평가하고 싶을 때 이 활동을 토대로 평가 지표를 만들 수 있습니다.

소요 시간

10~30분

참가자

- 소프트웨어 아키텍트, 개발 팀
- 3~5인의 소규모 그룹 혹은 혼자서도 가능합니다.

준비할 것

- 이 활동에서 집중할 이해관계자, 시스템, 사용자 고르기
- 화이트보드나 전지, 포스트잇
- 원격으로 진행 시에는 화면 공유 혹은 협업 도구

실행 단계

① 화이트보드나 종이에 사분면을 그립니다. 각 영역에 다음과 같이 써봅니다. 실행하기, 만들기, 말하기, 생각하기.

② 이해관계자 이름 한 명을 정중앙에 적습니다.

③ 그 이해관계자에 대해 브레인스토밍합니다. 이 사람이 했던 일, 실제로 내놓은 결과물, 했던 말들, 일하면서 느꼈을 감정 등.

④ ③에서 브레인스토밍한 것을 포스트잇에 적은 후, 각 사분면에 배치합니다.

⑤ 완성된 공감 지도를 보며 인사이트를 얻습니다.

지침과 팁

- 구체적이어야 합니다. 업무나 역할이 아니라 사람을 특정해야 합니다.
- 이 활동으로 알아낸 점을 정리해서 이해관계자들과 확인해보세요.
- 이 사람과 관계 있는 품질 속성, 리스크, 여러 가지 고려사항들을 말해봅시다.
- 이 방법은 소프트웨어의 최종 사용자나 외부 시스템, 시스템을 건네받을 사람들의 입장에서 품질 속성을 이해할 때 사용할 수도 있습니다.
- 원격으로 진행할 때는 Mural[1] 같은 온라인 도구를 사용해보세요.

예시

다음 쪽에 개발자에 대한 공감 사분면이 있습니다.

대안

사분면의 명칭을 다르게 바꿔볼 수 있습니다. 대표적으로 '듣기, 보기, 행동하기(말하기), 생각하기(느낌)' 사분면이 있습니다.

공감 사분면을 변형해 품질 속성을 분석할 때 활용할 수도 있습니다. 특히 '활동 7 미니 품질 속성 워크숍'처럼 이해관계자들이 여러 워크숍에 참여할 여력이 없어서 품질 속성을 분석하지 못했을 때 사용할 수 있습니다. 이해관계자의 말과 생각을 적는 게 아니라 이해관계자들이 어떤 품질 속

---

[1] https://www.mural.co

성에 반응할지에 대해 적습니다. 물론 품질 속성을 파악할 때는 이해관계자에게 직접 물어보는 게 가장 좋지만, 그럴 수 없다면 좋은 대안이 될 수 있습니다.

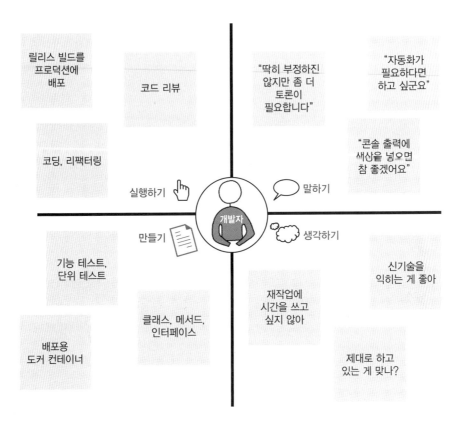

공감 사분면을 품질 속성을 파악하는 용도로 활용하려면, 먼저 이해관계자 한 명을 선택하고 두 가지 품질 속성을 다루는 시나리오를 선정합니다.

이 대안을 사용하려면 먼저 이해관계자를 선택하고 최소 두 가지 이상의 품질 속성에 대해 시나리오를 만들어보거나 각 품질 속성마다 일반적인 고려사항들에 대해 브레인스토밍합니다. 스티커로 품질 속성에 대해 이해관계자가 어떤 평가를 내릴지 투표를 합니다. 이상적으로는 이 투표에 대해서도 평가해야 하지만 적당한 융통성을 발휘해도 좋습니다. 이렇게 만든 사분면은 다른 워크숍을 진행할 때 이해관계자가 없어도 이해관계자를 대변하는 역할로 활용할 수 있습니다.

티멘 데 고이예르가 진행한 워크숍을 예로 들어보겠습니다. 노란 포스트잇에는 품질 속성별 시나리오를 쓰고, '활동 6 품질 속성 레이다 차트'에서 소개하는 모양으로 배치합니다. 이 배치는 브레인스토밍할 때 품질 속성별 중요성을 구조화하고 시각화하는 데 효과적입니다. 그림 가운데의 여러 선은 이 워크숍에 참여하지 않은 이해관계자들이 꼭지점마다 배치된 품질 속성에 얼마나 중요도를 느낄지를 표시한 것입니다. 워크숍을 진행하면서 참여하지 않은 이해관계자들을 대변해서 공감 지도를 그리도록 했습니다.

258

활동 3 GQM 접근법

이 방식은 파악해야 할 메트릭과 그 반응을 측정해 데이터와 비즈니스 목표를 연결하는 접근법입니다. 목표–질문–메트릭goal-question-metric(GQM) 접근법은 논문 「The Goal Question Metric (GQM) Approach」[BCR94]에 자세한 설명이 있습니다. GQM 접근법은 메트릭을 잣대로 사용해 프로젝트가 목표를 충족하는지 판단합니다.

GQM 접근법은 목표, 질문, 메트릭 세 부분으로 나뉩니다. 목표는 충족해야 하는 요구사항을 정의합니다. 목표는 품질 속성 시나리오, 일반적인 소프트웨어 품질, 비즈니스 목표, 또는 그 외의 주제일 수 있습니다. 목표가 하나일 필요는 없습니다. 질문은 목표를 특징 지을 수 있도록 작성해야 합니다. 질문 또한 하나일 필요는 없습니다. 메트릭은 질문에 답하는 데 필요한 지표를 정의합니다.

장점

- 측정 기준에 근거해 이해관계자의 목표를 강조할 수 있습니다.
- 목표를 충족하는지 판단하는 기준은 오로지 데이터부터 이해관계자의 목표까지 이르는 일관된 질문이며, 그 질문에 반드시 답해야만 합니다.
- 어떤 상황에 처하더라도 메트릭을 기준으로 생각하면 팀원들이 더욱 유연하게 대응할 수 있습니다.

소요 시간

15~90분

참가자

혼자 혹은 2~5명 정도의 작은 그룹. 이해관계자가 함께해도 좋습니다.

- 화이트보드나 전지, 마커

- 워크숍을 시작하기 전에 어떤 목표를 가져야 할지 대략은 준비해놔야 합니다.

실행 단계

① 화이트보드의 왼쪽 끝에 목표를 적습니다.

② 참가자들에게 몇 가지 질문합니다. 목표를 달성했는지 확인하려면 어떤 질문을 해야 합니까? 목표의 오른쪽에 떠오르는 질문을 적으세요. 그다음 목표에서 질문까지 선을 그려 나무를 만듭니다.

③ 반드시 답변해야 하는 질문으로만 구성해야 합니다. 메트릭은 그 답변을 할 때 필요한 지표입니다. 메트릭을 만들기까지 각 질문을 살펴본 후, 질문 오른쪽에 측정해야 할 항목을 작성하세요. 그다음 질문에서 메트릭까지 선을 그립니다.

④ 동일한 질문이나 메트릭을 재사용할 수 있는 목표는 없는지 반복해 실행합니다. 최종 결과는 메트릭에서 질문으로, 다시 질문에서 목표로 연결된 나무 형태가 나와야 합니다.

⑤ 각 지표를 계산하는 데 필요한 데이터를 파악합니다. 메트릭 오른쪽에 필요한 데이터를 써넣습니다. 각 메트릭에서 메트릭 계산에 필요한 데이터까지 선을 그립니다.

⑥ 필요한 데이터를 어디서 얻을 수 있는지 결정하세요. 데이터 소스가 어디 있는지 적습니다. 그다음 데이터 소스에서 데이터를 수집할 때 필요한 비용도 넣으세요.

⑦ 워크숍의 마지막 단계로 데이터와 메트릭의 우선순위를 정합니다. 메트릭에서 반드시 필요한 데이터 원본을 명확히 파악해야 합니다. 데이터 원본을 계산해 얻을 수 있는 질문이나 지표도 있습니다. 이를 고려해 데이터 원본을 찾습니다.

⑧ 워크숍 결과물은 사진으로 찍어놓습니다. 목표, 질문, 메트릭, 데이터, 데이터 소스를 기록해둡니다.

지침과 팁

- 화이트보드나 전지는 GQM 항목과 선을 다 그릴 만큼 충분히 커야 합니다.

- 뭐든 재사용할 수 있으면 재사용해야 합니다. 메트릭 하나는 여러 질문의 답이 될 수 있습

니다. 이와 마찬가지로 하나의 데이터는 계산을 어떻게 하느냐에 따라 여러 메트릭에 대응할 수 있습니다.

- 데이터 소스와 데이터는 아키텍처의 제약으로 받기 힘들 때도 있습니다. 이때는 아키텍처를 벗어나서 외부에서 데이터를 얻을 수 있는지도 살펴보면 좋습니다.

- 결과물은 표나 스프레드시트로 정리한 다음 이해관계자에게 검토를 받아보세요. 선별된 메트릭은 시스템의 수명 내내 유용하게 활용할 수 있습니다.

예시

아래 예시에서 목표는 좌측에 적혀 있으며, 질문은 가운데 열에, 그리고 메트릭은 우측에 있습니다. 이 GQM 스케치의 경우 메트릭 산출에 필요한 데이터 정보는 생략했습니다.

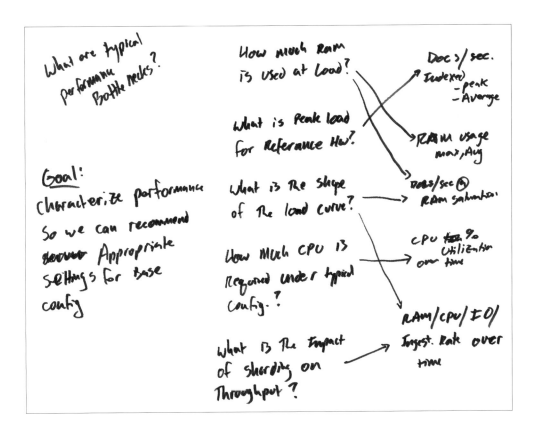

이해관계자 인터뷰

이해관계자의 비즈니스 목표를 알고 싶으면 직접 물어보면 됩니다. 이해관계자를 인터뷰할 때는 소프트웨어 계획을 질문하고, 문제가 처한 상황을 파악하고, 다가오는 위험으로 무엇을 느끼는지 공감하고, 품질 속성과 기타 요구사항의 세부 정보를 찾습니다.

인터뷰는 구조를 갖추어서 스크립트에 따라 진행할 수 있고, 아무런 구조 없이 진행할 수도 있습니다. 구조가 없는 인터뷰는 주제를 다루기 쉽고 대화하듯 진행할 수 있지만, 그럼에도 다뤄야 할 주제는 미리 계획해놔야 합니다. 인터뷰는 직접 대면하거나 설문지를 만들어서 오프라인으로 진행할 수 있습니다.

이해관계자를 인터뷰하기에 적절한 체크리스트와 질문 템플릿은 이미 많이 있습니다. 더 깊이 알고 싶으면 킴 굿윈^{Kim Goodwin}의 『인간 중심 UX 디자인』(에이콘출판, 2013)[Goo09]을 추천합니다. 책에서 이해관계자 인터뷰를 다루는 부분은 웹에서 무료로 볼 수 있습니다.[2]

장점

- 일반적인 정보 수집에 주력합니다.

- 자유로운 열린 토론 방식도 좋습니다.

- 다른 워크숍이나 활동을 준비할 때 활용할 수 있는 배경지식을 얻을 수 있습니다.

- 품질 속성 시나리오나 ASR을 빠르게 평가할 수 있습니다.

- 이해관계자와 아키텍처 사이에 직접적인 결속력을 만듭니다.

소요 시간

30~60분(1건당 60분을 넘지 않는 편이 좋습니다)

---

2   옮긴이_ 원본의 URL은 http://boxesandarrows.wpengine.com/understanding-the-business이지만 페이지가 유실되었습니다. 현재는 https://twitter.com/kritsakova/status/781478876845309952/photo/1에서 볼 수 있습니다.

참가자

- 이해관계자 한 명 혹은 소규모 그룹으로 수행할 수 있습니다. 아키텍트가 인터뷰를 주도하고, 이해관계자는 인터뷰를 받습니다.

- 팀원은 인터뷰 참관은 할 수 있지만, 인터뷰하는 그룹은 인터뷰를 받는 사람들보다 적은 수여야 분위기를 압도하지 않고 진행할 수 있습니다. 인터뷰하는 사람은 한두 명 정도만 참여합니다.

준비할 것

- 인터뷰 목표와 질문 목록

- 인터뷰 내용을 기록할 종이와 펜

- 대화에 집중해야 하므로 인터뷰 내용은 녹음합니다. 자세한 내용은 인터뷰가 끝난 후 기록하세요. 대부분의 화상회의 프로그램에는 녹화 기능이 있습니다.

실행 단계

① 인터뷰의 목표 인터뷰 결과를 어떻게 활용할지 설명하세요. 예를 들어 '수집한 요구사항을 평가한 후 더욱 실질적인 요구사항을 파악하고자 한다'라고 이야기하세요.

② 미리 작성해둔 인터뷰 체크리스트에서 몇 가지 질문을 합니다.

③ 최대한 원하는 정보를 얻도록 질문을 다듬으며 진행합니다.

④ 인터뷰에 참여해준 이해관계자에게 시간을 내주어서 고맙다고 인사하며 마칩니다.

⑤ 인터뷰가 하나씩 끝날 때마다 인상적인 내용은 즉시 기록합니다. 주제, 기술적인 측면, 설계 아이디어 등과 참관자의 기록도 취합합니다.

⑥ 모든 인터뷰가 끝나면 취합한 데이터를 분석합니다. 아키텍처 핵심 요구사항을 알맞게 수정하거나 새로 추가합니다. 새롭게 파악한 위험 요소를 기록하고 추가로 해야 할 일을 생각합니다.

⑦ 팀원들과 후속 모임을 가지고, 내용을 정리해 이해관계자들에게 공유합니다.

- 아키텍처의 고려사항을 이해관계자들과 나누고 싶은 경우 너무 서둘러서 인터뷰하지 마세요. 아키텍처의 고려사항을 다루기 전에 꼭 해줘야 하는 평범한 설계 작업이 상당히 많습니다.

- 질문에 단계를 둬서 인터뷰 대상이 충분히 본심을 이야기할 수 있도록 하세요. 억지로 상대방을 끌고 가지 마세요.

- 시스템 설계에 직접적인 영향을 줄 실제 사용자와 주요 이해관계자를 만나세요. 예를 들어, 햄스터 놀이터를 만들 때는 햄스터를 직접 길러본 사람과 인터뷰해야지 멀리서 구경만 했던 사람과 하면 안 됩니다.

- 대화를 시작할 때 데이터를 활용하면 좋습니다. '활동 9 허수아비 반응'에서는 인터뷰 대상을 부드럽게 이끌면서 대화를 구체화하는 방법이 나와 있습니다.

- 인터뷰를 녹화하거나 기록해줄 사람을 둬서 인터뷰 진행자가 온전히 인터뷰에만 집중할 수 있도록 하세요.

예시

아래는 구조가 없는 인터뷰를 진행하는 예입니다. 아래의 대화에서 아키텍트는 비즈니스적인 제약을 더욱 명료하게 파악하려고 합니다.

> 🧑 **아키텍트**: 전에 말씀하셨듯이 새 시스템은 기존 시스템을 대체합니다. 그러면 기존 시스템은 어떻게 되는 건가요?

> 🧑 **이해관계자**: 새 시스템이 가동되면 기존 시스템을 시간을 두고 서서히 없앨 계획입니다. 기간은 대략 9개월 정도 잡고 있습니다. 고객들에게 마이그레이션할 시간을 줘야 하기 때문입니다.

> 🧑 **아키텍트**: 9개월이면 꽤 긴 시간이군요. 언제 완료되길 원하나요?

> 🧑 **이해관계자**: 빠를수록 좋습니다. 저는 내년 12월을 희망합니다.

> 🧑 **아키텍트**: 그렇군요. 12월에 교체를 끝내려면, 3월부터 새 시스템을 운영하기 시작해야 합니다. 맞나요?

> 🧑 **이해관계자**: 네. 맞습니다.

👤 **아키텍트**: 기존 시스템을 종료할 때 어떤 요구사항이 있나요? 새 시스템으로 교체할 때 빠진 게 없는지 위험 요소를 파악해야 합니다.

👤 **이해관계자**: 네. 기존 시스템을 대체하기 전에 새 시스템은 네 가지 기능을 반드시 탑재해야 합니다.

이해관계자가 마지막 말을 하자마자, 아키텍트는 영향력 있는 기능 요구사항을 고려할 수 있었습니다.

가정 나열하기

가정^{assumption}은 시스템이 당연히 생각하는 대로 동작하리라는 믿음입니다. 숨겨진 가정은 프로젝트를 죽일 수 있습니다. 죽이지 않더라도 아주 고통스럽게 합니다. 이 활동은 숨어 있는 가정을 최대한 많이 끄집어내게 합니다. 활동으로 얻은 정보로 더 상세한 설계를 하거나, 우선순위를 조정하거나, 더 나은 ASR로 수정할 수 있습니다. 팀이 아키텍처 지식을 더 원활히 공유할 수도 있습니다.

장점

- 본질적인 목표와 요구사항을 이해하고 오해를 피할 수 있습니다.

- 그때그때 분석하기에 좋습니다. 거창한 워크숍이나 안건을 준비할 필요가 없습니다.

- 중요한 요구사항을 놓치지 않습니다.

소요 시간

15~30분

참가자

모든 팀원. 2인 1조 또는 소규모 그룹(3~5명 이하)으로 진행합니다.

준비할 것

필기도구: 종이와 펜, 화이트보드와 마커, 포스트잇과 펜 등

실행 단계

① 활동을 시작하기 전에 한마디 합니다. "가정한 게 너무 많으면 무슨 일이 일어나는지 모두 알죠? 꽤 곤란한 상황을 겪을 수 있어요."

② 활동의 목표를 말합니다. "15분 동안 우리가 시스템에서 지레 짐작했던 사항이 있으면

모조리 적어봅시다."

③ 하나씩 짚으면서 가정하고 있던 사항이 있는지 참가자들에게 질문합니다.

④ 대답을 적으면서 모두가 볼 수 있게 합니다.

⑤ 분위기가 느슨해지면 다음 주제로 넘어가거나 추후 실행 계획을 세우고 종료합니다.

지침과 팁

- 질문으로 시작하세요. "우리가 X에 대해 얼마나 안다고 생각하세요?"

- 언급된 모든 내용을 기록하세요. 상식적이라고 생각해도 기록하세요.

- 한 명 또는 다수가 놀라거나 어떤 반응을 일으킨 가정이 있다면 잠시 멈추고 토론하세요.

- 팀 위키에 나열했던 가정을 기록하세요.

예시

아래 예시는 '활동 19 화이트보드 토론' 직후에 나열한 가정입니다.

품질 속성 레이다 차트는 이해관계자의 우려사항이나 원시적인 수준의 품질 속성 시나리오를 유도하고, 분류하고, 세분화하고, 우선순위를 지정할 수 있는 브레인스토밍 및 시각화 활동입니다. 육각형 모서리마다 품질 속성을 써넣은 간단한 차트로 이해관계자의 우려사항을 적절한 위치에 걸어둘 수 있습니다. 각자가 포스트잇에 우려사항을 써서 아래 그림처럼 관련된 품질 속성과 가까운 적절한 위치에 포스트잇을 붙입니다.

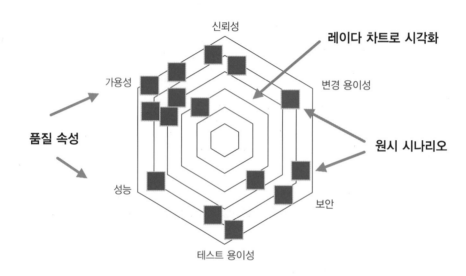

장점

- 이해관계자들에게 기능이 아닌 품질 속성을 생각하도록 합니다.

- 중요하게 생각하는 기준에 따라 시스템이 어떻게 다를 수 있는지 시각적으로 비교할 수 있습니다.

- 품질 속성 시나리오를 수정하기 전에 이해관계자들이 우선순위를 따져볼 수 있도록 합니다.

30~45분

팀원 및 이해관계자 누구나

- 품질 속성을 어떤 방법으로 구분할지 시작하기 전에 준비해야 함
- 포스트잇, 마커

① 빈 레이다 차트를 그려서 모두가 볼 수 있도록 합니다. 이미 파악해둔 품질 속성이 있다면 적어두어도 좋습니다. 파악해둔 품질 속성이 없다면 모두가 브레인스토밍하면서 이해관계자가 중요하게 여길 5~7개의 품질 속성을 파악합니다.

② 우려사항과 원시적인 수준의 품질 속성 시나리오를 브레인스토밍하도록 합니다. 우려사항을 포스트잇에 적은 후 각 모서리에 적힌 품질 속성 중 가장 관계 있는 쪽에 붙입니다.

③ 시간이 어느 정도 지나면 우려사항을 옮겨 적고 본격적인 품질 속성 시나리오를 만드는 데 활용합니다.

- 처음 시작할 때 도움이 필요한 이해관계자들이 있습니다. 우려사항을 말할 때 이를 한 문장으로 표현할 수 있도록 도와주세요.
- 차트에 붙인 우려사항들 사이에 우선순위를 정할 때는 점찍기로 투표하세요.
- 완벽한 시나리오가 나오도록 애쓸 필요는 없습니다. 시작할 때는 일반적인 생각, 걱정, 결과 측정 방법, 시나리오의 일부분 등이 모두 좋은 소재입니다.
- '활동 7 미니 품질 속성 워크숍'과 연계해 진행하면 더 풍부한 경험을 할 수 있습니다

아래 예시는 품질 속성 레이다 차트를 활용해 브레인스토밍하고 기록한 사진입니다. 이 워크숍에서는 모두들 가용성과 신뢰성이 다른 품질 속성보다 중요하다고 여겼습니다. 한 시간의 워크숍으로 약 20가지 원시적인 수준의 시나리오를 만들었으며, 이 중 이해관계자가 중요하게 여기는 것으로 6개만 채택했습니다. 나머지로는 팀이 이해관계자들의 우려사항을 이해할 수 있었습니다.

미니 품질 속성 워크숍^{mini-quality attribute workshop}(mini-QAW)은 시스템 설계 초기에 이해관계자들과 가볍게 품질 속성을 논하는 워크숍입니다. 미니 품질 속성 워크숍에서는 참가자들이 품질 속성 분류표를 보며 빠르게 파악하고, 개발하고, 선별하는 작업을 합니다. 이 워크숍이 끝날 때는 우선순위로 정렬한 품질 속성 시나리오와 설계할 시스템의 풍부한 맥락을 얻을 수 있습니다.

장점

- 전통적인 품질 속성 워크숍에서 필수적인 사항만 다루어 몇 시간 안에 끝냅니다.

- 원시적인 수준의 품질 속성을 빠르게 파악해 전체 시나리오에 넣기 전에 우선순위를 정할 수 있습니다.

- 이해관계자들에게 각자의 아이디어를 강조할 기회를 줍니다.

- 이해관계자들에게 토론의 장을 마련해주어 우려사항, 위험, 기타 고려사항 등을 논할 수 있게 합니다.

소요 시간

90분~3시간. 품질 속성의 분류와 브레인스토밍 방법에 따라 다름

참가자

- 진행자(대체로 소프트웨어 아키텍트)와 소수의 이해관계자 그룹

- 이 워크숍은 최대 10명, 3~5명의 소규모 그룹으로 구성할 때 가장 좋습니다. 필요에 따라 그룹의 크기를 줄이고 워크숍을 여러 번 열어도 됩니다. 워크숍을 여러 번 개최하는 경우 워크숍이 종료된 후 모든 그룹의 참가자를 모아서 시나리오를 검토합니다.

준비할 것

- 워크숍을 시작하기 전에 품질 속성 분류표를 준비합니다. 품질 속성 분류표는 만들고자

하는 시스템과 관련이 깊은 품질 속성을 모아놓은 표입니다. 서비스 지향 아키텍처에서 보는 주요 품질 속성은 「Software Engineering Institute」[3]에서 확인할 수 있습니다. 분류표가 있으면 브레인스토밍할 때 좀 더 구성력을 갖출 수 있습니다.

- 5.2.1절 '제약 단순화하기'의 예시처럼 시각화할 수 있는 품질 속성 시나리오 템플릿을 준비합니다. 이 템플릿은 워크숍 중에 시나리오를 기록할 수 있어서 좋습니다.

- 필요하다면 '활동 6의 품질 속성 레이다 차트'를 포스터 용지에 그려서 워크숍 중에 사용할 수 있습니다. 분류표를 인쇄해놓지 않았다면 방사형 차트를 그리면서 워크숍을 시작해도 좋습니다.

- 포스트잇과 마커를 참가자들에게 나눠줍니다.

실행 단계

① 워크숍 목표와 안건을 보여줍니다.

② 참가자들에게 품질 속성의 개념을 간단히 가르쳐줍니다. 그다음 품질 속성 분류표를 보여줍니다.

③ 준비한 품질 속성 레이다 차트를 보여주거나 그리면서 모두가 볼 수 있게 합니다.

④ 원시적인 품질 속성 시나리오를 브레인스토밍합니다. 이때는 설문지를 이용할 수도 있고 구성을 갖추어 브레인스토밍을 진행할 수도 있습니다. 먼저 참가자들에게 포스트잇 하나에 아이디어 하나씩 적도록 합니다. 그다음 거미줄 위에 붙입니다. 거미줄에 붙이면서 시나리오를 소리내어 읽게 합니다. 이때 새로운 시나리오가 생각나면 마찬가지로 포스트잇에 기록하고 거미줄에 붙입니다.

⑤ 브레인스토밍 단계를 지나면 품질 속성과 시나리오에 스티커를 붙여서 우선순위를 정합니다. 이 스티커 투표에서 참가자들은 전체 시나리오 수의 1/3만큼의 투표권이 주어집니다. 다시 말해, 25개의 포스트잇이 차트에 붙어 있으면 한 명당 8개씩 시나리오에 투표할 수 있습니다. 그리고 품질 속성에는 투표권이 2개 주어집니다. 모두가 동시에 스티커를 붙이며 투표합니다.

3   Liam O'Brien, Len Bass, and Paulo Merson, *Quality Attributes and Service-Oriented Architectures*, http://resources.sei.cmu.edu/library/asset-view.cfm?assetid=7405

⑥ 모든 참가자가 함께 가장 많은 표를 받은 시나리오를 5.2.1절 '품질 속성을 시나리오로 만들기'에 있는 시나리오의 여섯 가지 부분에 맞추어 시간이 다 될 때까지 개선합니다. 워크숍 시간 동안 끝내지 못한 남은 작업이 있다면 숙제로 해야 합니다.

⑦ 숙제로 가장 많은 표를 받은 시나리오를 개선합니다. 후속 미팅으로 개선한 품질 속성 시나리오와 우선순위를 평가합니다.

지침과 팁

- 분류 수는 적게 잡으세요. 최대 5~7개 정도로 합니다.

- 워크숍에서는 레이다 차트를 적극적으로 활용하세요. 포스트잇을 품질 속성 중에서 가장 관련 있는 쪽에 붙이세요.

- 브레인스토밍에서 너무 완벽한 시나리오를 만들려고 애쓸 필요는 없습니다.

- 자극, 반응, 주변 상황에 대해 평가하는 질문도 병행해야 합니다.

- 이해관계자가 무언가 걱정하는 게 있으면 주의를 기울이세요. 이해관계자의 걱정은 시나리오의 좋은 소재가 되곤 합니다.

- 기능 요구사항은 어떤 게 있는지 파악하세요.

- 숙제를 무시하지 마세요. 숙제는 중요합니다.

- 참가자와 한 공간에 모여서 진행하기 어렵다면 화면 공유 프로그램을 이용해서 모두 참여할 수 있게 합니다. 9.5절 '원격으로 협업하기'를 참고해 진행하세요.

예시

아래는 미니 품질 속성 워크숍에서 다루는 안건의 예시입니다.

안건	시간	팁
미니 품질 속성 워크숍 소개	10분	
참가자들에게 품질 속성의 개념 가르치기	15분	개념에 대한 이해도 높이기
원시적인 수준의 시나리오를 브레인스토밍하기	30분~2시간 이상	품질 속성 거미줄 다루기
시나리오 간 우선순위 정하기	5분	스티커로 투표하기
시나리오 개선하기	끝날 때까지	숙제로 마저 끝내기로 함
결과 리뷰	1시간	추후에 별도로 미팅을 잡아서 진행

미니 품질 속성 워크숍은 꽤 실용적입니다. 그리고 유동적으로 운영할 수 있습니다. 지금부터 단계마다 도움이 될 만한 팁을 소개하겠습니다.

원시 시나리오를 브레인스토밍하고 우선순위 정하기

워크숍 참가자들이 경력자라면 간단한 브레인스토밍 연습부터 시작합니다. 브레인스토밍 시간을 7~10분으로 제한하고 참가자에게 최대한 많은 원시 시나리오를 제안하게 합니다. 경험이 적은 참가자를 대상으로는 미리 준비해놓은 분류표와 이 분류표에 따라 작성한 설문지로 '활동 6 품질 속성 레이다 차트'를 해보는 게 좋습니다. 설문지는 이해관계자들의 잠재적인 시나리오를 이끌어내도록 유도하는 질문 목록입니다. 설문지를 만들기 위해서는 사전 작업을 많이 해야 하지만, 설문지 없이 브레인스토밍하는 방식보다 더 안정적인 결과를 얻을 수 있습니다.

브레인스토밍 후, 원시 시나리오의 우선순위를 정하세요. 이해관계자들은 워크숍 동안 많은 우려사항을 제기하겠지만, 모든 우려사항을 포함해 개선할 필요는 없습니다. 참가자들이 투표를 마친 후에는 한 걸음 물러서서 차트를 보세요. 다른 품질 속성보다 포스트잇이 많이 붙어 있는 게 있나요? 사람들의 투표 결과와 비교하면 어떤가요? 우선순위가 높은 시나리오는 우선순위가 높은 품질 속성과 일치했나요?

다음 사진은 투표를 끝낸 품질 속성 레이다 차트입니다. 포스트잇에 찍힌 점은 원시 시나리오에 투표한 점수이며, 차트 위의 점은 시나리오와 무관하게 품질 속성에 투표한 점수입니다.

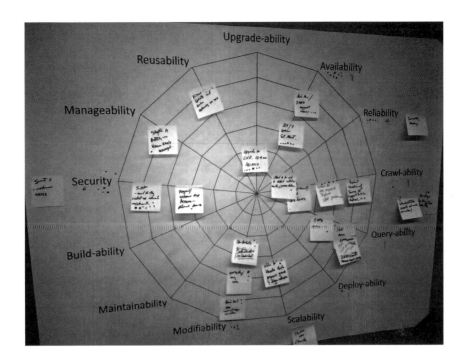

시나리오 개선 시작하기

원시 시나리오의 우선순위를 정했으면 남은 시간을 이용해 모두 함께 시나리오를 개선합니다. 워크숍을 진행할 때 이해관계자에게 품질 속성 시나리오 템플릿을 보여주고 함께 내용을 채웁니다. 템플릿은 종이에 인쇄하거나 프레젠테이션으로 보여줄 수 있습니다. 진행자는 다음 회의 전에 아직 개선하지 못한 시나리오를 숙제 삼아 개선해야 할 책임이 있습니다.

시나리오 개선 작업에서는 품질 속성 시나리오로 위장한 기능 요구사항을 골라내야 합니다. 누구나 기능을 이야기할 때는 신납니다. 품질 속성 워크숍 중에도 기능 요청이 부지불식간에 추가될 수 있습니다. 이런 경우 기능 요청은 개인 노트에 메모하고, 이야기하던 품질 속성 주제로 재빨리 돌아와야 합니다.

이해관계자와 함께 평가하기

후속 미팅을 열어서 이해관계자들과 함께 개선한 시나리오를 검토합니다. 새롭게 알게 된 정보는 프리젠테이션 슬라이드로 만들거나 유인물로 나눠줍니다.

후속 미팅 중에 시나리오마다 붙은 허수아비 반응의 정확도를 확인합니다('활동 9 허수아비 반응' 참조). 시나리오에서 누락된 정보가 있으면 논의하고 내용을 마저 채웁니다. 마지막으로 최상위로 놓을 품질 속성 시나리오와 우선순위를 다시 한번 확인합니다. 단순히 '높음' 또는 '낮음' 정도만 표시해도 충분합니다. 개선하지 못한 원시 시나리오는 우선순위가 낮은 것으로 간주합니다.

대안

미니 품질 속성 워크숍보다 본래의 품질 속성 워크숍이 훨씬 더 폭넓게 진행됩니다. 전통적인 품질 속성 워크숍은 완료하는 데 며칠이 소요되며, 이해관계자가 많은 고위험 시스템에 더 적합합니다. 전통적인 품질 속성 워크숍은 『Quality Attribute Workshops(QAWs), Third edition』[BELS03][4]에서 자세히 설명합니다.

---

4 https://resources.sei.cmu.edu/library/asset-view.cfm?assetid=6687

관점 매드 립으로 비즈니스 목표와 이해관계자들의 요구사항을 기억하기 쉽고 표현력 있는 문장으로 적을 수 있습니다. 아래는 기본적인 매드 립 템플릿입니다. 이 템플릿을 그대로 사용하거나 직접 만들어도 좋습니다.

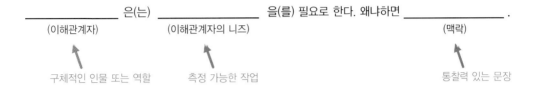

애자일 스토리를 작성했던 경험이 있으면 익숙한 형식입니다. 이해관계자의 요구사항을 강조하고, 기능보다는 전체 시스템이 어떤 가치를 주는지 말합니다. 여러 개의 에픽과 스토리를 포괄하는 문장으로 일종의 사용자 여정^{user odyssey} 정도로 생각할 수 있습니다.

장점

- 이해관계자의 요구사항에 공감대를 형성할 수 있습니다.
- 사용자 입장에서 비즈니스 목표를 더욱 명료하게 표현할 수 있습니다.
- 비즈니스 목표를 주제로 대화하고 싶을 때 사용할 수 있습니다.

소요 시간

30~45분

참가자

- 이해관계사라면 누구나
- 혼자 할 수도 있으나 한 그룹에 2~3명 정도가 적당합니다. 필요에 따라 하나의 큰 그룹을 2~3명의 소그룹으로 나눠서 진행할 수 있습니다.

준비할 것

- 활동을 시작하기 전에 매드 립을 만들어볼 이해관계자가 누구인지 파악하고 목록으로 만듭니다. 이 활동을 시작하기 전에 참가자들과 함께 즉석으로 이해관계자 목록을 만들어도 좋습니다.

- 그룹별로 이해관계자마다 하나의 매드 립을 만들어야 하므로 마커, 포스트잇, 종이를 많이 준비합니다.

실행 단계

① 활동의 목표를 소개합니다.

② 매드 립 템플릿을 설명하고 참가자가 매드 립 형식을 이해할 수 있도록 예행 연습을 합니다. 모두가 이 과정에 참여해야 합니다.

③ 첫 번째 이해관계자를 소개합니다. 이해관계자의 정보를 사람들에게 알려주고 어떤 요구사항이 있는지 토의합니다.

④ 그룹마다 90초를 주고 매드 립을 만들도록 합니다.

⑤ 모든 이해관계자를 다룰 때까지 3~4단계를 반복합니다.

⑥ 만든 매드 립을 공유하고 모두 함께 토의합니다. 굳이 합의를 이끌 필요는 없습니다.

지침과 팁

- 구체적으로 명확하게 말하세요. 특정 인물을 다루면 좋습니다.

- 시작부터 문장을 만드는 일에 너무 걱정하지 않아도 괜찮습니다. 알맞은 단어를 고르기가 쉽지는 않을 겁니다. 그보다는 생각을 끄집어내는 게 더 중요합니다.

- 매드 립의 영향력은 결과 지향적이어야 합니다. '5 Whys'[5] 기법으로 밑바닥에 깔린 이해관계자들의 요구사항을 알아낼 수 있습니다.

---

5   옮긴이_ 특정한 문제에 대해 '왜'라는 질문을 다섯 번 연속해서 함으로써 문제에 대한 근본적인 원인을 찾는 방법. https://en.wikipedia.org/wiki/Five_whys

관점 매드 립은 빠르게 채워야 합니다. 너무 깊이 생각하지 마세요. 다음은 라이언하트 프로젝트의 매드 립 예시입니다.

- 반담 시장은 선거철에 교육 예산을 삭감하고 싶지 않으며, 그 대신 조달 비용을 30% 절감하고 싶어 합니다.
- 지역 기업이 계약을 따내면 지역 경제를 개선할 수 있으므로, 반담 시장은 지역 기업의 참여를 높이고 싶어 합니다.
- 예산집행부는 새로운 RFP를 개시할 때까지 소요되는 시간을 절반으로 줄이고 싶어 합니다. 서비스를 개선하면서 비용도 절감할 수 있기 때문입니다.

대안

아래 소개하는 방법은 관점 매드 립의 대안으로 진행해볼 수 있습니다.

디자인 힐

디자인 힐$^{\text{design hill}}$은 소프트웨어가 최종 사용자에게 미칠 영향을 이해관계자들에게 설명할 때 유용합니다. 비즈니스 목표를 설명하는 여느 방식처럼, 디자인 힐은 소프트웨어를 만드는 방법보다는 소프트웨어가 제공하는 가치를 설명합니다.

디자인 힐은 누가^{who}, 무엇을^{what}, 와우^{wow}, 이렇게 세 부분으로 나뉩니다.

- **누가?** 소프트웨어가 영향을 주는 이해관계자를 특정합니다.
- **무엇을?** 이해관계자가 소프트웨어로 해낼 수 있는 게 무엇인지 설명합니다. 그 소프트웨어 이전에는 할 수 없었던 일이어야 합니다.
- **와우!** 그 소프트웨어로 해냈을 때 얻을 수 있는 중요하고 측정 가능한 결과입니다.

아래는 라이언하트 프로젝트의 예시입니다.

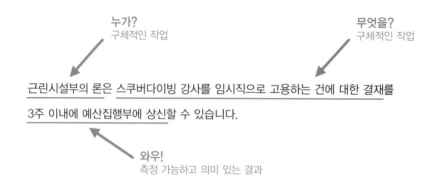

전통적인 비즈니스 목표 선언문

비즈니스 목표 선언문은 이해관계자들이 시스템의 가치를 어떻게 누리는지 직설적인 문장으로 서술합니다. 비즈니스 목표 선언문은 세 부분으로 나뉘며 표로 만들기도 합니다.

- **주체**: 특정 사람이나 역할
- **결과**: 시스템을 성공적으로 구현했을 때 세상이 어떻게 바뀔 수 있는지를 나타내는 분명하고 측정 가능한 표현
- **맥락**: 목표를 이루기 위해 필요한 조건으로 팀의 공감대를 형성하고 요구사항을 깊이 이해할 수 있게 함

아래 예시는 라이언하트 프로젝트의 관점 매드 립을 전통적인 비즈니스 목표로 서술한 표입니다.

이해관계자	목표	맥락
반담 시장	조달 비용 30% 절감	선거가 있는 해에는 교육 예산을 삭감하고 싶지 않다.
예산집행부	새로운 RFP 공개까지의 소요 시간을 절반으로 단축	현재 예상 소요 시간은 9주. 이 시간을 줄이면 도시 사업 전반적으로 서비스 품질이 좋아지며 비용도 줄어든다. 도시 사업이 지연되면 시민들이 어려움에 처하기도 한다. 농구장 화장실에 휴지가 없거나 응급 병동에 주사 바늘이 부족해질 수 있다.

활동 9 허수아비 반응

허수아비 반응 만들기는 논리적으로 비약이 있는(일부를 전체인 것처럼 과장하거나 곡해하는 오류를 내포한) 반응을 제시해 이해관계자들이 스스로 자신의 해답을 찾을 수 있게 돕는 활동입니다. '허수아비 오류'straw man fallacy'[6]에서 힌트를 얻어 만든 이 활동은 품질 속성 시나리오를 어떻게 측정할지 토론하고 싶을 때 사용할 수 있습니다. '5장 아키텍처 핵심 요구사항 알아내기'에서 언급한 여러 방법과 함께 쓰기 좋습니다.

장점

- 측정 가능한 반응과 그 반응의 측정을 예시로 만들 수 있습니다.
- 품질 속성 시나리오를 즉시 만들어낼 수 있습니다.
- 백지부터 시작하지 않으므로 심적인 부담이 적습니다. 반응을 측정하는 방법을 새로 만들기보다는 오류가 있는 것을 수정하게 함으로써 결과물을 산출하게 합니다.

소요 시간

다양함. 다른 활동과 함께 수행할 수도 있습니다.

참가자

주로 아키텍트가 논리적으로 비약이 있는 허수아비 반응을 만들고 이해관계자가 평가하게 합니다.

준비할 것

- 5.2.1절 '품질 속성을 시나리오로 만들기'에서 언급한 원시적인 품질 속성 시나리오를 나열한 목록

---

6   옮긴이_ https://ko.wikipedia.org/wiki/허수아비_때리기_오류

① 각각의 품질 속성 시나리오마다 반응과 반응의 측정을 구성합니다. 반응은 합리적이면서도 지식과 경험에 비추어볼 때 최선의 추측이어야 합니다. 하지만 반응의 측정은 근거가 전혀 없는 터무니없는 것일 수도 있고 제대로 된 것일 수도 있습니다.

- 제대로 된 반응 사용: 측정을 잘할 수 있다는 확신이 든다면 제대로 된 반응을 사용하세요.

- 허수아비 반응 사용: 측정을 잘했다는 확신이 없고, 받아들여질 만한 수준이 무엇일지 알고 싶을 때는, 터무니없다는 생각이 들 정도로 과장된 측정을 사용하세요.

② 혼동을 막기 위해 시나리오마다 라벨을 붙이세요. 허수아비마다 이름표를 붙이는 셈입니다.

③ '활동 4 이해관계자 인터뷰'나 '활동 7 미니 품질 속성 워크숍'처럼 이해관계자와 함께 있는 자리에서 시나리오와 그 반응의 측정 방법을 평가하세요.

지침과 팁

- 받아들일 수 있는 수준이 무엇인지 허수아비를 이용해 이해하세요.

- 반응은 해당 시나리오에 합당하게 구성해야 합니다. 정확하고 합리적인 반응을 측정하는 게 1순위입니다.

- 이해관계자가 말을 시작하면 일단 경청하세요. 잘못된 답(허수아비의 반응 측정)을 보여줬을 때는 많은 이해관계자들이 먼저 유용한 정보를 알려주곤 할 겁니다.

- 앵커링anchoring에 주의하세요. 앵커링이란 첫 번째로 들은 정보로 의사결정을 하는 인지적 편향입니다. 허수아비는 합리적인 추정치이거나, 너무 터무니없어서 완전히 제쳐둘 만한 것이어야 합니다. 하지만 때로는 터무니없는 추정치여도 받아들여질 수 있으니 활동을 진행할 때 주의를 기울이세요.

예시

아래는 클라우드 기반의 정보 시스템에서 허수아비 반응을 사용한 예입니다.

품질 속성	반응	허수아비 반응	제대로 된(수용 가능한) 반응
교체 용이성	새로운 알고리즘을 추가하기 위해 필요한 시간	6개월	2회 반복
이동 용이성	새 클라우드 사업자로 이전할 때 필요한 노력	3명이 수개월간 작업	4명이 며칠간 작업
성능	평균적인 부하 상태에서의 평균 반응 시간	1분	최대 3초
확장성	시스템이 감당할 수 있는 사용자 부하	초당 10회 요청	초당 140회 요청

활동 10 이해관계자 맵

이해관계자 맵은 시스템과 관련이 있거나 시스템에서 영향을 받는 사람들을 표시한 네트워크 다이어그램입니다. 이 활동으로 시스템에 관심 있는 모든 사용자 간의 관계, 계층, 상호작용을 시각화할 수 있습니다.

장점

- 알고 있던 것보다 더 넓은 시각으로 이해관계자를 파악할 수 있습니다.
- 요구사항을 이야기하는 주체가 정확히 누구인지 파악할 수 있습니다.
- 기술보다는 사람을 중심으로 팀을 응집시킵니다.
- 시스템의 현재 상태를 보존하고, 누가 참여했는지 기록하는 의미가 있습니다.
- 새로운 팀원이 들어올 때 이해관계자 맵을 소개 문서로 활용해 팀에 빠르게 합류하게 할 수 있습니다.
- 아키텍처를 평가할 때 자료로 활용할 수 있습니다.

소요 시간

30~45분

참가자

- 모든 팀원, 이해관계자들
- 이 활동은 혼자 수행할 수도 있고, 25명 이상이 모여 대규모로 진행할 수도 있습니다.

준비할 것

- 그림을 크게 그려야 하므로 큰 화이트보드 또는 전지를 준비합니다. 전지를 쓴다면 벽에 테이프로 붙이거나 회의 테이블에 말아놓으세요. 대부분의 참가자가 마커를 가질 수 있도록 다양한 색상의 마커도 준비합니다. 그룹 작업 시 모든 참가자가 참여할 수 있을 만한

큰 회의실과 필기 공간이 있는지 확인합니다.

- 원격으로 진행할 때는 Mural 같은 온라인 온라인 도구를 이용해보세요.

실행 단계

① 활동의 목적을 소개합니다. 이렇게 말을 시작할 수 있습니다. "앞으로 30분 동안 우리는 우리의 이해관계자가 누구인지 알아보려고 합니다. 누가 이 프로젝트의 지분을 가지고 있는지 더 잘 알게 되면, 누구와 먼저 이야기할지 계획을 세우도록 하겠습니다."

② 지침과 팁을 참고해 이해관계자 맵을 만들도록 합니다.

③ 활동을 개시합니다. 모두가 함께 이해관계자 맵이 완벽해 보일 때까지 그립니다.

④ 이해관계자 맵을 다 그렸으면 참가자들에게 질문합니다. 생각하지 못했던 이해관계자나 예상 외의 관계가 있었나요? 누가 가장 중요한 이해관계자인가요?

⑤ 이해관계자 맵을 촬영한 후 팀 위키에 저장합니다.

지침과 팁

- 사람을 그릴 때는 간단한 아이콘으로 그리세요. 단체라면 아이콘을 겹쳐서 표현하기도 합니다.

- 이해관계자 이름을 넣을 때는 명확하게 적으세요. 실제 인물의 이름이거나 역할일 수도 있습니다.

- 이해관계자의 요구사항이나 생각을 말풍선으로 그려 넣으세요.

- 화살표로 사람 사이를 이어서 관계를 만들고 라벨을 붙이세요.

- 참여가 저조한 참가자들에게는 아직 밝혀지지 않은 이해관계자를 찾아보라고 하세요.

- 우두커니 병풍처럼 서 있는 사람에게는 마커를 쥐여주고 맵에 뭐라도 추가하라고 하세요.

예시

아래는 15분 동안 세 명이 모여서 그린 이해관계자 맵입니다.

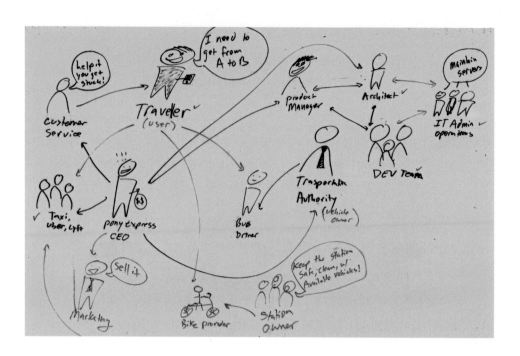

15장 해결책을 찾고 싶을 때

마인드셋 중 '탐색하기'는 문제를 해결하는 다양한 설계 개념과 엔지니어링 접근법을 발견하는 작업입니다. 그중에서 아키텍처를 탐색할 때는 아키텍트가 온전히 제어할 수 있는 영역, 즉 소프트웨어에 초점을 맞춥니다. 문제를 선택할 수는 없지만, 해결책은 우리가 가진 지식, 창의성, 기술 안에서 선택할 수 있습니다.

2.1절 '디자인 싱킹의 네 가지 원칙'에서 언급한 것처럼, 우리가 처음부터 완전히 새로운 아키텍처를 만드는 경우는 거의 없습니다. 모든 디자인은 재설계이므로 아키텍처 탐색은 7장 '패턴으로 기초 만들기'에서 나열한 패턴처럼 이미 알고 있는 솔루션을 고려하면서 시작합니다. 탐구 대상으로는 프레임워크로 코딩된 지식과 불문율처럼 굳어진 조직 문화도 있습니다.

아키텍트는 디자이너이자 엔지니어이므로, 아키텍처 외에도 탐색해야 할 다른 분야가 몇 가지 있습니다. 소프트웨어의 구성 방법은 실제 소프트웨어 빌드와 아키텍처에 영향을 미칠 수 있습니다. 도메인 개념은 해결책을 살펴보기에 좋은 출발점입니다. 그 외에 요소, 관계, 책임 등도 살펴봐야 합니다.

해결책을 모색할수록 문제를 더욱 깊이 이해할 수 있습니다. 일을 하면서 동시에 배워나가는 건 정상적인 일입니다. 크리스토퍼 알렉산더는 『Notes on the Synthesis of Form』[Ale64]에서 해결책을 염두에 두어야 문제를 정의할 수 있다고 말했습니다. 문제는 해결책으로 이어지고, 해결책은 다시 문제를 재정의하게 됩니다. 이 모든 과정이 바로 설계가 재미있는 이유입니다.

이 장에서 소개하는 활동은 아키텍처를 설계하며 여러 대안을 만들 때 유용합니다. 아키텍처로 발전할 수 있는 구조를 탐색하고, 실제로 구현해낼 엔지니어링 접근법을 찾아낼 수 있습니다.

아키텍처를 의인화하면 아키텍처를 하나의 인격체로 봄으로써 요소들 간의 상호작용을 탐색할 수 있습니다. 마치 아키텍처에 감정이 있듯이 이야기하면 인간관계에서 했던 경험을 설계할 때 적용해볼 수 있습니다. 이 기법으로 아키텍처의 요소들을 사람이나 동물이라고 생각하고 그들의 감정, 동기, 목표, 자극에 대한 반응을 묘사해보세요.

의인화는 설계 콘셉트를 탐구하는 재미있고 자연스러운 방법입니다. 하지만 소프트웨어 시스템에 가상의 인간성을 적용하면 부정확하고 모호할 수 있으므로 문제를 야기할 수도 있습니다. 다만 소프트웨어만의 이야기를 만들고, 시스템에 인간다운 특성을 투영하는 작업은 충분히 흥미롭습니다. 정밀함을 어느 정도 양보하는 대신 의사소통을 수월하게 할 수 있고 아키텍처를 설명하기 쉽게 하는 데에 가치가 있습니다.

장점

- 아키텍처에 대한 공감을 키울 수 있습니다.

- 요소가 어떻게 반응하고 느끼는지를 생각하면 요소의 속성이나 상황이 정말 필요한지 여부를 평가할 수 있습니다.

- 팀에서 아키텍처의 고려사항을 논해야 할 때 기억하기 쉬운 이야기로 만들 수 있습니다.

- 아키텍처를 거의 팀 동료처럼 느끼게 해 아키텍처를 쉽게 받아들이게 합니다.

- 간단한 스토리텔링을 하며 여러 가지 감정과 반응을 대입해 시험해볼 수 있습니다.

준비할 것

별도의 준비물은 없습니다. 이 기술은 아키텍처 논의 중에 즉흥적으로 적용되곤 합니다.

실행 단계

① 동작을 설명하는 데 필요한 아키텍처의 한 부분을 선택하세요. 요소가 충족해야 하는 품질 속성 시나리오 또는 기능 요건을 떠올려보세요.

② 아키텍처에 인간성이 있다고 가정해보세요. 품질 속성 시나리오 또는 기능 요건의 자극에 요소들은 어떻게 반응할까요? 요소가 어떤 행동을 할지 이야기로 풀어내보세요. 그 요소의 동기와 반응을 마치 사람인 양 묘사하세요.

③ 하나의 요소 집합으로 여러 가지 반응과 감정을 시도해보세요. 구조를 바꿔가며 요소마다 행태가 어떻게 변하는지 살펴보세요.

④ 여러 가지 시도를 해본 후 괜찮아 보이는 대안이 있으면 코드로 구현해보세요. 그리고 시스템 메타포와 스케치를 만들고 문서화하며 분석해보세요.

지침과 팁

- 팀의 정기적인 설계 토론 회의에서 의인화 기법을 사용해보세요.

- 조금 바보 같다고 느껴져도 괜찮습니다. 어차피 만들다 보면 아키텍처를 하나의 인격체로 취급하니까요.

- 스케치하며 이야기를 만들면 아이디어를 더 구체화할 수 있습니다.

- 의인화는 아키텍처 뷰를 대체하지 않습니다. 뷰는 의인화보다 더 정확한 언어를 사용해 시스템을 기술합니다.

예시

아래는 웹 서비스를 하나의 인격체처럼 취급한 예시입니다.

- 우리의 서비스는 변덕스럽다. 자신이 어디에 살고 있는지, 요청을 받을 때는 어떤 서비스와 대화하는지 상관하지 않는다.

- 우리 서비스의 대부분은 고집이 세다. 첫 번째 요청이 실패하면 요청을 재시도한다.

- 우리 서비스 중 일부는 기분파이며 참을성이 없다. 이 서비스는 원하는 응답을 빨리 얻지 못하면 포기해버린다. 그러고는 가지고 있는 데이터를 보며 화를 낸다.

- 우리의 서비스 중 일부는 최고의 짝꿍이다. 서로 자주 수다를 떤다. 이들이 외롭지 않도록 싹을 시어 배지하는 깃까지도 의논했다.

활동 12 아키텍처 플립북

아키텍처 플립북$^{architecture\ flipbook}$[1]은 설계하는 동안 거쳤던 모든 단계를 기록한 것입니다. 이 플립북을 보고 다른 사람들이 나중에 아키텍처를 따라오게 할 수 있습니다. 플립북의 모든 페이지에는 모델의 변화에 따라 기록한 스케치와 노트가 있습니다. 이 기록은 다른 대안을 생각해보거나 잘못된 의사결정을 되돌릴 때 유용하게 활용할 수 있습니다. 그뿐만 아니라 설계 결과물 중 하나로 플립북을 만들면 아키텍처가 왜 그런 모습으로 나왔는지를 설명할 수 있습니다.

대부분의 사람들은 설계 작업의 최종 결과만 보게 됩니다. 그전에 있었던 잘못된 변화, 멍청함, 그리고 비판적인 '아하!'의 순간들은 모두 설계자들만의 개인적이고 비밀스러운 기억으로 묻힙니다. 이런 기억들이 사라지는 건 아쉬운 일입니다. 다른 사람들이 아키텍트의 생각의 변화와 모델의 발전을 보면서 많은 것을 배울 수 있기 때문입니다.

장점

- 모델의 변화를 보며 모델 관점으로 체계적인 사고를 할 수 있습니다.
- 설계 중에 자연스럽게 일어나는 다양한 변형과 회고를 묻어두지 않고 보존할 수 있습니다.
- 진행해온 설계와 모델링을 다른 사람에게 알려줄 수 있습니다.
- 모델을 왜 그렇게 만들었는지 판단 근거를 명확히 할 수 있습니다.

소요 시간

플립북 만들기 세션은 30~45분 정도 소요됩니다. 고도의 집중력을 요하는 작업이므로 자주 휴식을 취하는 게 좋습니다.

---

1 옮긴이_ 플립북(flipbook)은 책장에 조금씩 다른 그림을 그려, 책장을 빠르게 넘길 때 그림이 움직이는 것처럼 보이는 효과를 가진 책을 말합니다.

참가자

혼자 혹은 2~3명 정도

준비물

- 사용하기에 익숙한 다이어그램 툴을 고릅니다. 예를 들어 마이크로소프트 파워포인트 같은 프로그램입니다. 종이 위에 그려서 사진을 찍어도 괜찮습니다.

실행 단계

① 사용자 스토리를 하나 고르거나 품질 속성 시나리오를 선택합니다. 그 안에는 활동을 진행할 때 주제가 될 모델이 있어야 합니다.

② 첫 번째 슬라이드에서는 문제를 정의하고 모델과 관련이 있는 아키텍처 핵심 요구사항을 탐색합니다.

③ 다음 슬라이드에서는 문제와 관련 있는 도메인을 중심으로 브레인스토밍하고 간략하게 기록하며 설명을 덧붙이세요.

④ 다음 슬라이드는 빈 페이지로 시작합니다. 아직 모델을 만들지 않은 상태입니다. 이제 문제를 해결해야 할 시스템의 어느 공간에 있다고 생각하고 요소를 한 개 추가하세요.

⑤ 직전에 만든 슬라이드를 복사하고, 처음 생각했던 스토리 또는 시나리오대로 동작하는지 생각해보세요. 지금의 요소만으로 그 시나리오를 충족할 수 있나요? 시스템 공간을 보며 새로 의문이 드는 건 없나요? 여러 가지 생각나는 질문과 코멘트를 적은 후, 이를 해결할 요소가 필요하다면 새롭게 모델에 추가합니다.

⑥ 처음 생각한 사용자 스토리나 시나리오를 충족할 수 있을 때까지 5단계를 반복합니다. 모든 질문에 답을 할 수 있을 때까지 합니다. 진행하다가 막힌다면 몇 장 앞으로 돌아가 이전의 모델을 보고 그다음부터 분기를 만듭니다.

⑦ 어느 정도 완성했으면 플립북을 넘겨보며 불일치한 부분을 점검하고 인상적인 지점을 표시합니다. 이 플립북 결과물은 모델의 최종 결과물을 설득할 때 유용하게 활용할 수 있습니다.

- 명확한 목표를 가지고 시작합니다.

- 문제 정의를 할 때 이름이 정해지지 않은 묵시적인 개념이나 완전히 새로운 개념이 있다면 주의해서 보세요. 이처럼 숨겨진 개념이야말로 가장 다루기에 흥미롭고 중요한 의미를 줄 수 있습니다.

- 한 단계마다 조금씩 변화를 주세요.

- 모델을 만들면서 사용자 스토리나 시나리오와 불일치한 부분은 없는지 유의해서 진행하세요.

예시

다음 쪽의 플립북 예시는 사용자의 데이터로 머신러닝 예측 모델을 트레이닝하는 시스템의 도메인 모델입니다. 이 활동의 목적은 단순하지만 필수적인 개념 몇 가지가 빠져 있었습니다. 이 예시에서 플립북을 이끄는 주제는 다음과 같은 영향력 있는 기능 요구사항입니다. '트레이닝을 수행할 사용자는 쿼리를 추가할 때 특정 문서를 참조로 넣을 수 있어야 한다.'

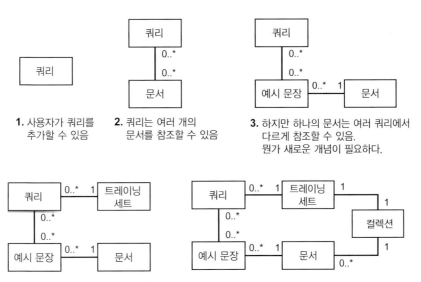

1. 사용자가 쿼리를
추가할 수 있음

2. 쿼리는 여러 개의
문서를 참조할 수 있음

3. 하지만 하나의 문서는 여러 쿼리에서
다르게 참조할 수 있음.
뭔가 새로운 개념이 필요하다.

4. 쿼리를 트레이닝 세트에 속하도록
구성해본다.

5. 문서는 컬렉션 하나에 속해 있어야만 의미가 있다.

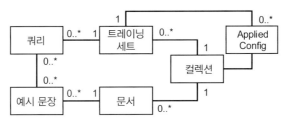

6. 이 시스템은 여러 개의 트레이닝 세트를 만들 수 있어야 하며, 런타임에서
선택할 수 있도록 해야 한다. 만약 트레이닝 세트가 컬렉션보다 많아진다면
모델은 전체적으로 어떻게 바뀔까?

위의 모델 변화는 '활동 14 개념도'에 따라 작성한 개념도이며, 점차 늘어나는 모습을 볼 수 있습니다. 최종적으로는 RESTful API의 기초 작업에 쓰였습니다. 처음에는 단지 요구사항 하나만으로 시작했지만, 숨겨져 있던 부분을 신속하게 찾아내면서 발전시켰음을 볼 수 있습니다. 이 예시의 6단계에서는 분기를 하며 지금까지 만든 모델의 대안을 고민하기 시작합니다. 조지 페어뱅크스의 글 'Building Models Quickly and Carefully'에서는 이 기법을 신속하지만 신중하게 적용한 예시를 볼 수 있습니다.[2]

---

2 https://www.georgefairbanks.com/blog/building-models-quickly-and-carefully

'활동 26 가지 않은 길'은 플립북을 만들지는 않지만, 해결책을 단순히 추측하기보다는 변화할 때마다의 기록을 강조한다는 점에서 비슷합니다. 진행하지 않았던 방법을 나열하면서, 현재 모델까지 어떻게 도달했는지에 대해 반성하는 활동입니다.

컴포넌트-역할 카드 component responsibility card를 사용해 아키텍처의 구성 요소를 제안하고, 요소의 역할을 설명하며, 이들이 어떻게 결합해 아키텍처의 뷰를 형성하는지 보여줄 수 있습니다. 이 활동은 클래스-역할-협력 카드 class-responsibility-collaborator card(CRC)[3]를 변형해 만든 것으로 본래 CRC는 켄트 벡과 워드 커닝햄의 논문「A Laboratory for Teaching Object-Oriented Thinking」[BC89]과 스콧 앰블러의『The Object Primer』(Cambridge University Press, 2004)[Amb04]에서 소개되었습니다. 이 기법은 도메인 개념을 모델링하는 데도 효과적입니다.

| 컴포넌트-역할 카드 템플릿 | CRC 카드 예시 |

컴포넌트 이름	
역할	협력자

공지사항 서비스	공지사항 색인
공지사항을 색인으로 전달(퍼사드)	클러스터 관리 서비스
공지사항 평가	어딘가에서 온 요청

장점

- 설계 대안을 모색할 때 빠르게 여러 번 시도해볼 수 있습니다.
- 그룹원 모두가 아키텍처를 이해할 수 있습니다.
- 아키텍처 핵심 요구사항과 설계의 여러 가지 대안 사이의 관계를 만들 수 있습니다.
- 아키텍처에서 미처 파악하지 못한 틈을 파악할 수 있습니다.

---

3   옮긴이_ 워드 커닝햄(Ward Cunningham)이 고안한 브레인스토밍 도구입니다. 객체지향 소프트웨어 설계 시 사용하며, 어떤 객체가 필요한지와 객체들을 서로 어떻게 연결할지 결정하는 데 사용합니다. https://ko.wikipedia.org/wiki/CRC_카드

30~90분

참가자

개발 팀인 경우 3~5명 정도의 소규모 그룹. 혼자 할 수도 있습니다.

준비할 것

- 아키텍처의 구성 요소와 역할을 적을 색인 카드와 마커, 모든 참가자가 카드를 볼 수 있는 큰 테이블.
- 활동을 시작하기 전에 시스템의 작은 부분이라도 기능 요구사항(유스케이스, 스토리 등)과 품질 속성 시나리오를 숙지해야 합니다.

실행 단계

① 활동의 목표를 소개하고 컴포넌트–역할 카드의 예시를 공유하세요.

② 기능 요구사항이나 품질 속성 시나리오를 큰 소리로 읽으세요.

③ 품질 속성 시나리오의 사용자(또는 소스)를 의미하는 카드를 하나 만드세요. 카드 위에 사용자(또는 소스)의 이름을 쓰세요. 뒷면에는 유스케이스 또는 시나리오를 시작하는 요인^{trigger}을 쓰세요.

④ 테이블에 새 카드를 추가해 앞서 쓴 요인 카드가 처음 상호작용하는 아키텍처 요소를 표시하세요. 그다음 카드의 맨 위에 요소의 이름을 쓰세요.

⑤ 카드를 추가해 알려진 요소를 써넣거나 필요에 따라 새로운 요소를 생성하면서 아키텍처를 발전시키세요. 각 요소의 책임을 카드에 써넣으세요. 각 카드의 옆면에 다른 요소와의 관계를 기록합니다. 활동을 진행하면서 종이의 배치를 바꿔가며 관계를 시각화합니다.

⑥ 설계의 대안이 생각나면, 테이블 위의 카드는 건드리지 마세요. 당장 필요하지 않으면 옆으로 치워놓아도 됩니다. 테이블 위의 카드와 대안을 비교하면서 빠르게 평가할 수 있습니다.

⑦ 새로운 기능 요구사항 또는 품질 속성 시나리오를 선택하고 아키텍처를 다시 살펴보세요. 필요에 따라 카드를 추가하거나 변경하세요. 그 외에 시나리오에서 가정했던 사항을 바꿔보고 아키텍처에 어떤 영향을 미치는지 확인해보세요.

⑧ 4~8단계를 반복합니다. 시간이 다 될 때까지 활동을 진행하거나 다뤄야 할 기능이나 품질 속성 시나리오를 해결할 때까지 반복합니다.

⑨ 활동이 끝날 때 요소와 각 요소에 할당한 역할을 기록합니다. 그리고 활동을 진행하면서 나온 주요 의사결정과 설계 원리를 기록합니다.

지침과 팁

- 요소를 표시할 때는 색인 카드나 포스트잇을 사용하세요.

- 문자뿐만 아니라 그림도 그려서 활동을 재미있고 가벼운 느낌이 들게 하세요.

- 발상에 도움이 된다면 규칙에 얽매이지 말고 구조(정적, 동적, 물리적)를 혼합해도 괜찮습니다.

- 디지털 협업 도구를 사용해 원격 팀원들과 작업하거나 즉석에서 영상으로 촬영하세요.

- 모든 카드는 활동이 끝날 때까지 적어도 하나의 역할을 맡아야 합니다. 역할이 없는 카드가 아키텍처에 포함이 되어 있는지 신중히 확인하세요. 혹시 역할이 너무 많은 카드가 있나요?

예시

다음은 컴포넌트–역할 카드로 아키텍처 요소와 역할을 구체화하는 활동을 해본 예시 사진입니다.

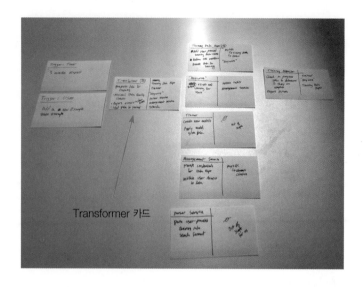

Transformer 카드

우선 카드를 작성해 깔아보니 몇 가지 재미있는 점이 눈에 띄었습니다. 첫째, Transformer는 역할과 협력자가 많아 보입니다. 만약 우리가 이 책임을 다른 요소들로 나누면 어떻게 될까요? 다음 그림을 참조하세요.

원래의 Transformer를 왼쪽 위로 옮기고 요소를 A와 B 둘로 나눴습니다. 이제 Transformer는 데이터만 변환하며, 새로 만든 Training Prep 요소는 Trainer 요소의 전 단계에서 변환한 데이터를 준비합니다. 또한 새로운 요소인 Training Monitor도 확인했지만, 현재 흐름과는 관련이 없습니다.

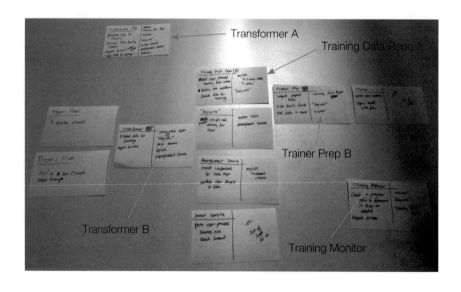

Transformer A
Training Data Repo
Trainer Prep B
Transformer B
Training Monitor

다시 새롭게 떠오른 모델을 살펴보면, Training Data Repo는 역할을 너무 많이 가지고 있습니다. 이 역할들을 좀 더 합리적으로 보이도록 새로운 요소로 옮길 수 있을까요?

작업 워크플로에 초점을 맞추어보니, Training Data Repo 요소에서 사용자 데이터를 기록하는 모든 책임을 제거할 수 있었습니다. 기존의 Training Data Repo 카드를 옆으로 옮기고, 더 적은 책임을 지닌 새로운 Jobs Service 요소를 추가합니다.

자, 한 번의 활동이 끝났습니다. 지금까지 진행한 모델을 촬영한 후, 새로운 시나리오로도 진행해보고, 이 시나리오를 소화할 수 있는 컴포넌트–역할 카드를 다시 조정하고 만듭니다.

개념도^{concept map}는 도메인 내의 개념들이 서로 어떻게 연관되어 있는지를 시각화해 도메인 개념을 탐구하는 방법입니다. 훌륭한 소프트웨어 아키텍처는 문제를 다루는 도메인에서 벗어나지 않습니다. 개념도는 해결책을 구현하는 데 필요한 작은 아이디어뿐만 아니라 문제 도메인에서 구체적인 아이디어를 발굴할 때도 유용합니다. 어떤 도메인 개념이든 아키텍처에 자기 자리가 있기 마련입니다. 도메인 개념 간의 관계를 잘 정립하면 올바른 패턴, 상호작용 모델, 정보 아키텍처를 선택할 때 더 수월해집니다.

장점

- 도메인 개념 간의 관계를 시각화할 수 있습니다.

- 도메인 개념 간의 다른 관계를 시도해볼 수 있습니다.

- 기능적인 소프트웨어 시스템을 구현하는 데 필요하지만 누락되어 있거나, 숨겨져 있거나, 암시적으로 존재하던 도메인 개념을 파악할 수 있습니다.

- 아키텍처 요소를 분할하거나 요소 간의 관계를 정의하기 전에 기초 작업으로 할 수 있습니다.

- 아키텍처의 적합성을 평가할 수 있는 자료를 만들 수 있습니다. '도메인 모델과 일치하는가?'와 같은 질문에 대응할 수 있는 자료를 제공합니다.

- 소프트웨어 시스템의 도메인 용어를 풍부하게 만들어줍니다.

소요 시간

30~60분

참가자

기술 분야의 이해관계자와 함께 개념도를 만들면 좋습니다. 혼자 할 수도 있고 2~3명의 소규모 그룹으로 진행할 수 있습니다. 개념도의 평가는 관련 지식이 풍부한 이해관계자와 함께하기를 권합니다.

- 그림을 그릴 수 있는 소프트웨어를 이용하거나, 종이와 연필로 진행합니다.

실행 단계

① 맵에서 첫 단추로 사용할 시작 개념을 문제 도메인에서 선택하세요. 보통 아키텍처 핵심 요구사항에 있는 특징 있는 명사를 쓰곤 합니다. 사각형을 그리고 개념의 이름을 안에 적으세요.

② 관련 개념을 기록하고 필요에 따라 서로 연결합니다. 그리고 관계마다 카디널리티(1:M 등)[4]를 결정합니다. 관계마다 이름을 지으세요. 관계는 문장처럼 읽혀야 합니다. 예를 들면 '개념 A는 개념 B와 어떤 작용을 한다'와 같습니다.

③ 도메인 개념을 구체화하는 데 도움이 되는 기능 요구사항 또는 품질 속성 시나리오를 선택하세요. 현재의 도메인 개념으로 시나리오를 어떻게 충족하는지 설명하세요. 개념 격차$^{concept\ gap}$와 전지적 개념$^{omniscient\ concept}$에 세심한 주의를 기울여서 살펴보세요.

- '개념 격차'는 도메인 모델에서 아이디어가 누락되었을 때 발생합니다. 새로운 개념을 도입하지 않고는 시나리오를 완성할 수 없기 때문에 이런 현상이 언제 일어나는지 알 수 있습니다.
- '전지적 개념'은 모든 개념과 연결할 수 있으며 심지어 별로 관련이 없는 개념들과도 연결할 수 있어서 마치 필요한 모든 것을 알고 있는 신처럼 존재합니다. 전지적 개념을 식별하려면 도메인과 개념도를 깊이 있게 살펴보며 자아비판도 해야 합니다.

④ 새롭게 발굴한 개념을 도입하면서 개념도를 수정합니다. 시나리오가 완전히 충족될 때까지 3단계를 반복하세요.

⑤ 새로운 시나리오를 고릅니다. 개념도를 새로운 시나리오가 충족될 때까지 다시 수정합니다.

---

4   옮긴이_ 카디널리티: 데이터 모델링에서 하나의 테이블이 다른 테이블을 참조할 때의 관계 유형입니다. 보통 1:1, 1:M:M 등의 관계가 있습니다.

- 상자는 콘셉트를 의미합니다. 선은 콘셉트끼리 어떤 관계인지 나타냅니다.

- 콘셉트 이름은 구체적이며 특징적으로 짓습니다. 관계 이름도 마찬가지입니다. 좋은 이름을 지으려면 8.2.4절 '적절한 이름 짓기'에서 벨시의 소프트웨어 아키텍처 이름 짓기 7단계를 참고하세요.

- 관계의 양쪽 끝에 카디널리티 라벨을 붙입니다.

- 콘셉트와 관계가 계속 커지므로 이에 맞추어 충분한 공간을 확보하세요.

예시

라이언하트 프로젝트의 개념도는 도메인에서 얻은 몇 가지 핵심 개념을 보여줍니다. 개념도에는 다음과 같이 써 있습니다. "시 부서는 0 또는 많은 RFP를 발행하는 반면, RFP는 하나 이상의 시 부서가 필요로 하는 사항을 기술하고 있다."

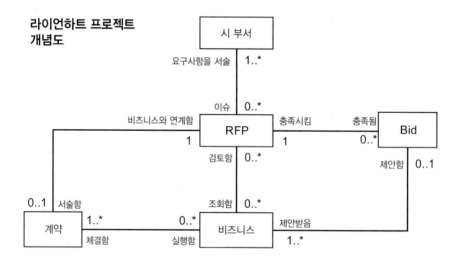

이 개념도를 보자마자 몇 가지 흥미로운 점이 보입니다. 개념도에는 몇 가지 비즈니스 규칙과 시스템 상태에 대한 가정이 있습니다. 또한 RFP가 중심 개념인 것으로 보입니다. 곤란한 일을 겪기 전에 RFP 도메인 개념을 제대로 정의할 필요가 있습니다.

대안

개념도는 '활동 12 아키텍처 플립북'과 잘 어울립니다. 개념도를 만들며 도메인을 탐색할 때 설계 프로세스의 각 단계를 기록하면 그것이 바로 플립북인 셈입니다.

도메인 주도 설계의 콘텍스트 매핑과 유사하지만, 이는 큰 시스템을 대상으로 폭넓은 관점에서 콘텍스트 모델 간의 경계를 파악하는 데에 초점이 있습니다. 이 장에서 설명했던 개념 매핑은 그보다는 간단하고 좁은 관점을 가지고 있습니다. 개념도가 진화하고 성장함에 따라, 콘텍스트 매핑이 필요할 수도 있습니다. 더 자세한 내용은 『도메인 주도 설계』(위키북스, 2011) [Eva03]를 참고하세요.

활동 15 나눠서 정복하기

해결해야 할 문제가 너무 넓은 영역에 걸쳐 있으면, 팀을 여러 개의 독립적인 그룹으로 나눠서[divide] 각자가 하나의 문제를 해결하는 데 전념하게 할 수 있습니다. 문제를 작은 조각으로 나누고 병렬적으로 정복[conquer]하는 방식입니다. 독립된 그룹마다 각자의 방법을 사용해 문제를 탐색한다 해도, 여전히 모두가 시간을 효율적으로 쓰는지 확인할 방법은 필요합니다.

탐색할 영역을 너무 작게 나누면 단편적이고 일관성 없는 설계가 나올 수 있습니다. 특히 위험이 커지는 경우는 그룹이 독자적으로 탐색하지 못하도록 막으려고 탐색할 영역을 임의로 나눌 때입니다. 이 문제는 그룹이 각자의 문제를 해결하려는 시점에서야 눈치챌 수 있기 때문에 미연에 방지할 수 있는 방법을 알아야 합니다.

나눠서 정복하기 방법은 여러 그룹에서 다루는 영역을 짧은 피드백 루프로 생각을 맞출 때 가장 잘 이루어집니다. 탐색할 공간이 나뉘고 다시 수렴하기까지의 시간 간격은 짧게는 몇 시간, 길게는 일주일 정도일 수 있습니다. 나눠서 정복하기를 수행하는 과정은 아래와 같습니다.

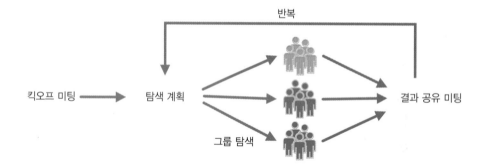

장점

- 짧은 시간에 시야를 넓혀 해결책을 찾아볼 수 있습니다.

- 유사한 영역을 다루는 다양한 설계 아이디어를 참고할 수 있습니다.

- 설계자가 적절한 해결책을 찾을 수 있도록 시간을 넉넉히 줄 수 있습니다. 해결책을 찾기

까지 90분으로 시간을 제약할 필요가 없습니다.

- 서로 다른 영역을 병렬로 탐색해 큰 규모의 그룹을 효과적으로 운용할 수 있습니다.

소요 시간

탐색의 주제와 목표를 얼마나 잘 알고 있는지에 따라, 이를 어떻게 나눌지 계획하는 데 20분에서 몇 시간까지 걸릴 수 있습니다. 계획하는 시간은 얼마나 정밀하게 탐색해야 하는지에 비례해 증가합니다. 어느 정도 낭비와 중복도 괜찮다면 계획하는 시간을 줄이세요. 특정 영역 안에서 만들어내야 할 결과가 명확한 경우 계획에 더 많은 시간을 할애해야 합니다.

그룹마다 독자적으로 하되 일주일 이내로 진입하고, 몇 시간 또는 며칠 단위로 진행합니다.

참가자

전체 팀과 기술 분야의 이해관계자를 2~4명의 그룹으로 나눕니다. 활동을 이끄는 아키텍트는 그룹에 참여할 수 있지만, 그룹 사이를 옮겨 다니며 문제를 해결하고 코칭을 해주는 게 더 좋습니다.

준비물

- 활동을 시작하기 전에, 탐색 공간을 어떻게 나눌지 알아야 합니다. 질문을 받고 위험 목록을 기록한 후 우선순위 목록으로 만들어서 실행 계획을 세웁니다.
- 그룹이 무엇을 달성해야 하는지 약속을 하고, 이를 어떻게 기록할지 정해야 합니다. 모든 참가자가 모이는 킥오프 미팅 때 슬라이드나 노트를 준비하세요.

실행 단계

① 킥오프 미팅을 개최합니다. 탐색의 기본 규칙을 설명하고 그룹이 다시 모일 때 각 그룹이 공유할 내용의 기대치를 정합니다. 가장 중요한 규칙은 모든 사람들이 자신이 가진 모든 노하우를 공유한다는 것입니다. 그것이 무엇이든 간에, 그룹이 다시 모일 때 공유합니다.

② 해결할 문제의 탐색 공간을 나눕니다. 그리고 참가자들이 2~4명씩 스스로 그룹을 구성할 수 있도록 도와줍니다. 참가자들이 변화에 적응하기 수월하도록 탐색 공간의 분할

과 그에 따른 그룹 구성을 동시에 진행합니다. 이 단계가 끝날 때 모든 참가자는 한 그룹에 속해야 하며 모든 참가자는 분명한 임무를 가져야 합니다.

탐색 공간을 나누는 작업은 주제를 넓게 나누거나 깊게 나누거나 둘 중 하나로 할 수 있습니다. 넓게 나눌 경우, 모든 그룹이 서로 다른 주제를 탐색합니다. 깊게 나눌 경우, 모든 그룹이 동일한 공통의 영역을 탐색합니다. 해결책을 어느 정도 알고 있고 좀 더 정제할 필요가 있으면 깊게 나누는 게 좋습니다. 다양한 주제를 다루고 위험 요소를 빠르게 줄이고 싶으면 넓게 나누는 게 좋습니다.

③ 마감 일정을 정하세요. 결과 공유 미팅을 잡습니다. 킥오프 미팅 때 결과 공유 미팅 일정을 잡습니다. 모두가 그 미팅에서 결과를 공유해야 한다고 알려줍니다.

④ 그룹마다 약속을 기록합니다. 탐색을 어떻게 하고 무엇을 달성할지 기록합니다. 이는 곧 탐색 계획이기도 합니다. 통상적으로는 탐색 중에 달성해야 할 명확한 기대치를 설정합니다. 결과 공유 미팅에서는 킥오프 때 그룹마다 달성하기로 약속한 내용을 보여주거나 목표를 달성하지 못한 이유를 설명해야 합니다.

⑤ 이제 그룹마다 적당한 방법으로 탐색합니다. 아키텍트는 각 그룹을 돌아다니며 진행 상황을 확인합니다.

⑥ 정해진 장소와 시간에 모여 결과 공유 미팅을 진행합니다. 미팅 중에 각 그룹은 탐색 목표와 성과를 보여주고 무엇을 배웠는지 간략하게 설명합니다. 다른 그룹의 참가자들은 질문을 하고 건설적인 비판을 할 시간을 가집니다. 결과 공유 미팅 중에 제기된 새로운 질문이나 위험 요소를 메모합니다.

⑦ 탐색할 사안이 더 있다면 즉시 새로운 계획을 세우고 다시 2단계부터 시작합니다.

지침과 팁

• 모든 그룹은 결과 공유 미팅에 모여서 성과를 공유해야 합니다. 이때 어떤 팀이 성과를 전혀 달성하지 못했다면 이 순간을 코칭의 기회로 활용해 목표를 바꾸거나 그룹을 재구성하게 합니다.

• 탐색 가능성을 최대치로 끌어올리려면 함께 일하지 않는 사람들을 섞어 하나의 그룹으로 구성합니다. 진행 중에 구성원을 섞는 방법도 고려해보세요.

• 그룹 구성원을 소수로 구성합니다. 그룹 구성원이 적으면 설계를 단지 보기 좋게만 만드는 일이나 문제의 주변만 겉도는 사소한 토론을 줄일 수 있습니다.

- 탐색 계획은 그룹 내에서 정해야 합니다. 다만 할당된 시간 내에 탐색을 완수할 수 있도록 계획을 줄이는 조언을 할 필요는 있습니다.
- 탐색 시간이 끝나가면 그룹 모두에게 알려줘서 결과 공유 미팅을 준비하도록 합니다.

예시

어느 한 팀이 일주일에 세 번에 걸쳐 진행한 나눠서 정복하기 활동을 살펴보겠습니다. 이번 예시에서는 레거시 컴포넌트를 가능한 한 재사용해 클라우드에 기반한 마이크로서비스 세트를 생성하는 목표를 가지고 진행했습니다. 가장 중요하게 다룬 위험 요소와 질문 사항은 핵심 컴포넌트의 재사용과 신기술 선택이었습니다.

다음은 1주차 탐색 목표를 결과 공유 미팅에서 공유한 내용입니다.

그룹	탐색 계획	결과 공유
1	레거시 코드를 리팩터링해 레거시 프레임워크에서 추출할 수 있는지 검토하기	리팩터링이 필요한 주요 인터페이스와 클래스를 정리함. 계획대로 가능함을 확인
2	gRPC 웹 서비스로 헬로월드 만들기	루비로 작성한 클라이언트와 자바로 작성한 서비스의 통신을 시연함
3	개념도를 만들고 대강의 마이크로서비스 파티셔닝을 구성해보기	개념도의 초안을 만듦. 더 많은 작업이 필요하다는 피드백을 들었다.

1그룹이 첫 주에 수행한 결과를 토대로 레거시 컴포넌트의 위험 요소를 분석하기로 합니다. 2, 3그룹은 구성원을 섞어서 재구성했습니다.

그룹	탐색 계획	결과 공유
1	커맨드라인으로 레거시 플러그인 실행하기	예상보다 많은 작업이 필요함. 진행에 방해가 되는 이유와 해결할 계획을 세움
2	데이터베이스 기술 추천하기	세 가지 데이터베이스 기술을 코드와 함께 시연
3	개념도를 개선하고 대강의 마이크로서비스 파티셔닝을 구성함	개념도와 마이크로서비스의 개요를 설명

3주차에서 모든 그룹은 일정을 산정할 수 있었으며 빠르게 진행할 수 있었습니다. 3주차는 짧고 집중력 있게 진행했습니다.

그룹	탐색 계획	결과 공유
1	커맨드라인으로 레거시 플러그인을 실행하기. 지난 주 목표와 동일하지만 특정 문제에 국한해서 다룰 계획임	레거시 시스템에서 하나의 플러그인을 독립적으로 실행하는 프로그램을 시연. 다음 실행 계획 정리하기
2	유레카(Eureka)를 이용해 마이크로서비스의 디스커버리 예시 만들기	두 개의 간단한 마이크로서비스를 이용하는 유레카 데모 구현
3	첫 번째 서비스의 API 초안 만들기	gRPC `.proto` 파일을 만듦

3주차가 끝나고 팀은 상세 설계와 구현을 시작해도 좋을 정도로 위험 요소를 줄일 수 있었습니다. 그리고 아키텍처를 전체적으로 개선할 수 있었습니다.

이벤트 스토밍

이벤트 스토밍^{event storming}[5]은 집단 브레인스토밍 활동으로 도메인 이벤트를 파악할 때 유용합니다. 이벤트 스토밍은 상세 도메인 모델링 작업의 선행 단계로 수행할 수 있으며, 팀의 도메인 이해도를 평가하거나 기존 도메인 모델의 위험 요소를 파악하고 문제를 제기하는 데 활용할 수 있습니다. 여러 색깔의 포스트잇을 벽에 붙여가며 커다란 이벤트 맵을 만드는 활동으로, 알베르토 브란돌리니^{Alberto Brandolini}의『Event Storming』[Bra17][6]에서 자세히 설명합니다.

이벤트 스토밍으로는 도메인을 잘 알고 있는 전문가가 개발자와 협업할 때 겪는 문제를 줄일 수 있습니다. 이벤트 스토밍은 두 가지 방법으로 둘 사이의 문제를 해소합니다.

첫째, 이 활동은 모든 참가자의 적극적인 참여를 이끌어냅니다. 활동을 진행하면서 특정 주제의 전문가들이 전문 지식을 말할 수밖에 없도록 합니다. 둘째, 이벤트 스토밍은 참가자들이 구체적이고 명료하게 지식을 전달하도록 장려합니다. 전문가들과 함께하면서 그들의 직업과 전문 지식을 자세히 들을 수 있습니다.

장점

- 학습 기회를 시각화하고 도메인을 다룰 때 더욱 체계적으로 대화할 수 있습니다.
- 참가자가 시스템이 어떻게 작동한다고 가정하고 있는지를 밝혀낼 수 있습니다. 이로써 오해를 줄이고 빠진 개념을 파악할 수 있습니다.
- 문제 인식과 그 잠재적인 해결책을 참가자들과 공유할 수 있습니다.
- 비즈니스 개념과 그 관계를 시각적으로 풍부하게 표현할 수 있습니다.
- 다양한 관점으로 바라볼 수 있습니다.
- 참가자들이 여러 도메인 모델을 신속하게 검토할 수 있으므로 개념마다 적용 가능 여부를

---

5   https://en.wikipedia.org/wiki/Event_storming
6   https://leanpub.com/introducing_eventstorming

빠르게 확인할 수 있습니다.

- 추상적인 생각이 아니라 구체적인 예시를 다룰 수 있습니다.

소요 시간

최초의 이벤트 맵은 30~45분 안에 만들 수 있습니다. 워크숍은 준비부터 의견 반영까지 적어도 90분 동안 진행합니다. 여러 도메인 모델을 검토할 수 있도록 시간을 더 넉넉하게 잡아도 좋습니다.

참가자

주제에 정통한 전문가가 참여해야 합니다. 전문가에게서 배울 수 있는 기회이므로 개발 팀중 일부는 참여해야 합니다. 전문 지식을 갖춘 전문가를 구할 수 없는 경우, 워크숍은 큰 성과를 거두지 못할 수 있습니다.

이 워크숍은 공간의 크기와 진행자의 경험에 따라 적게는 2~3명에서 12명 이상 다수의 참가자와 함께 진행할 수 있습니다.

준비물

- 롤페이퍼나 전지, 테이프, 6가지 색상 이상의 포스트잇(아주 많이), 마커
- 워크숍을 위한 방을 준비하고, 종이를 벽에 붙입니다. 책상, 의자 등 참가자가 벽에 가려고 할 때 걸리적거리는 물건은 모두 치웁니다.

실행 단계

① 워크숍을 시작하기 전에 기술과 비즈니스 영역의 참가자가 적절히 섞여 있는지 확인합니다. 이해관계자들의 조합이 애매하다면 워크숍을 미루는 편이 낫습니다.

② 활동의 목표를 말하면서 워크숍을 시작합니다. 예를 들어 "이 워크숍에서는 햄스터 생산 라인 시스템의 이벤트 맵을 만듭니다"처럼 말합니다.

③ 참가자들에게 도메인 이벤트를 소개하고 이에 매핑할 수 있는 다양한 유형의 이벤트를 설명합니다. 각 이벤트 유형에 색상을 할당합니다.

- **도메인 이벤트(오랜지색)**: 도메인 전문가와 관련된 과거의 이벤트입니다. 도메인 이벤트는 비즈니스

프로세스 단계 중 하나이거나, 예정된 일정이거나, 다른 이벤트의 결과로 발생할 수 있습니다.

- **사용자 커맨드(파란색)**: 사용자가 실행한 액션. 노란색 포스트잇에 사용자가 누구인지 기록하고 커맨드 옆에 나란히 붙입니다.

- **외부 시스템 이벤트(보라색)**: 외부 시스템에서 발생한 이벤트입니다. 노란색 포스트잇에 어떤 시스템에서 발생했는지 기록하고 이벤트 옆에 나란히 붙입니다.

- **시간의 흐름(초록색)**: 이벤트가 경과한 시간을 표시합니다.

- **결과(흰색)**: 이벤트가 직접적으로 변경시킨 비즈니스 프로세스상의 변화를 의미합니다.

- **질문, 의견, 우려사항(분홍색)**: 참가자가 제안한 토론 주제입니다. 문제 하나에 집착해서 토론하기보다는 포스트잇만 붙여놓으면 참가자들이 문제 분석에 매몰되지 않고 계속 진행할 수 있습니다. 잠재적인 문제를 시각적으로 표시하는 의미도 있습니다. 이 정보만으로도 참가자들이 워크숍 중에 문제를 해결할 수도 있습니다.

④ 이 워크숍에 참여하는 의미를 말해줍니다. 모든 참가자가 포스트잇을 붙이며 참여해야 한다고 말합니다. 포스트잇을 왜 쓰냐는 말에 굳이 왈가왈부할 필요는 없습니다.

⑤ 모든 사람들이 마커를 가지고 있는지 확인합니다. 모두에게 이벤트를 기록하게 합니다. 진행자는 첫 번째 포스트잇을 벽에 붙입니다. 첫 번째 포스트잇을 붙이는 것은 모두가 시작해도 좋다는 신호이기도 합니다. 일단 첫 번째 이벤트가 벽에 붙으면, 활동은 공식적으로 시작한 셈입니다.

⑥ 이벤트가 발생하는 순서대로 왼쪽에서 오른쪽으로 배치합니다. 참가자 중 누군가가 새 이벤트를 발견하면 기존의 포스트잇을 옮겨서 공간을 확보합니다. 초기 이벤트 아래에 하위 흐름을 더 자세히 추가합니다.

⑦ 진행자는 활동을 이끌면서 동시에 이벤트를 검토하고 문제를 찾아야 합니다. 이벤트가 과거 대신 미래에 일어날 수도 있고 구체적이기보다는 추상적일 수도 있습니다. 도움이 필요한 이벤트를 발견하면 포스트잇이 마름모처럼 보이도록 45도 각도로 돌려서 붙입니다.

⑧ 모든 참가자가 동시에 하나의 맵을 만들도록 장려합니다. 참가자가 기여할 수 있는 영역을 찾도록 도와줍니다. 검토해야 할 주요 지점이나 영역을 짚어줍니다. 워크숍이 순조롭게 진행되고 있다면 관찰자가 보기에는 다소 혼란스러워 보일 수도 있습니다.

⑨ 15~20분가량 지났거나 참가자들의 참여가 줄어드는 게 느껴지면 맵을 검토하고 필요에 따라 이벤트를 수정하도록 권합니다.

⑩ 제한 시간이 끝나면 함께 맵을 두고 토론합니다. 어색해 보이거나 아직 정교하지 않은 개념이 있나요? 맵에 인식의 차이나 중요한 질문이 있나요?

⑪ 맵을 사진으로 촬영하고 다른 벽으로 옮겨놓습니다. 그다음 새 종이를 벽에 테이프로 붙이세요. 새 맵을 만들되 규칙을 약간 바꿔서 참가자들이 도메인을 이전과는 다르게 탐색하도록 합니다. 예를 들어, 첫 번째 맵의 중심에 자리잡고 있던 개념을 제거하거나, 참가자들에게 좀 더 구체적으로 설명하도록 권장하거나, 또는 아무 말 없이 포스트잇으로는 표현하기 힘든 아이디어를 말합니다.

⑫ 워크숍을 끝낼 때 참가자들에게 이번 워크숍에서 배운 점 한두 가지를 말해보라고 묻고 모두와 나눕니다.

⑬ 맵은 모두가 볼 수 있는 곳에 붙여둡니다. 사진과 기록물도 저장해둡니다. 워크숍에서 얻은 교훈과 작성된 맵을 다른 모델링 활동을 할 때 참고 자료로 활용하세요.

지침과 팁

- 시작하기 전에 다양한 영역의 참가자들을 모으고 적절한 비율로 섞이도록 하세요. 전문 지식을 갖춘 비즈니스 전문가가 없는 상태에서 워크숍을 시도하기보다는 워크숍을 취소하고 적절한 인원으로 다시 시도하는 편이 낫습니다. 개발자만 참석하면 기술 모델만 얻을 수 있습니다. 개발자와 비즈니스 전문가가 섞여 있으면 이벤트의 시각적인 흐름을 만들 수 있습니다.

- 모든 사용자가 포스트잇과 마커를 쉽게 잡을 수 있는지 확인합니다. 필요 이상으로 많이 갖춰놓으세요.

- 모델링 공간을 최대한 크게 만들도록 최선을 다합니다. 벽이 큰 적절한 크기의 방을 선택하세요. 그리고 여분의 큰 종이를 많이 가져오세요. 화이트보드를 사용한다면 크기가 커야 합니다.

- 실제적이고 구체적인 비즈니스 사례를 찾아보세요. 구체적일수록 좋습니다. 이로써 새로운 이벤트와 미처 파악하지 못한 사례를 찾아낼 수 있습니다.

- 사용 중인 포스트잇 색상의 범례도 써놓습니다.

- 워크숍을 진행할 때는 명확한 질문을 합니다. ○○○의 좋은 예는 무엇입니까? 무슨 뜻입니까? 여기서 또 무슨 일이 일어날까요? 이러한 질문을 할 때 오가는 대화는 매우 중요합니다.

- 참가자들에게 일단 포스트잇을 붙이고 아이디어를 말해보도록 장려합니다.

- 제한 시간을 둬서 참가자들이 집중력 있게 참여할 수 있도록 합니다.

대안

워크숍의 일반적인 조직은 『User Story Mapping』(O'Reilly Media, 2014)[Pat14]에서 소개한 것과 유사합니다.

이벤트 스토밍을 수정해 다양한 전문가를 포함하면서 다양한 모델링 결과를 강조할 수 있습니다, 알베르토 브란돌리니의 아이디어는 다음과 같습니다.

- 아이디어의 큰 그림에 초점을 맞추고 새로운 시스템 또는 프로젝트를 시작할 때 많은 이해관계자를 포함합니다.

- 특정 주제 영역에 더 좁게 초점을 맞추어 이벤트 소싱event sourcing[7] 또는 CQRS[8] 시스템을 구현하는 데 필요한 세부사항을 조사합니다.

- UX 전문가를 초대해 사용자의 이동 경로를 이벤트 맵에 덮어씌웁니다.

- 시스템이 다루는 영역을 파악하고 평가 기준으로 사용합니다. 이로써 확장할지 리팩터링할지 판단할 수 있습니다.

- 새로운 팀원과 이해관계자를 함께 워크숍에 초대해 다루고 있는 문제 영역을 설명합니다.

---

7 옮긴이_ 이벤트 소싱은 애플리케이션의 상태(status)를 바꾸는 모든 이벤트를 저장하는 아키텍처 패턴입니다. 이로써 애플리케이션을 특정 시점으로 복원하거나 이벤트마다의 변화를 정확하게 추적할 수 있습니다. https://martinfowler.com/eaaDev/EventSourcing.html

8 옮긴이_ CQRS(command query responsibility segregation)는 애플리케이션이 데이터를 다루는 방식 중 하나로, 정보를 추가하거나 상태를 바꾸는 명령(command)과 저장된 데이터를 조회하는 쿼리(query)로 분리하는 패턴입니다. 이로써 데이터 변경 역할을 독립적으로 관리하면서 조회 시의 자유도는 대폭 높일 수 있습니다. https://martinfowler.com/bliki/CQRS.html

활동 17　그룹 포스터

소규모의 그룹이 함께 모여서 아키텍처 설계 아이디어를 전시하는 포스터를 만듭니다. 이 활동
은 어떤 워크숍을 진행한 후 그 결과를 요약할 때 좋습니다.

장점

- 비교하기 쉽도록 몇 가지 대안을 만들 수 있습니다.
- 이해관계자 집단이 많아도 합의의 공간을 만들고 지식을 전달할 수 있습니다.
- 외부 사람들과 쉽게 공유할 수 있는 결과물이 나옵니다.
- 아키텍처 설계 아이디어를 빠르게 탐색하고 요약할 수 있습니다.

소요 시간

20~30분

참가자

2~5명을 한 그룹으로 진행합니다. 함께 일하는 이해관계자는 다른 그룹에 속하게 합니다.

준비할 것

전지, 마커

실행 단계

① 필요한 경우 아키텍처 스케치를 검토하세요.

② 활동의 목표를 검토하세요. 모든 참가자가 같은 문제를 해결하는 포스터를 만들어야
합니다.

③ 참가자를 몇 개의 그룹으로 나눕니다. 알아서 짝을 짓도록 해도 괜찮습니다. 그다음 그
룹마다 전지와 마커를 줍니다.

④ 그룹원들은 모두가 동의한 목표 아래 아키텍처의 미래를 함께 만듭니다.

⑤ 주어진 시간이 끝나면 포스터를 공유하는 시간을 갖습니다. 그룹마다 3분의 발표 시간을 줍니다. 질문과 코멘트는 발표 후에 받습니다.

⑥ 포스터 발표마다 3~5분가량 비평하는 시간을 갖습니다.

⑦ 모든 포스터를 공유했으면, 모두가 포스터를 함께 보며 자유롭게 토론합니다. 유사한 경향이나 눈에 띄는 점이 있다면 토론합니다.

⑧ 포스터에 투표를 진행합니다. 참가자마다 4점을 투표할 수 있으며, 1점은 전체적인 내용으로 볼 때 최고의 포스터에 투표하고, 3점은 흥미로운 설계 아이디어가 있는 포스터에 투표합니다. 그다음 투표 결과를 보며 서로 토의합니다.

지침과 팁

- 참가자들에게 포스터에 범례를 포함시키도록 권하고, 자신이 스케치하는 뷰가 아키텍처의 어떤 뷰(모듈, 컴포넌트와 커넥터, 자원 할당)인지 생각할 수 있도록 조언해주세요.

- 구조만 그리기보다는 그 이상으로 다양하게 그려야 좋습니다. 도메인 모델, 시퀀스 다이어그램, 상태 다이어그램 등을 그릴 수 있습니다.

- 참가자들에게 토론을 하다가 나오는 질문이나 위험 요소가 있다면 메모하도록 독려합니다.

- 참가자들이 포스터를 효율적으로 작성하게 하려면 참가자들을 꾸준히 관찰하면서 진행 상황에 따라 제한 시간을 조절합니다.

- 비평을 할 때는 사실에 기반해 이야기하도록 참가자들을 상기시켜줍니다. '내가 선호하는…' 같은 표현은 피해야 합니다.

- 포스터 발표를 할 때 녹화를 하거나 녹음을 하고 나중에 다시 보면 좋습니다.

- 포스터를 업무 공간에 계속 붙여두세요.

예시

이 포스터에는 아키텍처 뷰가 두 개 그려져 있으며 스티커로 투표를 했습니다. 포스터가 그리 완벽하지는 않지만, 참가자들에게 최고의 포스터와 독특한 설계에 투표하게 했습니다.

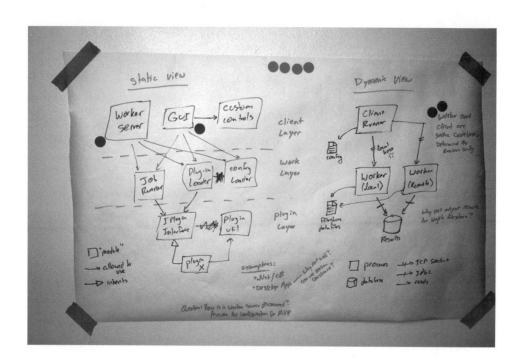

다양한 아이디어를 빠르게 탐색한 다음 이를 결합해 합의를 구축하는 방법입니다. 라운드 로빈 설계round-robin design 워크숍에서 참가자는 아키텍처 스케치를 신속하게 생성, 공유, 비평하며 다양한 가능성을 살펴볼 수 있습니다. 활동이 끝날 무렵 참가자들은 자신의 아이디어 외에 적어도 두 가지의 새로운 아이디어를 알게 됩니다.

참가자는 세 번의 라운드를 거칩니다. 첫 번째 라운드에서 참가자는 스케치를 만듭니다. 두 번째 라운드에서는 다른 사람의 스케치를 검토합니다. 세 번째 라운드에서는 세 번째 사람의 스케치에서 나온 문제를 해결하도록 합니다.

이 활동은 '활동 36 온전성 검사'를 연습하는 목적이나, '활동 17 그룹 포스터'에서 언급한 그룹 포스터 제작의 후속 활동으로 유용합니다.

라운드 로빈 설계

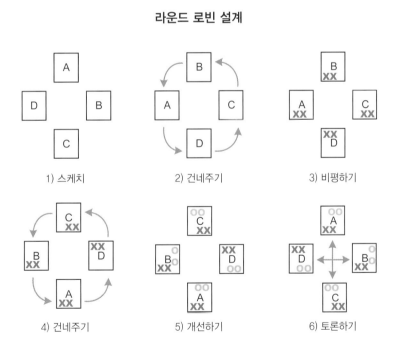

1) 스케치 2) 건네주기 3) 비평하기

4) 건네주기 5) 개선하기 6) 토론하기

• 모두가 설계에 의견을 낼 기회를 가집니다.

• 설계 환경을 제한해 주어진 주제에 최대한의 창의력을 내도록 합니다.

• 의도하지 않은 조합으로 새로운 아이디어가 나올 기회가 만들어집니다.

• 참가자들이 설계에 주인의식을 갖게 합니다.

• 상이한 아이디어 간의 합의를 도출합니다.

• 그룹원들 간의 사고방식의 차이와 유사성을 드러냅니다.

소요 시간

15~45분

참가자

아키텍처 모델을 스케치하는 활동이므로 기술 분야의 이해관계자들을 대상으로 진행하도록 합니다. 적어도 3명이 필요합니다. 10명이 넘으면 대화가 원활하지 않습니다.

준비물

• 평범한 크기의 종이

• 세 가지 다른 색의 펜이나 마커

실행 단계

① 펜이나 마커와 종이를 나누어줍니다.

② 탐색의 목표를 말합니다. 특정 아키텍처 뷰, 품질 속성, 도메인 모델이나 API 모델 등을 만들도록 합니다.

③ 모든 참가자들이 5분 동안 스케치를 합니다. 아이디어는 너무 형식에 맞추어 그리지 않아도 괜찮다고 말해주세요.

④ 왼쪽에 앉은 사람에게 스케치를 건네줍니다.

⑤ 다른 색의 펜으로 3분간 스케치를 비평합니다. 종이 위에 즉시 첨삭하며 비평합니다.

⑥ 다시 스케치를 왼쪽에 앉은 사람에게 건네줍니다.

⑦ 또 다른 색의 펜으로 5분 동안 단점을 줄이는 방향으로 설계를 개선합니다.

⑧ 종이를 다시 원래의 설계자에게 돌려줍니다. 스케치를 그룹별로 진행하고 토론합니다.

지침과 팁

• 활동을 시작할 때 모든 단계를 공개하지 않습니다. 종이를 받을 때 놀라움을 느끼게 해주세요

• 스케치는 형식적인 뷰에 맞출 필요 없이 자유롭게 해도 괜찮습니다.

• 뭐든 그려도 괜찮으니 참가자들의 아이디어를 최대한 끄집어낼 수 있도록 흥미를 돋워주세요.

예시

아래 예시는 세 번의 라운드를 거쳐서 비평한 스케치의 결과입니다.

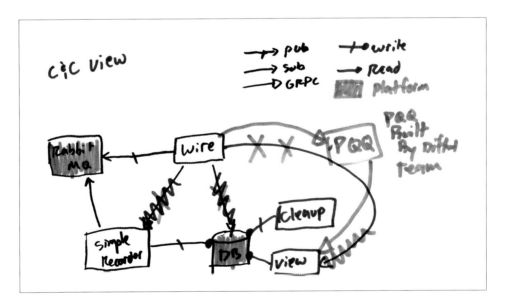

활동 19 화이트보드 토론

그룹 전체의 아이디어를 가장 잘 보여줄 수 있는 여러 개의 다이어그램을 공동으로 그립니다. 누구나 해본 경험입니다. 화이트보드 주위에 모여 각자 마커를 잡고 스케치를 시작합니다. 여기서 설명하는 활동은 대부분의 아키텍트들이 자연스럽게 하는 일에 약간의 구조를 더한 것입니다. 추가하는 구조는 활동을 더욱 일관성 있게 하고 좋은 결과를 얻을 수 있게 합니다.

장점

- 팀원들이 공개적으로 아이디어를 내게 합니다.
- 자유로운 분위기에서 피드백을 주고받으며 아이디어를 즉시 개선하고, 여러 가지 설계 대안을 빠르게 훑으며 개선할 수 있습니다.
- 통찰력 있는 설계가 나오도록 서로 공유하는 문화를 만듭니다.
- 토론에 많은 참가자를 동원할 수 있습니다.
- 진행자이자 참가자로 활동할 수 있습니다.

소요 시간

그룹 구성원이나 다루는 주제마다 매우 다양함

참가자

모든 기술 이해관계자가 참여할 수 있습니다. 참가자의 수는 화이트보드 크기에 따라 다를 수 있지만, 3~5명 정도가 적당합니다. 참가자들은 활동 중에 들락날락하기도 합니다.

준비물

화이트보드, 다양한 색의 마커 여러 개

① 화이트보드 토론의 목표를 검토하고 자리를 잡습니다. 모든 사람이 볼 수 있도록 화이트보드에 목표를 기록합니다.

② 참가자 중 한 사람에게 화이트보드에 아이디어를 적어보라고 합니다.

③ 이제 진행자가 스케치를 하면서 사람들에게 설명합니다. 설명을 하는 동안 다른 사람들이 새로운 아이디어를 스케치하기 시작해도 괜찮습니다.

④ 초기 스케치가 어느 정도 완성되면 설계를 간략히 검토합니다. 화이트보드에 반드시 해결해야 하는 문제를 써넣습니다.

⑤ 화이트보드에 이미 그려져 있는 스케치를 수정하거나 옆에 새롭게 그립니다.

⑥ 스케치를 수정하거나, 업데이트를 함께 공유하거나, 시간이 끝날 때까지 비평하거나, 모든 아이디어를 다 쏟아보거나, 그룹이 합의에 도달하거나, 그룹이 교착 상태에 빠질 때까지 계속 진행합니다.

⑦ 화이트보드를 촬영하고 팀 위키에 결과와 주요 토론 내용을 요약합니다.

지침과 팁

• 토론을 진행하다가 혼란스러울 시점에 화이트보드 토론을 사용하면 혼란을 해결할 수 있고 다양한 아이디어도 포착할 수 있습니다.

• 화이트보드 토론 중에 중요한 포인트는 그때그때 써넣으세요.

• 때때로 잠시 멈춰서 스케치를 한 후 질문을 합니다. 대부분의 토론은 9.1.3절 '중간 과정 반복하기'에서 설명한 '만들기–공유하기–비평하기'의 흐름을 자연스럽게 따라갑니다.

• 모두에게 그림을 그리도록 격려하세요. 다른 사람들이 이야기하는 동안 스케치해도 좋습니다.

• 다이어그램 그 자체는 화이트보드 토론에 참여한 사람들에게만 유용합니다. 찍어놓은 사진은 참가자들의 기억을 되살리지만, 그 자리에 없었던 사람들은 이해할 수 없습니다. 스케치 자체보다 이 활동을 하는 동안 나왔던 토론 내용이 중요한 경우가 많습니다.

예시

아래 사진은 화이트보드 토론 중에 그린 세 개의 스케치 중 하나입니다. 오른쪽에는 필요한 요소의 역할을 한 줄씩 썼습니다. 팀은 이 책임 목록을 체크리스트로 사용하고 다이어그램을 함께 그려가면서 설계 아이디어를 평가했습니다.

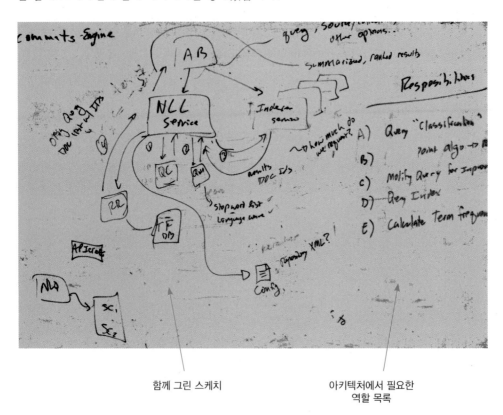

함께 그린 스케치

아키텍처에서 필요한
역할 목록

16장 손에 잡히는 설계를 만들고 싶을 때

뭐든 입을 다물고 만들기 시작해야 현실이 됩니다. 만드는 사람만이 비로소 실세 개념과 같은 추상적인 생각을 다른 사람들과 쉽게 공유할 수 있는 유형적인 무언가로 바꿉니다. 설계가 가시적이고 유형적인 형태가 되면 이해관계자 간의 커뮤니케이션이 활발해집니다. 또한 설계가 요구사항을 얼마나 잘 충족하는지 직접 테스트하며 확인할 수도 있습니다. 무언가를 만든다는 건 아키텍처를 추론할 수 있는 좋은 방법입니다. 산출물이나 초안의 일부분만 만들어도 의미 있는 상상력을 자극하는 연습인 셈입니다.

소프트웨어 아키텍트는 단순한 상자나 화살표 다이어그램만 만드는 게 아닙니다. 도구상자에는 다이어그램뿐만 아니라 다양한 도구가 있습니다. 프로토타입을 만들고, 문서를 작성하고, 실험을 수행하고, 숫자를 매만지고, 이야기를 짓습니다. 심지어 연극까지 하는데, 이는 다른 사람들에게 아키텍처를 말로만 설명하는 방법보다 훨씬 효과적입니다.

이 장에서 다루는 활동들의 결과물은 아키텍처를 실물로 만드는 데 큰 도움이 될 것입니다. 결과물은 혼자서 직접 만들 수 있지만, 때로는 다른 사람과 짝을 지어서 하거나 큰 그룹으로 협업할 때 더 재미있고 유익할 수 있습니다. 여기서 소개하는 활동의 결과물은 만드는 데 30분 또는 그 이하면 충분합니다.

무언가를 만드는 일의 목적은 그것을 공유하는 행위 그 자체입니다. 그러므로 팀과 이해관계자들이 산출물을 검토히도록 합니다. 사람들은 산출물에 들어 있는 아이디어가 무엇인지도 궁금해할 것입니다. 검토를 거치면 아키텍처의 설계 개념이 문제를 제대로 이해했는지 확인할 수 있습니다. 17장 '설계 대안을 평가하고 싶을 때'에서는 검토를 용이하게 하는 방법을 다룹니다.

아키텍처 의사결정 기록(ADR)

간략하게 글로 작성된 템플릿을 사용해 아키텍처 설계의 의사결정을 내릴 수 있습니다. 의사결정 기록을 간략하게 적는 것은 개발자에게 친숙한 방식으로, 오랫동안 아키텍처 실무에서 해오던 방식입니다. 설계 결정을 문서화하면 쉽게 공유하고 분석할 수 있습니다. 의사결정 기록을 충실히 가지고 있으면 아키텍처가 지금처럼 발전하기까지의 맥락을 알려줍니다.

장점

- 설계 결정을 기록하면 팀 모두가 책임감을 느낍니다.

- 주요 의사결정을 코드 저장소에 저장해 코드와 가깝게 유지합니다.

- 다른 산출물과 결합해 설명이 풍부한 결과를 만듭니다.

- 이력을 그때그때 모아놓으면 설계가 어떤 관점으로 진화했는지 알 수 있습니다.

- 팀원 모두가 설계 과정에 참여할 수 있습니다.

- ADR 템플릿으로 동료가 아키텍처 관점의 사고력을 갖도록 가르칠 수 있습니다.

- 이미 쓰고 있는 개발 도구와 피어 리뷰 과정을 활용해, 설계 결정에서도 피어 리뷰를 할 수 있습니다.

설명

주요 아키텍처 설계의 의사결정을 기록할 때는 그 맥락과 내포한 의미도 함께 기록합니다. 의사결정의 기록마다 단 하나의 결정사항만 설명해야 합니다. 무엇이 아키텍처적인 의사결정을 만들고 무엇이 세부 설계를 만드는지는 시스템마다 다르고 팀마다 다릅니다. 다음은 여러분이 의사결정을 하고 있는 사안이 아키텍처적인 의사결정인지 아닌지 방증하는 상황의 몇 가지 예입니다.

- 결정한 사항이 다른 컴포넌트나 팀에 직접적인 영향을 준다.

- 결정으로 인해 시스템에 하나 또는 그 이상의 품질 속성이 (좋든 나쁘든) 영향을 받는다.

- 사업상의 제약이나 기술적인 제약 때문에 결정해야 했다.

- 결정으로 인해 프레임워크나 기술 선택에 광범위한 영향을 미친다.

- 결정으로 인해 팀의 시스템 개발 또는 배포 방식이 근본적으로 바뀐다.

아래는 ADR 템플릿의 예시입니다.

> **제목**: ADR 고유 번호나 자세한 제목
>
> **맥락**: 결정이 내려진 상황을 설명합니다. 간단하고 사실적인 진술을 나열해야 합니다. 아키텍처에 영향을 미치는 기술, 스킬, 이전의 의사결정, 비즈니스 또는 정치적인 상황 등을 설명합니다.
>
> **결정**: 결정한 사항을 기록합니다.
>
> **상태**: 초안, 제안됨, 승인됨, 대체됨, 파기됨
>
> **결과**: 결정으로 인해 시스템, 이해관계자, 팀의 상황이 어떻게 변할지 설명합니다. 긍정적인 결과와 부정적인 결과를 모두 포함해야 합니다. 결과가 나타나면 이 부분을 업데이트합니다.

지침과 팁

- 하나의 파일에 하나의 의사결정만 기록합니다.

- ADR 고유 번호는 하나씩 증가시키고, 오래전 기록부터 잘 보관합니다. 의사결정이 보류되거나 변경되면 과거 기록의 고유 번호를 참조로 붙입니다.

- ADR은 짧아야 합니다. 많아야 한두 장 정도여야 합니다.

- 의사결정을 기록할 때는 평범한 문장으로 적습니다.

- 아키텍처 의사결정은 코드와 동일한 수준의 리뷰 과정을 거치도록 합니다.

- 버전 관리 시스템에 저장해 다른 코드 산출물과 동일하게 다룹니다.

- 아키텍처 문서가 ADR 하나로 끝나면 안 됩니다. 뷰, 아키텍처 하이쿠, 시스템 메타포 등 다른 설계 산출물과 함께 두면 좋습니다.

아래는 라이언하트 프로젝트의 ADR 예시입니다. 마크다운 문법으로 기록했습니다.

ADR 7: 깃허브 ^{Github} 공개와 Travis CI

상태: 제안됨

우리는 깃허브를 버전 관리 시스템으로, Travis를 지속 통합 시스템으로 사용할 예정이다. 모든 팀의 활동은 깃허브에서 볼 수 있다.

맥락

시에서는 모든 코드를 오픈소스로 릴리스하고 싶어 한다. Travis CI는 오픈소스이며 무료다. 소셜 코딩으로 개발하면 커뮤니티의 도움을 받을 수 있다. 우리 팀은 깃허브 워크플로와 도구에 익숙하다.

결과

긍정적

* 모든 사람들이 코드와 문서를 읽고 수정할 수 있다. 텍스트만 가능하다.

부정적

* 새로운 도구에 익숙해질수록 공무원과의 협업은 떨어질 수 있다.

* ADR을 마크다운으로 기록하는 건 좋지만, 다이어그램을 그리거나 저장하는 건 여전히 문제다.

이번 예시의 ADR은 마이클 나이가드^{Michael Nygard}가 제안한 형식입니다. 웹에서도 쉽게 찾아볼 수 있습니다.[1]

---

1   https://resources.sei.cmu.edu/library/asset-view.cfm?assetid=497744,
Michael Keeling and Joe Runde. *Architecture Decision Records in Action*. SATURN 2017. http://resources.sei.cmu.edu/library/asset-view.cfm?assetid=497744,
https://www.youtube.com/watch?v=41NVge3_cYo

아키텍처의 설계 의사결정을 기록하는 템플릿은 이미 많이 있습니다. 제프 타리[Jeff Tyree]와 아트 애커먼[Art Akerman]의 「Architecture Decisions: Demystifying Architecture」[TA05]에서는 의사결정을 이슈로 만들고 이를 제대로 추적하는 게 중요하다고 말합니다. 위어 판헤이스[Uwe Van Heesch], 파리 아브저리엄[Paris Avgerioum], 리치 힐리어드[Rich Hilliard]의 「A documentation framework for architecture decisions」[VAH12]에서는 의사결정 템플릿을 IEEE 42010 표준에 맞게 사용하는 방법을 보여줍니다.

'하이쿠'는 일본 정형시의 일종입니다. 아키텍처 하이쿠architecture haiku는 종이 한 장에 마치 시처럼 아키텍처 뷰를 간결하게 요약해 설명하는 것으로 조지 페어뱅크스가 제안한 방법입니다.[2] 아키텍처 하이쿠는 아키텍처에서 중요한 점을 한눈에 읽히도록 요약해 이해관계자가 실제로 활용할 수 있도록 합니다.

장점

- 아키텍처의 필수적인 부분에 집중해 명확하게 설명합니다.
- 잘 읽힙니다. 최종 결과물은 마치 아키텍처에서 가장 좋은 부분을 광고하는 홍보물 같은 느낌을 줍니다.
- 다른 문서를 쓸 때 유용한 골격을 만듭니다.

설명

아키텍처 하이쿠는 슬라이드, 이미지, 텍스트 등으로 기록할 수 있습니다. 형식보다는 핵심과 간결함이 더 중요합니다. 어떻게 기록하든 아키텍처 하이쿠는 다음과 같은 정보를 담고 있어야 합니다.[3]

- 전체적인 해결 방법의 요약
- 기술적인 제약 목록
- 주요 기능 요구사항의 요약
- 품질 속성의 우선순위 목록
- 설계 의사결정의 간단한 설명. 논리적 근거와 트레이드오프
- 사용한 아키텍처 스타일과 패턴

---

2   http://georgefairbanks.com/software-architecture/architecture-haiku

3   Michael Keeling, Architecture Haiku: A Case Study in Lean Documentation. *IEEE Software*, 32[3]:35-39, 2015, May/June.

- 페이지에 이미 있는 정보 외에 의미를 더해주는 다이어그램

아키텍처 하이쿠는 한 장이어야 합니다. 여러 장이라도 읽는 데는 무리가 없겠지만, 간결함은 필수입니다.

지침과 팁

- 아키텍처의 모든 내용을 기록하지 마세요. 초점을 맞추고 중요한 내용만 넣습니다.
- 아키텍처 용어집을 만들어서 모두가 동일한 언어로 이야기하도록 하세요.
- 시작하기 전에 설계 대안을 살펴볼 시간을 따로 두세요.
- 아키텍처 하이쿠는 언제나 현재 상황을 반영해야 합니다. 문서를 계속 업데이트하세요.
- 아키텍처 하이쿠를 긴 아키텍처 문서의 개요나 실용적인 요약본의 의미로 사용하세요.
- 아키텍처 하이쿠는 설계 산출물의 대안은 아닙니다.

예시

아래는 라이언하트 프로젝트의 아키텍처 하이쿠 예시입니다. 아키텍처 하이쿠의 템플릿은 필자의 웹사이트에서 볼 수 있습니다.[4] 라이언하트 프로젝트는 스프링필드 예산집행부에서 사용하는 공개 웹 애플리케이션입니다. 도시의 RFP를 관리하며, RFP에 관심 있는 지역 사업자가 문서를 찾을 수 있습니다.

비즈니스 목표	주요 의사결정과 근거
· 조달 비용 30% 감축 · 지역 사업자의 도시 참여 증대 · 신규 RFP 배포 시간을 절반으로 단축 **최우선 품질 속성** · 보안 〉 가용성 〉 성능 **사용하는 아키텍처 패턴** · 서비스 지향 아키텍처(SOA), 레이어로 구성된 웹 애플리케이션, REST API	· Node.js 웹 애플리케이션: 팀에 익숙한 기술 · MySQL 데이터베이스: 무료, 오픈소스 · 아파치 솔라(Apache Solr): 무료, 오픈소스 · SOA, REST: 컴포넌트 분리, 팀에게 신기술을 경험하는 기회 제공 · 자바 웹 서비스: 오픈소스, 낮은 위험도, 훌륭한 도구 지원

---

4 http://neverletdown.net/2015/03/architecture-haiku.html

콘텍스트 다이어그램

콘텍스트 다이어그램^{context diagram}으로 이해관계자는 소프트웨어 시스템이 어느 상황에 적합한지 쉽게 이해할 수 있습니다. 콘텍스트 다이어그램은 개발하는 시스템이 사람과 어떻게 상호작용하는지를 보여줍니다.

장점

- 시스템과 상호작용하거나 의존하는 시스템 및 이해관계자 그룹을 개괄적으로 보여줍니다.
- 구축 중인 시스템과 외부 세계 사이의 경계를 이해관계자들에게 명확하게 알려줍니다.
- 시스템 아키텍처를 배우기에 좋은 시작점이 됩니다.
- 시스템이 어디까지 다루는지 모두에게 알려주고 동의를 구할 수 있습니다.

설명

일반적인 콘텍스트 다이어그램에서는 개발 중인 시스템을 중앙에 배치합니다. 그다음엔 설명하는 콘텍스트에 따라 시스템에서 사용하거나 상호작용할 다양한 사용자, 시스템, 하드웨어 등을 그립니다. 화살표는 이러한 다양한 요소들 간의 관계를 보여줌으로써 설계하는 시스템의 전반적인 상황을 묘사합니다.

콘텍스트 다이어그램은 여러 가지 형태를 취할 수 있으며 다이어그램에 상자와 선만 사용할 필요는 없습니다. 그림, 스토리보드, 만화, 사진뿐만 아니라 시스템을 상황에 알맞게 보여줄 수 있는 시각적인 수단은 뭐든 가능합니다. 어떤 팀은 실험적으로 비디오와 애니메이션을 사용하기도 했습니다.

지침과 팁

- 대단한 형식을 갖추지 않아도 괜찮습니다. 효과적인 커뮤니케이션이 중요합니다.
- 설계 중인 시스템과 관련된 사용자와 시스템을 보여줍니다.
- 화살표에 이름을 붙여서 두 요소가 어떤 관련이 있는지 알 수 있습니다.
- 다이어그램에 범례를 넣어서 표기법을 간략히 설명합니다.

아래는 라이언하트 프로젝트의 콘텍스트 다이어그램의 예시입니다.

라이언하트 프로젝트 콘텍스트 다이어그램

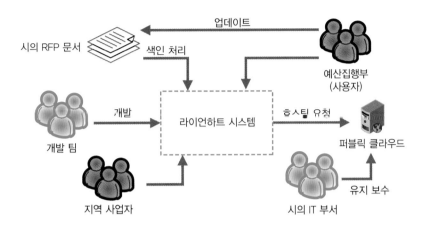

활동 23 인기 독서 목록

소프트웨어 시스템이 커질수록 문서도 그에 맞추어 늘어납니다. 인기 독서 목록을 만들면 이해관계자가 너무 많은 설계 산출물 사이를 헤메지 않고 관련 있는 정보를 더욱 수월하게 찾을 수 있습니다. 아키텍처를 처음 접하는 이해관계자에게는 학습하기에 좋은 출발점을 알려줍니다.

장점

- 가장 중요한 설계 산출물이 무엇인지 알려줍니다.

- 전체 시스템에서 설계 산출물이 전달하려는 맥락이 무엇인지 알려줍니다.

- 여러 가지 작은 설계 산출물을 통합해 일관성 있고 통합적인 설명을 만듭니다.

설명

링크만 몇 개 담고 있는 팀 위키 페이지도 인기 독서 목록의 하나입니다. 링크마다 아래의 정보를 담도록 합니다.

- **제목**: 산출물을 설명하는 짧은 문장입니다. 대부분의 산출물에는 이미 제목이 있습니다.

- **개요**: 이 산출물이 왜 중요하고 의미 있는지 설명합니다. 이해관계자들이 이 산출물에서 무엇을 얻을 수 있는지 알려줍니다. 덧붙여, 산출물이 왜 만들어졌고 언제 유용한지를 알려주면 더욱 좋습니다.

- **주의사항**: 때로는 산출물이 미완성이거나 너무 오래된 경우가 있습니다. 이해관계자가 알아야 할 사항을 기록해놓습니다.

지침과 팁

- 이해관계자가 가진 궁금증을 중심으로 목록을 구성합니다. 동일한 문제를 해결하는 산출물은 함께 그룹으로 묶어놓고 그룹의 제목을 넣습니다.

- 하나의 산출물로 다양한 궁금증을 해결할 수 있습니다. 개요와 주의사항을 잘 구성해 이해관계자들이 다양한 관점으로 산출물을 탐색할 수 있게 합니다.

- 서드파티 소스의 설계 산출물을 활용해보세요. 예를 들어, 사용 중인 패턴의 설명이 프레임워크 문서나 블로그 게시물에 이미 있으면 직접 만들지 말고 해당 패턴을 인용합니다.
- 아키텍처에서 중요한 개념이나 설계 산출물에 도움이 되는 참고 자료의 링크를 추가합니다.

예시

아래는 어느 팀의 코드 저장소에서 가져온 인기 독서 목록의 예입니다.

절대 반지 프로젝트: 인기 독서 목록

콘텍스트 다이어그램: 이 프로젝트의 감을 잡기 좋습니다.

인셉션 덱: 이 프로젝트의 첫 주차 작업물입니다. 지금까지 무엇이 변경되었는지 알 수 있으며, 왜 이렇게 변화했는지 설명합니다.

기존 시스템 유스케이스: 대체로 쓸모없어졌지만 맥락은 여전히 의미 있습니다. 참고용으로 씁니다.

ASR 워크북: 가장 최신의 내용을 담고 있음. 최상위 품질 속성은 여전히 유효합니다.

체크포인트 #2 발표 자료: 3월에 만듦. 이해관계자들에게 공유한 최신의 아키텍처 다이어그램이 있습니다.

검색, 트레이닝 시퀀스 다이어그램: 유스케이스마다 컴포넌트 간의 관계를 보여줍니다. 가용성 분석에 유용함.

레이어 개요: 코드의 구성을 보여줍니다.

인셉션 덱inception deck은 새로운 프로젝트를 시작할 때 발생할 수 있는 흔한 실수를 방지하고 이해관계자와 조율하는 목적으로 10가지 중요한 질문에 답하는 활동입니다. 인셉션 덱은 슬라이드 몇 장 또는 짧은 문서의 형태를 취하며, 일반적으로 프로젝트 초기, 즉 인셉션 단계에서 작성합니다. 여기서 다루는 활동은 조너선 라스무손Jonathan Rasmusson의 『The Agile Samurai』[Ras10]에서 자세히 설명합니다.

장점

- 중요한 정보를 겉으로 드러냅니다.

- 이해관계자들과 공유하기 쉽습니다.

- 모든 이해관계자가 주요 시스템 고려사항에 동일한 인식을 가질 수 있습니다.

- 프로젝트를 시작할 때 반드시 다뤄야 하는 중요한 정보를 논의할 수 있습니다.

설명

필요한 정보를 쉽게 얻을 수 있는 경우 인셉션 덱을 채우는 데 20분 정도 걸립니다. 또는 인셉션 덱에 넣을 정보를 찾기까지 며칠 또는 몇 주가 걸리기도 합니다. 인셉션 덱의 형식은 아주 자유롭습니다. 아래의 질문을 보며 상황에 맞게 수정해 사용하세요.

인셉션 덱은 슬라이드, 마크다운 파일 또는 이해관계자와 쉽게 공유할 수 있는 어떤 형식이든 괜찮으니 아래의 질문에 답해가며 하나씩 기록하다 보면 만들 수 있습니다.

① 우리는 왜 여기에 있는가?

　해결하고자 하는 문제를 간단하고 명료하게 설명합니다.

② 어떤 비전을 가지고 있는가?

　프로젝트의 소프트웨어 시스템이 첫 번째 답변을 어떻게 해결할 수 있는지 간략하게 설명합니다. 라스무손은 이 슬라이드를 엘리베이터 피치 형식으로 만들면 좋다고 권장합니다. 이 주제는 웹에 많은 자료가 있습니다.

③ 가치는 무엇인가?

프로젝트의 비즈니스 목표를 나열합니다. 4.3절 '비즈니스 목표 탐색하기'에서 몇 가지 힌트를 얻을 수 있습니다.

④ 무엇이 다루는 범위 안에 있는가?

현재까지 파악한 가장 높은 우선순위의 기능 요구사항을 나열합니다. 보통 여기에 적힌 항목은 끝까지 챙겨야 합니다. 또한, 범위를 확실히 벗어난 기능이나 범위가 아직 결정되지 않았지만 아키텍처에 중요한 영향을 미칠 잠재적인 기능도 나열합니다.

⑤ 주요 이해관계자는 누구인가?

주요 이해관계자들과 그들의 우려사항을 나열합니다.

⑥ 기본적인 해결책은 무엇인가?

개념적인 수준의 아키텍처 스케치를 설명합니다. 형식을 갖출 필요는 없고 10.1.5절 '카툰으로 아이디어 표현하기'에서처럼 가볍게 기록해도 좋습니다.

⑦ 주요 위험 요소는 무엇인가(프로젝트가 실패할 요인은 무엇인가)?

프로젝트에서 높은 수준의 위험 요소를 나열합니다. 3.3.1절 '조건과 결과 알아내기'를 참고해 위험 요소를 문장으로 표현해보세요.

⑧ 공수는 얼마나 드는가? 비용은 얼마나 드는가?

현재까지 파악한 범위와 개념적인 아키텍처로 프로젝트를 완수하기까지 대략의 공수와 비용을 어림잡아 계산합니다. 이 계산에서 가정하고 있는 팀의 규모와 기술 조합도 나열합니다.

⑨ 절충할 만한 사안은 무엇인가?

어려운 결정을 내리기 전에 주요 절충안이 있다면 솔직하게 논의하세요. 4대 주제, 즉 범위, 비용, 일정, 품질에 대해 이야기합니다. 그리고 관심이 가거나 우선순위가 높은 품질 속성을 논의합니다. '활동 1 하나만 고르기'를 활용해보세요.

⑩ 언제까지 완수할 수 있는가?

이해관계자에게 언제까지 프로젝트를 완수할 수 있는지 논의할 때 사용하는 정보입니다. 이 예측치로 주요 일정을 어떻게 정할지 논의할 수도 있습니다. 대략 해야 할 업무마다의 일정과 전체 프로젝트의 일정을 기록합니다. 일정을 완벽하게 예측하는 건 어렵고, 프로젝트를 진행함에 따라 계속 번성될 수밖에 없습니다.

인셉션 덱을 다 만들었으면 이해관계자들과 함께 보며 피드백을 받고 조율합니다.

지침과 팁

- 10개의 질문을 소프트웨어 프로젝트를 시작하기 전에 체크리스트로 사용합니다.

- 주기적으로 인셉션 덱을 검토해 프로젝트의 중요한 사항을 환기합니다.

- 꼭 슬라이드로 만들 필요는 없습니다! 질문에 제대로 답하는 게 중요합니다. 마크다운 형식의 문서도 인셉션 덱에 잘 어울립니다.

- 인셉션 덱을 만드는 데 드는 노력은 프로젝트의 규모와 비용에 비례해야 합니다. 예를 들어, 2주 프로젝트의 인셉션 덱을 만드는 데 일주일이나 소비하면 안 됩니다. 반면, 장기간의 대규모 프로젝트용 인셉션 덱은 완료하기까지 일주일이 충분하지 않을 수 있습니다.

예시

조너선 라스무손의 웹사이트에는 훌륭한 예시가 많이 있으니 참고하세요.[5]

---

5 https://agilewarrior.wordpress.com/2010/11/06/the-agile-inception-deck

활동 25 모듈식 분해 다이어그램

모듈식 분해 다이어그램modular decomposition diagram은 아키텍처를 추상적인 조각의 합으로 보여주는 다이어그램으로, 전체적으로 일관성을 갖추면서 내부가 어떻게 구성되어 있는지 알 수 있습니다. 이는 단순한 트리 다이어그램으로 추상화의 정도가 서로 얼마나 다른지 보여줍니다. 여기서 분해라는 말은 작은 조각으로 쪼개놓는다는 뜻일 뿐, 해체되어 성질이 변한다는 것은 아닙니다.

모듈식 분해는 코드 패키지의 구성부터 조직 차트, 프로젝트 계획까지 다양한 상황에서 폭넓게 사용할 수 있는 일반적인 기술입니다.

장점

- 개념의 이름을 지을 때 여러 단계의 추상화로 나누고 고유하게 지정할 수 있습니다.

- 아키텍처의 세부사항을 전체의 한 부분으로 매핑할 수 있습니다.

- 시스템 구성에 맞추어 조직 구성을 분석할 때 사용할 수 있습니다.

- 복잡도를 낮추면서도 필요한 요소를 빠짐없이 추적할 수 있습니다.

- 아키텍처를 보며 시스템의 관점으로 생각할 수 있게 합니다.

설명

모듈식 분해 다이어그램은 대체로 트리 형태로 그립니다. 트리의 루트 노드는 시스템입니다. 트리의 각 레벨은 특정 모듈을 분해해 세부 정보를 표시합니다. 대규모 시스템에서 가장 마지막 리프 노드는 하나의 팀이 구현하는 모듈을, 소규모 시스템에서는 아키텍처의 특정 패키지 또는 클래스를 나타낼 수 있습니다.

트리의 각 레벨은 아키텍처 개념을 그룹화해 큰 그림을 보여줄 뿐만 아니라 세부적인 아이디어와 어떤 관계가 있는지를 보여줄 수 있습니다.

지침과 팁

- 이 다이어그램을 사용하면 변동 가능성, 유지 보수성, 비용, 제품 구성력, 배포 편의성 등과 같은 품질 속성을 파악할 수 있습니다.

- 트리를 그릴 때 적절한 소프트웨어로 쉽게 그리세요.

- 큰 다이어그램을 작은 조각으로 나누어 이해하기 쉽도록 그리세요. 다이어그램 간에 맥락을 통일시켜서 서로 다른 이야기를 하는 느낌이 들지 않도록 주의하세요.

- 리프 노트는 상위 부모 노드와 관계를 가질 뿐이며 주변의 다른 리프 노드와 연결 짓지 말아야 합니다.

예시

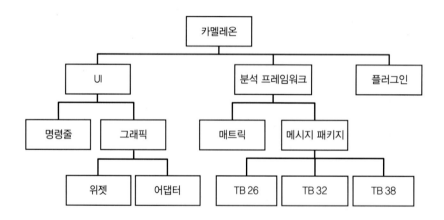

다음은 동일한 트리 맵에 몇 가지 정보를 더해 다른 방식으로 그려본 예시입니다. 사각형의 크기는 기술 부채의 크기를 의미합니다.

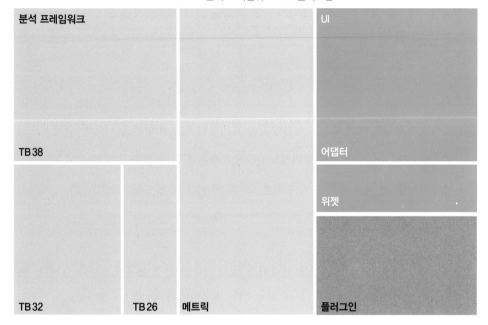

카멜레온

■ UI　■ 분석 프레임워크　■ 플러그인

폐기한 아키텍처 의사결정의 목록을 만들고 각 결정마다 최종적으로 선택하지 않은 이유를 간략히 설명합니다. 폐기한 결정과 수행하지 않은 과정을 기록하면 설계를 결정하는 맥락과 근거를 얻을 수 있습니다.

장점

- 상세 설계자들이 아키텍트의 사고방식을 복기하며 현재의 설계를 이해할 수 있습니다.
- 이해관계자들의 '이런 것도 고려해보셨나요?'라는 질문에 잘 대응할 수 있습니다.
- 설계 결정을 할 때 논리적 근거에 이르기까지 한 번은 더 생각하게 해줍니다.

설명

고려했지만 폐기했던 의사결정을 선택하지 않은 이유와 함께 목록으로 기록합니다. 목록은 평범한 텍스트도 괜찮고, 쉽게 볼 수 있는 어떤 형식이든 좋습니다.

지침과 팁

- 하나의 뷰 또는 설계상의 의사결정만 다룹니다. 모든 설계 의사결정을 다룰 필요는 없습니다.
- 간결해야 합니다. 이해관계자가 이해할 수 있는 정도의 내용과 이유만으로도 충분합니다.
- 다른 방법과 함께 사용하면 아키텍처를 더 완결성 있게 설명할 수 있습니다. 예를 들어, '활동 20 아키텍처 의사결정 기록', '활동 21 아키텍처 하이쿠'와 함께 사용할 수 있습니다.

예시

다음은 온프레미스 시스템에 패키지 형태로 배포하던 소프트웨어를 지속적 통합 형태의 릴리스로 전환하는 계획에서, 고객을 클라우드 플랫폼으로 이전시키려는 목적으로 작성한

'가지 않은 길'의 예시입니다. 기존에 패키지 소프트웨어는 분기마다 출시했습니다. 의사결정의 범위는 두 플랫폼 간의 통합에 초점을 맞췄습니다.

가지 않은 길	폐기한 이유
클라우드 기반의 '서비스 어댑터'를 만들어서 서드파티 서비스를 부드럽게 이어준다.	높은 유지 보수 비용, 이 노력으로 얻는 이점과 품질 속성은 최소기능제품(minimum viable product, MVP)[6] 릴리스와 무관하다. 이점에 비해 비용이 높다.
어댑터를 오픈소스로 릴리스하고 고객이 직접 적용한다.	배포에 불필요한 단계가 추가된다. 설정 기본값에 보안 위험이 있으며, 고객을 교육하고 응대하는 데 어려움이 있다. 결정적으로 이 방법으로 운영 비용을 줄이지 못한다.
클라이언트 라이브러리를 제공한다.	클라이언트 라이브러리를 최신 상태로 유지하는 것이 어렵다. 서비스는 계속 릴리스해도 패키지 소프트웨어는 분기마다 출시하기 때문이다. 고객은 클라우드 서비스도 배워야 하고 라이브러리 사용법도 익혀야 한다. 문서화에 드는 비용이 매우 높다. 소프트웨어를 제때 릴리스 못 할 수도 있다.
고객들의 소프트웨어 이전을 지원하지 않는다.	사용자 경험에서는 아무 차이 없으며, 고객들은 새로운 패턴과 패러다임을 원한다.

최종적으로, 배포하는 문서에 주요 유스케이스의 샘플 코드를 함께 릴리스하기로 결정했습니다. 팀은 샘플 코드의 유지 보수는 책임지지 않기로 했습니다. 샘플 코드를 사용하거나 변경하는 건 고객이 자유롭게 할 수 있게 했습니다. 이해관계자들은 이 결정이 비용과 가치 사이에서 적절한 균형을 이루었다고 생각했습니다. 이제 제품 관리자는 실행 가능한 수준의 최소한의 예시 코드를 릴리스하면서 시스템 통합이 잘 이루어지는지 데이터를 수집한 후 아키텍처 개선에 더 투자할 수 있었습니다.

---

6   옮긴이_ 고객의 피드백을 반영해 최소한의 기능(feature)만을 구현해 만든 제품을 말합니다.

소프트웨어를 개발하고 직접 써보면 무엇이 가능할까요? 가설을 테스트하거나, 설계 결정을 내리는 데 필요한 정보를 학습하거나, 품질 속성을 증명하거나, 경험을 얻을 수 있습니다. 때로는 직접 해보는 게 배울 수 있는 유일한 방법일 때도 있습니다. 이는 단순히 좋은 말이 아니라, 기술과 프레임워크에서 절대 진리입니다.

우리는 어떤 일을 어떻게 하는지 또는 어떤 일이 어떻게 작동하는지를 알아내고 싶을 때 프로토타입을 만듭니다. 그리고 여러 대안 중에서 결정을 해야 할 때 정보를 수집하는 목적으로 프로토타입을 만듭니다.

프로토타입을 만들어서 결정한다는 건 무언가 실험한다는 의미이기도 합니다. 기술이나 패턴을 연구하는 이유는 당면한 문제를 해결할 수 있다는 가정이 있기 때문입니다. 이처럼 가설을 테스트하고자 할 때도 프로토타입을 만듭니다.

장점

- 한 번만 경험해도 정보를 얻을 수 있습니다.
- 의사결정에 활용할 데이터를 만들 수 있습니다.
- 이해관계자들에게 시스템의 일부를 경험하도록 할 수 있습니다.
- 빠르고 저렴하게 동작 원리를 익힐 수 있습니다.

설명

쓸모없는 프로토타입과 과도한 구현은 종이 한 장 차이입니다. 프로토타입 제작 시 성공 가능성을 높이려면 계획이 필요합니다. 프로토타입을 만들 때 어떤 계획이 필요한지 살펴보겠습니다.

① 프로토타입으로 익힐 학습 목표와 범위를 정합니다. 이 프로토타입은 어떤 질문에 답변할 수 있습니까?

② 프로토타입 제작 예산과 일정을 정합니다. 언제까지 프로토타입을 사용할까요? 학습 목표를 달성할 때까지 얼마나 비용을 쓸 수 있나요? 비용과 시간을 가능한 한 구체적으로 정합니다.

③ 결과물을 어떻게 배포할지 정합니다. 프로토타입을 경험할 대상은 누구인지, 어떻게 공유할지 정합니다. 데모판 소프트웨어, 설명서, 발표 자료, 아니면 다른 어떤 형태로 배포할까요?

프로토타입은 최대한 싸고 빠르게 만들어야 합니다. 프로토타입이 나오면 계획했던 대로 구현했는지 검토합니다. 목표를 달성했다면 프로토타입의 완성을 선언하고 공유합니다.

프로토타입을 완성한 후에는 최소한의 정리를 하며 재활용할 수 있는지 살펴봅니다. 코드와 설명서를 보관하고 다음 번 참조할 때 활용합니다.

지침과 팁

- 소프트웨어를 다 작성하지 않아도 학습 목표를 달성할 수 있습니다.

- 프로토타입을 계속 발전시킬지 폐기할지 미리 정하세요.

- 프로토타입 개발자를 계속 살펴봐야 합니다. 프로토타이핑은 완성도나 품질보다는 속도를 우선해야 합니다. 이는 기술에 자부심을 갖고 있는 많은 개발자들에게는 힘든 일입니다.

- 완료 일정을 빡빡하게 둬야 합니다. 다만 완성할 정도의 시간은 있어야 합니다.

- 개발을 시작하기 전에 개발자와 함께 프로토타입을 만들며 설계를 구체화합니다.

예시

지금 소개하는 내용은 프로토타입 제작의 한 예입니다. 팀은 아파치 솔라 API 성능의 한계를 알고 싶었습니다. 이를 알아내고자 일주일 동안 한 명의 개발자가 아파치 JMeter[7]를 사용해 간단한 테스트 드라이버를 개발했습니다. 그리고 여러 가지 부하 테스트를 실행하고 데이터를 수집하고 결과를 요약한 두 가지 보고서를 작성했습니다. 아파치 JMeter로 최소

---

7 https://jmeter.apache.org

한의 노력을 들여 신속하게 데이터를 수집할 수 있었습니다.

이번에 소개할 내용은 프로토타이핑 선택의 예입니다. 팀은 서버측 웹 프레임워크를 선택해야 했습니다. 팀은 두 프레임워크를 사용해 간단한 블로그 애플리케이션을 구현했습니다. 개발은 단 이틀 만에 해내도록 정했습니다. 이틀 후에 팀은 경험했던 두 프레임워크의 장단점을 토론하고 프레임워크를 선택했습니다.

동적인 구조는 문서로 파악하기 어렵습니다. 시퀀스 다이어그램^{sequence diagram}을 사용하면 시스템을 실행할 때 제어 흐름과 데이터가 어떻게 이동하는지 보여줄 수 있습니다. 컴포넌트 간의 논리, 데이터, 제어 흐름을 모델링합니다.

장점

- 산난하고 유연한 표현 방식입니다.
- 그래픽과 텍스트를 모두 사용하므로 표현이 풍부합니다.
- 커뮤니케이션을 표현하거나 상태를 추측하기에 좋습니다.
- 특별한 도구가 필요하진 않지만 편하게 그릴 수 있는 도구가 많습니다.

설명

① 다이어그램의 시나리오를 선택합니다. 시나리오가 곧 다이어그램의 제목입니다.

② 시나리오에 동원할 컴포넌트를 가로로 나열합니다. 이를 참가자^{participant}라고 합니다. 그다음 각 참가자마다 수직으로 생명선^{life line}을 그립니다. 참가자는 보통 시작하는 순서대로 왼쪽에서 오른쪽로 배치합니다.

③ 한 참가자에서 다른 참가자로 화살표를 이으면 두 컴포넌트 간에 통신이 발생한다는 의미입니다. 화살표 선에 메시지를 라벨로 입력합니다.

④ 수직으로 내려갈수록 시간이 흐릅니다. 다음 메시지는 첫 메시지의 아래에 배치합니다.

단순한 시퀀스 다이어그램

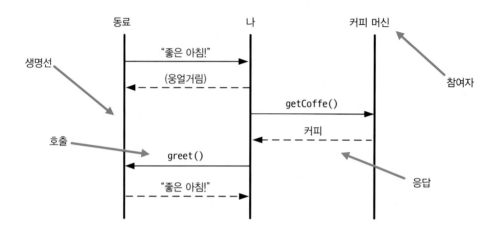

<hr />

지침과 팁

- 분산 시스템, 마이크로서비스, 객체 간 통신, 기타 동적 모델링을 설명할 때 유용합니다.

- 일관성만 갖추고 있다면 표기법을 엄격히 지킬 필요는 없습니다.

- 직선의 닫힌 화살표(→)는 동기적으로 요청하는 메시지를 의미합니다.

- 직선의 열린 화살표(→)는 비동기적으로 요청하는 메시지를 의미합니다.

- 점선 화살표는 응답 메시지를 의미합니다.

- 텍스트로 문법에 맞게 작성하면 그래픽으로 그려주는 도구를 사용해 소스 코드와 함께 저장하고 관리할 수 있습니다.

<hr />

예시

아래는 쇼핑 아이템을 카트에 담을 때 마이크로서비스 간의 통신을 그린 시퀀스 다이어그램입니다. 다이어그램은 js-sequence-diagrams[8]로 생성했습니다.

<hr />

8   https://github.com/bramp/js-sequence-diagrams

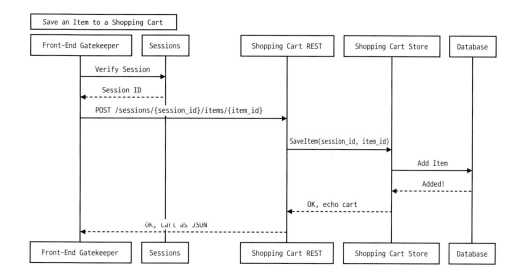

아래는 다이어그램을 그릴 때 사용한 텍스트 문법입니다.

```
Title: Save an Item to a Shopping Cart

Front End Gatekeeper -> Sessions: Verify Session
Sessions --> Front End Gatekeeper: Session ID

Front End Gatekeeper -> Shopping Cart REST:
    POST /sessions/{session_id}/items/{item_id}
Shopping Cart REST -> Shopping Cart Store:
    SaveItem(session_id,\n item_id)
Shopping Cart Store -> Database: Add Item

Database --> Shopping Cart Store: Added!
Shopping Cart Store --> Shopping Cart REST: OK, echo cart
Shopping Cart REST --> Front End Gatekeeper: OK, cart as JSON
```

시퀀스 다이어그램을 그리면 설계에서 놓친 부분이 보이곤 합니다. 위의 예시에서 세션을 확인하는 첫 단계가 있다는 건 세션이 닫혔을 때도 고려해야 한다는 걸 알 수 있습니다. 예를 들어, 아이템을 넣기 전에 로그아웃하는 경우가 있습니다. GateKeeper에서 요청하는 API는 중복이 있어 보입니다. 그리고 Shopping Cart Store 서비스에서 아이템을 저장할 때는 사용자 세션이 살아 있다고 가정하고 있는데 이는 잘못될 가능성이 있습니다.

활동 29 시스템 메타포

시스템이 특정 품질 속성에 어떤 영향을 미치는지 간단한 이야기로 만드는 활동입니다. 시스템 메타포는 아키텍처에서 공통의 목표와 어휘를 공유하는 방법으로 켄트 벡이 『익스트림 프로그래밍』(인사이트, 2006)[Bec00]에서 처음 소개했습니다.

장점

- 아키텍처를 가볍게 설명하는 기법으로, 같은 공간에서 일하는 팀이 빠르게 아키텍처를 개선할 때 아주 효과적인 기술입니다.

- 다른 설명 방법과 함께 사용할 수 있습니다.

- 만들기 쉽고, 저렴하며, 쉽게 바꿀 수 있습니다.

설명

「Making Metaphors That Matter」[KV11]에서 필자와 미하일 벨리찬스키Michail Velichansky는 유용한 시스템 메타포를 만들 수 있는 구체적인 지침을 소개했습니다. 좋은 시스템 메타포는 다음과 같은 속성이 있습니다.

- 하나의 뷰만 다룹니다.

- 구조에서 단 하나의 타입만 다룹니다.

- 설계 의사결정의 명확한 지침을 줍니다.

- 시스템 속성을 드러냅니다.

- 공통의 경험을 나눕니다.

- 당연히, 아무리 좋은 메타포여도 여전히 설명은 필요합니다.

모든 시스템 메타포에는 정보 덩어리, 즉 메타포를 만들기까지 해왔던 토론과 다이어그램이 있습니다. 메타포는 이러한 정보를 참조하고 있으며, 팀원들은 이로써 중요한 세부사항들을 기억할 수 있습니다.

- 기억나는 이야기를 나누고 즐깁니다.

- 구체적으로 무엇이 여러분의 시스템을 특출나게 하는지 생각합니다. 소프트웨어 시스템을 만든다는 건 도시를 건설하는 일과 비슷합니다.

- 공통으로 참조할 지점을 못 찾겠으면 공유할 경험을 새롭게 만들면 됩니다.

- 대중 문화와 음식은 메타포에서 자주 쓰입니다.

- 흔히 사용하는 아키텍처 패턴은 같은 목적의 시스템 메타포를 가지고 있으며 대체로 같은 방식으로 쓰입니다.

예시

라이언하트 프로젝트에서는 라이언하트 시의 계약 데이터베이스에서 데이터를 가져와 데이터를 정규화하고 검색 인덱스로 전송하는 간단한 데이터 크롤러를 구축할 계획입니다. 이를 효율적으로 수행하려면 다중 스레드 크롤러가 필요합니다. 하지만 주의해야 할 점이 있습니다. 크롤러가 너무 적극적이면 데이터베이스의 크래시를 유발하고 서비스 장애를 일으킬 수 있습니다. 크롤러가 너무 느리면 품질 속성 중 신뢰성을 충족할 만큼 데이터를 빨리 인덱싱하지 못할 수 있습니다.

이에 적합한 설계를 생각하고 공유할 수 있도록 다음과 같은 시스템 메타포를 만들었습니다.

뮤지컬 <뉴시스>[9]는 1899년 뉴욕의 뉴스 판매원 파업을 다룬 이야기입니다. 뮤지컬에서 뉴스 판매원은 매일 아침 신문배급소에서 신문을 구입하고 뉴욕 사람들에게 신문을 재판매합니다. 우리가 만드는 크롤러 스레드는 이와 마찬가지입니다. 스레드마다 배급소를 방문해 데이터베이스에서 가져올 레코드 몇 개를 요청하고 한 묶음의 레코드를 수신해 인덱싱합니다. 가져오지 않은 행은 잊히게 됩니다. 내일이 오면 새로운 신문을 팝니다.

이 메타포가 적절한지 한번 짚어보겠습니다.

- 하나의 뷰만 다룹니다. 이 메타포에서는 크롤러의 스레드 모델만 다루고 있으니 하나의 컴포넌트에 하나의 뷰만 다루는 셈입니다. 좋습니다.

---

[9] https://www.imdb.com/title/tt0104990

- 구조에서 단 하나의 타입만 다룹니다. 우리는 C&C 구조만 다룹니다. 그 외에는 혼용하지 않고 있습니다. 좋습니다.

- 분명한 설계 지침을 내립니다. 뉴스 판매원이 나름의 데이터를 가져오고 인덱싱을 하며 하루를 보내는 동안, 신문 배급소는 데이터베이스에서 한 묶음의 레코드를 전달하고 있습니다. 판매원 한 명만 데이터베이스를 사용할 수 있으며 배급소에서 레코드를 받을 때 유일하게 책임을 가지고 있습니다. 남은 신문은(아직 크롤링하지 않은 데이터베이스 레코드) 건너뜁니다. 좋습니다.

- 시스템 속성을 드러냅니다. 이 메타포는 성능 문제를 어떻게 해결할지 생각하게 합니다. 신문 판매원의 수를 조절한다는 의미로 적극적으로 데이터를 가져오는 성향을 조절할 수 있습니다. 좋습니다.

- 공통의 경험을 나눕니다. 이 뮤지컬은 1990년대에 젊은 배우 크리스천 베일이 열연했습니다. 아직 안 봤다면 동료들과 피자를 주문해서 함께 즐기면서 보세요. 좋습니다. 팀원과의 관계도 더 끈끈해지겠네요!

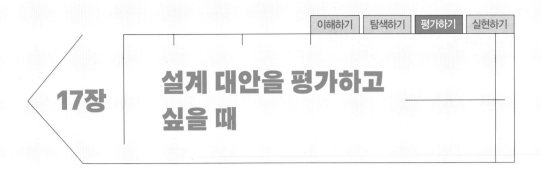

17장 설계 대안을 평가하고 싶을 때

'평가하기' 마인드셋에서는 설계 의사결정을 비판적으로 검토해 얼마나 요구를 충족했는지를 판단합니다. 설계가 완벽할 필요는 없지만 충분히 훌륭해야 합니다. 다시 말해, 아키텍처가 만족스럽고 충분한지 확인하는 게 목표입니다. 만족스러운 해결책을 찾을 때면 잘 들어맞는다고 말하곤 하지요.

평가를 진행하다 보면 아키텍처가 만족스럽거나 충분하지 않은 이유를 알 수 있습니다. 문제를 제대로 이해하지 못했다고 깨닫기도 합니다. 때로는 좋은 의도의 설계가 이내 받아들일 수 없는 선택지가 되어버리거나, 중요한 제약을 놓치거나, 너무 많은 위험을 초래하는 안으로 바뀔 수도 있습니다. 이런 변화는 가급적이면 빨리 알수록 좋습니다. 괜히 오래 끌다가는 바로잡는 비용이 너무 높아질 수 있습니다.

평가 후에는 충분히 많은 정보를 확보한 다음 어떤 디자인 마인드셋으로 옮겨갈지 결정해야 합니다. 평가하기 마인드셋은 실행–제작–확인하기 흐름 중에서 '확인하기'를 할 때 활용합니다. 하지만 실행 단계에서도 평가를 의미 있게 활용할 수 있습니다.

무언가를 평가하는 건 연속적인 활동입니다. 설계가 끝날 때까지 평가를 기다리기엔 너무 늦습니다. 매 단계마다 평가해야 합니다. 일단 아키텍처의 일부분이 충분히 훌륭하다는 판단이 서면, 그 부분만 더 깊이 들어가서 상세 설계를 하면 됩니다. 무언가를 만들기 전에 아키텍처를 완벽하게 갖출 필요는 없습니다.

이 장에서 소개하는 활동은 팀원들과 아키텍처의 다양한 측면을 살펴보고 정보를 모아서 적절한 조치를 취하고자 할 때 유용합니다. 아키텍처를 얼마나 잘 이해했는지 확인하거나, 설계의 대안을 선택하거나, 다음에 수행할 작업을 결정해야 할 때 활용하세요.

활동 30 아키텍처 브리핑

아키텍처 브리핑architecture briefing은 간단한 프레젠테이션으로 이해관계자들이 아키텍처의 한 부분을 빠르게 이해할 수 있도록 합니다. 아키텍처 브리핑을 마치면 참가자들에게 의미 있는 피드백을 받을 수 있습니다.

아키텍처 브리핑은 오래전부터 빌딩 설계자들이 고객을 교육하고 진행 상황을 공유할 때 사용하던 방법입니다. 동일한 방법을 수십 년 동안 소프트웨어 개발할 때도 사용해왔습니다. 소프트웨어에 아키텍처 브리핑은 스튜어트 핼러웨이Stuart Halloway[1]와 패트릭 쿠아Patrick Kua를 비롯해 많은 사람들이 제안해왔습니다.

장점

- 이해관계자들이 아키텍처를 빠르게 이해하고 바로 설계를 논할 수 있습니다.

- 아키텍처에 공동의 주인의식을 느끼게 합니다.

- 더 많은 이해관계자들의 피드백을 모을 수 있으며, 이 덕분에 다양한 관점으로 비평을 받을 수 있습니다.

- 아키텍처 의사결정을 할 때 책임감을 느끼게 합니다.

- 아키텍처 설계를 교육할 때 기반이 됩니다. 동료들은 다른 사람들의 접근 방법을 배울 수 있으며, 설계를 더 간결하게 표현하는 연습도 할 수 있습니다.

소요 시간

45~60분. 브리핑 시간은 30분을 넘지 말아야 합니다. 전체 진행 시간의 절반 이상은 참석자들의 질문과 피드백을 받는 시간으로 확보해야 합니다.

---

1   https://github.com/stuarthalloway/presentations/wiki/Architectural-Briefings

참가자

브리핑을 진행할 아키텍트와 이해관계자들. 이해관계자는 아니지만 분야 전문가가 참석할 수 있습니다. 브리핑은 가급적이면 많은 사람들을 대상으로 진행하도록 합니다. 설계한 아키텍처에 관한 지식이 없던 사람도 함께 토론에 참여하면 좋습니다.

준비할 것

- 간단한 브리핑. 일반적으로 슬라이드로 만들지만 화이트보드에서 즉석으로 그리면서 말할 수도 있습니다. 꼭 지켜야 할 점이라면, 발표 준비는 발표 시간의 절반보다는 짧아야 합니다, 예를 들어, 1시간 발표를 한다면 최대 30분 동안 준비하도록 합니다
- 청중에게 기록할 노트를 주면 좋습니다.

실행 단계

① 청중을 환영하고, 아키텍트를 소개하며, 브리핑의 기본 원칙을 알려줍니다. 다음은 몇 가지 기본 규칙의 예입니다.

청중이 할 일: 무엇이든 물어보세요.
발표가 끝날 때까지 기다린 후에 질문과 코멘트 부탁드립니다.

집중해서 듣고, 메모하세요.

생각해보세요: 놓친 건 없을까요? 경험적으로 어떠신가요? 결정에 동의하시나요? 결정이 왜 이루어졌는지 이해할 수 있나요?

서로 존중하세요: 다음 발표는 당신 차례가 될 수 있습니다.

② 아키텍트가 브리핑을 합니다. 브리핑 시간에 제한을 둘 수도 있습니다.

③ 질문과 의견을 받습니다. 팀원들은 아키텍트와 함께 질문에 응대할 수 있습니다.

④ 브리핑의 결론을 나누고 참가자들에게 감사를 표합니다. 더는 질문이 없거니 시간이 끝나면 브리핑을 종료합니다.

지침과 팁

- 브리핑을 정기적으로 같은 장소에서 꾸준히 열면 좋습니다.

- 브리핑 후에 슬라이드를 배포하세요. 녹화도 좋습니다.

- 브리핑을 진행하는 팀 중 한 명은 질문을 받을 때 기록하도록 합니다.

- 청중들의 질문은 충분히 까다롭고 날카롭지만 건설적이어야 합니다.

예시

아래는 아키텍처 브리핑의 예시입니다. 시스템의 특성에 따라 항목은 다를 수 있습니다.

엘리베이터 피치: 해결하고자 하는 비즈니스 문제는 무엇인가?

개요

최우선 품질 속성

관련된 뷰

설계 시 의사결정의 주요 근거

고려했던 대안

현재 상황: 품질, 남은 업무, 다음 단계

비용

위험 요소와 우려사항

다음 계획

핼러웨이는 브리핑의 예시를 깃허브에 공개했습니다.[2]

---

2 https://github.com/stuarthalloway/presentations/wiki/Architectural-Briefings

피어 코드 리뷰를 하면 누군가가 꾸준하게 감시하는 것처럼 느껴질 수 있습니다. 하지만 코드 리뷰는 어느 팀이든 반드시 해야 하는 훈련입니다. 코드 리뷰를 할 때 아키텍처 문제를 포함해 논의하면 훨씬 더 의미가 깊어집니다.

아키텍처의 주요 목표에 맞추어 코드를 점진적으로 검사하면 계획한 설계대로 시스템이 진화하는지 지속적으로 파악할 수 있으므로 아키텍처의 부패를 방지할 수 있습니다. 또한 리뷰 시간은 개발 중에 나타나는 설계 변곡점을 알 수 있는 매우 좋은 기회이기도 합니다. 변곡점이 보이면 추가적으로 분석할 여지가 있습니다.

모든 리뷰는 암묵적인 코칭이기도 합니다. 아키텍처와 코드 사이의 인식을 잘 맞추어 진행하세요. 그래야 실제 상황에서 문제가 발생하기 전에 수정할 수 있습니다. 팀원에게 아키텍처의 기본 원칙과 개발 중인 아키텍처를 함께 가르쳐주세요.

장점

- 개발자들에게 아키텍처 설계를 최우선으로 고려하게 합니다.
- 여러 가지 아키텍처 고려사항의 거시적인 관점과 미시적인 관점을 모두 챙기면서 관계를 만들 수 있습니다.
- 아키텍처에서 발생할 수 있는 문제를 세부적인 수준으로 알 수 있습니다.
- 설계를 더 상세하게 합니다.
- 가르칠 수 있는 기회를 만들어 팀의 아키텍처 설계 역량을 기울 수 있습니다.

소요 시간

프로젝트를 진행하는 내내 계속합니다. 초기의 코드 리뷰는 알려진 문제를 해결하는 데 꽤 많은 시간을 써야 하며, 최소 10분 이상 필요합니다.

코드와 코드를 수정하는 패치 또는 풀 리퀘스트

실행 단계

① 전체적인 변경 범위를 파악할 수 있도록 빠르게 훑어봅니다.

② 통상의 코드 리뷰처럼 상세 설계, 스타일 문제, 결점을 중심으로 코드 리뷰를 수행합니다.

③ 첫 회의 리뷰가 끝나면, 아키텍처에 잠재적으로 영향을 주는 변경사항이 있는지 확인합니다. 아래 체크리스트를 참고해 리뷰에서 어떤 항목을 봐야 하는지 알아보세요.

④ 아키텍처에 우려할 만한 부분이 있다면 코멘트를 남깁니다. 서로의 이해가 다르다면 관련된 자료도 같이 올립니다.

⑤ 코드 제출자와 리뷰를 함께 보면서 토론합니다. 특히 아키텍처 이슈는 많은 토론이 필요합니다.

⑥ 리뷰에 토론 결과를 반영합니다. 혹시 문서화나 교육을 더 했다면 해당 이슈가 생기지 않았을 것인지, 또는 암묵적으로 가정한 설계가 있었는데 더 명시적이었어야 했는지 생각해보세요. 백로그에 설계 작업을 추가하고, 문서를 보강하거나 교육 세션을 진행해 문제를 해결해보세요.

코드 리뷰로 사용하고 있는 도구나 상황에 따라 위의 단계를 적당히 조정해 활용해보세요.

지침과 팁

- 코드 리뷰 소프트웨어를 버전 관리 시스템 및 빌드 시스템과 연동해 사용하세요.

- 리뷰는 평상시에는 별거 없습니다. 하지만 큰 변화가 오는 시점이 있을 테니 유심히 봐야 합니다.

- 어떤 이슈는 리뷰 방법을 바꿔서 더 빠르게 해결할 수 있습니다. 예를 들어 짝코딩이나 '활동 19 화이트보드 토론'으로 전환해 부족한 이해를 채울 수 있습니다.

- 시스템을 구현하면서 아키텍처가 바뀌어도 괜찮습니다. 아키텍트의 관점에서 코드 리뷰의 목적은 설계 의사결정을 더 현실적으로 하고, 아키텍처의 구현 상황을 모니터링하고, 변경이 필요할 때 적절하게 안내하는 일입니다.

- 코드 리뷰는 설계 평가와는 다릅니다. 코드 리뷰로 아키텍처 변화를 모니터링하고 아키텍트로서 팀에 무엇을 줄 수 있는지 살펴보세요.

예시

코드 리뷰 체크리스트는 일관성을 높이고 팀원들이 리뷰에서 무엇에 초점을 맞춰야 하는지 알려줍니다. 세부적인 설계 문제를 논하는 일 외에도 코드 리뷰 시 아키텍처에서 고려해야 할 몇 가지 개념이 있습니다. 아래 체크리스트를 참고하세요.

- **전학성**: 이번 변경사항은 아키텍처에서 사용한 패턴대로 구현했나요? 패턴에 위배되는 사항이 있나요? 특정 아키텍처 패턴을 사용할 수 있나요? 코드를 리팩터링하면 패턴을 더 명료하게 보여줄 수 있을까요?

- **일관성**: 이름 짓기를 점검합니다. 구현한 기본 개념은 납득할 수 있나요? 어떤 이름은 생뚱맞나요? 변경사항이 더 어울릴 수 있는 다른 위치가 있나요? 변경사항이 가져올 결과가 예상과 얼마나 잘 부합하나요?

- **테스트 용이성**: 변경사항에 맞게 단위 테스트도 같이 들어 있나요? 테스트는 빌드할 때마다 실행하고 있나요? 테스트가 불안정하거나 일관성이 없는 경우가 있나요? 제어 역전 inversion of control (IoC) 같은 일반적인 패턴이 적절하고 정확하게 사용되고 있나요?

- **변경 용이성/유지 보수성**: 하드 코딩 상숫값을 환경 설정 파일로 주입하고 있나요? 리뷰 중인 코드에는 어떤 가정이 깔려 있나요? 변경사항으로 시스템은 어떻게 변할까요? 코드를 더 유연하게 만들 수 있나요? 새로운 종속성이 추가되었나요? 왜 도입되었나요? 새로운 종속성을 추가하는 게 알맞나요?

- **안정성**: 예외는 적절하게 처리하고 있나요? 에러가 발생할 때 처리하지 못하고 더 광범위하게 문제를 일으키지는 않나요? 문제가 일어날 때 시스템은 적절하게 재시도를 하나요? 복구 과정이 없다면 시스템은 실패 상황에서 빠르게 재시작할 수 있나요? 설계 시점부터 사람의 오류를 포함해 에러를 미연에 방지하도록 고려하고 있나요?

- **확장성**: 코드가 메모리를 남용할 여지가 있나요? 알고리즘이 적어도 명목상으로는 효율적인가요? 스레드에 안전한 thread-safe 데이터 구조가 필요한 경우에 적절하게 사용되고 있나요?

의사결정 매트릭스는 다양한 대안들을 쌓아놓고 서로 시각적으로 비교하는 방법입니다. 의사결정 매트릭스를 사용해 설계의 여러 가지 대안을 평가하고 결정을 내릴 수 있습니다. 그뿐만 아니라 문서화할 때 설계의 논리적 근거로 활용할 수도 있습니다.

장점

- 패턴, 기술, 프레임워크 등 영역을 가리지 않고 비교하며 결정할 수 있습니다.
- 강점과 약점을 시각화해 비교할 수 있습니다.
- 비교할 때 필수적인 사항에만 집중할 수 있습니다.
- 여러 대안을 비교할 때 활발한 토론을 이끌 수 있습니다.

소요 시간

비교할 대상과 요소에 따라 다름

참가자

아키텍트는 각 항목이 정확히 기입되었는지 확인해야 합니다. 그리고 이해관계자들은 평가 항목이 알맞은지 확인해주면 좋습니다.

준비물

- 아키텍처 핵심 요구사항, 특히 품질 속성 시나리오의 목록을 준비해 비교 항목을 작성할 때 사용합니다.
- 분석은 적어도 두 가지 이상의 설계 대안을 비교합니다.

① 평가 항목을 살펴봅니다. 이해관계자들과 함께 항목마다 동의를 구해가며 대안과의 비교 항목을 구성합니다.

② 루브릭을 만듭니다. 이해관계자들과 함께 설계 대안을 어떻게 채점할지 정합니다. 12.2.2절 '루브릭 정의하기'를 참고하세요.

③ 분석을 진행하며 매트릭스를 채웁니다.

④ 매트릭스를 이해관계자들과 공유합니다. 분석 결과를 짚어보면서 어떤 결정을 내리면 좋을지 말합니다.

지침과 팁

- 정량적인 비교를 해야 한다면 정량적인 분석을 수행하세요. 예를 들어, 성능이나 또는 가용성 항목은 테스트를 실행한 경우에만 정량화할 수 있습니다.

- 매트릭스 하나에서 최대 7개 항목만 비교하세요.

- 매트릭스 하나에서 최대 5개 대안만 비교하세요. 더 많은 대안이 있다면 매트릭스를 여러 개로 만드세요.

- 매트릭스를 채울 때는 기록을 잘 해두세요. 결과만큼 분석도 중요하므로, 분석할 때 논리적 근거도 마련해야 합니다.

아래는 의사결정 매트릭스의 예시입니다. 다른 예시는 6.3.2절 '의사결정 매트릭스 만들기' 에서도 볼 수 있습니다.

라이언하트 프로젝트 의사결정 매트릭스

	3계층	발행/구독	서비스 지향
가용성 (데이터베이스 불능 상황)	+	○	+
가용성 (실행 시간)	○	○	○
성능 (5초 이내의 응답)	○	−	+
보안	○	−	○
확장성 (매해 5% 증가)	○	○	+
유지 보수성 (팀의 노하우)	+	−	○
개발 용이성 (구현 위험도)	++	−	−−

범례

매우 높음	++
높음	+
매우 낮음	−−
낮음	−
무난함	○

활동 33 관측하기

소프트웨어 시스템에 관측기를 추가하면 런타임에서의 동작을 직접 볼 수 있습니다. 관측기observation에서 얻은 결과를 인용하며 품질 속성과 이해관계자의 우려사항에 답할 수도 있습니다. 관측기를 처음부터 제대로 넣어두면 시스템이 정상적일 때는 관측용으로 사용하거나 일부러 값을 주입해 특정 품질 속성의 시나리오를 만들 수 있습니다.

런타임 품질 속성을 분석하기에 관측은 아주 훌륭한 방법입니다. 시스템을 관측할 수 있다는 의미는 곧 관측성observability을 고려해 아키텍처를 설계했다는 뜻이기도 합니다. 관측성을 끌어올리도록 아키텍처를 개선할 때도 있습니다.

장점

- 설계대로 동작하는지 평가하는 목적으로 시스템을 모니터링할 수 있습니다.
- 품질 속성이 제대로 촉진되는지 직접 테스트하면서 확인할 수 있습니다.
- 이해관계자들과 함께 보기 좋은 메트릭을 만들 수 있습니다.

소요 시간

분석할 대상에 따라 다름. 시스템이 얼마나 관측성을 잘 확보한 상태인지에 따라 달라집니다.

참가자

한 명 이상의 분석가가 필요하며, 통상적으로 시스템의 개발자가 함께합니다.

준비물

- 관측기를 추가하려면 부분적으로나마 작동하고 있는 소프트웨어 시스템이 있어야 합니다. 관측기를 추가하는 작업부터 설계를 해야 할 수도 있습니다. 관측 전에 프레임워크, 데이터 스토리지, 분석 작업을 어떻게 할지 결정을 내려야 합니다.

① 분석 목표를 설정합니다. 어떤 질문에 답을 하고자 합니까? '활동 3 GQM 접근법'을 참고해 메트릭에 필요한 데이터를 파악할 수 있습니다.

② 동작하는 시스템에서 어떤 데이터를 만들고 테스트할지 결정합니다.

③ 필요한 관측기와 로깅을 시스템에 추가합니다. 분석을 시도하기 전에 변경한 코드가 제대로 작동하는지 확인하세요. 로깅이 제대로 안 되는데 일주일 내내 테스트했다가 시간을 허비할 때도 많습니다.

④ 테스트를 수행하거나, 평상시처럼 시스템을 실행합니다.

⑤ 수집한 데이터로 분석을 시작합니다. 메트릭을 계산하고 1단계에서 만든 질문에 답안을 작성합니다. 질문에 답하지 못했다면 실험을 수정하고 다시 시도합니다.

⑥ 이해관계자들에게 결과를 공유합니다.

지침과 팁

• 관측성은 아키텍처를 설계할 때 필수적으로 챙겨야 할 품질 속성입니다. 관측기는 시스템 릴리스 후에 추가할 수 있을지라도 시스템 이벤트를 만들고 수집하는 부분은 설계 시 반드시 고려해야 합니다.

• 질문에 답을 하면서 어떻게 수집한 데이터로 분석을 자동화할 수 있을지 고민해보세요. 메트릭을 시스템 대시보드에 추가하거나 경고 시스템과 연동하도록 만들어보세요.

• 이론상 시스템의 모든 런타임 속성은 관측 가능해야 합니다. 보안, 성능, 가용성, 안정성 등이 해당합니다.

예시

시작부터 관측성을 염두에 둔 패턴으로 이벤트 소싱이나 발행/구독 패턴 등이 있습니다. 관측성은 마이크로서비스를 비롯한 모든 분산 시스템에 필수적입니다.

넷플릭스는 이 분야에서 많은 발전을 이루었으며 결과물을 오픈소스로 공개하고 있습니다.[3] 일례로 히스트릭 대시보드 Hystrix Dashboard는 JVM 기반의 Hystrix fault tolerance library에서 만들어진 이벤트를 관측할 수 있도록 만들어져 있습니다.[4] 또 다른 예로 서비스 지향 시스템에서 다양한 자극을 주는 도구로 시미안 아미 Simian Army가 있습니다.[5]

단순하게는 로깅 플랫폼을 이용해 기록된 정보로 관측성을 확보할 수도 있습니다. 로그스태시 LogStash,[6] 스플렁크 Splunk,[7] 그레이로그 Graylog[8] 등의 로깅 플랫폼은 시스템 이벤트의 저장, 시각화, 분석 기능을 제공합니다. 이런 로깅 플랫폼은 그 자체로 충분히 훌륭하지만, 시스템의 어떤 부분을 관측하는지에 따라 효율성은 달라질 수 있습니다.

---

3   https://netflix.github.io

4   https://github.com/Netflix/Hystrix

5   옮긴이_ 넷플릭스가 개발한 다양한 무작위 테스트를 포괄하는 이름입니다. '시미안 아미'는 원숭이 군대라는 뜻이며 카오스 멍키, 레이턴시 멍키, 닥터 멍키, 시큐리티 멍키 등을 포함합니다. https://en.wikipedia.org/wiki/Chaos_engineering, https://github.com/Netflix/SimianArmy

6   https://www.elastic.co/logstash

7   https://www.splunk.com

8   https://www.graylog.org

질문-코멘트-우려사항은 팀원 모두가 아키텍처를 함께 논하는 협력적이며 시각적인 활동으로, 무엇을 알고, 무엇을 모르며, 무엇 때문에 밤을 새는지 이야기하는 활동입니다. 이 활동으로 팀원 간의 지식 격차를 파악하고, 문제를 더 명확히 설명하며, 아키텍처를 더욱 사실에 근거해 공유할 수 있습니다.

워크숍을 진행하는 동안 코멘트를 적극적으로 덧붙이며 문제 해결을 신속하게 추적합니다. 단순한 이해 차이 때문에 발생하는 문제를 즉시 해결할 수 있으므로 팀은 더 큰 문제에 집중할 수 있습니다. 아키텍트는 워크숍 중에 간단한 '활동 36 온전성 검사'를 수행해 질문을 추가할 수도 있습니다.

장점

- 질문과 답변을 공개적으로 드러내서 지식 공유를 촉진합니다.
- 시스템에서 고위험 요소, 불명확한 지식, 문제가 있는 부분을 시각화합니다.
- 더 깊은 연구나 고민이 필요한 영역을 알아냅니다.
- 팀원들이 아키텍처의 주인의식을 강화하게 합니다.

소요 시간

30~90분

참가자

팀 전원, 3~7명 정도가 최적

준비물

- 아키텍처의 뷰(즉석에서 만들거나 인쇄해 준비)
- 세 가지 다른 색상의 포스트잇, 마커

- 마커로 쓰기 좋은 전지 또는 화이트보드

실행 단계

① 워크숍의 목표를 설명합니다. 예를 들어, "이 워크숍은 우리가 이미 알고 있던 지식뿐만 아니라 알고 있다고 넘겨짚었던 지식을 나누고, 아키텍처에서 우려하는 점이 있다면 이 야기하는 자리입니다"라고 말합니다.

② 워크숍에서 논의할 뷰 하나를 스케치합니다. 모든 참가자는 화이트보드(또는 전지)에 함께 모여서 그립니다.

③ 질문, 코멘트, 우려사항을 즉석으로 브레인스토밍합니다. 함께 토론하면서 즉석으로 포스트잇에 메모를 하고 뷰의 적절한 곳에 붙입니다.

④ 제한 시간이 끝날 때까지 하거나 포스트잇을 붙이는 속도가 줄어들면 중단합니다.

⑤ 포스트잇을 살펴보고 하나씩 대응해봅니다. 다이어그램에서 무언가 눈에 띄는 게 있나요? 포스트잇이 붙어 있는 위치에는 어떤 흥미로운 사항이 있나요? 특별히 우려해야 할 사항이나 불명확한 게 있나요? 유난히 질문 답변이 많았던 영역이 있나요?

⑥ 주제를 선정합니다. 포스트잇을 하나씩 읽으면서 공통적으로 나오는 내용이 있는지 살펴보고 주제를 정합니다.

⑦ 다음 단계로 진행합니다. 빠르게 브레인스토밍하며 다음에는 무엇을 할지 정하고, 우선 순위와 역할도 정합니다.

지침과 팁

- 브레인스토밍을 시작하기 전에 각 항목의 유형에 색상을 지정합니다. 그리고 모든 참가자가 볼 수 있는 곳에 범례를 작성합니다.

- 코멘트는 사실, 새로운 아이디어, 단편적인 지식, 워크숍에서 나온 질문에 대한 대답일 수 있습니다. 질문에 답하려면 간단히 포스트잇에 답을 적어서 질문 위에 붙이세요.

- 우려사항은 알려진 문제, 위험, 일반적인 걱정으로 나뉠 수 있습니다.

- 질문이 나오면 주의를 기울이세요. 질문은 이해의 차이를 알려주는 신호이기도 합니다. 그 외에 기대치가 서로 다르거나 더 많은 조사가 필요한 경우도 있습니다.

'활동 19 화이트보드 토론'을 진행하면서 다이어그램을 스케치하고 휴대폰으로 사진을 찍은 다음 Mural에 이미지를 업로드해 질문–코멘트–우려사항 활동을 수행했습니다. 코멘트를 질문에 가까이에 붙여놓았습니다.

Notional Architecture

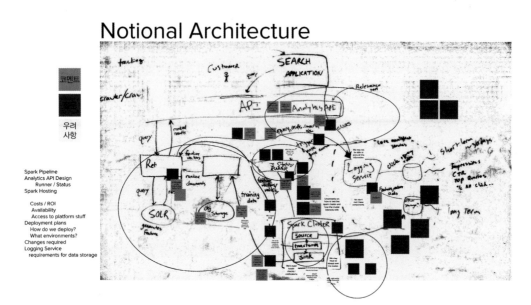

활동 35 리스크 스토밍

리스크 스토밍[risk storming]은 아키텍처의 위험 요소를 파악할 수 있는 협업적이고 시각적인 활동입니다. 사이먼 브라운이 『Software Architecture for Developers』[Bro16]에서 제안했습니다.

장점

- 시스템 아키텍처의 위험 요소를 빠르게 파악할 수 있습니다.

- 위험의 정도를 시각화할 수 있습니다.

- 아키텍처 문제에 국한해 위험 요소를 파악합니다.

- 모든 팀원에게 자신의 관심사를 표현할 수 있는 플랫폼으로 활용할 수 있습니다.

소요 시간

60~90분

참가자

3~7명 정도의 소규모 개발자 그룹. 참가자들은 아키텍처를 잘 알고 있어야 합니다. 경험이 풍부한 참가자가 직접 진행해도 좋습니다.

준비물

- 아키텍처의 뷰(즉석에서 만들거나 인쇄해 준비)

- 세 가지 다른 색상의 포스트잇, 마커

- 마커로 쓰기 좋은 전지 또는 화이트보드

실행 단계

① 워크숍의 목표를 설명합니다. 예를 들어, "이 워크숍이 끝나면 우리는 위험 요소를 중요도 순서대로 정리할 수 있으며 즉시 해야 할 작업도 알 수 있습니다"라고 말합니다.

② 워크숍에서 논의할 뷰 하나를 스케치합니다. 모든 참가자는 전지나 화이트보드 앞에 함께 모여서 아키텍처의 뷰를 그립니다. 뷰를 여러 개 그려도 괜찮습니다.

③ 리스크를 브레인스토밍합니다. 각자 독립적으로 수행하며, 포스트잇 하나에 위험 요소를 하나씩 써넣습니다. 포스트잇 색상은 위험도(상, 중, 하)에 따라 구분합니다. 위험도는 상대적인 가치이지만 확률, 영향, 복구 시간 등으로 판단할 수 있습니다.

④ 유사한 위험 요소끼리 모은 다음, 다이어그램에서 문제를 일으키는 원인과 가장 가까운 위치에 붙입니다.

⑤ 파악한 위험 요소의 순서를 정하고 토론합니다. 모아놓은 포스트잇을 보면서 고위험군이나 흥미로운 패턴이 있는지 알아봅니다.

⑥ 장애 해결 전략을 만들고 다음에 해야 할 일을 정합니다.

지침과 팁

• 다이어그램 위에 포스트잇을 바로 붙이세요.

• 중복되는 위험 요소가 있으면 겹쳐 놓으세요.

• 팀이 충분히 토론하도록 시간을 여유 있게 잡으세요. 토론 시간이 가장 중요합니다.

• 스케치는 2~3장을 넘지 마세요. 그 이상 그리면 산만해집니다.

예시

아래는 워크숍의 흐름과 예상 시간의 예시입니다.

기본적인 소개와 목표 안내	5분 이내
스케치	15~20분
리스크 브레인스토밍	7~15분
토론과 중요도 설정	15~30분
고위험군의 해결 방법 브레인스토밍	10~15분
워크숍 요약, 다음에 할 일 정하기	5분 이내

이 예시에서는 포스트잇의 범례를 왼쪽에 표시했습니다. 높은 위험은 주황색, 중간 분홍색, 낮은 위험은 보라색 포스트잇을 사용했습니다(사진에서는 음영으로 구분이 가능합니다).

특정 요소와 그 관계에 위험도가 높은 포스트잇이 모여 있습니다. 이러한 영역을 설계할 때는 더 많은 주의를 기울여야 합니다. 그 외에 개발을 완료했거나 곧 릴리스를 준비 중인 요소에는 위험도가 낮은 부분도 있습니다.

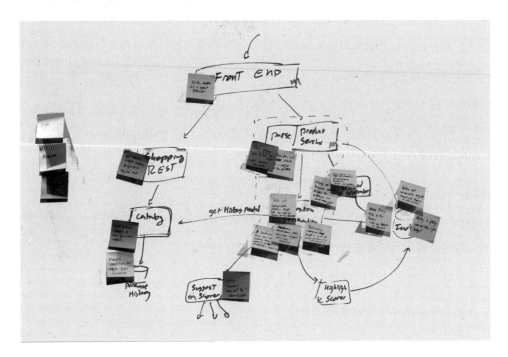

온전성 검사^{sanity check}는 간단한 문제나 퀴즈 풀이로 팀 내 커뮤니케이션 문제와 오해를 빠르게 밝혀내는 활동입니다. 온전성 검사로 모든 사람이 실제로 같은 인식을 가지고 있는지 확인할 수 있습니다. 또한 팀 운영, 산출물, 설계 방법 등을 개선하는 기회를 얻을 수도 있습니다.

초등학교 때 두려워했던 쪽지 시험 시간을 떠올려보세요. 아주 짧은 시간 동안 팀원들이 아키텍처에 집중하도록 하는 활동은 훌륭한 온전성 검사 활동 중 하나입니다. 함께 설계를 수행한 다음 마지막에 온전성 검사를 대화로 주고받으며 끝맺으면 효과적입니다.

장점

- 팀 모두가 아키텍처에 책임감을 느끼게 합니다.
- 오해나 지식의 격차로 생기는 문제를 빨리 알아챌 수 있습니다.
- 교육과 코칭으로 활용할 수 있습니다.
- 설계 시 중요하다고 느끼는 지식을 문서화합니다.
- 산출물과 커뮤니케이션을 개선할 수 있는 방안을 콕 집어서 알아낼 수 있습니다.
- 잘 몰랐던 사항을 더욱 명확하게 파악할 수 있습니다.

소요 시간

5~10분

참가자

팀 전원. 그중 한 명을 온전성 검사를 수행할 사람으로 지정합니다.

준비물

- 미리 준비한 연습이나 퀴즈

① 팀원들에게 온전성 검사는 프로세스를 개선하고 지식 격차를 해소하는 활동이라고 알려줍니다.

② 준비한 연습 문제나 퀴즈를 진행합니다.

③ 답안을 검사합니다. 답이 예상과 다르면 토론합니다.

④ 후속 조치가 필요한지 결정합니다. 후속 조치가 필요하다면, 진행자는 팀이 다음에 무엇을 하면 좋을지 결정하도록 이끕니다.

지침과 팁

- 간단하고 짧게 하세요. 평범한 온전성 검사는 5분 이내에 완료할 수 있습니다.

- 항상 명심하세요. 온전성 검사는 팀의 지식을 높이는 활동입니다. 온전성 검사로 팀원을 벌하거나 띄우지 마세요.

- 온전성 검사에서 사용할 문제와 퀴즈는 팀원들이 함께 책임감을 가지고 만드세요.

- 정기적으로 수행하세요. 예를 들어 주간 미팅을 시작할 때나 끝낼 때 할 수 있습니다.

- 창의력을 발휘해 다양한 형식을 사용해보세요. 이로써 온전성 검사를 참신하게 만들 수 있으며 다양한 관점과 이해의 차이를 밝혀낼 수 있습니다.

예시

온전성 검사는 정해진 형식이 없습니다. 일부 예로는 참/거짓, 빈칸 채우기, 의미 연결하기, 다중 선택 등이 있습니다. 이는 아주 단편적인 예일 뿐입니다. 아래의 예시에서 팀은 간단한 선긋기 게임으로 기술 선택의 근거를 평가해봤습니다.

Sanity Check: Technology Choices!

Instructions: For each technology draw a line to connect it with the rationale for why we chose it. Circle any technologies that you didn't know we use.

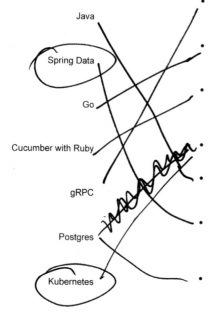

Java

Spring Data

Go

Cucumber with Ruby

gRPC

Postgres

Kubernetes

- Promotes performance, one of our top quality attributes. Easier to use than pure REST in some situations.

- The team was interested in learning a new technology in a low risk setting.

- Some team members were familiar with this technology from previous projects. Existing investments were easy to reuse. Supports desired development workflow and build pipelines.

- Mandated by Platform for all future services.

- All team members were familiar with this technology. Conservative choice.

- Some team members had prior experience with this technology. Helped the team get up and running quickly. Comes with dependency injection and application profile management.

- Supported by Platform. Other teams had experience with this technology though it's new to us. Easily supports architecturally significant requirements.

활동 37 시나리오 훑어보기

아키텍처가 품질 속성 시나리오를 어떻게 처리하는지 단계별로 설명합니다. 시나리오 훑어보기는 언제든지 사용할 수 있지만 소프트웨어 시스템의 수명 초기에, 동작 상황을 아직 볼 수 없을 때 가장 유용합니다.

시나리오 훑어보기는 아키텍처를 이야기로 풀어쓰는 활동입니다. 품질 속성 시나리오를 선택하고 시나리오에 가해지는 자극에 시스템이 어떤 반응을 할지 설명합니다. 설계의 여러 요소를 살펴보면서 시스템의 품질 속성이 어떻게 촉진되는지(또는 저하되는지) 보여줍니다.

장점

- 아키텍처가 아직 그림만 있는 수준이어도 설계를 조기에 평가할 수 있습니다.

- 아키텍처의 여러 가지 우려사항을 파악할 수 있습니다.

- 아키텍처가 여러 가지 자극에 어떻게 반응할지 추측할 수 있습니다.

- 설계를 평가합니다. 다만 엄격하게 '통과^{pass}'나 '실패^{fail}'로 결론 내리지는 않습니다.

- 아키텍처에서 품질 속성을 촉진하거나 억제하는 범위를 신속하게 파악합니다.

소요 시간

1~3시간. 하나의 품질 속성 시나리오로 아키텍처를 살펴보는 시간은 (시스템에 따라 다르지만) 대략 20~30분가량 소요됩니다. 시나리오 훑어보기는 일반적으로 1~3시간 동안 몇 가지 품질 특성 시나리오를 다룹니다.

참가자

시나리오 훑어보기를 진행하려면 아래의 역할을 할 사람이 필요합니다.

- **아키텍트**: 참가자 중 아키텍처 설계를 잘 알고 있는 사람입니다. 시스템이 자극에 어떻게 반응하는지 설명해주는 역할입니다.

- **기록관**: 미팅할 때 기록을 담당합니다. 워크숍 중에 나온 모든 이슈, 위험, 불명확한 사항, 지식의 차이, 우려사항 등을 기록합니다.

- **독자**: 시나리오를 읽고 토론을 하거나 활동할 때 진행자 역할입니다. 워크숍의 주최자이기도 합니다.

- **리뷰어**: 시나리오 훑어보기 활동 한 번당 한 명 이상 참여합니다. 리뷰어는 이해관계자 또는 분야에 해박한 전문가이며 아키텍처를 검토하다가 빠진 부분을 지적하거나 질문하는 역할을 합니다. 작은 팀에서는 기록관과 독자가 리뷰어 역할도 겸하곤 합니다.

한 번의 따라하기는 작은 규모로 진행하는 편이 좋으며 대략 3~7명의 참가자로 구성합니다.

준비물

- 리뷰어는 회의 전에 품질 속성 시나리오, 아키텍처 설명, 관련 자료를 미리 검토해야 합니다. 자료가 딱히 없으면, 소개 프레젠테이션(활동 30 아키텍처 브리핑 등)을 준비하고 리뷰어에게 시간을 더 할애해 회의 때 부드럽게 진행할 수 있도록 합니다.

- 회의 전에 품질 속성 시나리오의 우선순위를 정해놔야 합니다.

실행 단계

① 시나리오와 아키텍처 산출물을 참가자들에게 나눠줍니다. 아키텍트는 화면 공유나 프로젝터로 아키텍처와 관련된 뷰를 띄워놓습니다.

② 독자는 품질 속성 시나리오 중 하나를 선택하고 큰 소리로 읽습니다. 시나리오를 통째로 읽는 목적은 모든 사람이 시나리오의 맥락과 다루는 범위를 알 수 있도록 하기 위함입니다.

③ 독자는 품질 속성 시나리오의 자극을 반복해보며 시나리오 훑어보기를 시작합니다.

④ 아키텍트가 자극에 따라 시스템이 어떻게 반응하는지 설명해줍니다. 요소와 요소를 짚으며 설명합니다.

⑤ 한 번의 따라하기를 끝내면 리뷰어는 아키텍처의 잠재적인 문제를 지적하거나 질문합니다.

⑥ 아키텍트는 질문에 간단명료하게 대답합니다. 이슈, 위험 요소, 질문 등은 기록해뒀다가 리뷰 미팅을 만들어 그때 분석합니다.

⑦ 모든 리뷰어들의 피드백이 끝나거나 제한 시간이 지나면 다른 시나리오를 골라서 처음부터 반복합니다.

지침과 팁

• 리뷰 시간을 서로 비난하는 삿대질 시간으로 변질시키지 마세요. 활동의 목적은 구현에 들어가기 전에 설계도만으로 잠재적인 문제를 발견하고, 저렴하게 해결하는 데 있습니다. 문제를 찾았다는 건 좋은 일입니다.

• 미팅을 무난하게 진행하려면 시나리오마다 제한 시간을 두는 편이 좋습니다.

• 검토 중에는 문제를 해결하지 않도록 합니다. 이 활동은 문제 해결이 아닌 문제를 수면 위로 끌어올리는 게 목적입니다.

• 독자와 기록관의 역할은 겸할 수 있지만 아키텍트의 역할은 독립적으로 맡아서 수행해야 합니다.

• 팀원 간에 역할을 돌아가며 진행하면 팀원의 역량을 골고루 향상시킬 수 있습니다.

• 리뷰어가 검토 중에 언제나 볼 수 있도록 현재 다루고 있는 품질 속성 시나리오를 화이트보드에 써놓거나 화면에 띄웁니다. 사정이 여의치 않으면 품질 속성 시나리오를 인쇄한 종이뭉치를 나눠줍니다.

• 진행 중에 나온 새로운 품질 속성 시나리오가 있으면 기록합니다.

예시

라이언하트 프로젝트의 가용성 시나리오를 살펴보겠습니다. 사용자는 연중 평균 99%의 시간 동안 모집 중인 RFP를 검색하고 열람 가능한 RFP 목록을 조회합니다. 가용성 시나리오의 따라하기를 해보려면 특정 조건에 초점을 맞춰야 합니다. 라이언하트 프로젝트는 웹 서비스, 데이터베이스, 검색 인덱스로 구성되어 있습니다.

아래는 품질 속성 시나리오 중 하나입니다.

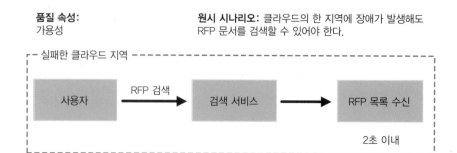

품질 속성:
가용성

원시 시나리오: 클라우드의 한 지역에 장애가 발생해도 RFP 문서를 검색할 수 있어야 한다.

스프링필드의 IT 부서는 유명한 클라우드 서비스 공급 업체와 계약해 라이언하트 프로젝트의 서비스를 호스팅하기로 결정했습니다. 서비스와 프로세스는 두 군데 클라우드 리전에서 도커로 호스팅합니다. 이렇게 하면 한 리전에서 장애가 발생해도 시스템을 계속 사용할 수 있습니다.

**라이언하트 프로젝트의
할당 뷰 클라우드 배포**

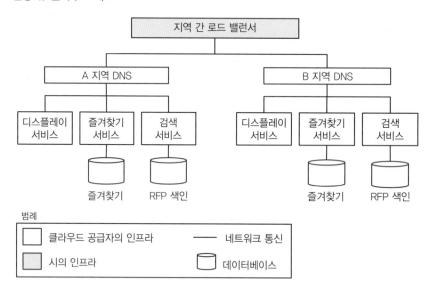

다음은 어느 품질 속성 시나리오 훑어보기의 예입니다.

- 👤 **독자**: 다음 시나리오는 한 리전에 장애가 발생했을 때의 가용성에 대해 다룹니다. 모든 컴포넌트가 정상적으로 동작했다가 갑자기 A 리전에 장애가 발생했다고 가정해봅시다.

- 👤 **아키텍트**: 60초 내로 지역 간 로드 밸런서가 장애를 감지하고 자동으로 트래픽을 다른 가능한 지역으로 돌립니다. 사용자가 이 와중에 접속을 시도한다면, 안타깝지만 접속에 실패합니다. 브라우저를 새로 고침하면 잘 나오겠죠.

- 👤 **리뷰어 1**: 멀티 리전 로드 밸런서는 어디에 위치해 있나요?

- 👤 **아키텍트**: 이 건물 지하에 있습니다.

- 👤 **리뷰어 1**: 사이트의 접근 가능성을 우리가 직접 관리한다는 의미네요? 우리 빌딩이 가장 취약할 텐데 왜 클라우드 플랫폼의 로드 밸런서를 쓰지 않나요?

- 👤 **독자**: 좀 더 건설적으로 토론해보죠. 어떤 위험이 있을 거라 생각하나요?

- 👤 **리뷰어 1**: 아 미안해요. 솔직히 좀 놀랐어요. 다시 말해보죠. 지금의 리전 간의 가용성 전략에는 단일 장애점^{single point-of-failure}이 존재해요. 요구사항에 있는 서비스 수준을 충족 못 할 거예요(기록관은 우려사항을 기록한다).

- 👤 **리뷰어 2**: 현재처럼 두 지역에 배포할 경우 데이터는 어떻게 최신 상태를 유지하나요? (후략⋯)

스케치하고 비교하기

비교할 만한 기준이 없으면 다 좋은 설계처럼 보일 때가 있습니다. 스케치하고 비교하기 활동으로 설계의 대안을 두 개 이상 만들면 장단점을 더욱 쉽게 확인할 수 있습니다.

어떤 설계의 대안이라도 스케치하고 서로 비교할 수 있습니다. 현재와 미래, 이상과 현실, 기술 A와 B, 그 외에 여러 가지 비교가 가능합니다. 극단적인 가정으로 스케치하고 비교할 수도 있습니다. 이렇게 하려면 품질 속성이나 설계 개념을 선택한 다음, 다른 모든 요소를 제거하고 선택한 한 가지에 대해서만 아키텍처를 설계해야 합니다. 그다음 우선순위가 높은 또다른 품질 속성이나 설계 개념을 대안으로 선택해 스케치하고 비교합니다.

장점

- 결정사항을 대안과 비교해 긍정적인 측면과 부정적인 측면을 모두 볼 수 있습니다.
- 토론이 이루어지는 플랫폼 역할을 하며 설계를 결정하기까지 합의를 도출합니다.
- 최소한의 기본적인 비교를 해 설계 결정을 내린 후에 겪을 후회를 피할 수 있습니다.

소요 시간

20~30분, 최대 1시간

참가자

이 활동은 아키텍트와 이해관계자를 포함해 3~5명의 소규모 그룹일 때 가장 효과적입니다.

준비물

화이트보드나 전지, 마커 혹은 프로젝터와 슬라이드(띄워놓을 아키텍처 뷰도 준비해야 함)

실행 단계

① 활동의 목표를 밝히세요. 예를 들어 "테이블 위에 두 개의 대안이 있습니다. 한번 비교해보죠"라고 말합니다.

② 대안을 참가자 모두에게 보여주거나 스케치합니다.

③ 서로의 장단점을 비교하며 토론합니다. 다른 사람들도 초대해 더 많은 생각을 들어봅니다.

④ 참가자들의 의견을 기록하고 공유합니다. 다이어그램을 수정하거나 코멘트를 붙여서 새로운 인사이트를 얻습니다.

⑤ 그룹이 합의에 이르면 결정사항을 요약합니다. 그리고 즉석으로 '활동 36 온전성 검사'를 수행합니다. 이로써 참가자 모두에게 의사결정의 결과를 이해하고 동의를 구합니다.

⑥ 사진을 찍고 결정사항을 팀 위키에 기록합니다. 토론 내용은 설계의 논리적 근거로 활용합니다.

지침과 팁

• 참가자들이 논쟁으로 대립하지 않고 건설적으로 참여하도록 도와주세요. 때때로 참가자들은 다른 설계보다 하나만 강하게 선호하면서 장점만 내세우거나 토론을 피할 수 있습니다.

• 토론을 진행하면서 타협안을 스케치할 수 있도록 준비하세요. 새로운 아이디어 중 일부는 설계의 또 다른 대안이 될 수 있습니다.

• 항상 결과를 요약하세요. 요약을 건너뛰면 참가자는 의사결정의 결과를 혼동할 수 있습니다.

• 회의론자들은 꾸준히 설득하고 합의를 이끌어내세요.

아래 사진은 스케치하고 비교하기 활동을 진행했던 사례의 사진입니다. 이 활동을 했던 팀은 몇 가지 아이디어로 난항을 겪고 있었습니다. 소프트웨어 시스템의 일부는 리팩터링을 진행 중이며, 팀은 재작업은 피하고 싶어 했습니다. 몇몇 새로운 컴포넌트를 넣을 공간이 필요했고 두 가지 대안이 나왔습니다. 마감 일은 다가오고 있었고 불완전한 정보로 결정을 내려야 했습니다.

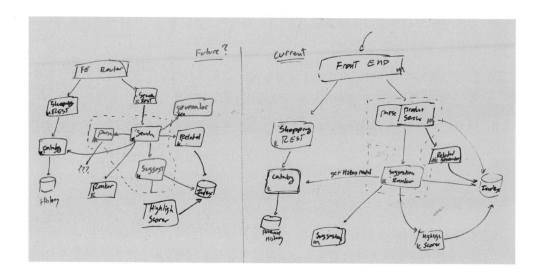

이번 사례에서 팀은 현재의 설계와 고려해볼 만한 미래의 설계를 스케치했습니다. 팀 구성원 중 일부는 현재 아키텍처에 만족하지 않았습니다. 미래를 그려보고 비교했을 때, 불만족했던 팀원들은 현재의 설계를 훨씬 더 잘 따를 수 있었습니다. 이처럼 스케치와 함께 진행한 논의는 향후 시스템 방향을 정할 때마다 공통의 이해를 이끌어낼 수 있었습니다. 또한, 기술 부채가 보이는 부분도 파악할 수 있었습니다.

렌 배스 Len Bass

소프트웨어 아키텍처 분야에서 두 권의 저서『소프트웨어 아키텍처 이론과 실제』[BCK12]와『소프트웨어 아키텍처 문서화』[BBCG10]로 수상 경력이 있습니다. 이뿐만 아니라 최근에 출간한 『DevOps: A Software Architect's Perspective』[BWZ15]를 비롯해 컴퓨터 사이언스와 소프트웨어 엔지니어링 분야에서 여러 서적을 집필했습니다. 렌은 소프트웨어 개발 분야에서 50년 넘는 경력을 가졌으며 그중 25년은 미국 소프트웨어 엔지니어링 인스티튜트 Software Engineering Institute 에서 근무했습니다. 또한 호주 NICTA National ICT Australia Ltd. 에서 3년 동안 근무했으며 현재 카네기 멜런 대학교에서 겸임 교수로 재직 중입니다.

벳 볼회퍼 Bett Bollhoefer

1999년부터 소프트웨어 분야에서 일해왔습니다. 현재는 GE 디지털의 설계자로 프레딕스 Predix 산업용 사물 인터넷 플랫폼 아키텍처를 설계하고 있습니다. GE에 합류하기 전에는 개발자로 일하다 버라이즌 Verizon의 솔루션 아키텍트로 일했습니다. 소프트웨어 설계를 주제로 강연과 집필 활동을 하며,『You Can Be a Software Architect』(SASI Publishing, 2012)[Cor13] 및 『The Zen of Software Development』(2015)[Cor15]를 비롯한 여러 책을 썼습니다. 벳은 2년간 유명 팟캐스트인 'Software Architecture Concepts'의 공동 진행자이기도 했습니다.[1] 현

---

[1] http://www.architecturecast.net

재 토스트마스터스^{Toastmasters}[2]에서 Distinguished Toastmaster이며, 그 전에는 토스트마스터스의 Distinguished Division Governor 지사를 역임했습니다. 또한, 'Division Governor of the Year' 상을 수상했습니다. 취미로는 즉흥 연주, 스윙 댄스, 페인팅, 첼로 연주를 즐깁니다.

사이먼 브라운 Simon Brown

소프트웨어 아키텍처 전문가이자 독립 컨설턴트입니다. 『Software Architecture for Developers』[Bro16]의 저자이기도 합니다. 이 책은 개발자를 대상으로 소프트웨어 아키텍처와 기술 리더십, 애자일의 균형 있는 활용을 다룹니다. 소프트웨어 팀이 사용하는 시각화, 문서화, 탐색 도구인 'C4 모델'과 'Structurizr'[3]의 창시자이기도 합니다. 트위터 @simonbrown3 또는 웹사이트 http://www.simonbrown.je에서 사이먼을 만날 수 있습니다.

조지 페어뱅크스 George Fairbanks

『Just Enough Software Architecture』[Fai10]의 저자이며, 1998년부터 소프트웨어 아키텍처와 설계를 가르쳤습니다. 카네기 멜런 대학교에서 소프트웨어 엔지니어링 박사학위를 받았으며 현재 구글에서 소프트웨어 엔지니어로 일하고 있습니다.

티멘 데 고이예르 Thijmen de Gooijer

비즈니스와 소프트웨어를 통합하는 일을 하고 있으며 고객과 품질을 최우선으로 두고 아키텍처를 설계합니다. 유럽, 인도 및 미국의 여러 연구자들과 협력하면서 얻은 아키텍처 경험으로 10편 이상의 논문을 공동 집필했습니다. 암스테르담의 자유 대학과 스웨덴 베스테로스에 있는 멜라르

---

2 옮긴이_ 커뮤니케이션, 대중 연설, 리더십 증진에 힘쓰는 비영리 단체입니다.

3 https://structurizr.com

달렌 대학교에서 소프트웨어 공학을 우등^{cum laude}으로 졸업했습니다.

패트릭 쿠아^{Patrick Kua}

런던 소트웍스^{ThoughtWorks}의 수석 기술 컨설턴트이자 『The Retrospective Handbook』(2013) [Kua13] 및 『Talking with Tech Leads』(2015)[Kua15]의 저자입니다. 열정적인 콘퍼런스 연사이자 블로거로 사람, 조직, 기술 사이의 균형 잡힌 성장을 설파합니다. 트위터 @patkua4 또는 https://www.thekua.com/atwork에서 만날 수 있습니다.

이페크 오즈카야^{Ipek Ozkaya}

카네기 멜런 대학교 소프트웨어 엔지니어링 연구소^{Software Engineering Institute}(SEI)의 기술직 선임 회원입니다. 주요 관심사는 소프트웨어 개발 효율성과 시스템 개선이며, 그중에서도 소프트웨어 아키텍처 작업, 소프트웨어 경제성, 애자일 개발 등에 중점을 두고 있습니다. 최근에는 대규모의 복잡한 소프트웨어 시스템에서 기술 부채를 관리할 때의 이론과 경험을 정리하고 있습니다. 카네기 멜런 대학교에서 컴퓨터 디자인 박사학위를 받았습니다. 현재는 『IEEE Software』의 자문 및 편집 위원회에서 활동하며, 석사 과정 학생을 대상으로 소프트웨어 엔지니어링 프로그램의 겸임 교수로 활동합니다. 트위터 @ipekozkaya에서 만날 수 있습니다.

참고 문헌

- [AISJ77] Christopher Alexander, Sara Ishikawa, Murray Silverstein, Max Jacobson, Ingrid Fiksdahl-King, and Shlomo Angel. *A Pattern Language: Towns, Buildings, Construction*. Oxford University Press, New York, NY, 1977.

- [Ale64] Christopher Alexander. *Notes on the Synthesis of Form*. Harvard University Press, Boston, MA, 1964.

- [Amb04] Scott Ambler. *The Object Primer: Agile Model-Driven Development with UML 2.0*. Cambridge University Press, Cambridge, United Kingdom, Third edition, 2004.

- [App11] Juregen Appelo. *Management 3.0: Leading Agile Developers, Developing Agile Leaders*. Addison-Wesley, Boston, MA, 2011.

- [App16] Juregen Appelo. *Managing for Happiness: Games, Tools, and Practices to Motivate Any Team*. John Wiley & Sons, New York, NY, 2016.

- [BBCG10] Felix Bachmann, Len Bass, Paul C. Clements, David Garlan, James Ivers, Reed Little, Paulo Merson, Robert Nord, and Judith A. Stafford. *Documenting Software Architectures: Views and Beyond*. Addison-Wesley, Boston, MA, Second edition, 2010.

- [BC89] Kent Beck and Ward Cunningham. A Laboratory for Teaching Object-Oriented Thinking. *ACM SIGPLAN Notices*. 24[10], 1989, October.

- [BCK12] Len Bass, Paul C. Clements, and Rick Kazman. *Software Architecture in Practice*. Addison-Wesley, Boston, MA, Third edition, 2012.

- [BCR94] Victor Basili, Gianluigi Caldiera, and H. Dieter Rombach. The Goal Question Metric (GQM) Approach. *Encyclopedia of Software Engineering 1*. 528–532, 1994.

- [Bec00] Kent Beck. *Extreme Programming Explained: Embrace Change*. Addison-Wesley Longman, Boston, MA, 2000.

- [BELS03] Mario R. Barbacci, Robert J. Ellison, Anthony J. Lattanze, Judith A. Stafford, Charles B. Weinstock, and William G. Wood. Quality Attribute Workshops (QAWs), Third edition. *Software Engineering Institute Digital Library*. 2003.

- [Bra17]   Alberto Brandolini. *Introducing Event Storming: An Act of Deliberate Collective Learning*. LeanPub, https://leanpub.com, 2017.

- [Bro16]   Simon Brown. *Software Architecture for Developers*. LeanPub, https://leanpub.com, 2016.

- [Bro86]   Frederick Brooks. No Silver Bullet—Essence and Accident in Software Engineering. *Proceedings of the IFIP Tenth World Computing Conference*. 1986.

- [Bro95]   Frederick P. Brooks Jr. *The Mythical Man-Month: Essays on Software Engineering*. Addison-Wesley, Boston, MA, Anniversary, 1995.

- [BT03]   Barry Boehm and Richard Turner. Using Risk to Balance Agile and Plan-Driven Methods. *IEEE Computer*. 36[6]:57–66, 2003, June.

- [BWO10]   Barry Boehm, Greg Wilson (editor), and Adam Oram (editor). *Architecting: How Much and When?*. O'Reilly & Associates, Inc., Sebastopol, CA, 2010.

- [BWZ15]   Len Bass, Ingo Weber, and Liming Zhu. *DevOps: A Software Architect's Perspective*. Addison-Wesley, Boston, MA, 2015.

- [Car09]   Dale Carnegie. *How to Win Friends and Influence People*. Simon & Schuster, New York, NY, Third edition, 2009.

- [Coh09]   Mike Cohn. *Succeeding with Agile: Software Development Using Scrum*. Addison-Wesley, Boston, MA, 2009.

- [Cor13]   Bett Correa. *You Can Be a Software Architect*. CreateSpace, an Amazon Company, Seattle, WA, 2013.

- [Cor15]   Bett Correa. *The Zen of Software Development: A Seven Day Journey: A Handbook to Enlightened Software Development*. CreateSpace, an Amazon Company, Seattle, WA, 2015.

- [Eva03]   Eric Evans. *Domain-Driven Design: Tackling Complexity in the Heart of Software*. Addison-Wesley Longman, Boston, MA, First, 2003.

- [Fai10]   George Fairbanks. *Just Enough Software Architecture: A Risk-Driven Approach*. Marshall & Brainerd, Boulder, CO, 2010. Bibliography • 318

- [FHR99]   Brian Foote, Niel Harrison, and Hans Rohnert. *Pattern Languages of Program Design 4*. Addison-Wesley, Boston, MA, 1999.

- [Fow03]   Martin Fowler. Who Needs an Architect?. *IEEE Software*. 20[5]:11–13, 2003, September/October.

- [GAO95]   David Garlan, Robert Allen, and John Ockerbloom. Architectural Mismatch: Why Reuse Is So Hard. *IEEE Software*. 12:17–26, 1995, November.

- [GHJV95]   Erich Gamma, Richard Helm, Ralph Johnson, and John Vlissides. *Design Patterns: Elements of Reusable Object-Oriented Software*. Addison-Wesley, Boston, MA, 1995.

- [Glu94]   David P. Gluch. A Construct for Describing Software Development Risks. *Software Engineering Institute Digital Library*. 1994, July.

- [Goo09]   Kim Goodwin. *Designing for the Digital Age: How to Create Human-Centered Products and Services*. John Wiley & Sons, New York, NY, 2009.

- [Hoh16]   Gregor Hohpe. *37 Things and Architect Knows: A Chief Architect's Journey*. LeanPub, https://leanpub.com, 2016.

- [HW04]   Gregor Hohpe and Bobby Woolf. *Enterprise Integration Patterns: Designing and Deploying Messaging Solutions*. Addison-Wesley, Boston, MA, 2004.

- [Int11]   International Organization for Standards (ISO). ISO/IEC/IEEE 42010:2011 Systems and software engineering – Architecture description. *IEEE*. 2011, December.

- [Kee15]   Michael Keeling. Architecture Haiku: A Case Study in Lean Documentation. *IEEE Software*. 32[3]:35-39, 2015, May/June.

- [KKC00]   Rick Kazman, Mark H. Klein, and Paul C. Clements. ATAM: Method for Architecture Evaluation. *Software Engineering Institute Digital Library*. 2000.

- [Kru95]   Phillippe Krutchen. Architectural Blueprints — The 4+1 View Model of Software Architecture. *IEEE Software*. 12[6]:42–50, 1995.

- [Kua13]   Patrick Kua. *The Retrospective Handbook: A Guide for Agile Teams*. CreateSpace, an Amazon Company, Seattle, WA, 2013.

- [Kua15] Patrick Kua. *Talking with Tech Leads: From Novices to Practitioners.* CreateSpace, an Amazon Company, Seattle, WA, 2015.

- [KV11] Michael Keeling and Michail Velichansky. Making Metaphors That Matter. *Proceedings of the 2011 Agile Conference.* 256–262, 2011.

- [MB02] Ruth Malan and Dana Bredemeyer. Less is more with minimalist architecture. *IT Professional.* 4[5]:48, 46–47, 2002, September-October. Bibliography • 319

- [Mey97] Bertrand Meyer. *Object Oriented Software Construction.* Prentice Hall, Englewood Cliffs, NJ, Second edition, 1997.

- [Mug14] Jonathan Mugan. *The Curiosity Cycle: Preparing Your Child for the Ongoing Technological Explosion.* Mugan Publishing, Buda, TX, Second edition, 2014.

- [Pat14] Jeff Patton. *User Story Mapping: Discover the Whole Story, Build the Right Product.* O'Reilly & Associates, Inc., Sebastopol, CA, 2014.

- [PML10] Hasso Plattner, Chrisoph Meinel, and Larry Leifer. *Design Thinking: Understand - Improve - Apply (Understanding Innovation).* Springer, New York, NY, 2010.

- [PP03] Mary Poppendieck and Tom Poppendieck. *Lean Software Development: An Agile Toolkit for Software Development Managers.* Addison-Wesley, Boston, MA, 2003.

- [Ras10] Jonathan Rasmusson. *The Agile Samurai: How Agile Masters Deliver Great Software.* The Pragmatic Bookshelf, Raleigh, NC, 2010.

- [RW11] Nick Rozanski and Eoin Woods. *Software Systems Architecture: Working With Stakeholders Using Viewpoints and Perspectives.* Addison-Wesley, Boston, MA, Second edition, 2011.

- [Sim96] Herbert Simon. *The Sciences of the Artificial.* MIT Press, Cambridge, MA, Third edition, 1996.

- [TA05] Jeff Tyree and Art Akerman. Architecture Decisions: Demystifying Architecture. *IEEE Software.* 22[2]:19–27, 2005, March/April.

- [VAH12]   Uwe Van Heesch, Paris Avgerioum, and Rich Hilliard. A documentation framework for architecture decisions. *Journal of Systems and Software.* 85[4]:795–820, 2012, April, December.

- [WFD16]   Jonathan Wilmot, Lorraine Fesq, and Dan Dvorak. Quality attributes for mission flight software: A reference for architects. *IEEE Aerospace Conference.* 5–12, 2016, March.

- [WNA13]   Michael Waterman, James Noble, and George Allen. The effect of complexity and value on architecture planning in agile software development. *Agile Processes in Software Engineering and Extreme Programming (XP2013).* 2013, May.

- [Zwe13]   Thomas D. Zweifel. *Culture Clash 2: Managing the Global High Performance Team.* SelectBooks, New York, NY, 2013.

찾아보기

영문

숫 자

A

B

C

D

E

F